Festen

Mode d'emploi

2.0

ISBN 979-10-93495-05-7

A Thomas Vinterberg

Introduction

Je suis un accompagnant. J'aide des personnes à se libérer de leurs souffrances et à construire leur bonheur. J'utilise pour cela une technique très particulière qui consiste à dissoudre ses peurs. Grâce à ce travail, des centaines de personnes se sont libérées de leurs peurs. Elles peuvent attester de leur liberté et de la puissance qui se dégage une fois leur libération réalisée. Elles témoignent aussi d'un constat simple et terrible : *on ne découvre le poids de ses peurs que lorsqu'on s'en libère !* Une fois libre, nous réalisons que nos peurs nous maintenaient dans une prison dont il était impossible de s'évader... parce que nous n'en voyions pas les murs.

J'ai créé empiriquement cette technique en 2001 pour me libérer moi-même. Depuis, j'ai travaillé sans relâche pour en comprendre réellement le mécanisme, les théories qui sous-tendent son efficacité et pour améliorer sans cesse son efficience. Aujourd'hui, la méthode est éprouvée et il est temps pour moi de la transmettre. J'ai pris cette décision car ses effets sont réellement spectaculaires, voire prodigieux. De plus, elle s'accomplit dans un temps très court. Je parle de rapidité en connaissance de cause puisque j'ai suivi une psychanalyse pendant sept ans à raison de trois séances par semaine. Aujourd'hui, mes clients dépassent (et de loin !) les résultats que j'ai obtenus au bout de ces 7 ans, en seulement 12 séances. Pour la présenter, il est nécessaire dans un premier temps de relater le cheminement qui m'a conduit à cette découverte.

Ma vie professionnelle débute à 17 ans, quand se termine mon année scolaire de seconde. Je reçois mon bulletin d'orientation dont la sentence me stupéfie : « Inapte à redoubler, inapte à passer en 1ère ». J'ignorais totalement ce qui motivait cette sanction (ce qui montre accessoirement le peu de conscience que j'avais à l'époque) et aucun entretien n'est venu expliquer ces mots lapidaires. Ô combien aujourd'hui je remercie pour cela ! Grâce à cette éviction déguisée, je suis sorti du circuit classique. « Hors des chemins battus, je cherche

mon bercail »[1] chante le poète, mais à l'époque, j'ignorais encore que ces voies détournées me conduiraient à inventer une des plus puissantes techniques de libération.
J'ai navigué de petit job en petit job : travail en usine, pépiniériste, marchand de bestiaux, vendeur sur les marchés... Sans rester plus de quelques mois (parfois quelques jours) dans une même place. A 23 ans, j'ai repris des études durant trois ans pour obtenir un diplôme d'éducateur spécialisé. J'ai ensuite travaillé dix ans dans cette fonction, auprès de différents publics : enfants, adolescents, familles, interventions sous mandat du juge des enfants... J'ai ainsi commencé mon apprentissage dans l'accompagnement des personnes en difficulté.
J'avançais dans la vie à l'image de Sartre énonçant : « J'ai oublié tout ce que l'on m'a enseigné, je me souviens de tout ce que j'ai appris. » J'ai notamment profité des échanges fructueux et formateurs avec les psychanalystes auprès desquels je travaillais. Grâce à cela, j'ai énormément progressé dans ma compréhension du fonctionnement psychique de l'être humain.

Je me suis ensuite orienté vers la formation. J'ai appris – toujours à ma façon – le métier... le bilan de compétences, le recrutement... Quelques années plus tard, j'ai créé un centre dans ce secteur (sous forme associative, toujours dans le propos d'aider) que j'ai dirigé. Cet épisode a duré dix ans lui aussi, durant lesquels j'ai approché la PNL, l'analyse transactionnelle, les thérapies brèves, etc.
Malgré des résultats positifs, je pressentais qu'autre chose m'attendait, aussi me suis-je formé au coaching durant un an, motivé par l'idée de prendre le risque de l'entrepreneur et fasciné par la pensée de gagner énormément d'argent.
J'ai donc coaché des PDG et des dirigeants d'entreprise. Je croyais alors poser le cadre du dernier pan de ma carrière professionnelle, mais l'univers avait d'autres projets pour moi. Ce qui m'arrivait sur le plan personnel est venu remettre en cause ce bel ordonnancement.

---

[1] Jean Ferrat – L'adresse du bonheur.
[2] Pour une compréhension plus détaillée du fonctionnement du mental, je vous invite à lire mes deux autres livres : « Se Libérer de la Souffrance et Construire son Bonheur » (disponible uniquement sur Amazon) et «

Mon équilibre psychique s'est modifié vers l'âge de vingt ans, lorsque je me suis rendu compte que j'étais malheureux... Non que je ne le fusse pas auparavant ; simplement, je refusais d'en prendre conscience. Jusqu'à ce moment, tout mon être était tout entier tendu vers l'humour et la dérision : rire et faire rire. Inlassablement. Cette attitude recouvrait tout. Chaque phrase véhiculait une blague, un jeu de mots, une pique... Comment se rendre compte que l'on va si mal quand tout n'est qu'amusement ?

Une fois acceptée cette révélation, j'ai décidé de changer de comportement en m'appuyant sur ce que me renvoyaient mes proches. Beaucoup de courage m'a été nécessaire car mon orgueil (infini, à l'époque) me poussait à me justifier sans cesse, à défendre mes manquements, mes défauts et mes erreurs. J'ai donc *écouté* les critiques à mon endroit, je les ai même suscitées. J'ignorais alors que je ne faisais qu'égratigner le vernis d'une souffrance bien plus profonde.
Et puis j'ai grandi, j'ai vieilli, j'ai entamé une relation avec une compagne, trois enfants sont nés... Ce fut un tournant dans ma vie, car non seulement j'ai cessé ma maigre progression, mais pire encore, ma condition s'est détériorée. Des crises d'angoisse sont apparues, un mal-être diffus. J'étais pris d'assaut par une force destructrice, comme extérieure à moi. Elle survenait sans que je ne sache ni comment, ni pourquoi. Cela s'est amplifié, ma vie devenant finalement une gigantesque crise d'angoisse. Du réveil à l'endormissement, un étau enserrait ma poitrine, ma gorge se nouait. Cette souffrance me poussait à fuir et je fantasmais sur deux issues : une grotte au fond du Larzac ou le suicide... J'ai très sérieusement envisagé les deux.

Le plus difficile à supporter était l'ignorance totale de la cause de ces angoisses. J'étais même incapable de dire en quoi ma vie n'allait pas. J'avais un travail, une femme, des enfants, des amis. J'étais reconnu, apprécié : tout ce qu'il fallait pour être heureux. C'était d'ailleurs là une part importante de mon malaise car il m'était objectivement impossible de me plaindre de quoi que ce soit.

J’avais déjà remarqué ma tendance à quitter les situations agréables. Cependant, s’il m’était aisé de partir sans raison apparente d’une rencontre entre amis, comment justifier à mes propres yeux de quitter femme et enfants sans aucun motif ?

J’ai vécu neuf années dans cette tourmente avant de prendre la décision d’entreprendre une psychanalyse. J’ai choisi cette voie car à cette période de ma vie, c’était le modèle de compréhension le plus élevé qui soit. De plus, il était socialement convenu que l’on pouvait entamer ce genre de démarche sans aller très mal, ce qui préservait mon orgueil. Petit à petit, je me suis stabilisé, j’ai repris un peu de pouvoir sur ma vie en réalisant que jusqu’alors, j’avais été ballotté, incapable de désirer vraiment et de m’imposer.
J’ai donc commencé à travailler dans ce registre, parvenant progressivement à clarifier mes relations et mes positions... Mais ce n’est qu’au terme de six ans et demi de cure, à raison de trois séances par semaine, que j’ai enfin compris la cause de ces terribles angoisses, en lien avec mon père. J’ai tenté de résoudre cette question avec lui, mais hélas, j’ai affronté son mutisme : il refusait de parler. J’étais piégé. Seule demeurait la voie que m’offrait la psychanalyse : apprendre à vivre avec ma souffrance...

Un film sortait sur les écrans à cette époque : « Festen », de Thomas Vinterberg. Ce fut une révélation. Quelque chose s’est ouvert en moi. J’étais pénétré par la conviction que ce film ne parlait pas d’un drame mais d’une libération et je pressentais que la délivrance du héros pouvait devenir la mienne. J’ai décidé de créer celle-ci, puisque rien au monde, à ma connaissance, ne pouvait m’affranchir de ma prison. C’est à cet instant que le premier germe d’une nouvelle technique de libération a levé, bien qu’elle n’existât encore que sous l’aspect d’un rêve diffus.

Si je me suis rapidement libéré, pour autant, plusieurs années se sont écoulées avant que je n’identifie les différents éléments en jeu et la puissance de leur interaction, que je comprenne *pourquoi* cela avait

fonctionné ; qu'à partir de ce que j'avais accompli de manière empirique, se dégage une théorie... puis une technique... et que finalement, le Festen devienne finalement une méthode éprouvée.
Ce livre est le mode d'emploi du Festen. Il contient donc uniquement ce qui est nécessaire à sa mise en œuvre.[2]

[2] Pour une compréhension plus détaillée du fonctionnement du mental, je vous invite à lire mes deux autres livres : « Se Libérer de la Souffrance et Construire son Bonheur » (disponible uniquement sur Amazon) et « Plus de Peurs que de Mal » (éditions Point Vivre).

Première partie : Les quatre moteurs du Festen

Connaissez-vous la peur ? Elle se manifeste sous bien des aspects de la vie quotidienne : peur d'être rejeté, peur d'oser, peur de l'inconnu, peur de manquer, peur de s'engager, peur de déranger, peur de ne pas être à la hauteur... Elle est aussi présente derrière le manque de confiance, la mésestime de soi, le besoin d'être aimé, l'obligation de se saboter, etc.

Le Festen permet de se libérer de son emprise. Faire son Festen, c'est sentir instantanément un allégement. C'est une transformation profonde que l'on vérifie concrètement. Immédiatement, nous nous sentons beaucoup plus détachés. Les propos qui nous blessaient désormais nous indiffèrent. La peur du lendemain a considérablement diminué, voire complètement disparu. Nous ne subissons plus nos émotions. Nous sommes d'un seul coup beaucoup plus conscients, nous discernons les jeux de manipulation qui n'ont plus d'emprise sur nous. Nous ressentons un grand calme, comme si toutes les choses et les événements qui arrivent ne nous touchaient plus de la même manière. La vie devient plus simple. Le témoignage d'une personne à la fin de son parcours résume bien cela à mes yeux : « Je conseille le Festen à toutes celles et ceux qui ne se sentent pas heureux dans leur vie actuelle et qui veulent connaître leur vrai Soi. »

Je précise que la magie du Festen opère pour se libérer de peurs, c'est-à-dire d'interdictions ou d'obligations : interdiction de vivre pour soi, de réussir, d'être heureux... Obligation de se sacrifier, de se saboter, de se dévaloriser, etc. De ce point de vue, les résultats sont impressionnants et quasi miraculeux.
En aucun cas, le Festen ne vous permettra d'apprendre spontanément : s'il vous libère de la peur de l'eau, il ne vous enseigne pas la natation. S'il vous est interdit de jouer du piano alors que vous en avez très envie, vous devrez quand même apprendre le piano. Ce que vous lèverez, c'est l'interdiction d'en jouer. Si vous étiez timide, vous devrez quand même apprendre à oser. Le témoignage de C. est éloquent à ce sujet : « On

aimerait bien avoir un bouton magique ou une pilule miracle qui nous ferait « réussir », « maigrir », « développer notre intuition » ou toute autre chose à laquelle on aspire. Mais c'est un leurre.
Si on travaille régulièrement, si on accepte l'idée que rien ne se fera sans travail et sans efforts, si on garde son intention pure et que l'on accepte qu'il faut du temps, le travail paie et ce qui n'était pas hier, arrive aujourd'hui, sans que l'on sache vraiment pourquoi cela arrive à ce moment-là. Le changement est là. On a l'immense joie de le constater. »

Autre précision, le Festen vous libérera de vos peurs jusqu'à une certaine profondeur. Utilisons une parabole : imaginons que des archéologues connaissent avec une certitude absolue la présence d'un temple ancien, enterré à 20 m de profondeur. De même, ils savent qu'il ne se trouve que de la terre entre celui-ci et la surface.
Ils commencent donc à creuser à la pelleteuse jusqu'à 18 m. Ensuite, ils utilisent des pelles... Et puis, ils travaillent à la truelle, et puis à la petite cuillère, et puis au pinceau... jusqu'à parvenir au temple.

Le Festen est l'équivalent de la pelleteuse. Vous dissolvez la plus grosse partie de vos peurs, et pourtant, vous n'avez pas encore atteint votre but. Il vous faudra continuer d'enlever couche après couche les mensonges qui demeurent, les programmes par défaut, les croyances limitantes... Un jour, vous atteindrez ainsi au plus profond de vous-même la pureté de votre être.
De ce point de vue, disons que le Festen propose le meilleur rapport rapidité/profondeur/intensité que je connaisse pour dissoudre ses peurs.
Cette méthode permet d'obtenir des effets thérapeutiques plutôt impressionnants qui m'ont souvent fait penser au décollage d'une fusée. Elle repose sur un modèle simple qui décrit avec précision la façon dont l'être humain se construit, se structure. Sa mise en œuvre requiert une grande rigueur et suppose l'assemblage de quatre éléments différents. La fusée « Festen » possède en effet quatre moteurs. Tous doivent être allumés le jour de la libération.

1) Premier moteur : La compréhension

Pour vous libérer, vous devez tout d'abord saisir la nature de votre prison, distinguer les schémas, les patterns qui conduisent votre vie, comprendre pourquoi naissent ces peurs et comment elles vous emprisonnent.
Cette compréhension génère en elle-même un effet libérateur car vous remettez en lumière des parties de vous enfouies à une très grande profondeur.

- Le mental

A votre insu, les peurs règnent et vous dirigent. D'où proviennent-elles ? Pour répondre à cette question, il nous faut comprendre que votre prison porte un nom : le mental. Une de mes clientes me confiait : « C'est incroyable, j'ai peur de partir en vacances ! Chaque fois qu'il me faut préparer mes bagages, je me mets à trembler ! » Un autre m'expliquait que dès qu'il commençait une relation amoureuse avec une femme qu'il aimait, une peur terrible montait en lui, alors que lorsqu'il était avec une femme qu'il n'aimait pas, tout allait bien... sauf qu'il ne l'aimait pas ! On appelle cela des peurs irrationnelles. En connaissez-vous ? Peur du conflit, peur d'être jugé, peur d'être abandonné... Il existe un très grand nombre de peurs qui vous inhibent, voire vous entravent.

Comment se fait-il que la peur – qui est au départ un signal d'alerte – devienne un élément qui bloque ou gêne, voire qui soit carrément contraire au bonheur ?
Ces peurs nuisent terriblement lorsqu'elles deviennent des phobies : être victime de claustrophobie ou de troubles obsessionnels compulsifs (TOC) est réellement très handicapant...
D'où viennent ces peurs ? Comment se construit une peur ? Pourquoi cette peur touche-t-elle une personne et pas une autre ?
Avez-vous réellement conscience de la manière dont elles influencent votre vie ? De la façon dont vos comportements sont teintés et parfois entièrement dictés par des peurs ?... Savez-vous que derrière le manque

de confiance se trouve une peur ? Que derrière la tristesse ou la colère, il en va de même ? La plupart du temps, les peurs sont insaisissables, elles se cachent derrière les émotions, impossibles à déceler.
Enfin, même si vous parveniez à les identifier, comment vous en séparer ? Peut-être envisagez-vous votre personnalité comme immuable, votre comportement inchangeable, vos talents et vos défauts permanents : « Je suis comme ça et puis c'est tout ! » Il n'en est rien. En réalité, ce que vous appelez « vous », c'est-à-dire votre personnalité, s'est constitué dans des circonstances mystérieuses.
Comme un arbre pousse et déploie chaque année de nouveaux rameaux, vous vous êtes développé selon un schéma logique qui, à votre insu, vous a formaté, pétri, déterminé. La plupart de ces limites sont imposées par des peurs. Pour comprendre le fonctionnement de l'être humain, il est nécessaire de poser ces peurs sous le microscope et d'examiner leurs modes de construction. Nous comprendrons que pour la plupart, ces peurs qui guident notre vie n'existent pas réellement. Hélas, bien qu'elles ne correspondent à aucune réalité, nous sommes contraints de les considérer comme parfaitement tangibles.

- Les peurs de type 1

Au départ, la peur est un réflexe de type animal. La préoccupation première est de survivre ; c'est le mental qui est chargé de cette mission. Pour comprendre la mission survie du mental, le plus simple est de regarder un animal. Observez un oiseau sauvage en train de picorer dans la nature. Vous ne le verrez jamais donner plusieurs coups de becs d'affilée. Après chaque coup de bec : un regard à gauche, un regard à droite. Chaque seconde est passée au crible d'une question : « Danger ou pas danger » ?
Votre mental agit exactement de la même façon. Dès que vous êtes en interaction avec le monde, le logiciel se déclenche : « Danger ou pas danger » ? En ce moment même, pendant que vous lisez ces lignes, la question est posée. Inlassablement.
Si la réponse donnée à votre mental est « danger », vous avez peur. La peur est un signal qui invite à la réaction : un chien vous attaque, une

voiture vous fonce dessus, un feu se déclare à votre domicile...? Deux solutions s'offrent à vous pour que cesse le danger : la fuite ou l'attaque. Face à l'incendie, vous attaquez les flammes ou vous fuyez.[3] Nommons ces peurs, les peurs de type 1.
Remarquez que dans votre quotidien, les occasions sont rares d'être confronté à des peurs réelles. A moins de choisir sa vie dans ce sens, affronter un lion ou tout autre danger mortel est assez rare dans notre société... Et pourtant, vous passez votre temps à affronter la peur. D'où vient donc cette peur si elle ne provient pas d'un danger réel ?

- Les peurs de type 2

Le mental vous permet de vous repérer, de communiquer et de créer. Pour comprendre son fonctionnement, le plus simple est de le considérer comme un disque dur d'ordinateur.
Au début de la vie, le disque dur est vierge. Contrairement à un disque dur d'ordinateur qu'il faut graver de l'extérieur, le mental se grave lui-même. Le phénomène se produit grâce aux stimuli que lui transmettent les cinq sens.
Ce que vous inscrivez sur votre disque n'est donc pas *le* monde mais ce que vous *percevez* du monde. En conséquence, ce que vous appelez des certitudes ne sont que des *croyances*. Ainsi, un daltonien regardant un objet vert, grave « jaune » sur son mental.
Ces inscriptions sont des pensées. Oui, le mental est composé de pensées ! La première à s'inscrire est bien sûr très fruste mais la deuxième vient s'y connecter, la troisième à ces deux... et ainsi de suite. Toute nouvelle pensée se greffe, se connecte aux autres et forme progressivement un réseau.
Chaque perception supplémentaire venant l'enrichir, celui-ci devient de plus en plus complexe, ainsi que les pensées qui le composent.

Plus les stimuli sont nombreux, plus le réseau se complexifie (une raison de plus de stimuler son enfant)... Les stimuli commencent à prendre un

---

[3] En cas de péril extrême, il est possible d'expérimenter une troisième attitude : la panique. Votre mental est incapable de traiter la donnée car vous êtes confronté à une expérience hors de vos capacités. Vous vous retrouvez alors comme la souris devant le serpent, figé, tremblant et totalement impuissant.

sens : « maman », « papa », « main », « boire »... L'apprentissage débute. Les sons deviennent ensuite des mots, un langage... Les connexions progressent, l'arborescence se développe... Ce réseau devient tellement élaboré qu'il s'organise en une *personnalité !* Elle porte un nom, on l'appelle l'ego. C'est ce que vous appelez... « Moi ». Tout ce que nous appelons notre personnalité, ce qui fait que nous aimons les haricots verts mais pas les carottes, la couleur bleue mais pas la rouge, tous nos penchants, tout cela... n'a pas d'autre consistance que celle de nos pensées.
Ce que vous appelez « moi » n'est qu'un conglomérat de pensées.

La comparaison avec un disque dur d'ordinateur est assez pertinente puisque d'un point de vue technique, la personnalité n'est qu'une IA, une Intelligence Artificielle.
Celle-ci organise le savoir, emmagasine, classifie : le mental n'est rien d'autre qu'une gigantesque base de données qui se classe elle-même. Elle permet d'être au monde en le nommant : ceci est un verre, la sortie est par là, tu t'appelles Michel. Pour vivre, il faut se souvenir et pour cela, il est nécessaire de *nommer* son environnement. Plus la base de données est importante, plus les capacités de se diriger le sont aussi. Enfin, ce qui est gravé sur le disque dur est indestructible. Une fois la croyance « cliquée », elle demeure. Ainsi, le phénomène de l'oubli, contrairement à l'image que l'on en a, n'est pas une disparition, c'est une action du mental qui recouvre un élément d'une sorte de voile. Preuve en est apportée lorsque nous nous souvenons de ce que nous avions oublié...

Examinons ce qui se passe lorsque la mission « survie » rencontre la mission « être au monde » : en cas de danger, la réponse du mental est du type « fuite ou attaque », déclenchée par une peur de type 1.

Pour comprendre l'autre type de peur, imaginons une mère de famille rentrant à son domicile au sortir d'un conflit avec un collègue. Encore sous le coup de la colère, elle découvre son mari vautré dans un fauteuil, bière à la main, devant un match de football. Leur bébé est assis à côté sur le tapis et immédiatement, elle remarque une odeur indiquant qu'il a besoin d'être changé. Face à l'inaction du père, sa colère augmente mais elle va changer son enfant dans la salle de bains. Hélas, comme il n'a pas été changé à temps... la couche déborde. Sans réaliser qu'elle est plus dans sa colère qu'en connexion avec son enfant, elle s'écrie : « Ah, et puis j'en ai marre que tu sois plein de m... ! »

A cet instant, ce bébé est confronté à une peur terrible. Pour la comprendre, il faut remonter à sa naissance. A ce moment, il était en dépendance totale pour deux choses essentielles :

- La sécurité. Il est aisé de comprendre qu'abandonné sans nourriture et sans vêtements, il est rapidement en danger de mort.
- L'amour. Il a été démontré qu'un bébé, qui ne recevait aucune attention autre que le nourrir et le changer (et si ces activités sont effectuées sans affects), mourait. C'est aussi simple que cela.

Un être humain, dès sa naissance, doit absolument recevoir amour et sécurité. *Absolument*. Ce terme est fondamental. Du point de vue du mental, *il a autant besoin d'amour et de sécurité que d'air pour respirer*.

Pour posséder l'assurance de toujours bénéficier de ces deux attributs, il grave sur son mental deux croyances : maman = amour, papa = sécurité. Tout part de cette construction.

Le mental ne pouvant générer aucune croyance spontanée (chacune provient d'un stimulus ou d'un modèle extérieur), ces croyances ataviques émanent donc d'un endroit extérieur à lui-même : l'inconscient collectif.

Cette notion a été mise en évidence par Carl Gustav Jung. Le collectif possède un inconscient au même titre que l'individu. Tout le monde baigne dans cet inconscient, comme un buvard dans l'encre. Si vous trempez un buvard blanc dans l'encre bleue, vous direz « le buvard est bleu »... Non, le buvard est toujours blanc, c'est l'encre qui est bleue. Il *devient* bleu, coloré par l'encre. Cette image représente parfaitement le fonctionnement de l'humanité. L'inconscient collectif colore tout, sans que la personne qui baigne dedans ait conscience d'y être immergée.

Partout sur terre, lorsque naît un bébé, il s'imprègne de : maman = amour, papa = sécurité[4]. Bien sûr, papa est aussi porteur d'amour et maman de sécurité, mais, de la même façon qu'en vous il y a du masculin et du féminin, vous êtes bien une femme ou un homme. C'est tranché de la même façon en chacun de nous : maman = amour, papa = sécurité.

Gravée à l'insu de ce nourrisson, cette pensée a un revers : ces deux éléments doivent toujours demeurer présents, *c'est vital*. Il en a absolument besoin. En manquer signifie être en danger de mort !
Sur la table à langer, au moment où sa mère cède à la colère, le bébé perd subitement « maman = amour ». Face au danger de mort, le mental sonne l'alarme... Hélas, le bébé ne peut ni fuir, ni attaquer, il est piégé. Il se trouve face à une singularité, c'est-à-dire une impossibilité, un paradoxe ingérable. Sur son disque dur est gravé « maman = amour » et dans la réalité, il vit exactement le contraire : « Maman = *pas* amour ».

Le logiciel survie se déclenche pour sauver la vie de ce bébé, mais comment faire sans la fuite ou l'attaque à disposition ? Son premier réflexe est de supprimer tout bonnement « maman = pas amour ». Pour cela, il déplace cette réalité insupportable dans une région du mental appelée « l'inconscient ».
Il existe une sorte de frontière sur le disque dur. De la même façon que le défenseur du château-fort refoule l'assaillant, le mental refoule cette réalité hors des limites du conscient, de l'autre côté de la « frontière ».
C'est pourquoi les psychanalystes nomment cela un refoulement.
A chaque fois que nécessaire, cette solution est utilisée (ceci explique que nombre de personnes ont « oublié » une grosse part de leur enfance)... Néanmoins, cette stratégie ne fonctionne parfaitement qu'en cas de traumatisme ponctuel. Les thérapeutes connaissent régulièrement le cas de femmes abusées *une seule fois* lors de leur

[4] Il convient de modérer cela pour les nations premières, ou les peuples premiers, qui possèdent leur propre inconscient collectif (cf. infra : la Loi Symbolique).

enfance et qui n'en gardent aucun souvenir. Ceci se révélera lors de cauchemars, d'une séance d'hypnose, etc. Pour autant, si cette réalité disparaît de la conscience, elle continue d'agir, de peser sur la personne à son insu.
Par ailleurs, cette solution est insuffisante en cas de danger chronique. Si cette mère crie régulièrement sur son enfant, il peut refouler inlassablement, le danger revient de même. Le logiciel survie doit donc passer à un autre niveau de protection.

Ne pouvant accepter le manque, il le *justifie*. Pour cela, il travestit la réalité, il crée un mensonge : « Si maman me crie dessus, c'est de ma faute, c'est que je suis indigne d'amour. » *Il s'accuse de ce qu'il subit.* Une fois le mensonge créé, la nouvelle réalité dit : « Maman = pas amour *à cause de moi* », donc : « Maman = toujours amour » !
Chaque fois que « maman = amour » et/ou « papa = sécurité » ont été défaillants, *vous vous êtes accusé de ce que vous subissiez*. Pour cela, vous avez créé des mensonges. Chaque fois, vous avez modifié la réalité, en en créant une autre de toutes pièces et en vous obligeant à y croire.

Notons qu'en s'accusant, ce bébé crée une peur. Devenu indigne d'amour, il a peur que sa maman ne l'aime pas. Pour conserver *l'idée* de l'amour de sa mère, il crée la peur de ne plus le recevoir.
La peur, qui au départ était un signal de danger (type 1), et donc *la cause* d'une réaction, est devenue *la conséquence* d'un mensonge. Nommons-là peur de type 2.
Le problème est que le mental ne fait aucune différence entre une peur de type 1 et une peur de type 2. L'une comme l'autre sont des signaux de danger, *même si la peur de type 2 est une illusion.*
Voilà la raison de vos peurs. Vous êtes envahi de peurs multiples parce que vous les avez créées *en tant que solution*. C'est vous qui vous faites peur !
De plus, la création du mensonge engendre un dommage collatéral : le mensonge doit devenir vrai.
Imaginons qu'un père traite inlassablement son fils de vaurien ; face à cette insécurité manifeste, le mental utilise la procédure standard : il

refoule ce qui est possible, puis construit le mensonge suivant : « Si papa me dit que je suis un vaurien, c'est qu'il a raison : je suis un vaurien ». Il conserve ainsi l'illusion de la sécurité. Mais si ensuite, cet enfant est toujours premier en classe et le meilleur ami de tout le monde, il démontre dans la réalité qu'il n'est pas un vaurien, contredisant ainsi le mensonge. Il lui faut donc rendre le mensonge vrai, et pour cela *devenir* un vaurien : se comporter comme un délinquant, sécher l'école... Bref, faire le vaurien. Et comme le père dira : « Je l'avais bien dit : c'est un vaurien », se crée une spirale négative, renforcée en permanence et simultanément par le père et le fils.

En faisant cela, cet enfant altère, fausse la réalité, la distord en deux endroits :
- Il se dit que son père assure sa sécurité, alors que c'est faux.
- Il se dit vaurien, alors que c'est faux.

Chaque fois que vous vous êtes accusé de ce que vous subissiez, chaque fois que vous avez créé une peur, chaque fois, vous avez tordu la réalité. Cette torsion, ce remplacement du monde réel par un monde imaginaire porte un nom : la névrose... Et nous sommes tous névrosés, parce qu'il n'existe tout simplement pas de parents infaillibles.
Pour manifester cette nouvelle réalité au quotidien, c'est comme si vous accrochiez à votre insu un panneau autour de votre cou, indiquant ce que vous désirez qu'il advienne. Si par exemple, vous aviez un parent violent (cf. ce chapitre), vous avez construit le mensonge « je mérite d'être maltraité ».
Sans en avoir conscience, vous inscrivez sur votre panneau « maltraitez-moi »... Comme vous l'avez remarqué, vous trouvez dans notre monde énormément de personnes pour vous rendre ce « service ».

Une fois le mensonge créé, le mental est confronté à un nouveau problème : il ne peut y croire. Comment ce bébé sur la table à langer peut-il se faire croire qu'il est indigne d'amour ? S'il regarde en lui, il ne voit que pureté... Il lui est impossible d'admettre le contraire, cela ne trouvant absolument aucun écho en lui.

Une autre opération est donc nécessaire pour autoriser la croyance, pour accepter cette réalité nouvelle.

Un lien énergétique unit ce bébé et sa mère. Cheminant le long de ce lien, le mental s'empare d'un morceau (énergétique lui aussi) de la mère et le dépose en lui. Si cette mère crie sur son enfant, il y a une partie, un morceau d'elle, qui n'aime pas son enfant. Si elle aimait son enfant à 100 %, crier sur lui serait impossible.
Comment est-il possible qu'une mère n'aime pas totalement son enfant ? Tout simplement parce qu'elle-même a dû créer ses propres mensonges et les rendre vrais pour conserver « maman = amour ; papa = sécurité », eux-mêmes ayant créé des mensonges pour garder « maman = amour ; papa = sécurité » qui eux-mêmes... qui eux-mêmes... Ce sont ainsi des générations et des générations de mensonges empilés les uns sur les autres qui sont transmis de génération en génération... Comme des virus informatiques.
Ce morceau que l'enfant a intégré agit comme une sorte de relais et émet désormais *en lui* : « Je suis indigne d'amour ». Le mensonge est devenu crédible.
Hélas, cela déclenche deux nouveaux dommages collatéraux.
Tout d'abord, pour tout ce qui concerne la dignité d'amour, cet enfant n'est plus aux commandes de sa vie, c'est le fragment de sa mère qui le dirige. Par le biais de ce morceau, c'est sa mère qui commande ses choix.

Par ailleurs, une sorte d'échange en découle car prendre un morceau l'oblige à en donner un autre en contrepartie. En effet, s'il est indigne d'amour, que faire de l'amour qui est en lui ? Il n'a plus lieu d'être. Il le remet alors à sa mère, se départissant de quelque chose de pourtant essentiel à son fonctionnement.
L'ayant perdu, il va le mendier durant toute sa vie, d'abord auprès de sa mère, puis ensuite auprès des femmes qu'il rencontrera. Il cesse ainsi d'être une montagne d'amour pour devenir un gouffre à combler.

Cette contrepartie fonctionne à chaque fois. Si par exemple, votre père vous dévalorisait, dès l'instant où vous avez pris le morceau, vous vous

êtes départi de votre valeur, comme si vous la lui donniez. A l'image d'un soldat signant sa reddition perd son pouvoir, vous avez renoncé à votre nature.
Imaginez-vous tout ce que vous avez perdu de cette manière ? Estime de vous, reconnaissance, valeur, amour, puissance, affirmation de vous : la liste est longue, si longue qu'en vérité, vous ne pouvez l'appréhender. Heureusement, ceci remontera à votre conscience lorsque vous construirez votre cérémonie.

En résumé, chaque fois que « maman = amour et papa = sécurité » ont été défaillants, chaque fois, vous vous êtes accusé de ce que vous subissiez, chaque fois vous avez pris un morceau de vos parents en vous et chaque fois vous vous êtes départi d'un attribut correspondant. Ce sont ces morceaux qui décident de vos comportements et vous contraignent à des actions contraires à votre bonheur. Et chacun d'eux génère une peur.
Combien de mensonges avez-vous créés ? Avez-vous idée du nombre de peurs qui vous habitent, qui vous commandent ? Vous pensez guider votre vie mais, en réalité, vos peurs vous dirigent sans que vous en ayez la moindre conscience.

Ces peurs sont organisées hiérarchiquement entre elles. La plus forte commande à la plus petite. S'il y a le feu chez vous, au troisième étage, et que vous avez plus peur du feu que du vide, vous sautez ; si vous avez plus peur du vide que du feu, vous restez. Entre deux périls, vous choisissez le moindre. Il en va de même pour les peurs de type 2 comme pour les peurs de type 1.
Pour appréhender leur organisation (leur hiérarchie), il est utile de se représenter un arbre.
Une peur commande à toutes les autres : c'est le tronc de l'arbre des peurs. Vous avez ensuite les branches maîtresses qui ne cèderont en priorité que devant le tronc. Le tronc et les branches maîtresses sont indestructibles : ce sont les peurs centrales. Vous avez grandi autour d'elles, vous vous êtes structuré à partir d'elles.

Viennent ensuite les branches, les branchettes et les feuilles, que je nomme les peurs subséquentes. Ce sont les peurs, les mensonges que vous construisez pour faire tenir les peurs centrales. Imaginez qu'un matin, vous n'avez pas envie d'aller au travail. Vous appelez en expliquant que vous êtes souffrant et que vous serez de retour le jour suivant. Lorsque vous arrivez le lendemain, quelqu'un vous demande : « Ca va mieux ?... » Evidemment, vous êtes piégé ! Si vous souhaitez garder le premier mensonge « vrai », il va vous falloir enchérir avec un autre : « Oui, je vais mieux. » Chaque branche maîtresse génère ses propres peurs subséquentes ; c'est ce qui fait qu'à partir d'une quinzaine de peurs centrales, vous en construisez des dizaines.

Le mensonge que vous construisez est plus ou moins « intense ». Si votre père vous crie dessus parce que vous êtes trop lent à son goût pour attacher vos lacets, vous devez tordre la réalité pour rétablir « papa = sécurité ». Vous créez : « Je ne suis pas assez rapide », cela ne remet pas en cause le fondement de votre vie. Si, par contre, votre père vous frappe à coups de ceinturon parce que vous avez renversé de l'eau sur la table, imaginez la torsion que vous devez créer dans la réalité pour conserver « papa = sécurité ». *Plus le traumatisme est grave, plus le mensonge est profond et plus la peur est indéracinable.*

- Un univers tordu

Conservons notre exemple de l'enfant sur la table à langer : « Je suis indigne d'amour ». Cette nouvelle croyance devient une branche maîtresse. Elle devient une pierre angulaire de son identité : il *est* indigne d'amour.
Au quotidien, dès qu'une situation se profile où il est question d'être aimé, le mental pose la fameuse question « danger ou pas danger ? ». Danger de quoi ? *Danger que le mensonge devienne faux.* Si ce garçon, devenu grand, se fait aimer, cela signifie qu'il est digne d'amour, et le mensonge original ne tient plus. Or, le mensonge doit rester vrai ! Il doit toujours rester actif, même 10 ans après, même 50 ans après. Alors que le péril n'existe plus, la solution (la peur) reste active. Le mental la

rejouera indéfiniment : indigne d'amour tu es, indigne d'amour tu resteras. Jusqu'au bout.
Donc, au moment de se faire aimer, ce garçon se débrouille, *à son insu*, pour faire échouer sa tentative car il doit rester fidèle au mensonge. C'est devenu sa structure[5].
Il ne comprend pas pourquoi il lui est impossible de se lier avec une femme ou bien s'il y parvient, c'est avec une femme qui le déconsidère... Qui plus est, s'il noue une relation avec une femme qui le rabaisse, le mental donne son accord car le mensonge est vérifié ; si elle change son regard et commence à l'aimer pour ce qu'il est, il doit la quitter !

C'est comme une sorte de rupteur qui se déclenche. Comme un « tilt » au flipper interrompt la partie, le mental enclenche un programme d'auto-sabotage. Bien entendu, la partie consciente en est mécontente car elle *veut* réussir. Ce garçon le crie à lui-même et à la face du monde : « Je veux être aimé ! », mais c'est la partie inconsciente qui détient les commandes.
Vous croyez voir le monde tel qu'il est mais vous n'avez accès qu'à ce qui demeure à l'intérieur des limites déterminées par vos mensonges. Votre monde est tronqué, vous voyez la vie à travers un prisme déformant, sans avoir aucunement conscience de cette déformation.

La vie n'est pas un film dont vous êtes un acteur, votre vie est un film dont vous êtes le projecteur !
Si vous avez créé la peur des chiens, vous projetez votre peur dessus lorsque vous en rencontrez un, et vous dites : « Le chien me fait peur ». En fait, vous regardez ce chien à travers le prisme de votre peur, mais étant inconscient, vous jurez en toute honnêteté que c'est LA réalité. N'allez pas croire que ce phénomène existe à la marge de votre vie. En réalité, plus de 95 % de votre monde est distordu.
Les peurs recouvrent la quasi totalité de la conscience. Tant que l'on n'a pas effectué de travail pour se libérer de ses peurs, on n'a accès qu'à 5 % de la réalité qui nous entoure. On se croit libre, en fait, on est perdu.

---

[5] Lorsqu'un psychologue dit d'un enfant : « Il a une structure abandonnique », cela signifie qu'il doit sans cesse rejouer l'abandon pour conserver un mensonge vrai.

C'est ce « trou » dans la conscience qui crée en nous cette sensation de malaise, que « quelque chose ne va pas », un sentiment diffus qui ne repose sur rien, dont nous sommes même gênés de parler.

2) Deuxième moteur : la symbolique

Comment le mental s'y prend-il pour se faire obéir ? Comment vous oblige-t-il à des comportements contraires à votre bonheur ?
Dans la réalité, rien ne vous oblige, rien ne vous contraint... En fait, le mental n'intervient pas au niveau de la réalité, mais sur un autre niveau que l'on nomme le niveau symbolique. La libération passe par la prise en compte de cette dimension de la structure humaine.

- La Loi Symbolique

Durant son évolution sociale, l'être humain a développé des comportements vis-à-vis de ses congénères.
Pour fluidifier les relations, génération après génération, les humains ont élaboré des codes de conduite, des règles tacites (c'est-à-dire non écrites) qui ont fait petit à petit office de loi. On l'appelle la Loi Symbolique.
Elle porte ce nom parce qu'elle est fondée sur des symboles. Un symbole est une chose qui en représente une autre. Il s'agit souvent d'un objet ou d'un animal qui représente une idée ou un concept. Une chose concrète évoque une chose abstraite. Ainsi, le lion est le symbole de la puissance et la colombe, le symbole de la paix.
Ces symboles possèdent deux propriétés :
1) Ils sont partagés par tous dans un même système (un système est l'énergie manifestée par un ensemble de personnes regroupées autour d'une « entité » qui peut être une culture, un pays, un village, une entreprise, un club, une famille, etc.).
Ainsi, roter à table est symbole d'impolitesse dans une culture, dans une autre, c'est le contraire ; à systèmes différents, symboles différents, bien que ce soit le même comportement.
2) Nous sommes prisonniers des symboles.
Il est impossible de voir une colombe et que cela évoque la guerre. Qu'on l'ait appris ou non n'y change rien parce que ces symboles font partie de l'inconscient collectif et même, ils *sont* l'inconscient collectif.

Les trois principaux articles de la Loi Symbolique Universelle
Article 1 : « Tu respecteras tes parents ». Les parents sont symboles de respect. On retrouve cela sur la Terre entière. Tous les peuples, tous les textes fondateurs le proclament : « Tu dois respecter tes parents ».
Remarquons qu'il n'est pas énoncé « tu dois aimer tes parents », aimer n'est pas obligatoire, seul le respect est requis.
Article 2 : « Maman = amour ; papa = sécurité ». C'est une des lois fondamentales qui concerne au départ les parents... Elle stipule que « si tu es un père, tu dois la sécurité à ton clan ; tu es le garant de la sécurité », c'est-à-dire « tu dois nourriture et protection ». « Si tu es une mère, tu dois l'amour à ton clan. Tu es la garante que l'amour circule entre tous les membres du clan. »
Article 3 : « Tu ne feras pas l'amour avec quelqu'un de ta famille. » C'est la fameuse loi de l'inceste qui préserve l'espèce de la consanguinité et du repli sur elle-même.

Lorsque la Loi Symbolique[6] est défaillante, une loi *réelle* est créée pour compenser, pour réparer. Une loi qui prend place dans un code : pénal, civil, etc. ou dans un règlement. Ainsi, lorsque les gens commencent à vouloir consommer sans payer, on crée le délit de grivèlerie.
Plus nous avançons dans l'histoire, plus nous nous référons aux lois réelles... Et plus nous dédaignons la Loi Symbolique. Ce délitement est terrible car en nous éloignant de plus en plus d'elle, nous nous éloignons de notre humanité... Et c'est bien dommage car la symbolique possède une puissance énorme qui joue un rôle central dans la stratégie du mental pour gérer les peurs.

- La puissance de la symbolique

Pour appréhender la puissance de la symbolique, examinons une institution haute en symboles : le mariage.
Le mariage civil est une cérémonie qui se déroule à la mairie. Si vous avez assisté à des mariages en France, peut-être avez-vous déjà vu la

[6] Pour des raisons de compréhension et de différenciation, nous écrirons toujours Loi Symbolique avec des majuscules et loi réelle avec des minuscules.

dernière personne pénétrant dans la salle vouloir fermer la porte, et le maire demander : « Non, s'il vous plaît, laissez ouvert. » Il en est ainsi parce que (en France, tout du moins) si la porte est fermée, le mariage est nul. C'est la loi. Nous voyons par cet exemple comment la loi réelle est issue de la Loi Symbolique. La porte ouverte est le *symbole* que le mariage est public. Cela signifie au niveau symbolique que n'importe qui peut y assister. La porte ouverte nous rappelle que selon la Loi Symbolique, on ne se marie pas devant le maire, mais *à la face du monde*.

Le mariage est aussi attesté socialement. Des bans sont publiés et des témoins engagent leur nom, attestant que le mariage a bien eu lieu. Un officier (généralement le maire) prononce un discours sur les devoirs entre mari et femme, lit certains articles du code civil, puis demande à la future épouse : « Mademoiselle X, voulez-vous prendre pour époux Monsieur Y ? (Oui) ; Monsieur Y, voulez-vous prendre pour épouse Mademoiselle X ? (Oui) ... Au nom de la loi, je vous déclare unis par les liens du mariage. » A cet instant, au moment précis où cette phrase est prononcée, quelque chose se passe au niveau symbolique : instantanément, ces deux personnes sont unies plus fortement que si on les avait menottées ensemble ! Instantanément, elles connaissent la marque du changement. Rien n'est changé, et pourtant, *tout est changé !*

Amusez-vous à demander aux mariés à la sortie de la mairie ce qu'ils ressentent... Chaque fois, il vous sera répondu : « C'est bizarre, parce je vois bien qu'il n'y a rien de différent... et pourtant, si ; je ne peux le déterminer, mais oui, il s'est passé quelque chose ! »

Nous voyons tout simplement les deux niveaux : réalité et symbolique. Au niveau réel, rien n'est changé (ils n'ont rien en plus ou en moins) mais au niveau symbolique, *tout* est changé. Au niveau symbolique, ils sont liés l'un à l'autre.

Voilà la puissance des symboles : une cérémonie, des témoins, une parole... Et deux personnes se retrouvent attachées.

- Loi Symbolique et loi réelle

Comparons maintenant la puissance de la Loi Symbolique avec la puissance de la loi réelle.
Suivons ces époux... jusqu'au divorce. Il se déroule au tribunal d'instance, devant un juge aux affaires familiales. Celui-ci lit la convention, puis prononce le divorce. Ces époux sont donc officiellement séparés par la loi réelle ; mais la Loi Symbolique dit autre chose car s'ils sont divorcés, ils ne sont pas *désunis*. Ce qui a été tissé à la mairie est toujours actif. Ce qui a été fait n'a pas été défait.
On le vérifie dans les deux grands cas de figure des divorces : la guerre ou la paix.
Avez-vous remarqué que la plupart du temps, la guerre continue après la séparation ? Pourtant, le divorce équivaut à un armistice qui, logiquement, signifie la fin du conflit. L'animosité se perpétue simplement parce qu'au niveau symbolique, l'armistice n'est pas signé. Au niveau symbolique, *ces personnes sont toujours unies*.
De même, lorsque les gens divorcent dans la paix, il n'est pas rare d'assister à la manifestation de symboles. Ainsi, celui qui part demande à la même femme de ménage d'intervenir à son nouveau domicile. Elle devient ainsi le trait *d'union* entre les deux... On peut partager de cette façon la voiture, le chien, etc.
Que le divorce ait lieu dans la guerre ou dans la paix, remarquez que ces comportements sont inconscients. La partie inconsciente du mental oblige à poser une action et la partie consciente vient ensuite la rationaliser.

De ces exemples, nous retirons deux enseignements. Tout d'abord : *la symbolique est plus puissante que la réalité.*
Le second : notre société privilégie la réalité au détriment de la symbolique. Nous avons presque totalement évincé la symbolique de notre société. Si nous étions plus reliés à la Loi Symbolique, nous serions beaucoup plus reliés à la vie, à la réalité humaine plutôt qu'aux aspects formels et déshumanisants. Si les choses étaient envisagées ainsi

dans le cas de la séparation, peut-être y aurait-il un divorce au tribunal mais aussi une désunion à la mairie. Les portes seraient ouvertes et en présence des témoins, le maire dirait « Madame X, voulez-vous vous désunir de Monsieur Y ? Monsieur Y, voulez-vous vous désunir de Madame X ?... Au nom de la loi, je vous déclare désunis des liens du mariage ! » Instantanément, la séparation serait effective !
En devenant de plus en plus légaliste, notre société se coupe de plus en plus de son humanité et nous assistons à de plus en plus d'injustices commises au nom de la loi. Plutôt que de nous poser la question « est-ce que c'est légal ? », pourrions-nous demander « est-ce que cela resserre nos liens, est-ce que cela nous rend plus heureux ? » Mais nous sommes désormais dans un cercle infernal : plus la Loi Symbolique se délite, plus nous nous coupons de la vie ; plus nous renforçons la loi réelle et plus la Loi Symbolique se délite...
Malgré la volonté de rationaliser (voire de nier), par la loi réelle, des choses qui ne peuvent l'être, tels que le bonheur, le lien social, la vitalité, etc., la symbolique reste centrale dans notre vie et bien plus puissante qu'on ne peut l'imaginer !

3) Troisième moteur : Les émotions

Les émotions sont fondamentales en raison de deux propriétés :
- Elles sont l'expression la plus pure de votre vérité la plus profonde. Lorsque vous ressentez une émotion, vous êtes certain de sa plus grande justesse.
- Elles empruntent un autre chemin que celui du mental, car elles sont générées par des molécules chimiques relâchées par certaines de vos glandes. Ce sont des drogues envoyées à très faible dose par votre corps en fonction des situations que vous vivez.

On nomme intelligence émotionnelle la capacité à utiliser ses émotions.

- Vous êtes guidé

Les émotions sont des messages. Chaque jour, vous poursuivez – sans en avoir forcément conscience – des milliers d'objectifs (ainsi, lorsque vous prenez votre tasse de café, vous poursuivez un objectif). Vos émotions vous guident et le principe est simple : quand vous vous rapprochez de votre objectif, vous recevez une émotion positive ; si vous vous en éloignez, vous recevez une émotion négative.
Cela signifie donc que l'on peut séparer les émotions en deux grandes familles : les positives et les négatives.

Lorsque vous êtes dans le registre positif, vous êtes dans le registre de *l'amour*. Derrière le contentement, la satisfaction ou la joie, il y a *toujours* de l'amour. Lorsque vous êtes dans le registre négatif, vous êtes dans le registre de *la peur*. Derrière la honte, la tristesse ou la colère, il y a *toujours* de la peur. Même si vous n'en avez pas conscience.
Les émotions positives sont porteuses d'un message générique : « C'est bon pour toi, continue », sous-entendu : « Modélise ce que tu as fait pour atteindre ce résultat, pour le reproduire à l'envi. »
Les émotions négatives sont aussi porteuses d'un message générique : « Tu es dans une situation indésirable, rectifie. » En langage plus trivial : « Tu es en train de te planter, bouge tes fesses. »

- Chaque message est invariable (une émotion veut toujours dire la même chose).
- Chaque message est universel (le message de la colère est identique à Paris, New York ou Tombouctou).
- L'intensité de l'émotion est proportionnelle à l'intensité de l'objectif. Vous attachez votre lacet, petite émotion, vous décrochez le job de vos rêves, grande émotion.
- L'émotion est précise. Lorsqu'elle est négative, elle vous dit en quoi la situation est indésirable et comment en sortir (ou quel choix vous avez).

- Accepter, améliorer, quitter

Penchons-nous sur les émotions négatives qui sont les plus riches d'enseignement. Pour cela, repartons de « situation indésirable ». Lorsque vous êtes dans une telle situation, vous avez trois solutions pour en sortir : *accepter, améliorer, quitter*.
Votre chef vous ordonne de ranger votre bureau car ce désordre ne correspond pas à sa vision des choses : vous ressentez de l'agacement. Soit vous acceptez ses remontrances, soit vous tentez de changer son point de vue... ou bien vous partez.
Au moment où vous choisissez votre solution, vous envoyez à votre corps l'information que le message a été entendu et qu'il peut être arrêté. Vous transmutez l'émotion, c'est-à-dire que la drogue est évacuée de votre corps : vous n'êtes plus agacé.
Cependant, il vous est possible de ne choisir *aucune* de ces trois solutions : vous n'acceptez pas les critiques, vous ne dites rien et vous restez.

- Stress et plainte

Le message de l'agacement est : « Tu es en train de te faire envahir. » Si vous manquez d'intelligence émotionnelle, vous ignorez le message (vous ignorez même qu'il s'agit d'un message) ; votre corps, vous voyant faire la sourde oreille, vous envoie alors un message plus intense, plus fort : la colère. Sans réaction de votre part, il continue d'envoyer le message, encore et encore... Les émotions étant des messages chimiques relâchés dans votre corps, les drogues s'accumulent... Cet amoncellement porte un nom : *le stress*. Comme il ne s'évacue pas naturellement, votre mental vous aide en utilisant une quatrième solution : la plainte. Elle permet d'évacuer une part du stress mais elle est totalement stérile, puisque de l'autre côté, la drogue générée par la colère continue d'affluer.

- L'identification aux émotions

Le manque d'intelligence émotionnelle conduit aussi à s'identifier : vous *devenez* l'émotion ! L'expression du sud de la France « je suis colère ! » l'illustre parfaitement. Etre stupide émotionnellement se paye au prix fort. Chaque fois que vous dites : « Je *suis* triste, je *suis* honteux, je *suis* contrarié », vous collez à l'émotion, vous vous confondez avec elle. Vous en êtes prisonnier parce que vous êtes devenu la demeure de l'émotion. Dès cet instant, vous êtes mené par le bout du nez par vos émotions. Vous en devenez le jouet. Une fois calmé, on regrette ce que l'on a dit ou fait sous le coup de la colère, mais trop tard...

Nombre de techniques existent pour maîtriser ses émotions mais c'est une fausse solution à un problème mal posé. Il ne s'agit pas de les maîtriser, il s'agit de les *écouter* !

Cependant, tant que l'émotion négative réside en vous, comme une sorte d'alien intangible, il est extrêmement difficile de lui échapper. Il s'agit donc dans un premier temps de renvoyer l'émotion à sa source. Nous verrons comment dans la construction de la cérémonie.

Ensuite, il est possible de devenir intelligent émotionnellement, c'est-à-dire de se dissocier de son émotion. Voyez-vous la différence entre « j'en ai marre de lui ! » et « mon corps m'envoie la colère, quel en est le message » ?

- Emotions et sentiments

Il existe quatre émotions de base : la joie, la colère, la tristesse et la peur. Les dizaines d'autres sont plutôt des sentiments. Un sentiment est une émotion déjà colorée par le mental, déjà analysée, en quelque sorte. Si, par exemple, vous ressentez de la contrariété, le message est qu'une force contraire vous bloque (contrariété = contraire). C'est votre mental qui analyse la situation et transforme le message pour le préciser.

- Emotions en écho

Une émotion peut être déclenchée par une situation réelle (une personne vous bloque le passage), mais aussi par un souvenir, un écho d'une situation antérieure similaire ; à ce moment-là, l'émotion renvoie à un traumatisme passé (quelqu'un passe sans vous saluer, vous vous sentez rejeté... bien que ce ne soit pas son intention). C'est le symbole qui a été pris en compte, pas la réalité. Ce symbole « excite » l'émotion dormante bloquée en vous, et la réactive instantanément.
Compte tenu de ce que nous avons déjà examiné, vous comprenez aisément que la plupart de vos émotions négatives sont issues de ces réactivations.

En libérant ces émotions, vous dissoudrez les associations aberrantes, hors de propos et vos émotions à venir correspondront enfin à la réalité de ce que vous vivez dans l'instant présent. Exemple : quelqu'un passe sans vous saluer et vous ne ressentez rien.
En devenant intelligent émotionnellement, vous résoudrez 99 % de vos problèmes relationnels.[7] Tout d'abord, vous écouterez les messages que vous envoie votre corps et par ailleurs, vous serez capable de discerner immédiatement si votre émotion correspond à une situation réelle ou à un souvenir. Il vous sera donc beaucoup plus facile de construire une stratégie basée sur la réalité en vue d'atteindre un objectif conscientisé.
Dans ce travail, vous allez identifier les émotions correspondant à chaque situation pour décoder ce que vous disait votre corps au moment où vous avez construit le mensonge. Vous comprendrez que votre corps et votre mental sont en totale opposition : le premier vous dit la vérité et le second un mensonge. Hélas, pour l'instant, c'est votre mental et le mensonge qui l'emportent.

---

[7] Vous trouverez le détail de cette technique dans mon premier livre « Se Libérer de la Souffrance et Construire son Bonheur », disponible sur Amazon, et un résumé à la fin de celui-ci, dans l'annexe consacrée au décodage des émotions.

4) Quatrième moteur : l'énergie

Accordons-nous un détour par un livre d'une grande symbolique : « *Le Seigneur des anneaux* » de John Tolkien. Cet auteur imagine un monde peuplé d'elfes, d'hommes, de nains, de hobbits et de méchants orques. Dans ce pays, il a été donné aux différents peuples des anneaux de pouvoirs pour les aider... Mais le méchant, Sauron, a forgé en secret un autre anneau qui commande aux premiers : « ... et un anneau pour les commander tous ».
Cet anneau maléfique fut forgé de la lave d'un volcan situé au pays des méchants, baptisé « la montagne du destin ». Après avoir refroidi, il est devenu indestructible. Ni le feu, ni le froid, ni le choc ne peuvent seulement l'entamer ! Indestructible... sauf s'il est rejeté dans le volcan d'où il est issu. Toute la quête du Seigneur des anneaux est l'histoire de Frodon, le héros, qui va traverser maints périls pour finalement détruire l'anneau en le jetant dans la lave du volcan... Ou plutôt *pour ne pas parvenir à le jeter !*
A force d'avoir porté cet anneau maléfique, Frodon a été envoûté par lui, si bien qu'il ne veut plus s'en séparer. Il faut l'intervention inespérée de Gollum (l'être qui détenait l'anneau auparavant et qui cherche à le récupérer), qui le lui vole et qui, au cours de la lutte, tombe dans la lave, entraînant dans sa chute l'anneau maléfique.

De la même manière, les peurs gravées sur le mental sont indestructibles. Lorsqu'une peur est forgée, c'est dans un flamboiement énorme d'énergie. Imaginez l'intensité de peur chez un nourrisson lorsque sa mère lui crie dessus et qu'il grave « je suis indigne d'amour ». La puissance de l'énergie qui « forge » le mensonge est colossale car elle est proportionnelle à la force de cohésion qui maintient ce bébé au monde par la croyance « maman = amour ; papa = sécurité ».
Pour rompre la cohésion entre les molécules d'une feuille de papier, il suffit d'apporter peu d'énergie. La feuille se déchire aisément et peu d'énergie se dégage de ce déchirement. Pour casser un atome en deux, la

quantité d'énergie nécessaire est énorme et sa dislocation en dégage aussi énormément.
La force qui structure vos mensonges est très élevée, c'est une force de cohésion très dense. La dissoudre suppose d'utiliser pour cela une grande quantité d'énergie.
La lave représente cette température énergétique nécessaire à la dissolution des peurs. L'anneau symbolise ce que vous restituez à vos parents, ces morceaux implantés pour vous accuser de ce que vous avez subi.

Pour vous libérer, il vous faut donc rendre à vos parents les morceaux que vous leur avez pris, tout en faisant monter la température énergétique jusqu'au point de fusion des peurs.

Deuxième partie : Festen, la genèse

1) Histoire d'une prison

Je suis né en 1956 dans un petit hameau de l'Yonne, en France, composé de sept ou huit maisons... Septième enfant d'une fratrie de huit, je suis né dans ce qui est communément nommé « un secret de polichinelle », que tout le monde connaît mais dont personne ne parle. Le secret ? Mon père n'est pas mon géniteur. Je suis issu d'une relation extraconjugale entre le fermier voisin et ma mère. Personne ne m'en a jamais parlé clairement, bien que petit, j'entendisse des « blagues » à ce sujet qui circulaient plus ou moins ouvertement. Mes parents eux-mêmes n'en ont jamais parlé ensemble.
Examinons tout d'abord, hypothèse improbable, ce qui serait advenu s'ils avaient échangé à propos de cet adultère. L'initiative serait revenue à ma mère, bien sûr : « Je suis enceinte d'un autre homme. » Mon père aurait été obligé de se manifester, ne serait-ce que par la parole... Il n'en fut rien. La seule action fut posée par ma mère, m'attribuant les prénoms inversés de mon père. Norbert André devient André Norbert, comme un accord tacite validant le silence : je portais les prénoms de mon père, donc mon père était mon père.

Mon père, de son côté, eut une étrange réaction... C'était un homme bourru et d'une violence silencieuse, bien qu'il ne levât jamais la main sur nous, et qui ne s'est occupé d'aucun de ses enfants... hormis moi. Il ne voulait pas qu'il fut dit dans le village qu'il me délaissait, imaginant que cela révélerait son cocufiage. Stratégie de courte vue, d'ailleurs, puisque les commentaires allaient bon train, le ridiculisant de s'occuper du seul enfant qui n'était pas de lui. Ce détail est important car dans la réalité, mon père s'est occupé de moi. Sans la compréhension du fonctionnement du niveau symbolique, il est impossible de comprendre l'origine de ma souffrance. Si l'on s'attache à la seule réalité, j'avais un toit, de la nourriture, de l'attention, une famille, bref, tout ce qu'il fallait pour être heureux...

La Loi Symbolique est très claire au sujet de la filiation. Elle stipule qu'un enfant devient un fils ou une fille lorsqu'il est *nommé* par le père… et les liens du sang n'ont rien à y voir ! Qu'un homme dise à un enfant : « Tu es mon fils », il le *devient*. Bien sûr, les liens du sang favorisent et simplifient la reconnaissance puisque le père se sait père.
N'ayant pas été nommé, je n'étais donc personne au regard de la Loi Symbolique.
La loi réelle, quant à elle, énonce que mon père avait trois mois après ma naissance pour déposer un recours en désaveu de paternité ; mon géniteur était tenu au même délai pour déposer un recours en demande de reconnaissance de paternité. Passé ce délai, j'ai obtenu de fait (sans qu'aucune démarche ne soit nécessaire) ce qui est nommé « la possession d'état » (sous-entendu : d'état civil) : André Charbonnier je suis, et plus personne ne peut me le retirer.
La loi réelle dit : « Tu es quelqu'un ». La Loi Symbolique dit : « Tu n'es personne ». Puisque la symbolique est plus puissante que la réalité, le résultat est que je ne suis personne.

- Le mental prend le pouvoir

Les conséquences de ce non-dit sont dramatiques pour moi. En premier lieu, je ne suis pas à ma place. Je me vis comme un imposteur. Je vis avec la peur abjecte chevillée au corps : celle d'être démasqué. Pour cette raison, il va me falloir me rendre discret car par-dessus tout, j'ai peur d'entendre une phrase (que j'ai retrouvée sur le divan de l'analyse) : « Si tu n'es pas content, retourne d'où tu viens ! » Je ne vois donc d'autre solution que de me rabaisser : interdit de me rebiffer devant mes aînés ou toute personne susceptible de prononcer la sentence.
Je développe aussi le talent de réactivité : pas question de me faire surprendre en flagrant délit d'imposture. Je suis sur le qui-vive en permanence, mais de façon inconsciente bien entendu. Je construis également le talent de me faire aimer car assurément, je ne vais jamais demander si l'on m'aime : j'ai bien trop peur de la réponse !

Tout ceci n'est pas fait pour me détendre, mais il y a plus. Comme nous l'avons vu, mon mental doit trouver des solutions face au manque de sécurité. En premier lieu, je m'accuse de ce que je subis : « Si je ne suis pas reconnu, c'est que je ne le mérite pas, c'est que je ne suis personne. » Ensuite, il convient de rendre vrai le mensonge. Mais à part mourir, comment manifester que je ne suis personne ?
Pour résoudre cette impossibilité, mon mental trouve une astuce : il crée un personnage derrière lequel me cacher : le clown. Je me souviens de scènes à l'âge de deux ans (que je peux dater en fonction des endroits où j'ai habité) où je fais déjà rire tout le monde.
Cette stratégie demeurera jusqu'à mes 43 ans. A chaque instant de ma vie, le clown est aux commandes. Peut-être pensez-vous que ce n'est pas si terrible de rire inlassablement de tout, mais en réalité, cela complique énormément la tâche pour devenir adulte.
Par ailleurs, n'étant personne, il m'est interdit de penser par moi-même, d'avoir des opinions car sinon, j'acquiers une identité. La solution est de devenir un perroquet, un mime. Je répète ce que j'entends, je fais semblant d'élaborer, mais je ne fais que reprendre les idées des autres car pour ma part, je n'ai aucune pensée originale.
Enfin, il m'est interdit d'accéder à la connaissance car si tel était le cas, je deviendrais un sujet pensant.
Au final, et pour schématiser, il m'est interdit de marcher sur la chaussée, parmi les autres. Je dois métaphoriquement avancer sur le bas-côté, laissant le clown avancer seul sur le chemin.

Utilisons l'exemple de la connaissance pour comprendre comment le mental prend le pouvoir et peut nous obliger à des actions contraires à notre bonheur.
Que j'ouvre une bande dessinée, je la lis aisément, j'en retire du plaisir, et tout va pour le mieux. Par contre, que j'ouvre un livre « de connaissances » (de philosophie, par exemple), et arrivé au bas de la première page, j'ignore totalement ce que j'ai lu. Je peux lire cette fichue première page vingt fois de suite, vingt fois ce sera la même chose : impossible d'inscrire en moi la moindre parcelle de ce texte.

Il en est ainsi parce que « bande dessinée » est un symbole d'amusement, d'enfantillage. Le droit de comprendre m'est accordé car « je ne suis personne » reste vrai. A contrario, un livre de philosophie est un symbole de connaissance... Si j'intègre ce contenu, je deviens quelqu'un. Mon mental sonne l'alerte car le mensonge devient faux.

Le mental passe chaque seconde au crible de la question « danger ou pas danger ». Ceux qui, naturellement, devraient être évalués, ce sont les dangers réels... Mais dès qu'un mensonge est créé, une nouvelle question est traitée par le mental : ce mensonge demeure-t-il vrai ou devient-il faux ?
J'ai construit le mensonge de n'être personne pour conserver l'illusion que mon père me tenait en sécurité. S'il reste vrai, je me considère en sécurité, qu'il devienne faux et la sécurité disparaît.

- Les symboles mènent la danse

« Danger ou pas danger » concerne donc désormais deux registres.
Pour le premier, les dangers réels, aucune difficulté particulière : le mental joue son rôle naturel.
Pour le second, en revanche, il doit établir des critères pour déterminer si le mensonge reste vrai ou s'il devient faux : pour cela, il se réfère *aux symboles !*
Ce qui établit si la situation est en accord avec le mensonge, ce sont des symboles. Le mental observe le monde alentour, que ce soit des choses concrètes (un objet, une voiture, une maison, etc.) ou abstraites (une parole, un montant de salaire, une position hiérarchique, etc.), les traite en tant que symboles et formule son diagnostic.
Bande dessinée : symbole d'amusement, d'enfantillage. Le mensonge est confirmé.
Philosophie : symbole de connaissance. Le mensonge est invalidé.
Dès qu'un objet, une personne, ou une situation vient symboliser le contraire du mensonge, *il y a obligation de sabotage !*
Voilà pourquoi je n'ai rien retenu de ce que l'on m'a enseigné, cela m'était interdit. Mon mental surveillait chaque symbole, m'interdisant

l'accès à la connaissance *en marchant sur le chemin*, c'est-à-dire de façon « officielle ». L'école, les livres étaient catalogués comme tels : le sabotage était obligatoire. En classe, il m'était impossible de me concentrer sur les propos du professeur plus de quelques instants ; mon esprit partait incessamment en vagabondage dans des rêves très éloignés du contenu du cours.
Mon mental était par contre d'accord pour grappiller, apprendre au détour d'une conversation ou dans un entretien, à condition qu'il ne fasse pas partie d'une formation. C'est ainsi que j'ai énormément appris des psychanalystes avec qui j'ai travaillé en tant qu'éducateur ; le symbole était parfait pour mon mental car je pouvais me faire croire qu'il ne s'agissait que d'une discussion ce qui, d'une certaine façon, était le cas.
Tout apprentissage « officiel » devait générer le sabotage, c'était plus fort que moi, plus fort que mon envie d'apprendre.

- Les trois types de sabotage

Sabotage direct

Mlle V. a construit comme mensonge : « Interdiction de vivre pour moi-même ». Dès son plus jeune âge, elle apprend le violoncelle et les circonstances de la vie lui offrent la possibilité quelques années plus tard de bénéficier de cours particuliers avec un grand maître. Très talentueuse, elle progresse et obtient son diplôme de concertiste, promise à une carrière internationale. A ce moment-là, elle range son violoncelle dans son étui et cesse complètement d'en jouer... Elle le ressortira après son Festen.
Tant qu'elle est en formation, son mental considère que le mensonge reste vrai car elle n'utilise pas son talent pour se créer une place ; si elle fait carrière, le mensonge devient faux, elle doit par conséquent se saboter.

Sabotage indirect – le système réticulaire activateur

M. B. s'est créé l'interdiction de faire sa vie avec une belle femme. Ceci lui pose un problème insoluble puisque consciemment, c'est ce qu'il

désire. Il y a donc une partie consciente qui veut plus que tout atteindre l'objectif et une partie inconsciente qui impose le contraire.
C'est à cet endroit que prend racine le « c'est plus fort que moi ». Vous voulez réussir, vous voulez vous affirmer, vous voulez être reconnu, vous voulez être aimé, etc. Hélas, obéir aux mensonges signifie exactement le contraire.[8]
S'il ne possédait que la fonction « sabotage direct », M. B. passerait son temps à séduire des belles femmes pour, immédiatement après, saboter l'entreprise.
Pour éviter une vie de sabotages permanents, le mental utilise une fonction du cerveau : le système réticulaire activateur. Celui-ci permet de trier dans son environnement les informations nécessaires parmi les milliers qui se présentent. Le cerveau reçoit 400 milliards de bits (de renseignements) par seconde... Il en traite « seulement » 2000.
Vous achetez une nouvelle paire de chaussures et en sortant du magasin, vous les remarquez aux pieds d'autres personnes. Vous avez programmé inconsciemment votre système réticulaire activateur pour qu'il vous les mette en évidence.
Vous pouvez faire l'expérience de le programmer *consciemment* : par exemple, vous dites : « Trie-moi tous les barbus » et vous verrez des barbus partout. En fait, il n'y aura pas plus de barbus que d'habitude, simplement, vous les verrez tous.
A l'inverse, vous pouvez le programmer inconsciemment pour vous cacher quelque chose : « Fais-moi disparaître tous les barbus ! » Dans ce cas, en vue d'une « disparition », la programmation ne peut être qu'inconsciente car sinon, vous tombez dans le registre du paradoxe : « Ne pense pas à un nuage rose ! » et forcément...

M. B. le programme en lui demandant de trier toutes les belles femmes... Et de les faire disparaître de sa vue ! C'est une forme d'auto hypnose qui fonctionne parfaitement car à partir de cet instant, ces femmes n'existent plus à ses yeux, *sans qu'il en soit conscient*. Il peut

[8] Vous trouverez le mécanisme de cette construction dans le chapitre sur la puberté.

désormais se saboter tranquillement puisqu'il choisira obligatoirement parmi les autres.

Au service de votre sabotage, le système réticulaire activateur vous permet de prendre les mauvaises directions, les emplois les moins intéressants, les compagnes ou compagnons qui ne vous correspondent pas, etc.
Vous avez donc une partie inconsciente qui, pour conserver les mensonges intacts, travaille à votre destruction. Plus précisément, cette partie est neutre, elle est au service de votre mental et si elle reçoit l'ordre de détruire, elle le fait.
Imaginez maintenant votre libération, la dissolution de vos mensonges... Vous aurez le droit d'être libre, orienté vers la réussite. Vous pourrez donc programmer votre système réticulaire activateur pour que cette partie inconsciente travaille avec la même puissance et la même efficacité à votre élévation et votre réalisation.

Sabotage par annulation
Il est interdit à Mme G. de réussir. Après avoir erré dans divers petits jobs, elle finit par créer une société dans l'événementiel et ses compétences lui permettent de réussir. Elle commence à gagner des sommes assez conséquentes mais lorsqu'elle vient me trouver, elle est en perdition car « l'argent lui brûle les doigts » et elle connaît plus de difficultés financières que lorsqu'elle était pauvre.
L'argent étant un symbole très fort de succès, son mental l'oblige à le dilapider, annulant ainsi la réussite et conservant donc le mensonge intact.

- La symbolique est tout

Les plus grandes stars défrayent souvent la chronique par des attitudes ou des comportements démesurés, voire parfois outranciers. On pense à l'attitude de Serge Gainsbourg sur les plateaux de télévision, ses surenchères, comme s'il fallait toujours chercher plus loin... Mais chercher quoi ? Il possédait tout au niveau matériel, au niveau réel :

l'argent, la gloire, les conquêtes... Et pourtant, il lui manquait quelque chose. Sa quête restait stérile et ne pouvait connaître d'issue favorable car son manque se situait au niveau symbolique et non au niveau réel.

Dans son livre « Les 5 langages de l'amour », Gary Chapman décrit les différentes façons que l'on a de se sentir aimé.[9] L'auteur cite en exemple un couple venu le voir en tant que thérapeute. Ils sont au bord de la rupture. Elle dit que son mari ne l'aime pas, qu'il ne fait rien pour le montrer, qu'il ne passe pas de temps avec elle... Lui rétorque que c'est faux et injuste, qu'il l'aide à faire le ménage, la lessive et tout un tas de services de ce genre mais que rien n'y fait, sa femme est toujours insatisfaite.

En fait, ils ne parlent pas le même langage. Pour lui, le symbole de l'amour partagé en couple, ce sont les services rendus ; il lui parle donc ce langage. Elle s'exprime dans un autre langage. Ce qui symbolise l'amour pour elle, ce sont les moments de qualité. Elle attend donc de recevoir cela. Ils s'aiment et pourtant, l'usure du temps aidant, ils sont au bord du divorce. Dans la réalité, ils s'aiment mais ce n'est pas manifesté au niveau symbolique (nous voyons la preuve ici que chaque personne est un système. Chacun possède ses propres symboles et dans cet exemple, ils diffèrent).

En énonçant : « La symbolique est plus puissante que la réalité », je suis donc encore loin du compte. En vérité, du point de vue du mental, *la symbolique est tout et la réalité n'est rien !*[10]
La réalité ne compte pour rien. Cela signifie aussi que vous êtes peut-être dans une situation similaire à la mienne, enfant : dans la réalité, vous n'avez pas de quoi vous plaindre. Cela peut être utilisé de deux façons par votre mental :

[9] Si vous voulez faire décoller votre couple ou le sauver s'il est en péril, je vous en recommande vivement la lecture.
[10] Bien entendu, je parle ici de votre construction intérieure, sinon, vous allez rétorquer que lorsque vous prenez un coup de marteau sur les doigts, la réalité compte pour beaucoup...

- Vous vous dites qu'à côté d'autres personnes, vous auriez l'impression d'exagérer en disant que vous allez mal, parce que « franchement, il n'y a pas de quoi fouetter un chat ».
- Vous vous faites croire que vous allez bien en vous focalisant sur la réalité... « J'ai eu une enfance heureuse, j'avais tout ce qu'il me fallait. » Vous découvrirez un peu plus loin que ce sont des stratégies de votre mental pour conserver les mensonges intacts... C'est pour cette raison qu'il vous faut absolument examiner votre situation du point de vue symbolique, plutôt qu'à partir de la réalité.

- Un mensonge projeté sur le monde

Vous croyez être au monde et appréhender une réalité extérieure, alors que c'est votre mental qui projette sa question « danger ou pas danger » sur votre monde. Vous êtes semblable à la chauve-souris qui projette son cri ultrasonique et se dirige grâce à l'écho reçu en retour des objets qu'il a touchés. Vous projetez vos mensonges devant vous, la réalité qui se trouve là vous renvoie à un écho et ce que votre mental analyse en retour, c'est la signature *symbolique* de cette réalité. Si le symbole renvoie « le mensonge reste vrai », vous acceptez cette réalité ; si le symbole renvoie « le mensonge ne tient plus », *vous êtes obligé de repeindre la réalité pour la rendre menaçante* et puis, vous vous sabotez.

Comme la plupart de ce qui vous entoure fait symbole et que les mensonges sont innombrables, vous passez inconsciemment votre temps à distordre la réalité. Cela signifie (le plus souvent) que vous devez détourner votre regard du symbole en désaccord avec le mensonge, le faire disparaître de votre vie.
Vous utilisez pour cela votre système réticulaire activateur.
Reprenons l'exemple de l'enfant indigne d'amour. Il programme : « Trie toutes les situations où je suis aimé. » Ensuite, il projette son mensonge et trie les symboles en retour. Si le symbole confirme l'amour, il se détourne ou bien il se sabote. Il évolue donc dans un monde sans amour sans avoir conscience qu'il n'existe que pour lui, qu'il fabrique lui-même

sa réalité. Il dira, en toute franchise : « Personne ne m'aime, c'est la réalité ! »
C'est le sens du proverbe africain : « Il y a ta vérité, il y a ma vérité et il y a LA vérité ».
Vous comprenez maintenant que LA vérité, personne n'y a jamais accès avec son mental car elle est forcément tronquée, altérée.
Vous vous promenez donc dans la vie, triant les symboles sans vous rendre compte de ceux que vous éliminez puisque pour vous, *ils n'existent pas* !
On peut aussi l'exprimer différemment : ce à quoi vous portez attention devient votre réalité... Et tant que vous êtes prisonnier de votre mental, vous ignorez que vous êtes en train de vous focaliser sur quelque chose pour éviter de regarder ailleurs.
Vous n'avez aucune conscience que vous êtes en train de trier votre réalité. Cela détermine vos pensées, vos paroles et vos comportements. J'appelle ça : *les programmes par défaut.*[11]
Vous libérer permet de supprimer ces programmes inconscients. Vous récupérez donc votre capacité à voir le monde tel qu'il est.

- Une souffrance volontaire

Vous créez votre réalité. A chaque instant. Voilà pourquoi *chacun est responsable des résultats qu'il obtient !* Inutile d'accuser les autres ou les circonstances, si cela vous arrive, c'est parce que vous l'avez créé. Vous pouvez ne pas le croire parce que l'idée que vous créez votre propre malheur est tout simplement insupportable. Vous vous refusez à accepter que vous fabriquez volontairement votre souffrance. C'est pour cette raison que vous niez votre inconscient, que vous vous réfugiez derrière des formulations du style : « Je ne suis pas fou quand même, je ne vais pas me faire du mal volontairement ! » ; ce qui fait que vous êtes finalement le plus ardent défenseur de votre mental tyrannique. Vous confondez simplement volontaire et conscient. Vous créez votre malheur volontairement... et inconsciemment.

[11] Dans un ordinateur, un programme par défaut s'ouvre sans que vous ayez besoin de le lancer. Par exemple, votre navigateur Internet s'ouvre par défaut.

La première chose pour vous libérer est d'admettre que vous êtes en prison ; la seconde, de reconnaître que vous la créez vous-même.

- Une prison sans murs

Voilà donc votre prison. Vous êtes prisonnier de peurs, de mensonges imaginés par votre mental... *et totalement obsolètes !* A moins d'être encore un petit enfant, vous n'avez plus besoin de la sécurité de votre père et de l'amour de votre mère. Vos mensonges sont désormais inutiles. Si tant est qu'ils le fussent un jour car ils ne sont qu'une gigantesque supercherie.
Reprenons ma peur d'entendre la phrase fatidique : « Si tu n'es pas content, retourne d'où tu viens. » Lorsque je me suis libéré, mes frères et sœurs sont venus à moi pour me dire : « Mais jamais nous n'aurions pensé à te rejeter, pour nous, tu es notre frère ! » Ainsi, mon mental a construit la peur d'être rejeté sur de l'imaginaire ! Uniquement parce que je croyais n'être personne et/ou un imposteur et que, *forcément*, ils allaient vouloir m'exclure. Mon mental avait désigné mes frères comme symboles de menace mais, dans la réalité, je n'étais aucunement en danger. Non seulement la majeure partie de vos peurs est de type 2, c'est-à-dire illusoire, mais de plus, la raison pour laquelle vous les avez créées l'est bien souvent aussi.

Vous libérer, c'est vous libérer des symboles, c'est revenir à la réalité et la traiter sans œillères, sans filtres. En conscience. 95 % de vos actions sont dictées à votre insu par votre inconscient, pour que vous restiez fidèle à ce qui n'est finalement qu'illusion. C'est énorme. Derrière chacune de vos souffrances, derrière chacune de vos plaintes, chacun de vos drames, il y a une peur, il y a un mensonge. Mésestime de soi, surpoids, phobies, peur des hommes, des femmes, peur de manquer, manque de confiance en soi, manque d'assurance, peur de l'échec, peur de réussir... Des dizaines et des dizaines de peurs ! Chaque fois, derrière la souffrance, une peur et derrière la peur, un mensonge.

Vous vivez dans une prison, vous interdisant certains comportements et vous contraignant à d'autres ; vous vivez votre vie vous croyant libre mais vous n'êtes que le pantin de votre mental. Vous vivez dans une prison dont vous ne voyez pas les murs... Et pour cause : ils sont à l'intérieur de vous.
A votre insu, même si cela vous nuit, même si cela vous pèse, même si cela vous coûte, vous devez obéir. Vos névroses ne sont que des interdictions et des obligations qui protègent des mensonges et des illusions. Les symboles en sont les gardiens.

2) Histoire d'une libération

- Anesthésié

Comment ai-je grandi dans ces mensonges ? Mal, forcément. Très agité, toujours en marge, quémandant inlassablement l'attention, la reconnaissance et me débrouillant toujours pour me faire exclure. N'ayant pas été reconnu, pas désigné en tant que fils, j'ai construit : « Je n'ai pas le droit d'être reconnu » et la peur associée : « J'ai peur de n'être pas reconnu. » J'étais donc habité d'une soif de reconnaissance. Je la mendiais partout, sans arrêt, de façon détournée, notamment auprès d'hommes qui pouvaient symboliquement jouer le rôle de pères de substitution. Si d'aventure, quelqu'un me l'exprimait, j'en étais ravi... au niveau conscient. Mais au niveau inconscient, rien n'allait plus car se manifestait un symbole opposé au mensonge ! Je devais donc me saboter.
Sans que je pusse en expliquer les raisons, je disparaissais de la vie de cette personne (ou je m'arrangeais pour qu'elle disparaisse de la mienne). Imaginez une personne mendiant de l'argent retirer sa main au moment où quelqu'un lui tend une pièce. Absurde, n'est-ce pas ? C'est pourtant notre vie à tous.

Ma souffrance a pris une autre tournure vers l'âge de onze ans à la mort de ma mère. Au niveau symbolique, ce fut un énorme choc car je perdais ma seule alliée potentielle (du point de vue de mon mental)... Mon père n'était pas mon père, mes frères et sœurs n'étaient pas mes frères et sœurs, mais ma mère, c'était ma mère ! Même si elle m'avait joué un vilain tour en se taisant, peut-être aurait-elle pris ma défense en cas de rejet...
De plus, je perdais alors toute chance de résoudre mon problème puisqu'elle était la seule dont j'aurais pu espérer la révélation du secret. Tout ceci se déroulant au niveau inconscient, bien évidemment.
Le choc fut tel que je ne pus le gérer. Mon mental m'a alors aidé en me coupant de toute émotion, un peu comme on supprimerait les terminaisons nerveuses d'un grand brûlé pour qu'il cesse de souffrir. A

l'annonce de son décès, je n'ai rien ressenti. Vide. Je n'ai pleuré sa mort que 30 ans plus tard, sur le divan de l'analyse.

Au niveau symbolique, la gestion du quotidien devint problématique : je n'étais personne, je n'avais pas d'opinion, de pensée propre et désormais, je ne ressentais plus rien. Il pouvait arriver les pires choses autour de moi : je restais froid comme du marbre. Si par exemple, on me montrait une peinture en me demandant mon sentiment, j'étais incapable de répondre. Pour vivre malgré tout, j'utilisais le mime et le clown.
Je plaisantais sans arrêt, faisant rire tout le monde. Mon système réticulaire activateur se chargeait d'écarter de ma conscience tout signe de souffrance, de manque. Tout allait bien.

- Le défaut de la cuirasse

Comme je l'ai mentionné, un tournant s'est présenté vers l'âge de 20 ans. Des retours d'amis, des remarques sur ma personnalité, mon comportement, petit à petit, ont pénétré ma cuirasse. Je l'ignorais à l'époque, mais je commençais à m'approcher de ce gouffre au milieu de moi-même et j'étais dégoûté de ce vide, de cette mort en moi.

Je pris la décision de changer. A l'époque, cela signifiait pour moi accéder à des relations plus harmonieuses avec les autres. Je visais l'humilité et l'authenticité et souhaitais rectifier mes comportements. Je désirais ardemment cesser de m'inventer ces histoires que je racontais ensuite aux autres comme si je cherchais à me créer une vie venant se substituer à ma non-vie.
J'y ai travaillé. Pour cela, il m'a fallu du courage. Beaucoup de courage. Il me fallait m'ouvrir aux critiques, aux réflexions et, plus encore, les solliciter... J'ignorais que je ne faisais qu'effleurer la surface d'une problématique enfouie bien plus profondément.

- Une souffrance aveugle

Ma vie a pris un nouveau virage lorsqu'à 28 ans, j'ai vécu pour la première fois en couple. Trois enfants sont nés... A partir de ce moment, ma souffrance s'est démultipliée.
Ce n'est que bien plus tard que j'en ai compris la raison : au niveau symbolique, je n'étais pas un fils, comment être père ? C'était tout simplement impossible car j'étais vide. Il me manquait quelque chose et j'ignorais que cela me manquait.[12]

Une fois encore, remarquons la différence entre le niveau réel et le niveau symbolique. Dans la réalité, j'étais déjà éducateur et je connaissais la panoplie théorique d'un vrai père : rassurer, limiter, stimuler, et réellement, je le mettais en pratique, mais rien n'y faisait... Quelque chose dysfonctionnait, mais impossible de mettre le doigt dessus... Je me retrouvais dans certaines situations à hurler sur mes enfants de façon incroyable ! Il fallait parfois que ma compagne m'arrête, tant mes réaction étaient disproportionnées. Dans ces moments, j'étais uniquement focalisé sur leur manque d'obéissance ou leur mauvaise volonté. Ce qui m'était inaccessible, c'est qu'en vérité, il m'était insupportable de n'être pas écouté, obéi. Il m'était impossible de percevoir que derrière cette intolérance, se trouvait la peur d'être impuissant, d'être démasqué. Je ne pouvais comprendre que c'était pour compenser cette sensation d'impuissance que je criais, que j'utilisais la violence.
J'étais complètement perdu et pire que tout, j'ignorais que j'étais perdu. Une angoisse sans nom me serrait la poitrine et j'en ignorais totalement l'origine.

L'intensité de ma souffrance a finalement dépassé la force de mes résistances (cette interdiction de mon mental inconscient de remettre en cause les mensonges) et j'ai décidé d'entamer une analyse pour accéder aux racines de mon mal-être.

---

[12] Vous en comprendrez la raison en lisant le chapitre sur le père vide.

J'avais choisi un psychanalyste qui parlait et qui m'a aidé, petit à petit, à traiter dans la réalité les dossiers qui me causaient malaise et frustration. Ainsi, je venais de prendre des fonctions de responsable d'équipe et il était compliqué pour moi de diriger. Comment donner des ordres clairs lorsqu'on se sent illégitime et qu'on a peur d'être rejeté ? L'analyse m'aidait, mais le principe même de la technique implique énormément de temps car c'est l'analysant qui doit trouver son chemin, sa question... Et s'il souhaite aborder un tout autre sujet, l'analyste laissera faire (plus ou moins, en fonction de son école et de sa personnalité).

- La révélation

Il m'a fallu plus de six ans. C'est grâce à un rêve que j'ai finalement compris comment je m'étais structuré. Une nuit, je me suis réveillé en larmes (moi qui étais totalement vide d'émotions), avec la conviction que ma vie entière était dans ce rêve et qu'il me fallait le noter. Je me suis levé et j'ai écrit. Le papier était littéralement trempé de mes larmes... Et je ne comprenais pas un traître mot de ce que je rédigeais.
J'ai bien sûr apporté ce rêve sur le divan. Des semaines de travail m'ont été nécessaires pour qu'un jour enfin, le déclic se produise.
Instantanément, j'ai réalisé que j'avais toujours su ! Des blagues entendues enfant me sont revenues, des allusions dans les réunions de famille... L'évidence.
J'ai compris que n'ayant pas été nommé par mon père, je n'avais aucune existence symbolique dans la lignée des Charbonnier.
Cette prise de conscience ne m'a cependant apporté aucun soulagement. Savoir ne suffit pas et je souffrais toujours du manque d'être nommé. Je dépendais pour cela de mon père, puisque lui seul détenait le pouvoir de me désigner. Il me fallait donc lui demander de m'inclure dans sa lignée, ou de m'en exclure, auquel cas, j'eusse été projeté dans la lignée symbolique de ma mère (je ne comptais pas sur la lignée de mon géniteur).

Je me suis préparé consciencieusement à notre rencontre car je savais que l'affaire serait délicate ; en effet, ma mère, morte depuis plus de trente ans, était idéalisée par toute la famille. Hors de question de porter atteinte à son image. Hélas, malgré toutes mes précautions, je me suis fait rembarrer : « C'est impossible, j'avais confiance en ta mère, il est impossible qu'elle ait fait ça ! » J'eus beau insister, je ne récoltai qu'un : « Fiche-moi le camp et si c'est pour me reparler de ça, ce n'est pas le peine de revenir. »
J'étais bloqué mais il me restait une carte à jouer. Des éléments – mis en lumière par ma prise de conscience – me laissaient penser que ma tante, la sœur cadette de ma mère, était au courant. Elle habitait toujours dans cette région de l'Yonne où je suis né.
Lorsque je lui ai demandé, elle m'a répondu qu'effectivement, sa sœur lui en avait fait la révélation lorsqu'elle était enceinte de moi, me confirmant que mon géniteur était bien l'homme auquel je pensais.
Il se trouve que cet homme habitait toujours la région. Il avait été marié, avait trois enfants et sa femme était décédée. Grâce à l'intercession de ma tante, j'ai pris contact avec lui. La rencontre s'est très bien déroulée ; il reconnaissait tout à fait les faits et je crois qu'il appréciait ce que j'étais devenu. Nous nous sommes revus plusieurs fois et lorsque la confiance fut là, je lui fis part de ma situation et de l'impasse dans laquelle je me trouvais. Je sollicitais alors son aide en lui demandant s'il acceptait que nous réalisions des tests ADN pour prouver à mon père la véracité de mes dires. Il a accepté.
A la réception des résultats, qui confirmaient sa paternité, je suis retourné voir mon père avec ces éléments nouveaux. Las, une fois encore, je me suis fait éconduire : « Je n'étais au courant de rien, je ne veux pas en parler, fiche-moi le camp ! »

- Festen

J'étais bloqué. Je ne me voyais pourtant pas exister avec le seul espoir que la psychanalyse me laissait : apprendre à vivre avec cette souffrance. C'est à ce moment que j'ai repensé à ce film vu quelques semaines auparavant : « Festen », de Thomas Vinterberg.

L'histoire : un patriarche, père de quatre enfants et patron d'un grand hôtel du Danemark, organise une grande fête – festen, en danois – pour ses 60 ans. Christian, l'aîné des enfants, est chargé par son père de dire quelques mots au cours du dîner, sur sa sœur jumelle qui s'est suicidée un an plus tôt.
Mais ce qu'il annonce alors à la cantonade, c'est que lorsqu'ils étaient enfants, chaque jour, le père les emmenait dans la salle de bains, sa sœur jumelle et lui, et les violait...
Tout le film nous montre comment Christian, parce qu'il dérange, est rabroué, maltraité, frappé par les membres du clan familial – même attaché à un arbre – et comment il va faire face, tenir et faire éclater la vérité devant l'assemblée.
En voyant ce film, j'avais compris qu'au moment où le père reconnaissait les faits, c'est comme si Christian lui rendait l'horreur vécue : « Cette saleté est à toi, je n'y suis pour rien, alors reprends-la ! »

Lorsque je me suis retrouvé bloqué, j'ai compris que rien ne pouvait me libérer. Seul mon père pouvait le faire et pour cela, je devais créer les conditions de cette libération. Cette pensée est montée en moi comme un geyser : « Je vais leur faire mon Festen, aux Charbonnier. » Je dis *les* Charbonnier car la quasi-totalité de ma famille était liguée pour me faire taire. Maman était morte depuis 30 ans, quasiment élevée au rang de sainte par le roman familial et il était impensable, inadmissible, que j'en ternisse l'icône.
Pour préparer l'intervention que j'avais imaginée, j'ai dans un premier temps écrit un livret d'une cinquantaine de pages, où je racontais ma vie, vue de l'intérieur : mes ressentis, ma souffrance et le point de blocage où j'avais abouti. Je l'ai adressé à mon père et à mes frères et sœurs, en leur précisant que j'allais avoir besoin de leur aide. Mon père m'a fait savoir qu'il n'avait même pas ouvert l'enveloppe.
A cette époque, la famille se réunissait chaque année durant le week-end de la Pentecôte. Mon père, ses huit enfants, leur conjoint/e, les petits-enfants et les arrière-petits-enfants... Près de 50 personnes.

J'y suis allé avec mes trois fils (je m'étais séparé de leur mère quelques mois auparavant) à qui j'avais expliqué ce que j'allais faire et qui avaient lu mon livret.

La réunion se déroulait dans une propriété de campagne. Lorsque je suis arrivé, je me suis vu interpelé par la moitié de la famille : « Que cherches-tu ? Veux-tu tuer papa ? » Pourquoi uniquement la moitié ? Parce que plusieurs de mes frères et sœurs avaient tout simplement caché l'écrit à leur conjoint. Nous voyons là l'ardeur avec laquelle le mental défend les mensonges et comment le système (ici, une famille) fait de même. La stratégie première réside dans le non-dit : tant qu'on n'en parle pas, le problème n'existe pas. Pour défendre ce silence, le système n'hésite pas à recourir à la violence s'il le faut. Le film « Festen » le souligne bien lorsque les convives continuent de fonctionner comme si de rien n'était. Christian ne démordant pas, il est frappé et ligoté à un arbre dans la forêt.
Il m'a fallu toute ma force, ma détermination, pour tenir tête et rester centré sur mon objectif car c'était plutôt de soutien dont j'avais besoin, tant j'étais remué à l'intérieur. J'ai dû ensuite patienter jusqu'au repas du soir. Je me suis organisé pour être assis à la droite de mon père ; mes enfants étaient non loin de là. J'ai encore attendu ce moment symbolique « entre la poire et le fromage »... Et enfin, l'instant est là.

Rassemblant tout mon courage, je me lève, faisant tinter le couteau sur le verre, provoquant un silence total. En quelques mots, je résume la situation, en précisant que j'ai maintenant besoin de leur aide. Je me tourne alors vers mon père : « Papa, tu me dis que tu ignorais les faits. Très bien. Aujourd'hui, tu les connais. Tu as vu les résultats des tests ADN qui le prouvent. Alors, à présent que tu es au courant, devant tout le monde assemblé, je te pose la question : est-ce que je suis ton fils, oui ou non ? »
Et là, mon père, tête basse, ne pipe pas un mot. Un peu désemparé, je le sollicite de nouveau, mais toujours aucune réaction : pas un fichu mot, pas un regard. Rien.

A cet instant, je sens une force immense monter en moi : comme une colère froide et très intense, une infinie certitude ! Il va répondre, cette fois-ci ! Il s'est assez défilé. Aujourd'hui, je le convoque et il doit assumer !... Tout à mon affaire, je ne réalise pas qu'en fait, je le place dans une situation terrible. Il s'était caché la vérité toute sa vie et moi, en le confrontant en public, je représentais une menace qu'il était incapable de traiter...
Je sens cette énergie se communiquer à la salle, les gens commencent à pleurer, mes enfants sont en larmes... Je hausse le ton, mais sans plus de résultats. Je commence même à crier, mais rien n'y fait !... J'insiste malgré tout, je me vois crier de plus en plus fort. Je ne veux pas envisager l'échec mais rien ne bouge. La puissance initiale est toujours là mais je la sens se fracturer et le désespoir monter en moi. Le temps est figé...
Aujourd'hui encore, je me revois, debout, les bras ballants, m'abîmant dans la détresse amère de la défaite, une pensée tournant en boucle : « Cette fois-ci, c'est foutu, je vais crever comme ça ! »

Et puis, dans cet espace vacant, une de mes belles-sœurs lance à mes fils : « Et vous, les enfants, que pensez-vous de tout cela ? » L'aîné, âgé alors de 14 ans, relève la tête et s'adresse à son grand-père : « Ecoute Papy, il y a quelque chose que je ne comprends pas... Ca fait plus de six mois que ton fils te dit qu'il est en train de mourir, qu'il ne peut pas vivre sans cette réponse... Tu peux lui sauver la vie juste en disant oui ou non... Pourquoi ne le fais-tu pas ? » Comment décrire l'ambiance dans la salle à cet instant ? Une énergie colossale était à l'œuvre ; une émotion intense se lisait sur le visage de chacun. Plus rien ne pouvait être dit après cela, l'instant était suspendu et le monde en attente.
Enfin, mon père relève légèrement la tête et d'une voix bourrue laisse tomber ces mots : « Oui, tu es mon fils. Tu es mon fils à vie ! »
A ce moment, instantanément, tout fut changé ! Je connus sur moi la marque du changement : rien n'était changé... Et pourtant, tout était changé !

Je ne conserve aucun souvenir de la soirée... Je me souviens avoir remercié l'assemblée, mes enfants, mon père... Je suis allé me coucher de bonne heure. Le lendemain, je me suis levé à l'aube. Le monde était changé ! Je vous jure que ce n'étaient plus le même ciel, les mêmes arbres, les mêmes fleurs... Tout était changé. Et en moi, un calme, une paix, un mélange de sérénité et d'exaltation, un soulagement aussi : ah, ne plus sentir l'étau de mes angoisses dans la poitrine !

Soudain, dans ce moment de dégustation de la plénitude, une idée bizarre s'est frayée un chemin : l'envie de retrouver la trace de ma souffrance... Un peu comme quelqu'un ayant bu du mauvais café toute sa vie et qui, dégustant du nectar, souhaiterait reboire une fois encore de la lavasse pour bien sentir la différence. Je désirais comparer en moi les deux états, souffrance et paix... J'ai cherché ce souvenir, cette trace, mais je n'ai rien trouvé, absolument rien.
Tout était définitivement changé. Ma souffrance avait disparu. Envolée, dissoute. Et puis cette question est descendue : « Mais comment ai-je pu souffrir pendant 43 ans parce que mon père n'est pas mon père ? Comment ai-je pu accorder tant d'importance à cela ? » La question même n'existait plus, le problème n'existait plus. J'en conservais le souvenir intellectuel, *mais c'était comme si cela n'avait jamais existé !* Comme si j'avais changé le passé.

- Une nouvelle vie

Du jour au lendemain, ma vie s'est transformée. En premier lieu, la relation avec mes enfants. J'ai réalisé que je n'avais cessé de les stresser en voulant leur montrer combien j'étais un bon père ; je les étouffais sous mes conseils plutôt que de les accompagner dans leurs expériences. J'ai lâché... Et dans cet espace, ce sont eux qui sont venus progressivement vers moi. Changée aussi la relation avec mon père. Il a finalement ouvert l'enveloppe, lu mon livre et m'a confié : « Je ne pensais pas que quelqu'un me connaissait aussi bien » et nous avons commencé une relation plus authentique. Mon activité professionnelle s'est également modifiée. Le centre de formation que je dirigeais accusait à cette époque un déficit assez important ; un an plus tard, il était en excédent. Tout mon rapport à la vie se transformait : Personne devenait Quelqu'un.

Avec ma libération, j'ai reçu un autre cadeau : comme une forme d'acuité, une rapidité de compréhension de l'autre... Je possédais déjà un certain talent pour accompagner des personnes en difficulté, mais là, c'était assez extraordinaire ; je recevais quelqu'un en entretien durant vingt minutes et les questions venaient toutes seules. La compréhension « éclatait » en moi, comme une fulgurance. Je voyais la problématique de la personne avec une clarté incroyable. Cette nouvelle faculté a contribué de manière importante à mon évolution.
C'est à cette époque que je me suis formé au coaching et que je me suis installé à mon compte pour accompagner des dirigeants d'entreprises. Dans un premier temps, je me sentais en cohérence avec cette activité car je ressentais une affinité avec leur tempérament d'entrepreneur, mais petit à petit, je me suis senti déphasé.
Pour comprendre ce décalage, il est utile de préciser en deux mots ce qu'est le coaching : aider la personne à clarifier un objectif et l'accompagner pour l'atteindre. En aucun cas, il ne s'agit de thérapie. Or, je voyais la souffrance de ces PDG éclater en lettres de feu sur l'écran de ma compréhension, pendant que nous parlions efficacité, performance et chiffre d'affaires.

Je me sentais de moins en moins en cohérence avec moi-même. Je ressentais le besoin de passer à autre chose mais sans bien savoir quoi... J'avais déjà ressenti cela à différents moments de ma vie : l'impression de ne pas être à ma place, mais sans raison réellement valable de remettre en cause l'existant. Pourtant, à chaque fois le déplaisir montait, la frustration aussi, puis finalement, un basculement m'emmenait à l'étape suivante. Encore une fois, cette même sensation revenait mais avec quelque chose en plus, comme si une conscience nouvelle s'éveillait en moi, comme si l'univers me parlait et me disait : « Viens-en à l'essentiel. Redonne ce que tu as reçu. Tu as obtenu un magnifique

cadeau par cette libération, il te faut maintenant partager ce cadeau à ton tour. »
J'ai accepté et je me suis mis au travail. Il me fallait tout d'abord comprendre ce qui avait été mis à l'œuvre car il faut bien dire que mon Festen avait été construit et réalisé de façon empirique... La seule chose que j'avais comprise, c'est le rôle important que jouait l'énergie présente dans la pièce. Pour le reste, je devais travailler pour pénétrer le pourquoi et le comment, la théorie qui sous-tendait l'efficience du processus, de manière à concevoir une technique fiable et modélisée.

Le plus troublant est que je n'avais pas véritablement réalisé de Festen à l'image du héros du film. En effet, si Christian rend symboliquement la souillure à son père, le mien, au contraire, me donne ce qui me manque. Après réflexion, j'ai accepté l'idée qu'il était vain pour les gens que j'accompagnais d'espérer une telle issue. Ici encore, le film est édifiant. Même après son aveu, lorsque Christian exprime son incompréhension, demande au père pourquoi il avait commis ces horreurs, celui-ci rétorque : « Parce que vous ne valiez pas mieux ! » Je devais donc me focaliser sur l'idée de rendre des morceaux à des parents qui n'avaient absolument aucune envie de les reprendre. La bataille que j'avais moi-même dû mener me confortait dans cette idée.

Il était donc nécessaire que le processus soit indépendant des parents et qu'il fonctionne à coup sûr, sans avoir besoin d'intervention quasi divine (pour Christian, l'incroyable concours de circonstances qui ramène la lettre de la sœur décédée dans le verre d'Hélène ; pour moi, l'intervention de ma belle-sœur et de mon fils).
Ce fut l'objet de réflexions, de tâtonnements, d'essais et d'erreurs, de compréhensions, d'expérimentations auprès des clients que je recevais en coaching de vie, d'agrégations de thérapies brèves, de PNL, de psychanalyse, etc. La rédaction de mon premier livre en 2006 joua aussi un rôle important en me conduisant à des recherches contribuant à la construction de l'édifice.
Enfin, en 2007, le premier Festen vit le jour, première flamme hésitante (et pourtant efficiente) de ce qui allait devenir un brasier flamboyant,

s'améliorant cérémonie après cérémonie, client après client… évoluant toujours, aujourd'hui enrichi par les accompagnants formés à la technique, qui l'alimentent de leur propre éclat.

Troisième partie : la cérémonie

1) Le processus de libération

Vous êtes prisonnier de vos mensonges. Chaque fois que l'un de vos parents était défaillant au niveau de l'amour et de la sécurité, vous vous êtes accusé de ce que vous avez subi. Pour faire tenir ces mensonges en vous, vous avez pris un morceau de vos parents. Vous libérer nécessite de le leur rendre.
Plusieurs éléments doivent être pris en compte pour allumer les quatre moteurs de la fusée.

- L'aspect cérémonial

Vous êtes prisonnier au niveau symbolique, votre vie est dictée par des symboles. Qu'allez-vous utiliser pour vous en libérer ? Des symboles. Là réside la puissance du Festen. Là réside le tour de force : vous utilisez votre prison pour vous libérer.
A partir du moment où les portes de la mairie sont ouvertes, que les témoins sont présents... Au moment où le maire prononce « au nom de la loi, je vous déclare unis par les liens du mariage », les deux personnes sont unies, *qu'elles le veuillent ou non !* Etant prisonnières des symboles, elles sont contraintes d'y obéir.
Puisque la symbolique est tout, votre mental est obligé d'obéir aux symboles : nous allons les utiliser pour déconstruire ce qui a été construit.

Vous vous libérez lors d'une cérémonie. Une cérémonie est un symbole. Le Littré en donne cette définition : « Pompe et formalités qu'on emploie pour donner plus d'éclat aux solennités officielles. Ex : Les cérémonies de l'Église catholique. Les cérémonies du sacre des rois de France ».
Une cérémonie est l'action par laquelle les hommes disent : « Ici, il y a du sérieux, il y a du solennel. » La cérémonie marque un passage inscrit officiellement. Elle contient l'idée de rituel. Ce qui se vit dans un tel

moment prend obligatoirement un caractère sacré, empreint de majesté et de puissance. De tout temps, les hommes les ont utilisées (exemple les cérémonies de passage de l'enfant à l'adulte) pour leur puissance.

Un symbole très simple transforme le Festen en une cérémonie : vous êtes debout, les autres sont assis. En fait, c'est votre intention qui crée la cérémonie ; c'est l'invitation que vous avez lancée qui façonne le caractère de cette réunion. Les témoins savent déjà qu'ils viennent pour vous aider dans des circonstances particulières. Le fait de les placer et de rester debout vient finaliser ce qui est déjà attendu. Si vous réalisez votre Festen en plein air, les témoins peuvent aussi être debout.

- Présence des parents

Cette cérémonie a lieu en présence de vos parents. Ils sont là pour recevoir les morceaux que vous leur rendez.
Vous symbolisez la présence de chaque parent par une photo individuelle (pas de photo de couple). Si l'un de vos parents est décédé, vous symbolisez sa présence par une bougie allumée (vous pouvez aussi ajouter sa photo). Il est aussi bien entendu possible d'inviter concrètement vos parents. Si vous choisissez cette option, attendez-vous à deux cas de figure :
– Vos parents vous soutiennent ; ils sont bienveillants à votre égard et peuvent même aller jusqu'à vous demander pardon.
– Ils trouvent la pilule amère, se sentent trahis, etc. Ceci peut générer un conflit durable.
Leur présence concrète peut aussi engendrer une montée de stress supplémentaire en vous.
En revanche, conduire sa cérémonie face à eux possède l'intérêt de mettre immédiatement les points sur les « i ». Ils prennent conscience que quelque chose a résolument changé et par la suite, vous pourrez vous référer à ce moment pour refuser les anciens schémas.
Si vous pratiquez en présence de photos, vous serez plus tranquille sur le moment ; par contre, ce sera plus difficile pour vous après votre cérémonie de manifester votre libération. En effet, ignorant votre

démarche, ils ne comprendront pas que vous ne voulez plus jouer aux différents jeux psychologiques de manipulation habituels.
Si vous hésitez entre les deux formules, cherchez la réponse dans votre cœur.

- Le public

Vous vous libérez à la face du monde, c'est primordial. Pour le comprendre, le plus simple est peut-être d'examiner le contraire... Il existe des secrets de famille. Un des plus absurdes et des plus terribles à mon sens est le suivant : la fille de 14 ou 15 ans est enceinte. C'est la honte dans la famille, mais comme c'est péché d'avorter, il est hors de question d'envisager une IVG. Pas question non plus que cela se sache alentour. Lorsque l'état de la jeune femme ne peut plus être camouflé, on la cache jusqu'à l'accouchement et ensuite, on dit à tout le monde que c'est sa mère (c'est-à-dire la grand-mère du bébé) qui a accouché. Bien souvent, on va servir ce mensonge au bébé lui-même (pas question qu'en grandissant, il dévoile le secret)... Je vous laisse imaginer les dégâts au niveau symbolique. Dans ce genre de situation, il existe une phrase presque traditionnelle : « Tant que ça reste entre nous... »
Rendre la cérémonie publique, c'est empêcher cette rétention, c'est empêcher le mental de se dire : « Ca compte pour du beurre ». Evidemment, cela renforce le besoin de courage car votre peur va augmenter en conséquence.

Il règne dans l'inconscient collectif l'obligation de taire ses difficultés, ses souffrances, ses manquements, ses fragilités, comme si elles étaient honteuses, comme si on allait être stigmatisé, dénigré. Elle repose d'ailleurs sur une certaine réalité. Nous avons tous vu dans la cour de récréation les enfants affichant leurs faiblesses être rabaissés, moqués, maltraités... Evidemment, cela ne donne pas envie de se livrer. Regardez en vous-même et vous trouverez cette tendance au non-dit. Néanmoins, vos expériences d'adulte vous démontrent le contraire : si vous avouez votre phobie des ascenseurs, jamais vous ne serez ridiculisé pour cela. Vous connaissez même l'expérience de l'inverse : celui qui

avoue ses faiblesses et ses fragilités est considéré comme faisant preuve de courage.
L'expérience montre qu'après votre Festen, vous obtiendrez toujours deux commentaires de la part de vos témoins : bravo et merci.
« Bravo pour ton courage, bravo pour cette performance et merci de m'avoir permis d'y assister et d'y participer ! »

Après votre cérémonie, vous constaterez qu'il est toujours – et de loin – préférable de dire les choses. Chaque fois que vous avez peur de dire quelque chose... Eh bien, vous laissez une peur diriger votre vie. Or, je vous rappelle que c'est pour vous libérer de ces peurs que vous faites votre Festen. C'est le moment de déployer votre courage. En clamant vos mensonges, vos peurs, vos limitations, à la face du monde, vous leur faites perdre toute importance ! Vous faisiez pipi au lit ? Et alors ? Votre mère était alcoolique ? Et alors ? Vous-même êtes alcoolique ? Et alors ? Vous avez été violé ? Et alors ?
Voulez-vous d'un monde de mensonges et de peurs, ou bien d'un monde où chacun dit la vérité sans être jugé ? Si vous désirez ce monde, commencez par cesser de vous juger vous-même. Commencez vous-même par dire la vérité, sans fard.
J'ai accompagné des centaines de personnes durant ma vie professionnelle. J'en ai aussi connu personnellement des milliers d'autres. Jamais encore, je n'ai rencontré quelqu'un qui allait parfaitement bien. Jamais je n'ai vu quelqu'un sans un cadavre dans son placard. Jamais. Par contre, j'ai très rarement entendu quelqu'un en parler librement... Et je n'ai jamais vu quelqu'un que cela rendait plus heureux de taire ses souffrances et ses hontes.

Vous êtes à l'heure du choix : allez-vous garder secrètes vos hontes, vos peurs, et laisser votre mental vous emprisonner dans une éternelle souffrance...? Ou bien allez-vous oser vous dresser, faire votre Festen à la face du monde et vous libérer ?
Oui, il vous faudra du courage, vous l'avez compris. Si cette technique de libération fonctionne parfaitement, voire miraculeusement, ce n'est pas la voie des couards.

Trois personnes, au minimum, sont requises. Trois est le chiffre symbolique à partir duquel il y a un public. Veillez aussi à ce que les deux sexes soient représentés (deux femmes + un homme ou deux hommes + une femme). En effet, si vous avez une problématique par rapport au sexe opposé, vous aurez tendance à vouloir ne faire votre Festen que devant des personnes de votre sexe (on retrouve ici la volonté inconsciente de cacher ses dysfonctionnements).
La famille ne compte pas dans les témoins (pas de « tant que ça reste entre nous »), néanmoins, si trois membres de votre famille sont présents, deux témoins suffisent (puisque le nombre va créer le public). Il a même existé des cérémonies de libération organisées avec toute la famille réunie et un seul témoin extérieur et cela a parfaitement fonctionné.

- L'attestation sociale

Dans l'inconscient collectif, la déclaration individuelle ne suffit pas. Dire que vous avez étudié la sociologie est bien différent de déclarer un Master dans cette discipline. Le diplôme atteste de votre compétence. Symboliquement, il doit être attesté que vous avez bien réalisé votre Festen. Vos témoins remplissent ce rôle. Ils pourront dire plus tard : « Oui, j'y étais, cette personne a bien fait son Festen, je l'atteste. »
Il est donc crucial que vous soyez conscient de cette dimension. Vous pouvez imaginer les personnes présentes devenant vos hérauts. Ils porteront haut et fort vos couleurs : vous avez fait votre Festen, que tout le monde le sache !

2) Déroulement de la cérémonie

- Le préambule

Vous devez vous assurer qu'aucun mental (ni le vôtre, ni celui de vos témoins) ne puisse faire échouer votre cérémonie. C'est pourquoi, avant de lire le texte, vous prenez quelques instants pour établir le cadre de votre Festen.
Voici le préambule type, vous n'avez qu'à le recopier dans votre propre texte et l'adapter en fonction de votre situation et de votre sexe.

Bonjour à tous.
Je vous remercie d'être là pour moi.
Je suis très heureux d'avoir ce moment rien que pour moi.
Comme vous le voyez, j'ai des notes, car ce que je vais dire doit être très précis.
Avant de commencer, il y a plusieurs règles dont je veux vous parler, qui doivent être respectées.
La 1ère : On éteint les portables
La 2ème : Vous vous engagez à ne m'interrompre sous aucun prétexte
La 3ème : Vous vous engagez à ne faire aucun commentaire
La 4ème : Vous vous engagez à rester jusqu'à la fin.
Etes-vous d'accord pour respecter ces règles ? (Je dois obtenir un oui et pas autre chose)
Il me reste plusieurs choses à vous dire avant de commencer.
Je vais parler de moi et de situations que j'ai vécues ; il se peut que ce ne soit pas La Vérité, simplement, c'est comme ça que je les ai vécues.
Je souhaite aussi vous dire que cette réunion n'est pas un moment de jugement et je souhaite que ce soit un moment d'amour.
Enfin, lorsque j'aurai terminé, je vous laisserai car je devrai m'isoler quelques instants.
Bien, je commence...
Je place ces photos de mon père et de ma mère pour symboliser leur présence.

Ou bien (en cas de parents décédés) : J'allume cette bougie pour symboliser la présence de mon père et j'allume cette bougie pour symboliser la présence de ma mère.

Reprenons-en les éléments pour comprendre ce qui sous-tend la présence de chaque phrase.

Bonjour à tous.
Je vous remercie d'être là pour moi. Je suis très heureux d'avoir ce moment rien que pour moi.
C'est une phrase rituelle qui vous attribue cet instant. C'est votre moment et personne ne peut s'y immiscer.
Comme vous le voyez, j'ai des notes, car ce que je vais dire doit être très précis.
Pas de non-dits, vous évitez les interrogations et les malaises éventuels à ce propos.
Avant de commencer, il y a plusieurs règles dont je veux vous parler, qui doivent être respectées.
La 1ère : On éteint les portables.
S'il y a un téléphone fixe dans l'endroit, pensez à le débrancher avant de commencer.
La 2ème : Vous vous engagez à ne m'interrompre sous aucun prétexte.
Vous anticipez toute interruption et comme vous avez prévenu, si cela advenait, vous ne répondez surtout pas aux propos de l'importun, vous vous contentez de dire : « Tu t'es engagé à ne pas m'interrompre. »
La 3ème : Vous vous engagez à ne faire aucun commentaire.
Cette phrase anticipe la fin de votre cérémonie (avant l'isolement), lorsque vous êtes en état de réceptivité totale, un commentaire négatif vous impacterait énormément.
La 4ème : Vous vous engagez à rester jusqu'à la fin.
Vous empêchez ainsi un départ impromptu pour quelque raison que ce soit (particulièrement en cas de présence d'un parent qui se sentirait attaqué).
Etes-vous d'accord pour respecter ces règles ?

Après avoir posé cette question, vous regardez chaque témoin en le nommant interrogativement : « Michel ? » Michel doit vous répondre « oui » et pas autre chose, car seul un oui engage ! Si d'aventure, il disait « pas de problème », vous lui dites « alors, dis-moi oui ». S'il réitérait « je t'ai dit qu'il n'y avait pas de problème », vous rétorquez « j'ai besoin que tu me dises oui ». S'il advenait malgré tout qu'il insiste « c'est bon, je t'ai dit qu'il n'y avait pas de problème ! », vous répondez « alors, j'arrête ici cette cérémonie »... A moins que vous ayez plus de trois témoins, auquel cas, vous dites « alors, je te demande de quitter la salle ».

Il me reste plusieurs choses à vous dire avant de commencer.

Je vais parler de moi et de situations que j'ai vécues ; il se peut que ce ne soit pas La Vérité, simplement, c'est comme ça que je les ai vécues.

Cette phrase rituelle atteste que vous n'êtes pas là pour obtenir réparation ou justice, ni pour rétablir quelque vérité que ce soit. Vous êtes là, seul face a l'univers, pour vous libérer !

Je souhaite aussi vous dire que cette réunion n'est pas un moment de jugement et je souhaite que ce soit un moment d'amour.

C'est une phrase rituelle par laquelle vous orientez l'énergie de votre Festen vers l'amour, plutôt que vers la peur.

Enfin, lorsque j'aurai terminé, je vous laisserai car je devrai m'isoler quelques instants.

Vous prévenez ainsi vos témoins que vous vous absenterez, évitant de les surprendre ou d'être gênés par votre départ à l'issue de la cérémonie.

Bien, je commence...

Je place ces photos de mon père et de ma mère pour symboliser leur présence.

Il se peut que vous ayez des morceaux à rendre à d'autres personnes que vos parents : grands-parents, frères ou sœurs, violeur, professeur, etc. chacun sera représenté. Si vous ne possédez pas de photo (et que la personne est toujours vivante), vous écrivez son nom sur un papier, ou même juste : « le violeur ». Si vous ignorez si la personne est toujours vivante, vous placez un papier plus une bougie. Vous le nommez ensuite : « Je place ce papier pour symboliser la présence du violeur. »

Vous adaptez la configuration en fonction de votre situation personnelle.

- L'explication de la démarche

Les cérémonies commencent toujours par quelque chose comme : « Nous sommes rassemblés aujourd'hui pour... », car il est important rituellement d'expliquer le sens de la démarche, de ce qui va être accompli. Vous le faites très simplement par la phrase suivante : « Papa, Maman, je suis ici, face à l'Univers et face à vous, car pour garder intacte en moi l'image d'une mère aimante et d'un père sécurisant, je me suis construit des mensonges. Pour faire tenir ces mensonges, j'ai pris des morceaux de vous et je les ai mis en moi. Aujourd'hui, il est temps que je vous les rende. »

- Les chapitres

Vous nommez vos peurs selon une formule précise. En moyenne, chaque personne possède entre douze et quinze peurs centrales. Chaque peur, chaque mensonge fait l'objet d'un chapitre. Chacun est composé de quatre parties : l'énoncé d'un fait, la déclinaison des émotions ressenties lors de ce fait, une interprétation et l'acte de rendre au parent (ou à la personne concernée).

Un fait

Chaque peur que vous avez construite s'est manifestée des *milliers* de fois durant votre vie. Chaque expression de cette peur est en quelque sorte le maillon d'une gigantesque chaîne, la chaîne de votre peur. Il faudrait donc, pour la dissoudre, prendre en compte chacun des maillons. Impossible évidemment de retrouver chaque situation de votre vie où cette peur est intervenue.
Là encore, nous utilisons la puissance de la symbolique car en nommant un maillon précis, *vous symbolisez l'ensemble de la chaîne*. Lorsque j'ai compris cela et surtout, lorsque je l'ai vérifié, j'ai réalisé que je tenais quelque chose de vraiment colossal. Plus intéressant encore, en symbolisant toute la chaîne, *vous incluez forcément le maillon initial,* le

moment où vous avez créé ce mensonge et cette peur. Inutile d'identifier ce moment et cela est vraiment très intéressant. Contrairement à bien des thérapies dont on pourrait dire que l'objet même est de retrouver cet instant de création, vous en êtes ici dispensé. Vous pouvez utiliser un souvenir qui remonte à l'âge de trois ans ou un événement qui s'est déroulé la veille, c'est exactement la même chose !
Bien sûr, lorsque ce fait est exposé en public, son caractère dramatique fait monter l'énergie ambiante.

Exemple : « *La première chose dont je veux parler, Papa, c'est de la fois où tu m'as giflée devant mes sœurs et d'autres personnes parce qu'une ampoule de phare de ma voiture était grillée et que je ne m'en étais pas rendue compte.* »
Si vous ne possédez aucun souvenir d'un fait précis, vous pouvez utiliser quelque chose de plus générique, par exemple : « *La première chose dont je veux parler, Maman, c'est que je ne me souviens d'aucun câlin ni geste de tendresse de ta part.* »
Remarquez que vous dites « la première chose dont je veux parler », et non « la première chose dont je veux ***te*** parler ». Vos parents sont présents (réellement ou symboliquement) pour recevoir, reprendre ces morceaux d'eux-mêmes que vous avez pris, et c'est pourquoi vous les nommez dans le fait... mais en aucun cas, vous ne devez vous adresser à eux : vous vous adressez à l'univers !
Remarquez aussi que vous ne dites pas non plus « la première chose dont je ***voudrais*** parler ». Ce n'est pas du conditionnel, vous n'êtes pas dans l'état d'esprit « si tout le monde était d'accord, je voudrais bien parler ». Vous êtes seul, face à l'univers, et vous vous affirmez :
« Aujourd'hui, je me libère, aujourd'hui, je parle ! »

Des émotions

Vos émotions vous disent votre vérité la plus profonde. Lors de la rédaction du texte, le travail avec les émotions est capital car vous comprenez la différence entre ce que vous dit votre corps (votre plus grande vérité) et ce que vous impose votre mental (un mensonge). C'est lors de ce travail que vous passez d'une compréhension intellectuelle de votre problématique à une compréhension *viscérale*. Pour le dire plus crûment, ça vous descend dans les tripes. Pour que cette alchimie puisse opérer, vous devez décoder vos émotions.[13] Nous étudierons le fonctionnement de cette mécanique dans la quatrième partie en utilisant des exemples concrets.

Lorsque vous nommez vos émotions, prenez le temps de ressentir profondément chacune d'elle, c'est cette connexion qui vous permet de les « marquer » ; c'est en les ressentant intensément dans votre corps que vous êtes prêt à les expulser. Ceci est vraiment important car **cela déterminera la sensation de libération que vous ressentirez à l'issue de votre cérémonie.** Sentez aussi à ce moment le niveau vibratoire continuer de s'élever.

Exemple : *« J'ai ressenti de l'impuissance, de la colère, du mépris, du ressentiment et de la peine. »*

Si vous ne vous souvenez plus de ce que vous avez ressenti, ou si vous l'ignorez parce que vous avez vécu l'épisode étant bébé (par exemple : « J'ai appris que vous désiriez un enfant de l'autre sexe, Maman et Papa), utilisez la formule : *« Lorsque j'évoque cela, je ressens... »* et vous écrivez les émotions qui montent en vous à ce moment-là.

Une interprétation

Lors du travail de rédaction de la cérémonie, il est nécessaire de saisir en détail le mécanisme du mensonge et de relier chaque peur au quotidien. L'interprétation sert à cela. Il est possible alors de comprendre comment vous déclinez le mensonge dans votre vie quotidienne, comment se déclenche le « c'est plus fort que moi ».

L'interprétation doit donc comporter au minimum les trois éléments suivants.

- La compréhension de l'origine du mensonge (comment et pourquoi vous avez été contraint de le construire), en quoi votre parent était-il défaillant.
- La teneur du mensonge et la peur qui en a découlé.

[13] Vous trouverez à cet effet une liste détaillée des émotions et leur décodage en annexe.

- Ses impacts, ses conséquences, dans votre vie quotidienne.
Soyez attentif à rédiger l'interprétation au passé car le jour de votre cérémonie, ces peurs seront... du passé. Si vous utilisez le présent, vous sous-entendez qu'elles sont toujours actuelles.
Lors de l'interprétation, la température énergétique continue de s'élever.

Exemple : *« Je comprends aujourd'hui que non seulement ma mère me maltraitait directement, mais qu'en plus, elle me jetait dans les griffes de mon bourreau en me dénonçant à mon père, travaillant ainsi à ma destruction. J'étais piégée : je savais que je ne pouvais pas compter sur son aide, mais dans le même temps, je devais continuer ce fonctionnement malsain de me confier à elle pour conserver l'illusion de son amour. Cela a renforcé plus tard ma tendance à prolonger des situations négatives, bien que j'avais conscience de leur portée néfaste. Je comprends aussi que ma mère a fait du mieux qu'elle pouvait avec ses propres mensonges. Je lui pardonne et je l'aime. »*
Pensez à ajouter cette dernière phrase dans un des chapitres concernant votre mère et ajoutez dans un chapitre concernant votre père : *« Je comprends aussi que mon père a fait du mieux qu'il pouvait avec ses propres mensonges. Je lui pardonne et je l'aime. »*
Ce sont des phrases rituelles qui d'une part permettent d'ancrer la libération dans l'amour et d'autre part, remettent les choses dans une perspective plus élevée (cf. les contrats d'âmes). Après avoir prononcé ces phrases, il est difficile, voire impossible à votre mental de continuer à vouloir réparation et justice.
Bien entendu, si vous ne sentez pas de les inclure, ne forcez rien. La chose se fera pour vous en temps et en heure.

L'acte de rendre au parent
Chaque fois, vous utilisez l'interprétation du chapitre pour comprendre et identifier le morceau que vous avez pris... Et donc ce que vous avez à rendre.
Exemple : *« C'est pourquoi, Papa, je te rends ta dévalorisation, ta rivalité et ta colère. »*

La manifestation symbolique de cet acte et la libération

Après avoir rédigé la quinzaine de chapitres nommant une à une vos peurs centrales, après avoir nommé ce que vous rendez, vous le manifestez symboliquement en donnant un objet concret à chacun de vos parents (et à toute personne concernée).

Vous continuez d'utiliser la symbolique et sa puissance en déterminant vous-même ce qui symbolise ces morceaux énergétiques à restituer. Cela peut être un objet (si, par exemple, votre mère vous prenait totalement en son pouvoir, vous pouvez lui rendre une cage), un animal (une araignée, par exemple), une plante, etc. Comme vous êtes au niveau symbolique, ce que vous rendez peut figurer sous la forme d'un dessin ; à ce titre, vous pourriez bien rendre la galaxie (j'utilise cet exemple pour montrer que vous n'êtes aucunement limité).

Pour choisir entre objet réel ou dessin, écoutez tout d'abord votre cœur ; ayez aussi à l'esprit qu'après la cérémonie, vous aurez peut-être envie de vous débarrasser de ces objets et cela sera plus simple avec un dessin plutôt qu'avec une vraie cage...

Si vous ne trouvez pas quelque chose qui symbolise l'ensemble des morceaux que vous rendez, choisissez de symboliser le plus important à vos yeux ; à son tour, celui-ci en symbolisera la totalité.

J'attire particulièrement votre attention sur le fait que vous rendez *de la négativité*, cela signifie que ***vous ne cherchez surtout pas à réparer votre parent par ce cadeau***. Si votre mère a manqué d'amour, ne lui rendez pas un cœur ! Par contre, vous pourriez rendre un cœur déchiré...

Cette restitution s'accomplit par une phrase symbolique qui marque la fin des chapitres par une compréhension d'un niveau supérieur :

« Je comprends par-dessus tout, Papa et Maman (nommez toutes les personnes concernées), que je suis moi et que vous êtes vous, que rien ni personne ne peut m'imposer une charge extérieure à moi-même et opposée à ma vraie nature. C'est pourquoi, je vous rends à vous-même et je me reprends de vous.

Papa, je te rends ce récipient vide ; Maman, je te rends ce cœur déchiré », et ce faisant :
En même temps que vous dites « je te rends ce récipient vide », vous déposez le dessin sur la photo de votre père (vous le lui donnez en main propre s'il est présent). Vous pratiquez de même avec toutes les personnes dont vous avez symbolisé la présence (ou qui sont présentes).
Si l'un de vos parents est décédé, par exemple votre père, vous dites :
« C'est pourquoi, Papa, je te rends ce récipient vide, sous la forme d'un dessin que je brûle pour que tu puisses le recevoir. » Vous allumez en même temps le dessin à la flamme de la bougie qui symbolise sa présence. Prévoyez d'avoir un dessin relativement petit (inutile de vous retrouver avec une page de format A4 à brûler, surtout dans un appartement). Soyez attentif à ce que tout le dessin soit consumé (il importe peu qu'une partie de la feuille reste intacte, pourvu quelle ne comporte aucune partie du dessin).
Durant cette phase, vous ressentirez l'énergie s'élever de plus en plus intensément dans la pièce.

Les « Je me libère »

Après « *et ce faisant...* », vous enchaînez directement par la litanie des libérations.
Pour construire cette liste, vous reprenez chacun des chapitres et vous créez un « je me libère » avec chaque peur, chaque injonction et chaque interdiction. Pour cela, l'interprétation vous sert de guide. Reprenons l'exemple précédent.
« Je comprends aujourd'hui que non seulement ma mère me maltraitait directement, mais qu'en plus, elle me jetait dans les griffes de mon bourreau en me dénonçant à mon père, travaillant ainsi à ma destruction. J'étais piégée : je savais que je ne pouvais pas compter sur son aide, mais dans le même temps, je devais continuer ce fonctionnement malsain de me confier à elle pour conserver l'illusion de son amour. Cela a renforcé plus tard ma tendance à prolonger des situations négatives, bien que j'avais conscience de leur portée néfaste. »

Voici la liste que génère cette interprétation :
Je me libère de la maltraitance de ma mère et des traumatismes qu'elle m'a causés.
Je me libère de la croyance que je mérite d'être maltraitée.
Je me libère de la complicité de ma mère.
Je me libère de l'intention de ma mère de me détruire.
Je me libère de l'obligation de me confier à ma mère.
Je me libère de l'interdiction de voir les aspects négatifs de ma mère.
Je me libère de ma tendance à demeurer dans des situations négatives sans réagir.
Pour construire votre liste, vous vous aiderez aussi des « je me libère » figurant dans l'exemple donné pour chaque dysfonctionnement.

Vous ajouterez ensuite les « standards », car tout le monde possède les peurs suivantes :
Je me libère de l'obligation de me saboter.
Je me libère de l'espoir en tant que solution.
Je me libère de la plainte en tant que solution.
Je me libère de la confusion en tant que solution.
Je me libère de la peur de l'inconnu.
Je me libère de la peur d'être jugé.
Je me libère de la peur d'être rejeté.
Je me libère de la peur d'aimer.
Je me libère de la peur d'être aimé.
Je me libère du regard des autres.
Je me libère du besoin d'être reconnu.
Je me libère de l'interdiction d'exprimer Qui Je Suis Vraiment.
Je me libère du manque d'acceptation de moi.
Je me libère du manque d'amour de moi.
Je me libère du manque de confiance en moi.
Je me libère du manque d'estime de moi (pour mesurer l'estime que vous avez de vous-même, livrez-vous à un petit exercice. Sur une échelle de 1 à 10, notez :
- à combien vous vous acceptez – physiquement et intellectuellement –,
- à combien vous vous aimez,

- à combien vous avez confiance en vous.
Faites la moyenne : vous obtenez l'estime que vous avez de vous-même).
Je me libère de la peur de réussir.
Je me libère de la peur de l'échec.
Je me libère de la peur d'être impuissant.
Je me libère de la peur de ma puissance.
Je me libère du besoin de me justifier.
Je me libère de la peur de manquer.
Je me libère de la peur de m'engager.
Je me libère de la peur de ne pas mériter.
Je me libère de la peur de ne pas être à la hauteur.
Je me libère de l'interdiction de m'élever.
Je me libère de l'interdiction d'écouter ma petite voix.
Je me libère de l'emprise des symboles.

Si tout le monde ne possède pas les suivants, c'est quand même le cas d'un grand nombre. Voyez s'ils vous correspondent.
Je me libère de ma tendance à m'excuser.
Je me libère de la peur de déranger.
Je me libère de la procrastination (le fait de reporter au lendemain ce qui doit être fait le jour même).
Je me libère de l'interdiction d'apprendre (si vous éprouvez des difficultés dans ce registre, vous avez peut-être le même symptôme que le mien).

Pensez à inclure dans votre texte toutes vos peurs et vos phobies, même si elles n'ont pas été citées dans vos chapitres. Exemple :
Je me libère de la phobie des ascenseurs.
Je me libère de la peur des araignées.
Je me libère de la peur du vide.
Etc.
Ressentez la puissance libératrice qui vous habite durant cette litanie et l'élévation incroyable de l'énergie.

Libérer les émotions

Après avoir abondé votre liste de « je me libère » avec chacune des interprétations, il vous faut ensuite vous libérer de toutes les charges émotionnelles négatives qui demeurent dans votre corps, de toutes ces émotions que vous n'avez pas transmutées.

Vous prononcez la phrase rituelle ci-dessous qui proclame votre libération et l'obligation pour ces émotions de retourner à la Source, vous en libérant à tout jamais.

« Je me libère de toutes les émotions suivantes, et ce faisant, je coupe ma relation avec ces énergies et je les renvoie toutes à la Source. »

Ensuite, vous reprenez chacune des émotions négatives figurant dans vos chapitres.

Exemple :

Je me libère de l'impuissance.

Je me libère du ressentiment.

Je me libère de la peine.

Etc.

Vous terminez par :

Je me libère de la culpabilité.

Il est important symboliquement de toujours terminer par celle-ci car elle est présente dans chacune de vos peurs, puisque vous vous accusez de ce que vous subissez.

De la même façon que vous avez pris soin de ressentir intensément les émotions lorsque vous les avez énoncées dans chaque chapitre, ressentez la puissance que vous récupérez chaque fois qu'une émotion vous quitte.

Cette étape est non seulement importante pour vousxw, mais aussi de façon plus vaste pour l'Humanité, car en renvoyant ces émotions à leur source, vous libérez l'inconscient collectif (cf. le transgénérationnel) et la planète elle-même de ces énergies négatives.

Les « Je récupère »

Vous avez rendu ce qui ne vous appartenait pas aux personnes concernées, vous avez libéré vos émotions ; vous vous retrouvez à ce

moment-là dans une forme de virginité neutre. Il est temps maintenant de reprendre possession de tout ce dont vous vous êtes départi à la construction de chaque mensonge. En effet, vous libérer ne sera pas suffisant car si vous en avez manqué... cela ne vous sera jamais donné. Il est crucial de récupérer ce à quoi vous avez toujours eu droit.
Néanmoins, vous ne le récupérez pas de la part de votre parent. *Vous ne l'avez jamais eu et vous ne l'obtiendrez jamais* : **de cela, vous devez faire votre deuil !** *Si vous ne le faites pas, vous aurez toujours envie de combler ce vide par de l'avoir* (des possessions), *du faire* (de la suractivité) *du savoir* (développer un ego surdimensionné), *du pouvoir* (pour obliger l'autre à vous donner ce qui vous manque) *ou de l'amour avoir* (cf. la mère sans amour et les collusions dans la relation amoureuse) pour combler ce manque.
Non, **vous le récupérez à partir de l'étincelle divine située en votre chakra du cœur, qui est inaliénable, incorruptible et imputrescible** (cf. les contrats d'âme) ; lors de votre cérémonie, vous reconnectez cet endroit et à partir de lui, *vous laissez se déployer en vous tout ce à quoi vous avez toujours eu droit de par votre nature divine.*

Chaque chapitre génère donc un ou plusieurs « je récupère ».
Chaque fois que vous le prononcez, vous réalisez au niveau symbolique ce que Napoléon a accompli dans la réalité le jour de son sacre. Il refusait de tenir sa couronne de qui que ce fut, aussi se couronna-t-il lui-même. Au niveau symbolique, il avait tout à fait raison : s'il est l'empereur, personne sur Terre n'est plus puissant que lui. Donc, la seule personne qui peut le nommer... c'est lui-même.

Prononcez la phrase rituelle suivante et enchaînez avec tout ce que vous souhaitez récupérer, réintroduire en vous.
« Etant libre de tout mensonge, de toute inféodation, de toute émotion négative :
Je récupère mon innocence,
Je récupère ma pureté,
Je récupère mon droit à prendre ma place,

Je récupère ma légèreté,
Je récupère ma confiance,
Je récupère ma puissance,
Je récupère mon charisme,
Etc. »
Aidez-vous aussi de chaque chapitre. Ainsi, dans l'exemple donné plus haut, celui-ci génère : *« Je récupère mon libre-arbitre et ma lucidité. »*

Cette étape est le moment de vous faire un maximum de cadeaux. Imaginez que c'est Noël et que vous êtes votre propre Père Noël ! Vous rallumez en vous tout ce que vous aviez éteint, tout ce dont vous vous étiez departi.
Vous réalisez que vous accédez enfin à votre vraie nature, qu'en vérité, vous redevenez un être humain normal... Et que celui-ci est tout simplement grandiose, magnifique et exalté ! Alors, voyez grand : construisez votre super héros, car c'est bien de cela qu'il s'agit : vous redevenez Qui Vous Etes Vraiment !
N'hésitez pas à utiliser les listes dans les exemples de Festen en annexe pour vous donner des idées.

Sceller la libération
Enfin, vous prononcez la phrase rituelle, la phrase magique :
« Et il en est ainsi ! »
Au moment où vous la prononcez, à cet instant précis, *instantanément*, vous êtes libre ! Dans cet instant, la marque du changement descend sur vous : rien n'est changé, et pourtant... tout est changé !

Remercier et s'isoler
Il vous reste à remercier vos témoins et à vous isoler :
« Je vous remercie de m'avoir aidé, je vais m'isoler quelques instants. »
Lorsque vous finissez votre cérémonie, vous avez atteint le point de fusion énergétique des peurs. Cela signifie que vous êtes exactement à la bonne « température » pour en forger une nouvelle... Ce n'est pas le moment ! Vous vous éloignez donc (entre 5 et 15 minutes suffisent), le

temps qu'elle redescende en-deçà du point de fusion; vous pouvez ensuite revenir dans le monde, vous êtes irrémédiablement libre !

Quatrième partie : construire sa cérémonie

Pour construire votre cérémonie, vous devez identifier vos peurs centrales, puis élaborer un chapitre pour chacune d'entre elles. Pour vous y aider, j'ai rassemblé les principaux dysfonctionnements que vous avez pu subir de la part de vos parents ou d'autres personnes.
Il vous sera aisé d'en reconnaître certains, tandis que d'autres seront plus subtils à déceler et peut-être même impossibles… sans aide.

1) Limitations et ressources

- La tache aveugle

Malgré votre volonté de regarder profondément en vous-même, de grandes chances subsistent que vous passiez à côté d'un élément important de votre personnalité, une peur centrale. En effet, le mental efface la trace de son passage, refoule dans l'inconscient la construction du mensonge. C'est le principe de la tache aveugle. Dans l'œil, votre rétine est comme un écran de cinéma sur lequel est projeté ce que voyez. Là où le nerf optique part de la rétine, il n'y a pas de photorécepteurs. Il existe donc un endroit de l'écran sans image, où vous ne voyez rien. Si aucune tache noire n'apparaît dans votre champ de vision, c'est que votre cerveau recompose l'image à partir de ce que se trouve juste autour. Vous êtes partiellement aveugle… sans voir que vous l'êtes.[14]
Par définition, vous ne pouvez être conscient de votre inconscient. Vous pouvez peut-être contourner l'obstacle en demandant à vos proches de vous dire comment ils vous voient, les comportements bizarres ou inadaptés qu'ils constatent chez vous (avec le risque que cela vous déplaise). Ensuite, en lisant les chapitres, peut-être pourrez-vous repérer dans l'un ou l'autre les symptômes qui vous ont été décrits par vos amis.

---

[14] Si vous désirez en faire l'expérience, cherchez sur l'internet en entrant dans votre moteur de recherche « test tache aveugle ».

- Les résistances

Frodon ne veut plus se séparer de l'anneau parce que ce dernier a pris le pouvoir sur lui. Votre mental ne veut pas se séparer des mensonges.
C'est assez logique : ces mensonges sont, de son point de vue, *des solutions pour vous sauver la vie*. Vous étiez en danger de mort car en danger de perdre « maman = amour » et/ou « papa = sécurité » ; en créant les mensonges, le but était de vous sauver la vie. Vous étiez en train de vous noyer et le mental vous a envoyé une bouée. Si vous faites mine de l'enlever, il croit que vous allez mourir et votre logiciel survie réagit illico pour que vous cessiez sur le champ. Il conçoit donc votre volonté de rendre les morceaux à vos parents comme un suicide.
En résistant, votre mental croit bien faire ; il ne fait qu'exercer sa mission en faisant tout pour que vous conserviez ces fragments car selon lui, il en va de votre survie de les conserver.
Vous êtes en quelque sorte coupé en deux : une partie de vous veut se libérer – c'est celle qui tient ce livre entre ses mains – et une autre partie de vous *veut rester en l'état*.
Du point de vue de la partie de vous qui veut se libérer, le Festen représente votre libération, la fin des mensonges et la fin de la tyrannie de vos peurs. Pour la partie de votre mental en charge de votre survie, cette libération signifie la mort... Il ne va pas vous laisser faire. Tout comme l'anneau a pris le pouvoir sur Frodon, votre mental a pris le pouvoir sur vous et vous empêche de le reprendre. Il va lutter pied à pied pour conserver sa suprématie et son emprise. *Il n'y a pas de changement sans résistances*. C'est la règle.

Pour résister, le mental utilise plusieurs outils :
• *L'oubli*. L'oubli est *actif*. C'est une couverture jetée par le mental sur ce qu'il veut cacher. Je demande toujours à mes clients d'apporter de quoi prendre des notes pour le premier entretien, sans quoi, le lendemain, ils ont oublié ce que je leur ai révélé. Durant la séance, ils ont pourtant parfaitement compris... Mais comme ces révélations sont pour le mental le signe que les mensonges sont en danger, il profite de la nuit pour les envoyer... aux oubliettes !

Pour cette raison, *travaillez toujours par écrit.* Notez votre progression au fur et à mesure : ce que vous comprenez, ce qui vous semble important, les chapitres qui vous correspondent, etc.

• *La confusion.* Cela vous arrive peut-être de vous sentir dans le coton, de ne plus savoir comment réagir, ni même comprendre ce qui vous arrive. Votre mental crée cet état au moment où votre conscience s'approche des mensonges d'un peu trop près (souvent dans une situation désagréable qui fait écho aux traumatismes enfantins). Le contraire de la confusion est la clarté. Le mental n'en veut pas car elle vous met en danger d'écrouler l'édifice qu'il a érigé.

Là encore, écrivez. Bien souvent, l'écriture permet de clarifier beaucoup mieux que la pensée.

• *La banalisation.* Une cliente, terriblement maltraitée par un père d'origine polonaise, disait : « C'est normal, vous savez, en Pologne, on élève les enfants comme ça. » C'est une stratégie que le mental adore car elle permet de rendre l'horreur insignifiante, naturelle. Si vous souhaitez identifier vos peurs, méfiez-vous de vos propres « je n'ai pas à me plaindre, ce n'était pas si terrible que ça, il est vrai que c'était parfois difficile, mais..., moi, ce n'est rien à côté de... Etc. »

Ici encore, parlez-en, l'un de vos proches pourra attirer votre attention sur un tel comportement.

• *La justification.* Le but est ici de rendre légitime l'inacceptable : « Ils étaient obligés de faire comme ça, il n'y avait pas d'autres moyens, la vie n'était pas facile pour eux, etc. »

Soyez attentif à vos propos. Mieux encore : écrivez ! Cela vous apparaîtra très clairement. Ayez vraiment à cœur de privilégier cette voie de construction : la pensée vous permet de tourner en boucle, l'écriture vous donne un point de vue supérieur.

• *La peur.* C'est la solution ultime du mental pour garder le pouvoir lorsque vous vous rapprochez de l'origine du mensonge. Elle pourra se manifester de différentes manières : peur de l'aspect public, peur de choisir des témoins parmi ses proches, peur d'être jugé, peur de faire du mal, etc. C'est pourquoi l'on dit que la peur est aversive.

Qui veut se libérer doit affronter cette peur. Cela porte un nom : le courage. Le courage est la capacité à continuer d'avancer malgré sa peur.

- Les lettres de reproches

Pour résister, votre mental tend à vous détourner de vos mensonges, des préjudices dont vous avez été l'objet, des traumatismes que vous avez subis. Vous contournerez une bonne partie de cette difficulté en écrivant une lettre de reproches à chacun de vos parents.

Le principe est simple : derrière chaque reproche que vous ferez se cache une peur. Que vous rédigiez une vraie lettre ou que vous établissiez une liste importe peu. Ce qui compte, c'est de vous engager à fond dans la démarche. Lâchez-vous ! Fouillez votre mémoire, notez le reproche, même si vous avez pardonné, même si vous avez envie d'excuser votre parent !

Si cela vous arrive, vous avez la chance de contempler votre mental en train de résister. Croyez-vous qu'il va vous laisser impunément marquer noir sur blanc : maman = *pas* amour et papa = *pas* sécurité ?

Regardez-vous chercher toutes les excuses de ne pas faire ce travail, observez-vous écrire trois lignes en ayant l'impression d'avoir fait le tour, sentez monter en vous la banalisation et la justification : « Je ne leur en veux pas, ils ont fait du mieux qu'ils ont pu »...

Si réellement vous voulez pardonner à vos parents, commencez par reconnaître leurs méfaits.

Serez-vous plus fort que vos résistances, aurez-vous le courage ?

Vos lettres doivent comporter des reproches globaux et des reproches spécifiques : « Maman, tu n'avais pas confiance en moi » est un reproche global ; « Papa, je te reproche la fois où tu m'as giflé devant mes amis » est un reproche spécifique. Rédigez autant de courriers que vous en ressentez le besoin : peut-être à un frère ou une sœur, à un agresseur, un professeur, etc.

Ensuite, après avoir pris connaissance des différents dysfonctionnements ci-après, reprenez vos lettres : vous découvrirez certainement que vos reproches révèleront plusieurs chapitres à intégrer dans votre cérémonie.

- Se faire aider

Si vous suivez scrupuleusement les directives de cet ouvrage en créant vous-même votre Festen, vous libérerez assurément un pourcentage conséquent de vos peurs. L'ampleur de ce qui restera caché demeure inaccessible et mystérieux. Vous pourriez laisser passer un mensonge qui pèse 5 % de l'ensemble... Ou bien 60 %.
Pour une libération plus complète, peut-être aurez-vous besoin d'aide. Un accompagnant Festen est formé à identifier les peurs de ses clients et leur impact sur leur vie : c'est une chose de comprendre par vous-même que vous vous faites rejeter, c'en est une autre de comprendre le mécanisme qui induit ce comportement. Cette compréhension relève souvent de l'art, tant le mental aime à camoufler les mensonges qu'il a conçus. Durant la construction de votre cérémonie, votre accompagnant vous aide aussi à mettre en relation votre mensonge, les émotions qui lui sont rattachées et la façon dont cela se manifeste dans votre vie quotidienne. Par un phénomène d'associations, il déclenche en vous des prises de conscience très profondes qui permettent déjà de réorganiser son fonctionnement avant même la cérémonie. C'est ce que j'appelle la magie du Festen : on commence à se libérer avant la libération.
A vous de sentir s'il est juste ou non d'investir une somme conséquente dans un accompagnement... Il est possible aussi de construire vous-même votre Festen, d'observer ensuite le résultat et d'évaluer votre degré de satisfaction.
Si vous souhaitez avancer sur l'idée d'être accompagné, vous trouverez des accompagnants spécialisés sur le site : festeninstitute.com

2) Les différents dysfonctionnements

Ce livre n'a pas la prétention (et ce n'est pas son but) de détailler en profondeur les syndromes que peut présenter un être humain, mais d'en réaliser une approche simple pour que vous puissiez vous repérer. Si vous estimez que l'un de ces dysfonctionnements vous concerne, il s'agira pour vous de l'explorer plus profondément en fonction de la particularité de votre situation et de votre vécu.
Je présente ici les mensonges les plus communs ; ce n'est en aucun cas une liste exhaustive. Le propos est plutôt d'exposer ceux qui, selon mon expérience, sont les plus courants. Chaque fois seront déclinés : le syndrome, les symptômes, les émotions qui lui sont fréquemment associées, un exemple de chapitre, les « je me libère » et les « je récupère » associés.
Ne prenez pas les symptômes à la lettre. Ils figurent à titre indicatif pour attirer votre attention et évaluer si votre cérémonie va comporter ce chapitre. Il est donc possible qu'un seul vous corresponde parmi la liste présentée. Un même symptôme peut aussi renvoyer à des dysfonctionnements différents. Dans ce cas, comparez les chapitres, leur interprétation, pour vous forger une opinion.

Nous nous attarderons sur le décodage des principales émotions, de manière à bien saisir la différence entre le message de votre biologie et le message de votre mental. Chaque émotion ne sera décodée qu'une seule fois. Par la suite, référez-vous au chapitre où elle l'a été ou reportez-vous à l'index en fin d'ouvrage.

Un dernier mot à propos de chapitres présentant des idées inhabituelles (tel que le transgénérationnel), très « perchées » (telle la connexion au monde subtil) ou très spirituelles (tel que le refus d'incarnation, les contrats d'âmes).
Voici prêt de 40 ans que j'accompagne des personnes, que j'étudie des modèles, dont chacun porte souvent la croyance qu'il présente *La* vérité. De mon point de vue, les choses sont différentes. Il y a des techniques

qui fonctionnent, et d'autres non. J'ai cessé de m'interroger pour savoir si c'était la vérité, je ne m'occupe désormais plus que d'efficacité. Ça marche : je l'utilise ; ça ne marche pas, je l'écarte. Les personnes qui ont utilisé ces modèles se sont libérées. Pour moi, ça suffit.

- La structuration de l'être humain

Avant d'étudier plus en détails ce qui a dysfonctionné dans votre enfance, je vous propose dans un premier temps de jeter un regard sur vos besoins fondamentaux.
Il n'est pas ici question de proposer une étude détaillée de la structuration de l'être humain. Je vous renvoie pour cela aux travaux des Sigmund Freud, Melanie Klein, Françoise Dolto, Jean Piaget, Célestin Freinet et autres Donald Winnicott... Prenons juste quelques repères que vous garderez à l'esprit à la lecture de ces chapitres pour évaluer ce dont vous avez été privé ou ce qui a été perverti.

Un enfant a besoin de naître dans un nid d'amour. Pour que celui-ci soit le plus douillet possible, l'enfant a besoin d'être désiré, puis accueilli en tant que personne, en étant désigné par son père en tant que son fils ou sa fille. Dans les premiers temps, il a absolument besoin du contact physique de sa mère ; il a besoin d'être choyé, caressé et aimé.
S'il baigne dans cette énergie d'amour, il peut, après quelques mois, envisager de se détacher de sa mère pour explorer le monde alentour. En se confrontant au monde extérieur, il commence à exprimer ses désirs sous forme de pulsions et celles-ci ont besoin d'être canalisées, limitées et structurées. Cela doit être accompli dans une fermeté bienveillante. Trop d'autorité va « casser » l'enfant, pas assez va l'insécuriser.
Pour se structurer et se développer, il a besoin d'avoir une place. Au niveau physique, bien sûr : un endroit où il se sent en sécurité et qui n'appartient qu'à lui ; et aussi au niveau symbolique : il doit être distingué en tant que personne et entendu en tant que telle. Il a besoin d'être reconnu et valorisé. L'enfant construit sa personnalité en fonction du regard que ses parents portent sur lui. Il se voit dans leurs yeux : être

validé et stimulé en permanence lui permet de se déployer. Lorsqu'il sent la fierté de ses parents à son égard, il peut créer sa propre fierté en se reconnaissant dans leur regard. C'est pour lui l'équivalent du grain de sable autour duquel l'huître crée sa perle.
Il peut ainsi « se dire », parler de lui… Et il en a besoin car c'est de cette façon qu'il apprend à se définir lui-même.
C'est aussi ce qui lui permet de se projeter dans l'avenir, de rêver sa vie : il en a besoin car en s'imaginant lui-même plus loin, il peut agir sur son présent pour rendre ce futur possible.

Il a aussi besoin de disposer de règles claires et qui ont un sens pour lui. S'il ne les comprend pas, il a besoin qu'on les lui explique.
Il est indispensable de répondre clairement et directement aux questions qu'il se pose, sans tabous, sans non-dits et sans mensonges… Ce qui concerne son corps, son sexe et les différences avec l'autre sexe, lui est expliqué simplement et sans équivoque.
Au moment où il s'interroge (pas avant car forcer ces informations avant l'heure risque de le traumatiser), il doit apprendre ce que sont les relations sexuelles, comment sont faits les bébés et la beauté de l'amour sexuel (cf. l'amour de complétude in « les collusions dans la relation amoureuse »).
Son besoin de jouer et d'envisager la vie en général de façon ludique doit être respecté et encouragé. Il doit être validé lorsqu'il raconte ce qu'il perçoit dans le subtil, avec son troisième œil : des anges, des lutins, des fantômes, etc. (et non entendre « tu es fou, tu as trop d'imagination, cesse de raconter des sornettes, etc. »).

Il doit apprendre à utiliser ses émotions, à communiquer (l'homme est un animal social), à partager, à vivre en paix. A cette fin, on doit lui enseigner les différentes formes d'intelligence : l'intelligence intellectuelle, l'intelligence émotionnelle, l'intelligence relationnelle et l'intelligence de cœur.
Enfin, il a besoin d'être projeté dans la vie. Je vous renvoie pour cette partie au chapitre « les parents sont l'arc, l'enfant la flèche ».

Tous ces points sont bien sûr la déclinaison de l'amour et de la sécurité au quotidien. Le moindre manquement causera la création de traumatismes, et donc de mensonges et de peurs.

- Le Transgénérationnel

J'inclus un chapitre concernant ce sujet dans ce livre car son impact sur votre vie peut se révéler réellement énorme. C'est à tel point que parfois, le dysfonctionnement et la souffrance de certaines personnes reposent essentiellement sur ce syndrome.
L'étude du transgénérationnel est une science en soi qui, selon moi, se décline en deux grandes approches :
- « Le Syndrome du Gisant », phénomène mis en évidence et étudié par Salomon Sellam (éditions Bérangel).
- « Les fantômes familiaux », modèle exposé avec brio par le psychanalyste transgénérationnel Bruno Clavier (éditions Payot & Rivage).
Si vous décidez de construire seul votre cérémonie et qu'après lecture du texte ci-dessous, vous estimez n'avoir pas identifié les origines de ce dysfonctionnement, je vous invite à lire les ouvrages de ces deux chercheurs, et/ou à prendre contact avec un accompagnant Festen.

Le Syndrome du Gisant

L'inconscient collectif pèse aussi à travers les générations. Pour identifier l'origine de ce syndrome, il faut remonter à l'époque où l'humanité vivait en clans. L'élément central de la survie du clan était le nombre. En effet, au temps de la préhistoire, il y avait relativement peu de monde sur Terre. Si un membre du clan venait à mourir, la survie même du clan était menacée. Il fallait donc au plus vite lui trouver un remplaçant. On sait aujourd'hui que cela est inscrit dans l'inconscient collectif : la survie de l'espèce prime sur la survie de l'individu. De nos jours, bien que l'espèce ne soit plus en danger (disons plutôt qu'elle l'est pour des raisons différentes), la même injonction continue de s'appliquer... Et lorsqu'un membre de la famille meurt d'une mort injustifiée, injustifiable, provoquant un deuil impossible à faire, c'est-à-

dire qu'il meurt trop tôt, lors d'un drame, l'inconscient collectif demande de le remplacer...
La première solution, qui est aussi la plus simple à identifier, est de faire un autre enfant avec le même prénom, ce que l'on appelle un enfant de remplacement. On dit de ce dernier qu'il est le gisant du précédent.[15] Le peintre Van Gogh en est un exemple célèbre. Vincent est né un an jour pour jour après le décès d'un frère aîné qui s'appelait aussi Vincent. Le peintre n'était pas fou, il lui était simplement impossible de vivre sa vie, il devait réparer en vivant la vie du frère précédent.
Si la mère ne peut plus procréer, c'est la génération suivante, ou l'une des générations suivantes, qui sera chargée de réparer le drame.

Pour que vous soyez le gisant de quelqu'un, il faut que cette personne soit décédée avant votre conception.
Il est aussi possible que l'inconscient collectif du clan impose de soutenir un parent vivant, dans sa propre mission de réparer un de ces drames transgénérationnels. Vous repérerez cette obligation de soutien de la même façon que vous identifiez le gisant.

Les fantômes familiaux
Jusqu'à deux ans et demi, trois ans, le mental de l'enfant n'étant pas encore véritablement structuré, celui-ci est encore énormément connecté aux énergies intangibles (cf. la connexion au monde subtil). Par conséquent, il est en quelque sorte dans tous les temps et tous les espaces.
Les mensonges se transmettent de génération en génération ; les émotions parasites de nos ancêtres sont véhiculées de la même façon. Lorsqu'un drame a été non dit, non intégré et non élaboré, il laisse des traces émotionnelles qui viennent s'incarner et se déployer une, deux ou plusieurs générations plus tard : c'est la création du fantôme transgénérationnel.

Les fausses couches, les avortements, les meurtres, les séparations, les

---

[15] Sur un tombeau, le gisant est la sculpture qui représente le mort reposant à l'intérieur.

dévalorisations, les horreurs, les exils, les génocides, les guerres, les mariages subis, et bien sûr, les morts inacceptables... Tout ce qui ne s'est pas exprimé émotionnellement va s'imprimer dans une génération future. Encore une raison de pratiquer l'intelligence émotionnelle.

Pour identifier la présence d'un fantôme, ayez déjà le réflexe d'y penser lorsque l'un de vos comportements ou syndromes reste inexpliqué. Ensuite, enquêtez pour déterminer si le préjudice que vous subissez se répète de génération en génération.
Par exemple, tous les aînés ont leur premier enfant qui décède ; à chaque génération, il y a des jumeaux dont l'un va très bien et l'autre très mal ; votre mère, votre arrière-grand-mère, votre arrière-arrière-grand-mère ont toutes été mariées de force à un homme horrible, sans possibilité de le choisir ni de le quitter... et vous vous retrouvez dans la même situation ; chaque femme (ou juste une), à chaque génération, fait trois fausses couches, etc. Chaque fois, un fantôme se cache derrière ces souffrances.

Il se peut aussi que le fantôme soit « récent » : votre mère s'est fait violer et ne vous l'a jamais dit ; votre père, qui est mort lorsque vous étiez bébé, s'est suicidé et l'on vous a dit qu'il avait eu un accident ; votre grand-père était un bourreau nazi, etc.

Une notion importante, identifiée par Bruno Clavier et facilement identifiable, est celle du prince charmant. Il le définit ainsi : « Celui que la femme n'a pas eu, celui qu'elle a eu, celui qu'elle a, celui qu'elle aura, celui qu'elle n'aura pas, celui qu'elle n'aura jamais ». Il s'agit donc d'un homme qui n'existe qu'au niveau du fantasme, dont le deuil ne peut être fait et qui sert de référence pour évaluer celui qui se présente dans la réalité.
Si vous êtes une femme avec ce syndrome, vous êtes continuellement partagée entre le prince charmant (fantasmé) et le mari (qui ne peut être à la hauteur du prince). Si votre prince charmant est celui que vous avez actuellement, vous l'encensez, vous avez les yeux de Chimène, incapable du moindre regard critique, et il est impossible pour vous de distinguer

la réalité de ses comportements et de ses sentiments à votre égard. Quel que soit le type de prince charmant, vérifiez dans les générations précédentes, vous trouverez la trace de ce fantôme.

Quoi qu'il en soit, si vous êtes sensibilisé à cette notion de fantôme, parlez-en avec vos parents et mettez à jour tous les secrets de famille qu'ils connaissent. Peut-être devrez-vous aussi demander à vos grands-parents, oncles et tantes, etc....

Pour libérer un enfant en bas âge d'un fantôme, la parole suffit : que le secret soit révélé devant lui et le symptôme disparaît. Dès la préadolescence, cela devient très compliqué car le fantôme « s'incruste » au niveau cellulaire. Bruno Clavier évoque la nécessité à ce moment-là d'utiliser des cérémonies... Cela tombe bien pour nous, n'est-ce pas ?
De ce point de vue, le Festen est un véritable « Karcher ». L'énergie qui s'y déploie est tellement élevée que les fantômes et les gisants sont dissous instantanément.
A l'image du « Karcher » qui nettoie sans que l'on sache forcément ce qu'il nettoie, l'expérience montre que méconnaître l'origine du drame n'est pas forcément un problème, à partir du moment où l'on a identifié le symptôme et que l'on a conscience de son origine transgénérationnelle.
Par exemple, il suffira de dire : « Je comprends aujourd'hui que je suis parasitée par un fantôme transgénérationnel lié à la création d'un prince charmant par une ancêtre ... » pour que vous en soyez libérée.

Quelques symptômes :

- Vous avez la sensation de ne pas vivre votre vie, d'être freiné, voire dédoublé, vous avez la sensation qu'un voile plane sur vous, vous vous empêchez de manifester la vie, d'être joyeux...
- L'inconscient collectif vous a affublé d'un prénom symboliquement porteur de ce syndrome. Vous en identifierez le sens en utilisant le langage des oiseaux : René (re-né), Gisèle (gît elle), Sylvie (s'il vit), Isidore (ici dort), Vincent (vint sans... son frère ou sa sœur, cf. perte d'un jumeau), etc.

- Vous portez le même prénom que l'un de vos parents, grands-parents, ou ancêtre. A coup sûr, vous êtes là pour le soutenir (et peut-être en êtes-vous le gisant s'il est mort d'une mort dramatique et inacceptable avant votre conception).
- Vous êtes né à la même date que l'un de vos parents, etc.
- Vous êtes en correspondance de dates avec l'un de vos parents ou aïeux. Pour calculer ceci, partez de votre date de naissance et ajoutez trois mois : c'est votre date de conception. Si l'un de vos ascendants (ou oncle, tante, etc.) est né ce jour-là, vous êtes en correspondance. Retranchez trois mois : si l'un de vos ascendants (ou oncle, tante, etc.) est né à cette date, c'est vous qui êtes sur sa date de conception, vous êtes aussi en correspondance.
  Exemple : vous êtes né le 15 avril (pour le calcul, seul compte le jour et le mois), vous avez été conçu le 15 juillet. Si votre père est né le 15 juillet, vous êtes là pour le soutenir.
  Si votre grand-mère est née le 15 janvier, elle a été conçue le 15 avril, vous êtes là pour la soutenir.
  Prenez une marge de plus ou moins 7 jours. Si votre père est né le 20 janvier, vous êtes en correspondance.
- Votre mère a fait des fausses-couches et/ou pratiqué l'interruption volontaire de grossesse avant votre naissance.
- L'un de vos parents ou grands-parents est décédé le jour de votre anniversaire ou 6 mois plus tard (sur ce que Salomon Sellam appelle le point de vie). Il vous bloque dans votre vie.
- Vous vivez un drame déjà vécu par un ou plusieurs de vos ancêtres.
- Vous présentez un symptôme qui ne s'explique pas par une analyse de ce que vous avez vécu enfant.

Si vous identifiez l'un de ces symptômes, vous devez vous libérer de l'inepte mission que vous confie l'inconscient collectif de votre clan et/ou de l'énergie du fantôme. Pour cela, il suffit d'inclure dans votre cérémonie un chapitre construit sur le modèle suivant.

Exemple d'un chapitre
La Xième chose dont je veux parler, c'est que je suis en correspondance transgénérationnelle de dates avec mon frère, le décès de ma grand-mère maternelle et mon père, qui lui-même a été victime de viol.
Lorsque j'évoque cela, je ressens de l'oppression, de la contrariété et de la contrainte.
Je comprends aujourd'hui que l'inconscient collectif du clan imposait à mon frère et moi-même de soutenir notre père dans la réparation d'un drame ancestral lié au viol. Cela signifie que j'étais porteur à mon insu de cette énergie et de plus, qu'il m'était interdit de dédier mon énergie à mes propres projets. Ceci était accentué par le fait que ma grand-mère me bloquait énergétiquement depuis son décès.
C'est pourquoi, je rends à l'inconscient collectif cette mission inepte.

Je me libère du blocage généré par la date de décès de ma grand-mère.
Je me libère de la mission confiée par l'inconscient collectif du clan de soutenir mon père.
Je me libère de la mission de contribuer à la réparation du viol, et ce faisant, je remets tous mes ancêtres dans la lumière.
Je me libère de toute énergie liée au viol.
Je me libère de l'interdiction d'avoir mes propres projets.

Je récupère mon droit à vivre pour moi-même.

Décodage des émotions
• *L'oppression* : « Je suis empêché de respirer ». D'un point de vue symbolique, la respiration est la vie. Le message invite donc à prendre conscience de ce qui empêche de vivre et à se libérer de cette coercition.
• *La contrariété* : « Une force extérieure s'oppose à moi, m'empêche d'avancer vers mon objectif ». C'est vraiment le moment de réfléchir pour choisir entre accepter, améliorer ou quitter. Dans l'exemple, il s'agit bien sûr d'améliorer.
• *La contrainte* : « Je suis emmené de force vers un autre objectif que le mien ». Prendre conscience du message conduit à mettre un « stop » à la personne qui la suscite.

Ces émotions montrent bien la pertinence de l'intelligence émotionnelle car elles invitent immédiatement à l'action dès qu'on les a décodées.

Je parle de mission inepte car si vous devez réparer un drame de l'inceste, vous allez avoir tendance à générer inconsciemment des situations où vous subirez le viol. Mais en quoi réparez-vous le drame en vous faisant violer ?! Cela, l'inconscient du clan ne le dit pas ! C'est donc une sorte de folie stérile, qui confine parfois à la malédiction. De la même façon, l'énergie du fantôme pèse de façon totalement inutile. Ainsi, l'un de mes clients faisait partie d'une famille à laquelle l'inconscient collectif interdisait de quitter le village. Tout enfant qui tentait de s'installer ailleurs vivait des drames. C'est donc un syndrome à ne pas prendre à la légère car il peut vous bloquer très sérieusement.

Même si vous ne faites pas de Festen et que vous repérez l'un de ces symptômes, la prise de conscience à elle seule pourrait vous permettre d'en atténuer la charge (voire de vous en libérer). Vous pouvez aussi tenter de vous en affranchir en bénéficiant d'une séance d'hypnose. En état de conscience modifiée, appelez devant vous les ancêtres concernés... Sentez tout d'abord si vous avez quelque chose à vous dire et, le cas échéant, faites-le (souvent, le fantôme demande réparation). Ensuite, regardez en haut, à droite : une porte s'ouvre, de laquelle descend un rayon de lumière (cela peut sembler incroyable, mais vous la verrez toujours à cet endroit) : vous placez la personne dans cette lumière et elle passe par la porte qui se referme ensuite. Vous êtes libre.

Vous libérer est salutaire ; j'ajoute qu'il est encore mieux d'éviter de créer des fantômes. Chaque fois que vous taisez quelque chose à vos enfants (maladies, décès, drames, informations, etc.), vous créez (ou vous perpétuez) un fantôme. Voilà donc une raison supplémentaire d'être clair, authentique et transparent.

- Le refus d'incarnation

L'âme sait toujours où elle s'incarne et quelle expérience elle fera. Cependant, c'est une chose d'imaginer sa mission quand on est « là-haut », c'en est une autre que de la vivre dans la matière. C'est un peu comme si, alors que vous êtes au chaud dans votre maison, vous décidiez de traverser la Manche à la nage un 1er janvier. Vous possédez les capacités et la volonté pour le faire et le projet vous enchante. Quand vous arrivez sur la plage et que vous commencez à vous déshabiller, celui-ci prend une tournure différente. Lorsque vous pénétrez dans l'eau, vous conscientisez réellement de ce que vous allez endurer.
Au moment de « descendre » dans la matière, votre âme fait en quelque sorte un refus d'obstacle devant la difficulté qu'elle anticipe.
Vous l'identifiez car

- Vous avez toujours eu envie de « rentrer à la maison ».
- Vous ne parvenez pas vraiment à vous associer, à vous identifier à ce que vous vivez.
- La vie ne possède pas réellement de sens profond, vous vous demandez ce que vous faites ici.
- Vous êtes toujours quelque peu dissocié, distant.
- Vous êtes né aux forceps, par le siège, en retard, etc.

Exemple d'un chapitre
La Xième chose dont je veux parler, c'est que je suis née par forceps et que ma mère a eu une hémorragie pendant mon accouchement. Lorsque j'évoque cela, je ressens de l'impuissance et une sensation d'étrangeté.
Je comprends que mon âme était dans le refus de s'incarner, car l'inconscient collectif du clan faisait peser sur moi l'obligation de réparer des drames liés à l'Holocauste. En effet, mes ancêtres ont été contraints de fuir leur pays d'origine car leur vie était menacée après la perte de proches. La réparation était tellement difficile à porter et à accomplir qu'au moment de s'incarner, mon âme a cru qu'elle ne pourrait supporter tant de poids. J'en ai conservé une difficulté à

investir la vie dans ses aspects matériels et la volonté de toujours fuir les situations difficiles.

Je me libère de l'impossibilité de m'incarner.
Je me libère de la mission de réparer les drames liés à l'Holocauste et ce faisant, je remets tous mes ancêtres dans la lumière.
Je me libère de l'interdiction de m'investir dans l'aspect matériel des choses.
Je me libère de l'obligation de fuir les situations difficiles et ce faisant, j'ancre ma volonté de les affronter.

Je récupère ma joie de vivre cette incarnation.
Je récupère ma combativité.
Je récupère mon plaisir à vaincre l'adversité.

Décodage des émotions
• *L'impuissance* : « Je suis dans une situation indésirable et je ne peux ni accepter, ni améliorer, ni quitter. Il ne me reste que la plainte ». Vous êtes bloqué, alors que votre corps vous dit de vous bouger pour choisir l'une des trois solutions. Si vous êtes intelligent émotionnellement, vous comprenez le message sous-jacent : « Il n'y a que trois solutions, alors choisis celle qui te coûtera le moins, car de toutes façons, tu vas y laisser des plumes. »
• *L'étrangeté* : « Je vis quelque chose qui n'est pas de ce monde ». Vous êtes en présence de quelque chose ou de quelqu'un que votre mental ne parvient pas à conceptualiser, à comparer à votre modèle du monde. C'est comme si vous étiez en présence d'un alien ; ou encore avez-vous la sensation d'être un alien. L'étrangeté est une invitation à explorer sur d'autres niveaux que la logique et le cartésianisme.

On voit par ces exemples que l'intelligence émotionnelle met en mouvement là où le mental tend à immobiliser.

Après votre cérémonie, vous aurez la possibilité de ressentir l'envie de vous investir et de créer. Il faudra cependant être toujours vigilant à

votre ancrage à la terre car c'est votre structure d'être plutôt éthéré. Vous aurez donc intérêt à pratiquer des techniques telles que la méditation de l'arbre dans laquelle vous prenez le temps de visualiser des racines partir de sous vos pieds, s'enfoncer très profondément dans la terre, tout en se développant, jusqu'à obtenir cette sensation d'être vraiment enraciné.
Peut-être aurez-vous aussi besoin de travailler la mise en action en utilisant des stratégies de type coaching.

- La perte d'un jumeau

Avez-vous régulièrement la sensation qu'il manque quelqu'un à côté de vous ? Ressentez-vous un sentiment de solitude inexpliqué qui vous accompagne dans votre quotidien ?
Il est possible que votre jumeau ou votre jumelle ait disparu pendant la grossesse de votre mère. Au moins 15 % des grossesses sont gémellaires, alors qu'il ne naît que 1 % de jumeaux. Le phénomène est donc relativement fréquent.
A moins qu'une échographie ait révélé cette présence avant sa disparition, la plupart reste inconnue. Peut-être votre mère se souviendra-t-elle d'avoir perdu du sang au début de sa grossesse, sans en comprendre la raison. C'est à ce moment-là que le fœtus s'est décroché.
Si vous avez eu un jumeau avorté, vous avez vraisemblablement affaire à un ou plusieurs des symptômes suivants :

- Un sentiment de manque et d'incomplétude (car vous voulez retrouver cette présence perdue).
- Le besoin de vivre des relations exclusives (vous voulez être le seul dans la vie de l'autre).
- Un sentiment de culpabilité récurrent conduisant parfois à des tendances à l'auto sabotage (vous culpabilisez d'être le survivant).
- Une tendance à l'isolement, confinant à la sensation d'être incompris.

Exemple d'un chapitre
La Xième chose dont je veux parler, c'est que mon jumeau est parti quand j'étais dans le ventre de ma mère.
Lorsque j'évoque cela, je ressens de la solitude et de la culpabilité.
Je comprends aujourd'hui que cette séparation a causé un paradoxe terrible en moi. Quand il a disparu, j'ai eu la sensation de perdre une partie de moi-même dont je n'ai jamais fait le deuil, et en même temps, j'ai vécu un parasitage car une fraction de son énergie s'est reportée sur moi juste avant qu'il ne meure. Je vivais dans une ambivalence permanente puisque j'étais parasité par quelque chose qui me manquait. J'avais donc tendance à vivre dans les limbes, poursuivant une quête impossible.
C'est pourquoi, cher jumeau, je te rends à toi-même et te remets dans la lumière.

Je me libère de l'énergie de mon jumeau.
Je me libère de l'obligation d'être dans la quête de ce jumeau et ce faisant, je réalise pleinement mon deuil.
Je me libère de la sensation de manque.
Je me libère de la croyance que je suis responsable de sa mort.
Je me libère de l'obligation de vivre dans les limbes et ce faisant, je m'inscris résolument dans la vie.

Je récupère mon intégrité.

Décodage des émotions
• *La solitude* : « Je me sens seul au milieu des autres ». S'il semble basique, ce message est intéressant car vous le ressentez dans la relation aux autres. Si vous décidez de naviguer en solitaire, vous ne vous sentirez pas seul, même au milieu de l'océan, vous vivrez un sentiment d'isolement. La solitude vous indique que la relation est coupée ou inexistante, vous êtes seul *au milieu des autres*.
• *La culpabilité* : « Je mets à mal une de mes valeurs fondamentales et j'ai la sensation de causer l'irréparable ». La culpabilité est le plus souvent inconsciente car elle est le moteur de toutes les peurs (je

m'accuse de ce que je subis). Pour cette raison, il faut réfléchir pour en trouver la cause. Cherchez la valeur que vous avez l'impression de mettre à mal et cherchez au niveau symbolique en quoi vous avez l'impression de commettre l'irréparable. Dans l'exemple, la sensation d'avoir tué le jumeau est irréparable.

Prenez le temps d'écouter vos émotions, vous ne serez jamais déçu. Voyez comme chacune vous dit en quoi la situation est indésirable... Elle vous indique même les voies pour en sortir.

- L'enfant pas désiré

Votre père et/ou votre mère ne voulaient pas d'enfant ; vous êtes arrivé comme un cheveu sur la soupe et n'avez pas vraiment été accepté. Il se peut aussi que vos parents disent vous avoir désiré mais que les dates de mariage et de naissance démontrent le contraire. Parfois, l'âge est aussi un indicateur ; si vos parents avaient 18 ans, par exemple, les chances qu'ils aient désiré un enfant sont minimes ; vous pouvez aussi avoir subi des violences en tant que fœtus (votre mère se frappait sur le ventre pour avorter ou était frappée par votre père), etc. Vous êtes victime du syndrome de non désir. Vous naissez avec le mensonge : « Je ne devrais pas être ici ». Vous le vérifiez car :

- Vous avez toujours peur d'être rejeté.
- Vous en faites des tonnes pour être accepté dans un groupe.
- Vous vous sacrifiez.
- Vous avez souvent la sensation d'être de trop.

Pour que ce non désir génère un mensonge, il faut aussi que votre naissance ait été ressentie comme gênante, comme une galère pour vos parents. S'ils ont fait « contre mauvaise fortune bon cœur », vous ne présenterez pas ce symptôme, il se peut même que ce soit un atout car vos parents n'auront pas pour vous ce « sur désir » souvent débilitant. Ce syndrome peut être délicat à identifier car il est le plus souvent inconscient ; si vous avez des doutes, explorez les pistes décrites ci-dessus, le plus simple étant encore de demander à vos parents, en prenant soin, lors de l'interview, de vous brancher sur votre intuition car il est possible qu'ils vous mentent pour préserver une image ou parce qu'ils s'interdisent eux-mêmes d'accéder à la vérité.

Exemple d'un chapitre
La Xième chose dont je veux parler, c'est que je suis née environ deux mois après le mariage de mes parents. J'ai donc été conçue hors mariage, alors que mon père n'était pas divorcé de son épouse précédente.
Lorsque j'évoque cela, je ressens de la peine et de la culpabilité.
Je comprends aujourd'hui que je n'ai pas été désirée et que ma naissance contrariait les plans de mes parents. Pour conserver la croyance qu'ils m'apporteraient l'amour et la sécurité, je me suis accusée de ma venue au monde, créant le mensonge que j'étais un imposteur et posant ainsi le décor de toute ma vie, à savoir : je n'ai pas ma place ici.
C'est pourquoi, Maman et Papa, je vous rends cette énergie d'imposture.

Je me libère de la croyance que je n'aurais pas dû naître.
Je me libère de la culpabilité d'être née.
Je me libère de la croyance qu'il m'est interdit de prendre ma place et ce faisant, je m'autorise à déployer ma puissance.

Je récupère mon droit à la vie.
Je récupère ma place en ce monde.
Je récupère ma puissance naturelle.

Décodage des émotions
• *La peine* : « J'ai la sensation que quelqu'un me trahit ». Exemple : vous vous confiez à votre meilleur ami en lui demandant de garder le secret ; le lendemain, vous apprenez que toute la ville est au courant. Vous lui dites : « Tu me fais beaucoup de peine ». Pour bien comprendre, examinons ce qu'est la trahison. Lorsqu'un soldat quitte les siens au moment de l'attaque, on dit qu'il déserte. Un traître quitte les

siens mais de plus, passe à l'ennemi. Votre corps est en train de vous dire que celui qui devrait être votre ami est votre ennemi !
Le message de la peine peut être à double sens. Vous la ressentez si vous êtes trahi mais aussi si *vous* trahissez. Dans l'exemple, le message est « j'ai la sensation de trahir » car pour cette femme, sa présence sur terre est une trahison.
• *La culpabilité* : cf. la perte d'un jumeau.

Votre corps vous dit toujours votre vérité la plus profonde. Il est vraiment utile de prendre connaissance du message de la peine car votre mental, lui, vous empêchera certainement d'y accéder. Cela est primordial pour diriger votre vie car vous êtes peut-être en train de vous faire trahir par l'un de vos proches.

Il est simple de comprendre que ce symptôme de non désir crée en vous un problème de désir. Vous devez par conséquent porter votre conscience sur ce plan particulier. Avez-vous tendance à réfréner votre désir, par exemple ? Avez-vous peur de n'être pas désiré ? Programmez votre système réticulaire activateur consciemment, en lui demandant de mettre en évidence les situations où le désir est au centre de la problématique. Soyez vigilant quant aux émotions que vous ressentez et décodez-les. Identifiez le programme que vous avez tendance à déclencher à ce moment précis et, après votre libération, programmez l'exact opposé. Imaginez le mieux pour vous, comme si la vie était un conte de fées, laissez monter en vous la petite question : « Et si c'était possible ? »

- Les énergies de la mère enceinte

Un bébé au stade de la fusion est incapable de faire la différence entre l'intérieur et l'extérieur de lui. Il semble donc évident qu'*a fortiori*, dans le ventre de sa mère, il ressente ses énergies et ses émotions comme les siennes propres.

Durant cette période, bien des choses peuvent s'inscrire négativement chez l'enfant. Comme le mental n'est pas encore formé, cela est engrammé au niveau énergétique.
Il peut s'agir de traumatismes extérieurs subis par la mère : coups et blessures volontaires, accidents de la voie publique (automobiles, piétons, etc.), accidents domestiques, accidents du travail, etc.
Le traumatisme est bien sûr encore plus important si un pronostic vital est engagé. Pire encore, si la mère a failli mourir durant l'accouchement... Ou si elle en est morte ! Le mensonge inscrit par l'enfant est immanquablement qu'il a tué sa mère.

Les ambiances alentour jouent aussi leur rôle : disputes conjugales, ambiance stressante au travail, deuil dans la famille, etc.
Il y a ensuite toutes les énergies propres à la mère : maladie, dépression, pathologie mentale, tentative d'avortement, déni de grossesse, ras-le-bol d'être enceinte, dépression (cf. le parent dépressif)...
Nous n'allons pas rédiger un chapitre par type de traumatisme. Je vous invite simplement à interviewer vos parents, à enquêter pour savoir comment s'est déroulée votre vie intra-utérine (pensez à inclure à votre questionnement les drames transgénérationnels, le non désir d'avoir un enfant et la perte d'un jumeau).
Chaque fois, observez ce que vous avez inscrit par empathie et le genre de stimulation que cela a induit... ou de manque de stimulation, dans le cas de la dépression.

Exemple d'un chapitre
La Xième chose dont je veux parler, Maman, c'est que tu as essayé de te faire avorter toute seule quand tu étais enceinte de moi.
Lorsque j'évoque cela, je ressens de la peine.
Je comprends aujourd'hui que non seulement ma mère ne me désirait pas, mais que de plus, elle voulait ma mort. J'ai donc inscrit en moi cette énergie qui m'a accompagnée toute ma vie, m'interdisant de prendre pied sur le sol de cette planète. J'en ai gardé une tendance à m'effacer, m'excuser d'être là et à m'interdire de demander et de réussir quoi que ce soit.

C'est pourquoi, Maman, je te rends ton désir de meurtre.

Je me libère de l'injonction de mourir.
Je me libère de l'interdiction de m'inscrire dans la vie.
Je me libère de l'interdiction de m'épanouir et de réussir.

Je récupère ma vitalité.
Je récupère mon droit naturel à vivre ma vie.
Je récupère ma force et mon droit au succès.

Décodage des émotions
• *La peine :* cf. l'enfant pas désiré

Même si vous êtes intelligent émotionnellement, le décodage ne vous sera pas d'une grande utilité car l'inscription du mensonge et de la peur s'est faite au niveau énergétique. Je vous invite à vérifier avec un énergéticien que vous avez bien nettoyé toutes ces mémoires cellulaires.

Une fois libéré des énergies de votre mère et après avoir récupéré les attributs correspondants, soyez conscient qu'il vous faut désormais engrammer de nouveaux programmes au plus profond de vos cellules, de votre ADN. Dans l'exemple choisi, vous vous libérez d'une énergie énorme de morbidité ; ayez à cœur de faire pénétrer la vie en vous en étant conscient qu'au début, il conviendra certainement de vous forcer. N'hésitez pas à observer les autres, à les imiter, et même, à leur demander de l'aide pour vous donner des « cours de vie ».

- Le mauvais sexe

C'est une variante de « pas désiré ». Etes-vous un garçon manqué ou une garçonne ? Etiez-vous la fille aux cheveux courts qui boxait les garçons et qui jouait au foot... Ou le garçon efféminé qui jouait à la poupée ?
Peut-être avez-vous été désiré de l'autre sexe par l'un de vos parents (voire grands-parents). Si c'est le cas, vous l'interprétez évidemment

comme « je ne devrais pas être là ». La condition pour recevoir amour et/ou sécurité ? Tenir le rôle que l'on attendait de vous à la naissance et changer symboliquement de sexe.
Remarque : Le syndrome du garçon manqué chez la fille peut aussi renvoyer à la peur de l'inceste. Reportez-vous à ce chapitre pour ce symptôme.
Remarque 2 : le syndrome du garçon efféminé peut être issu d'une autre cause, par exemple, des parents ultra non-violents prohibant les jouets tels que épées, pistolets, etc. qui empêchent leur fils d'accéder à sa masculinité. Si, de plus, un père vide tente de masquer ce vide derrière la non-violence, le tableau est complet !

Exemple d'un chapitre
La Xième chose dont je veux parler, Maman, c'est que tu m'as dit que vous n'attendiez pas un enfant si tôt et que tu aurais désiré un garçon que tu aurais appelé Gabriel, raison pour laquelle tu m'as prénommée Gabrielle.
Lorsque j'évoque cela, je ressens de l'incompréhension, de la peine et de la tristesse.
Je comprends aujourd'hui qu'en me donnant comme prénom Gabriel au féminin, ma mère n'avait pas fait, à ma naissance, le deuil du garçon qu'elle voulait. Je me suis donc construit l'idée que j'étais un imposteur et que je n'aurais pas dû me trouver là. Pour garder l'illusion de son amour, je me suis dit que ma mère m'aimerait à condition que je sois un garçon. En faisant cela, j'ai créé l'espoir dont j'avais besoin ; il ne me restait plus qu'à le manifester en me transformant en garçon manqué.
Voilà pourquoi Maman, je te rends ton désir corrompu.

Je me libère de la croyance que je dois être un garçon.
Je me libère de la croyance que je suis un imposteur.
Je me libère de l'obligation de jouer le rôle du garçon manqué.

Je récupère mon droit à être une femme et à prendre ma place en tant que telle.

Je récupère ma féminité.

Décodage des émotions

• *L'incompréhension*[16] *:* « Mon univers bascule et je n'ai pas les clés pour décoder ce qui m'arrive ». La question qui monte aux lèvres dans ces situations : « Mais qu'est-ce qui m'arrive ? » Votre mental est confronté à une situation concrète où vous êtes face à l'un de vos mensonges profonds, où vous êtes en capacité de voir que « maman = pas amour » ou que « papa = pas sécurité ». Vous êtes en train de vous approcher de votre gouffre (cf. ce chapitre).

Il refoule une (grosse) partie de la situation de manière à vous préserver. C'est comme si vous fonciez sur un iceberg avec votre bateau et que votre mental, pour vous éviter une grande frayeur, vous hypnotisait et le « transformait » en gros glaçon ; ainsi, vous n'avez plus peur.

Cependant, lorsque votre bateau heurte l'iceberg, les dommages ne correspondent pas, vous vous demandez comment un glaçon peut causer autant de dégâts !

Vous ne pouvez comprendre car le mental vous prive des éléments traumatisants de la situation : votre corps émotionnel vous invite à investiguer pour saisir la nature du désagrément, alors que votre mental vous empêche d'y accéder.

Notez que le nom de l'émotion change avec l'intensité. Plus vous êtes proche du gouffre et plus vous allez être stupéfié, puis sidéré, tétanisé... et cela monte jusqu'à l'effondrement (vous sentez le monde s'écrouler sous vos pieds).

• *La peine* : cf. l'enfant pas désiré.

• *La tristesse* : « Il y a quelque chose que je dois laisser partir ». Vous êtes dans une situation indésirable, vous avez donc trois possibilités : accepter, améliorer, quitter. Cependant, elles ne sont pas toujours toutes trois disponibles. Prenons un exemple : l'un de vos proches décède. Vous êtes dans une situation indésirable car vous auriez préféré qu'il reste vivant et vous êtes triste. Reprenons les solutions : améliorer est

[16] Il ne s'agit pas ici de l'incompréhension purement mentale devant un problème à résoudre (problème technique, par exemple), mais d'un choc émotionnel.

impossible à moins de pouvoir ressusciter la personne ; quitter est impossible à moins de vous suicider. Il ne vous reste donc qu'accepter et votre corps vous le dit par le biais de la tristesse : « Tu viens de perdre quelqu'un (ou quelque chose), laisse-le partir car il est déjà parti ». Pour le dire encore d'une autre manière : « Fais ton deuil ». La tristesse est l'émotion du deuil (cf. les étapes du deuil dans le chapitre consacré à la perte d'un parent). Dans l'exemple, le corps de cette personne lui dit : « Fais le deuil d'un père qui assure ». Encore une fois, nous voyons que le corps, l'émotion, dit la vérité et que le mental ne laissera pas faire car cette vérité révèle le manque de sécurité.

Dès que vous ressentez une émotion du registre de l'incompréhension, explorez ce qui se cache derrière, en vous préparant à toucher des choses désagréables. Etre intelligent émotionnellement, c'est aussi avoir besoin de courage.

Les émotions ressenties par cette femme nous indiquent combien le deuil est impossible à faire dans une telle situation. Si vous avez vécu cela, il se peut de plus que le parent concerné ait joué le même jeu, vous confortant dans votre personnage. Que ce soit ou non le cas ne change rien car le mensonge une fois construit est indélébile et déclenche forcément un problème : même si vous continuez de jouer le rôle que vous croyez attendu, vous êtes quand même coupé en deux car la nature est bafouée et pousse sans cesse à l'intérieur de vous pour reprendre ses droits. Et même si vous rendez ce morceau à vos parents, l'empreinte laissée par toutes ces années passées à vous pervertir laissera des traces jusqu'à ce que vous puissiez redevenir Qui Vous Etes Vraiment... si tel est votre souhait. Dans ce cas, en introduisant un nouveau programme, vous croirez lutter contre votre identité car en tordant votre nature première, vous vous êtes identifié à votre perversion.
Si vous êtes un homme trop féminin, il va falloir réintégrer du yang, de l'énergie masculine. C'est l'énergie du passage à l'action, de la matérialisation de vos idées et de la capacité à tenir votre position.

Si vous êtes une femme trop masculine, vous devrez réintégrer du yin, l'énergie féminine. C'est l'énergie de l'intuition, de la créativité, de la douceur et de la compassion.
Dans les deux cas, vous aurez l'impression de forcer, peut-être d'être ridicule à vos yeux ou aux yeux des autres. Persistez, car derrière cette contrainte forte, il existe une réelle opportunité pour vous. En déployant votre vraie nature, vous conservez quand même l'énergie du sexe opposé, résultat : vous équilibrez votre yin et votre yang, ce qui est un véritable atout pour réussir votre vie.

- Naissance par césarienne

Naître par césarienne induit des dysfonctionnements physiologiques et psychologiques.
Durant l'accouchement par voie basse, le bébé absorbe par sa bouche les bactéries présentes dans le vagin de sa mère. Cela détermine une part importante de son héritage bactérien, que l'on appelle le microbiote. Ces bactéries étant la base de nos défenses, une naissance par césarienne implique un système immunitaire déficient.
Par ailleurs, le bébé sécrète, lors d'un accouchement traditionnel, des hormones provoquant un afflux de sang dans les organes vitaux, facilitant la première inspiration et l'éveillant. Enfin, au passage du vagin, il subit une sorte « d'essorage » qui lui permet d'évacuer complètement le liquide amniotique de ses poumons.
La naissance d'un papillon nous offre une image de cela. Si vous assistez à sa sortie de chrysalide, vous le verrez effectuer des efforts impressionnants pour s'en extraire. Si, pris de compassion, vous souhaitez l'aider en découpant la chrysalide avec une lame de rasoir, vous constaterez que ses ailes jamais ne se déplisseront... car c'est l'effort produit qui permet au sang de les irriguer.
En plus de l'effet physiologique, la césarienne prive le bébé de cet effort qui ancre en lui la volonté de s'inscrire dans la vie.

- Vous avez des problèmes de surpoids, sans que cela soit associé à un malaise.
- Vous êtes facilement victime d'allergies respiratoires.

- Vous manifestez un manque de combativité.
- Vous êtes de nature fragile.

Exemple d'un chapitre
La Xième chose dont je veux parler, c'est que je suis né par césarienne. Lorsque j'évoque cela, je ne ressens rien.
Je comprends aujourd'hui qu'en naissant par césarienne, j'ai manqué des afflux d'énergies me permettant de déployer naturellement ma force de vie. Cela a généré en moi un manque de combativité et la difficulté à mobiliser mes forces pour réaliser mes projets. J'en ai conservé une tendance à la fatalité et une certaine passivité.

Je me libère de l'interdiction de déployer ma force.
Je me libère de mon manque de combativité.
Je me libère de la difficulté à me mobiliser pour atteindre mes objectifs.
Je me libère de la fatalité.
Je me libère de la passivité.

Je récupère ma combativité et je génère le déploiement de cette énergie en moi.
Je récupère ma pro activité.

Après votre libération, il conviendra peut-être de réensemencer votre flore intestinale à l'aide d'aliments spécifiques, de prébiotiques et de probiotiques. Par ailleurs, vous pourrez consulter des énergéticiens ou des spécialistes en médecine traditionnelle chinoise pour ouvrir les canaux énergétiques fermés.

- Le père vide

Dans la Loi Symbolique, quelque chose se transmet de père en fils. Le fils est un père potentiel en devenir ; le père est chargé de le préparer à assumer, lorsque son tour viendra, la sécurité de son clan. Cette « force » qui est transmise est une flamme de vie qui est allumée par le père. Le père « nomme » le fils, le « charge » de puissance.

C'est le pouvoir du père qui est transmis au fils au niveau symbolique. Cette force est tellement profonde qu'elle n'est jamais nommée dans la réalité. Je l'ai nommée « flamme » pour éviter le terme freudien de phallus, ou celui jungien de libido, qui me paraissent trop connotés sexuellement ; en effet, même si l'énergie sexuelle en est une composante, y prend place aussi une force de vie beaucoup plus proche du chi du modèle asiatique.
Si elle ne porte pas de nom, elle laisse malgré tout des traces dans des expressions reliées à la virilité : « en avoir ou pas », « être un homme » : en les entendant, on sait exactement de quoi il retourne, bien qu'il soit impossible de le définir.
Cette flamme est transmise de père en fils et il arrive (comme dans la situation que j'ai vécue) qu'il y ait un raté dans une génération : le fils n'est pas « allumé ». Le fils sera vide et il lui sera impossible à son tour de transmettre cette flamme puisqu'il en est dépourvu. Toutes les générations suivantes de fils seront vides, éteintes symboliquement, à moins que l'un d'eux ne se rallume lui-même, par la cérémonie de libération par exemple, ou bien s'il est renommé symboliquement. Un tel homme pourrait ainsi être « rallumé » s'il lui est décerné la médaille de bravoure.

Pour un homme vide, la vie est souffrance car il lui manque quelque chose qu'il n'identifie pas comme manquant... En effet, pour qu'il puisse nommer ce manque, il eut fallu qu'il possédât la flamme, puis qu'il en fut dépossédé. Sa problématique est donc inconsciente et son souci de même : éviter d'être démasqué, d'entendre la sentence fatidique : « Tu es une couille molle ! »
En société, il s'arrange, fait illusion (ainsi, j'utilisais moi-même l'humour pour détourner l'attention). Cela est d'autant plus facile qu'il existe une sorte de consensus entre les hommes : « Ne révèle pas mon manque et je tairai le tien. »
Hélas pour lui, il est un endroit où l'arrangement est impossible, c'est dans le clan (aujourd'hui, la famille) car il est directement convoqué : il doit guider le troupeau, combler la femelle et protéger les enfants.

Deux stratégies sont utilisées pour éviter d'être démasqué : la fuite et/ou la violence (plus rarement, sera choisie la voie de l'amour – cf. le parent inversé). On retrouve sans surprise le comportement animal en cas de peur : la fuite ou l'attaque.
La fuite peut être réelle (absence pour le travail, déplacements incessants, activités extérieures forcenées, etc.) ou symbolique (aucun échange, toujours plongé dans son journal, devant la télé, « demande à ta mère », etc.).
De même, la violence peut être physique (coups, tarabustages), verbale (dévalorisations, piques, rebuffades, etc.) ou énergétique (regard glaçant, attitude hostile, exsudation de la violence).
Dans tous les cas, c'est l'apparition d'un symbole qui déclenche la réaction. Une remarque de la part de l'enfant, un regard, une désobéissance, sont interprétés comme symbolisant la phrase funeste « tu es une couille molle ». La réplique est fulgurante car épidermique.

Notez que les impacts du vide du père ont aussi une incidence sur la fille car, bien qu'elle n'ait pas besoin d'être allumée, elle a besoin de cette sécurité que le père vide ne peut lui offrir.
Les enfants, selon le processus standard, s'accusent de ce qu'ils subissent : « Si papa ne me donne pas la sécurité, c'est que je ne la mérite pas. » Avec un père vide, vous devez donc rendre vrai que vous méritez l'insécurité. La façon de procéder dépend du ou des symboles choisis par votre mental. Si par exemple, vous avez choisi comme symbole de sécurité l'emploi, vous ne gardez pas un travail, ou bien c'est un travail précaire, ou bien encore mal rémunéré. Avez-vous choisi la famille ? Il vous est impossible d'en fonder une ou d'en garder une, bien que vous y aspiriez plus que tout au monde. Vous déterminez (inconsciemment, bien sûr) le symbole de sécurité... Et vous manifestez l'inverse.

Ce mensonge ne suffira pas ; en effet, vous vous accusez de ne pas mériter la sécurité, mais cela ne vous l'octroie pas ! Or, vous en avez absolument besoin... et vous en manquez toujours.

Votre mental trouve ingénieusement une solution. Il prolonge le mensonge standard, passant de « c'est de ma faute » à « c'est de ma faute *parce que je ne fais pas ce qu'il faut pour cela* ». Sous-entendu : « Si je faisais ce qu'il fallait, je l'obtiendrais. »
« Je l'obtiendrai *à condition* que je fasse ce qu'il faut pour cela. »
En pratiquant ainsi, vous passez de « risque de mourir » à « espoir de vivre »... *si vous faites ce qu'il faut*. Vous passez de risque à espoir, c'est intéressant ! Vous avez créé l'espoir... et l'espoir fait vivre. Je nomme ceci la sécurité conditionnelle : « J'obtiendrai la sécurité à condition que... » (vis-à-vis de la mère, ce sera donc l'amour conditionnel).
Premier dommage collatéral, vous devez chercher comment procéder. Vous tentez de gagner les grâces de votre père, une attention, un regard... Peut-être, s'il est bricoleur, et bien que vous détestiez ça, allez-vous bricoler avec lui, croyant ainsi obtenir ce que vous recherchez.
Second dommage collatéral : *vous avez perverti l'espoir*.
L'espoir est un moyen d'atteindre un objectif, c'est une émotion qui vous dit « vas-y, avance vers ton objectif ». La sécurité conditionnelle est mise en place pour *créer* de l'espoir. Dans la réalité, vous savez bien que vous n'obtiendrez jamais la sécurité de la part de votre père. Ce que vous recherchez n'est donc pas la sécurité, mais l'espoir. L'espoir est passé de l'état (naturel) de moyen à l'état (fabriqué) d'objectif. Transformer un moyen en objectif porte un nom : la perversion.
La course au diplôme est un bon exemple de perversion. Un diplôme est un moyen d'indiquer une compétence. L'important devrait donc être la compétence... Et pourtant, il vous sera demandé un diplôme pour obtenir un travail, comme si celui-ci était l'assurance de la compétence... et votre candidature sera écartée si vous ne l'avez pas, même si vous êtes compétent. C'est pervers.

L'incidence est énorme car le message de l'espoir perverti est changé : il est passé de « tu peux l'atteindre » à « *accepte l'inacceptable* ». Vous avez créé un nouvel accord avec vous-même : « Dès que la situation est inacceptable, je crée de l'espoir pour la supporter. »
Exemple : je suis pauvre, ma vie est pauvre, c'est inacceptable. Je joue au loto, ainsi, j'ai *l'espoir* de devenir riche. Je sais bien que je ne

gagnerai pas... mais parce qu'il y a quand même des gagnants, je peux me faire croire que c'est possible... et accepter ainsi ma pauvreté. CQFD. Faites le compte du nombre de fois dans votre vie où vous êtes demeuré dans une situation inacceptable, juste parce que vous aviez l'espoir qu'elle change.

La présence d'un père vide crée un déséquilibre profond en vous, accentué par la création de l'espoir *en tant que solution*. Malheureusement, le délitement de la Loi Symbolique génère une véritable épidémie de pères vides et il existe de grandes chances pour que vous ayez subi cela. 99 % de mes clients étaient dans ce cas. Historiquement et socialement, cela s'explique par le drame des guerres modernes et les fractures de générations : l'industrialisation, la première guerre mondiale, les camps de concentration, l'exode rural, l'immigration, etc. Les valeurs ne sont pas transmises car le père s'est vidé dans l'horreur, ou elles ne sont plus adaptées à la nouvelle situation.
Si c'est le cas, vous avez constaté l'un des éléments suivants :

- Votre père ne possédait pas d'autorité naturelle.
- Votre mère portait la culotte.
- Votre père faisait usage de la violence pour se faire obéir.
- Il était absent, réellement ou symboliquement – plongé dans ses livres ou figé devant la télévision...
- Il fuyait ses responsabilités, il « n'assurait pas », par exemple, en ne vous soutenant pas dans des situations où vous aviez besoin de lui.
- Vous avez tendance à le mettre sur un piédestal, sans véritable raison valable. *Ceci est particulièrement valable pour les femmes qui ont eu de gros problèmes de relations avec leur mère et qui, pour garder l'illusion d'un soutien, l'ont idéalisé.*

Observez votre père sans complaisance car votre mental tentera de l'excuser, de justifier un comportement, au fond, inexcusable.

Exemple d'un chapitre :
La Xième chose dont je veux parler, c'est du souvenir que j'ai de toi, Papa, inaccessible, dans tes livres, dans ta musique, ton univers de réflexion, de sérieux, comme en dehors de la vie qui se vit.
Lorsque j'évoque cela, je ressens de la tristesse, de la peine, de la colère, de l'amertume, des regrets et de la déception.
Je comprends aujourd'hui que mon père était dépourvu de cette flamme qui fait qu'un homme est un homme. S'il pouvait faire illusion en société, cela lui était impossible lorsqu'il était convoqué en tant que mari ou en tant que père. Pour éviter d'être démasqué, il utilisait la fuite. Pour conserver l'illusion d'une sécurité, je me suis fait croire que je ne la méritais pas, puis, pour créer de l'espoir, j'ai cherché à quelles conditions l'obtenir, construisant ainsi la sécurité conditionnelle. C'est comme cela que j'ai commencé à mendier la sécurité.
C'est pourquoi, Papa, je te rends ton vide.

Je me libère du vide de mon père.
Je me libère du manque de sécurité.
Je ne libère de la croyance que je ne mérite pas la sécurité.
Je me libère de la peur de l'insécurité.
Je me libère du besoin de sécurité.
Je me libère de l'obligation de vivre en insécurité.
Je me libère de la sécurité conditionnelle.
Je me libère de l'obligation de mendier la sécurité.

Je récupère mon droit à vivre en sécurité.
Je récupère ma sérénité.
Je récupère mon détachement naturel.
Je récupère mon courage.

Décodage des émotions
• *La tristesse* : cf. le mauvais sexe.
• *La peine* : cf. l'enfant pas désiré.
• *La colère* : cette émotion est complexe et pour la décoder, nous allons la décliner sur trois niveaux.

Premier niveau : « Mets un stop à la menace ! » C'est très simple, vous n'avez pas envie de vivre cette situation.
Deuxième niveau : « Quelqu'un met à mal une de mes valeurs fondamentales ». Une valeur est un guide moral dans votre vie. Elle vous dit ce qui est bien et ce qui est mal. Vos valeurs forment un des piliers centraux de votre vie. Il y a grand intérêt pour vous de les connaître car ainsi, vous prenez conscience de ce qui vous guide dans votre vie, de ce qui est réellement important. De plus, il est essentiel pour votre équilibre que vos actions soient en cohérence avec vos valeurs. Si cela n'est pas le cas, vous ressentez de la culpabilité (cf. ce décodage). Si quelqu'un d'autre ne respecte pas une de vos valeurs, cela vous met en colère. Si vous possédez en vous la valeur « politesse » et qu'on ne vous dit pas merci quand vous donnez quelque chose, cela vous met en colère.
Le problème est que chacun possède ses propres valeurs. Si vous n'êtes pas imprégné de la valeur « politesse » et que l'on ne vous dit pas merci, cela ne vous fait ni chaud ni froid. Nombre de vos problèmes viennent de là car vous attendez des autres qu'ils obéissent aux mêmes valeurs que les vôtres. Respecter quelqu'un, c'est accepter qu'il possède des valeurs différentes, qu'il soit guidé différemment. Observez la cause des conflits sous cet angle-là et vous découvrirez bien souvent une différence de valeurs, chacun voulant imposer la sienne à l'autre.
Troisième niveau : « Quelqu'un veut prendre du pouvoir sur moi ».
Ces trois niveaux sont toujours présents dans la colère. Dans l'exemple, la valeur bafouée est le partage. Mais en quoi son père prend-il du pouvoir sur elle ? Il l'oblige à se taire ! Parler signifie ici démasquer. Il lui interdit de dévoiler son manque de sécurité et son vide.

• *L'amertume* : mélange de tristesse, de déception et de ressentiment.
• *La tristesse* : cf. le mauvais sexe.
• *La déception* : « J'attendais mieux ». Pour comprendre ce message, le plus simple est de le comparer à celui de la frustration qui est : « J'avais droit à plus ». Imaginons que vous êtes embauché pour un emploi dont vous ignorez la rémunération. On vous annonce que vous serez payé

1 500 €. Vous êtes déçu car vous attendiez mieux. Maintenant, vous êtes embauché et vous savez que ce travail est rémunéré en général 2 000 € ; on vous annonce que vous serez payé 1 500 €. Vous êtes frustré.
• *Le ressentiment* : « J'en veux à l'autre ». Il existe donc dans le ressentiment la notion de vengeance… Néanmoins, il y a un message positif derrière, qui est : « Si quelqu'un te faisait subir ce que tu me fais subir, tu prendrais conscience de tes actes et tu cesserais de le faire ».

Devenir intelligent émotionnellement requiert de travailler. Par exemple, il n'est pas évident d'emblée de comprendre que le ressentiment est une invitation à poser une action pour que l'autre monte en conscience sur ses méfaits.

Si vous êtes une femme avec un père vide, vous avez un problème de sécurité. Vous la mendiez et tout à la fois, elle vous est interdite. Vous vous retrouvez en insécurité avec des hommes qui ressemblent à votre père (cf. les collusions), vous avez tendance à vous positionner, face aux hommes en général, dans la position « enfant », vous générez de ce fait chez l'autre la position « parent ». Une fois libérée du vide de votre père, il vous faut pratiquer, travailler pour occuper chaque fois une position « adulte ». Ceci demande une vigilance constante et une volonté d'airain car votre tendance par défaut est la position infantile. La technique du héros vous sera précieuse ; à chaque fois que vous repérerez la petite fille qui pointera le bout de son nez, posez-vous la question : « Quelle est la personne que j'admire et qui à mes yeux est un parangon d'assurance ? » Une fois identifié votre héros (ou votre héroïne), imaginez-le dans votre situation : comment ferait-il, quelle serait son attitude, sa posture, son intonation, ses mots ? Ensuite, imitez-le, devenez-le. Vous serez surprise du changement en vous et de la puissance que vous manifesterez.

Si vous êtes un homme, vous avez un problème d'assurance. Si, par exemple, vous êtes manager, vous éprouvez des difficultés à donner des ordres, vous craignez de n'être pas obéi, vous cherchez des compromis. Reprendre votre pouvoir, c'est oser manifester votre puissance.

Evidemment, au début, vous ne la sentirez pas en vous. C'est naturel et ce n'est pas grave. Comme disent les anglais : « Fake it until you make it ». Votre héros sait comment s'y prendre, laissez-le aux commandes. Vous faites semblant jusqu'à ce que vous sachiez habiter vous-même cette assurance. Sachez que les autres n'y verront que du feu ! D'ailleurs, vous-même n'avez jamais démasqué quelqu'un utilisant cette technique, et pourtant, vous en avez croisé.

- La mère sans amour

Vous êtes issu de votre mère. C'est concrètement un des deux points communs à tous les humains (l'autre est plus abstrait : tous détestent souffrir). Vous êtes relié à votre mère par une force indescriptible. Vous êtes en fusion avec elle. Elle est La Vie pour vous, c'est quelque chose de puissant et de mystérieux. Ce qui unit la mère et l'enfant est un lien d'amour bien au-delà de l'amour amoureux. Aujourd'hui, toutes les mères ne le ressentent pas dans leur conscience à cause du délitement de la Loi Symbolique. Tant de mensonges se sont empilés de génération en génération que la nouvelle mère est parfois désemparée au fond d'elle et regarde ce petit bout d'humain en se demandant si elle l'aime... Elle se sent déconcertée et parfois culpabilisée de ne pas ressentir ce dont on lui a rebattu les oreilles : cet amour fantastique. Si elle possède la patience et un entourage qui la soutient, cela va s'ouvrir, comme un nouveau sens. Comme deux êtres s'apprivoisent, la mère apprivoisera son amour pour son enfant.

Un dysfonctionnement dans ce lien balaye littéralement un bébé en manque d'amour, car plus on a besoin d'une chose et plus son manque est cruel. L'intensité des mensonges que vous créez est proportionnelle à l'intensité de la défaillance de votre parent. Si votre mère vous étouffe un peu car elle a peur que vous vous fassiez mal, vous allez construire un petit mensonge (par exemple, « maman a raison d'avoir peur »). Petit dysfonctionnement, petit mensonge... Plus le manquement se rapproche du centre de votre besoin d'amour, plus le traumatisme est important et plus le mensonge sera énorme. Difficile d'expliquer que votre maman ne

vous porte aucune attention (cf. le gouffre) ! Si votre mère était vide d'amour – car elle-même en a été privée – vous avez réalisé le même processus que pour votre père, sauf que la sécurité était remplacée par l'amour. Vous créez donc : « Je ne mérite pas l'amour ». Vous l'avez oublié parce que la puberté est venue remettre ça en question et qu'une nouvelle réalité est venue remplacer l'ancienne (et aussi parce que cela se passait au niveau symbolique, donc inconscient) mais c'est ainsi.
Vous avez ensuite mis en place l'amour conditionnel : « Je ne mérite pas d'être aimé car je ne fais pas ce qu'il faut... Elle m'aimera à condition que... »
Si vous êtes un homme et que vous avez manqué cruellement d'amour :

- Vous manifestez un déficit que vous cherchez à combler.
- Vous êtes assoiffé, vous cherchez les marques d'amour.
- Vous voulez le regard de l'autre sur vous, des caresses.
- Vous recherchez des preuves incessantes que l'autre vous aime

Tout cela ne suffira jamais car une petite voix murmure sans cesse au fond de vous : « Tu n'y as pas droit ! »

Si vous êtes une femme :

- Vous avez inscrit qu'être une femme, c'était être sans amour.
- Vous quêtez l'amour mais sans pouvoir vous-même le donner.
- Au contraire, vous en donnez énormément car vous pensez que c'est la condition pour que l'autre vous en donne, vous qui ne le méritez pas d'emblée.
- Vous vous interdisez de vous ouvrir à l'amour, tout en cherchant à combler ce manque en vous.

Il est possible que vous ayez contourné l'interdit en créant un espace où le mensonge est inopérant, par exemple en devenant mère (cf. Identité refuge de mère), en vous faisant croire que « sexe = amour », etc.

Exemple d'un chapitre
La Xième chose dont je veux parler, c'est que tu n'as jamais eu un seul geste de tendresse envers moi, Maman.
Lorsque j'évoque cela, je ressens de l'angoisse, de la peur, de la terreur, de la colère, de la tristesse, de la peine, de l'abandon et de la culpabilité.

Je comprends aujourd'hui que ma mère, n'ayant elle-même pas reçu d'affection, était incapable d'en prodiguer. J'ai donc été contrainte de me faire croire que je ne méritais pas d'être aimée, puis j'ai banalisé pour m'éviter de prendre conscience de ce manque. Pour créer l'espoir en moi, j'ai cherché à quelles conditions obtenir cet amour, tout en justifiant le comportement de ma mère. A partir de cet instant, j'ai inscrit en moi que l'amour s'obtenait en le mendiant, c'est ainsi que j'ai commencé à mendier l'amour auprès des hommes.
C'est pourquoi, Maman, je te rends ton vide d'amour et de tendresse.

Je me libère du manque d'amour.
Je me libère de la peur de manquer d'amour.
Je me libère de la croyance que je ne mérite pas d'être aimée.
Je me libère du besoin d'amour.
Je me libère de l'amour conditionnel.
Je me libère de l'obligation de mendier l'amour.

Je récupère l'amour de moi-même.
Je récupère mon droit à l'amour.
Je récupère mon libre arbitre par rapport à l'amour.

Décodage des émotions
• *L'angoisse* : L'angoisse n'est pas réellement une émotion mais plutôt l'expression d'une confrontation intérieure. Une partie de vous veut sa liberté, prendre son essor, et une autre veut se réfugier dans une zone de sécurité (« je veux les jupes de ma mère »). Au point de rencontre des deux naît l'angoisse. Elle se manifeste comme un serrement, une boule dans le corps. L'endroit où elle se pose délivre le message. Si vous avez une boule dans la gorge (chakra de l'expression de soi), une partie de vous souhaite exprimer (dire) Qui Vous Etes et une autre croit que si vous le faites, vous serez en danger. Si votre poitrine est serrée (chakra du cœur), une partie veut connaître et exprimer l'amour ; l'autre estime qu'il y a danger à le faire. Le plexus (chakra de la puissance) : vous souhaitez manifester votre puissance et vous croyez en même temps qu'il y a danger de le faire. La boule au ventre (chakra des émotions) :

une partie de vous souhaite exprimer ce qu'elle ressent, l'autre a peur de le faire.
Contrairement à la colère (par exemple), dont vous connaissez immédiatement la cause, l'angoisse, du fait de son caractère duel, n'est pas une émotion « franche », il vous faut réfléchir pour découvrir à quoi elle se rapporte.
• *La peur* : c'est l'émotion de base. Le message est simple : « Attention, danger ! » Il se peut que le message soit plus social, plus « civilisé ». Il devient alors : « Attention, tu n'es pas prêt ». Vous devez parler devant plusieurs centaines de personnes et vous avez peur. Votre corps vous dit que vous avez quelque chose à travailler (votre confiance, votre élocution, etc.).
• *La terreur* : « Attention, danger de mort ! » Une période de la Révolution a été nommée « la Terreur ». N'importe qui pouvait être guillotiné si un soi-disant révolutionnaire l'avait décidé. Tout le monde était en danger potentiel de mort.
Bien sûr, le message peut être délivré par une peur de type 1 (danger réel) ou une peur de type 2 (danger symbolique, illusoire). Dans l'exemple, cette femme est terrorisée parce que sa mère perd tout rattachement au niveau symbolique. Sur ce niveau-ci, elle est réellement menacée de mort.
• *La culpabilité* : cf. la perte d'un jumeau.

Etre intelligent émotionnellement, c'est aussi réfléchir, utiliser son mental en soutien de ses messages corporels. C'est cela qui vous conduit à la compréhension. Après avoir décodé l'émotion, demandez-vous pour quelles raisons votre corps vous envoie ce message.

L'amour est réellement la clé de tout. Tout le monde veut être aimé. Le problème de cette société pervertie, c'est que vous cherchez cet amour à l'extérieur de vous. C'est ce qu'on appelle « l'amour avoir ». Vous voulez avoir de l'amour, c'est-à-dire que vous voulez que l'on vous en donne. Une fois libéré du besoin d'être aimé, expérimentez la nouvelle vérité qui est de *donner* de l'amour. Rien n'est comparable à cette sensation. Attention, ne versez pas dans un nouveau piège qui consisterait à donner cet amour sur le mode du sacrifice, car à ce moment-là, vous seriez la cible de tout un tas de vampires énergétiques ! Il ne s'agit nullement de *faire* quoi que ce soit, simplement d'être, d'être l'amour. C'est un élan qui part de votre cœur, purement gratuit, qui ne fixe aucune condition (vous n'attendez rien en retour) et qui rayonne comme un soleil. Evidemment, le top, c'est de rencontrer l'amour amoureux avec quelqu'un qui se positionne pareillement : deux êtres qui se donnent sans rien attendre en retour.

- La mendicité

Vous ne rédigerez un chapitre à ce sujet que si vous la manifestez intensément, sinon, il vous suffira de l'intégrer au père vide et à la mère sans amour.

L'amour conditionnel et la sécurité conditionnelle vous obligent à les mendier. Vous devenez des mendiants ! Cela génère deux incidences.

Tout d'abord, vous vous coupez en huit pour obtenir un regard, une reconnaissance, une parole positive de la part de vos parents. C'est peine perdue, puisqu'ils sont incapables de vous les donner.

Deuxièmement, vous rendez le mensonge vrai et vous exportez ainsi la mendicité. Vous mendiez la reconnaissance à votre travail, vous mendiez l'amour auprès de l'autre sexe, etc.

Ce faisant, vous tentez de combler un puits sans fond, puisque le mensonge initial est : « Je ne le mérite pas ».

Dans mon cas personnel, cette histoire de secret a causé en moi une forme d'abandon et j'ai créé le mensonge : « Je ne mérite pas d'être reconnu. » J'ai mendié la reconnaissance toute ma vie, essentiellement auprès de garçons plus âgés que moi pour tenter de trouver, de créer un père de substitution. Lorsqu'il advenait que quelqu'un m'envoie un signe (un symbole) qu'il me reconnaissait, je me sauvais en courant !... J'étais obligé de réagir ainsi car le mensonge (« je ne mérite pas d'être reconnu ») devenant faux, je devais me saboter.

Exemple d'un chapitre
La Xième chose dont je veux parler, c'est que jusqu'à ton hospitalisation, Papa, j'ai passé la majeure partie de mon enfance avec des employées de maison qui, de plus, changeaient fréquemment.
Lorsque j'évoque cela, je ressens un sentiment de tristesse, de la solitude et de l'abandon.
Je comprends aujourd'hui que le mode d'éducation où j'étais livrée à moi-même, ajouté à l'absence de mère, m'a fait cruellement manquer d'affection. Après cela, j'ai mendié cette affection autour de moi pour pouvoir enfin me reconnaître dans le regard de l'autre. Mais dès que j'en trouvais, je devais la fuir, étant donné que j'avais été contrainte de me faire croire que je ne la méritais pas.
C'est pourquoi Papa, je te rends ton indifférence et ta négligence.

Je me libère du manque d'affection.
Je me libère de la croyance que je ne mérite pas l'affection.
Je me libère de l'obligation de mendier l'affection.
Je me libère de l'obligation de me chercher dans le regard de l'autre.
Je me libère de l'interdiction de recevoir de l'affection.

Je récupère mon estime de moi-même.
Je récupère le droit à croire en ma valeur.

Décodage des émotions
• *La tristesse* : cf. le mauvais sexe.
• *La solitude* : cf. la perte d'un jumeau.
• *L'abandon* : je suis en train de perdre l'amour et/ou la sécurité – cf. ce chapitre.

Grâce à l'intelligence émotionnelle, cette personne peut comprendre que ses sens sont faussés par un mensonge absurde et se mettre en mouvement vers une compréhension plus profonde de son comportement.

Dans cet exemple, nous voyons bien le mécanisme de la mendicité et le paradoxe qu'il déclenche. Une fois que vous avez construit l'amour conditionnel, vous êtes obligé de le mendier, ce qui signifie que vous voulez être nommé par l'autre, désigné ; c'est comme si vous lui disiez : « Aime-moi pour me dire qui je suis. » De nouveau, vous êtes comme la chauve-souris qui se guide en écoutant son propre cri ultrasonique réverbéré par l'obstacle. Vous avez besoin, au départ de votre vie, d'être désigné par vos parents, d'être regardé avec amour, avec l'envie que vous deveniez quelqu'un. C'est parce que vous avez manqué de ça que vous le mendiez par la suite. Vous mendiez car votre cri ne vous est pas retourné. Et comme pour expliquer ce vide, vous avez construit le mensonge que vous ne le méritez pas, vous devez fuir dès que vous l'entendez... car vous ne le méritez pas ! Vous pouvez d'ores et déjà monter en conscience sur ce sujet. Pour ce faire, soyez attentif à votre intention lorsque vous êtes en relation avec quelqu'un. Que cherchez-vous ? Que souhaitez-vous entendre ? Etes-vous dans une posture adulte ou une attitude infantile ? Le regardez-vous pour ce qu'il est ou bien ne vous préoccupez-vous que du regard qu'il porte sur vous ?... Pour le dire autrement, cherchez-vous à le connaître ou vous cherchez-vous dans son regard ?

- Le gouffre

Chaque mensonge cache une défaillance d'un parent. La réalité est oblitérée mais cependant, elle est toujours là, enfouie au fond de votre inconscient. Chaque fois que « maman = amour ; papa = sécurité » sont mis à mal, vous subissez un traumatisme que vous camouflez mais qui creuse un trou ; il est l'expression du manque d'amour et/ou de sécurité que vous avez subi. Chaque manque crée un vide et en quelque sorte, c'est comme si ces vides s'accumulaient, s'additionnaient. Chaque fois, le trou s'agrandit, s'agrandit... jusqu'à devenir un gouffre. Un gouffre est ouvert au milieu de vous et votre mental s'ingénie à vous en éloigner. Cela fait partie de sa mission survie : vous tenir éloigné de la souffrance. Contempler le gouffre, regarder directement dedans revient à devenir fou et l'on pourrait dire aussi qu'un psychotique est un enfant qui a regardé dans le gouffre. Lorsque vous en approchez, votre mental vous fait disjoncter, comme un compteur électrique qu'on coupe. Le courant sera rétabli lorsque vous serez suffisamment sorti de la situation.

Vous passez votre temps à détourner votre regard de cet endroit ; plus vous grandissez, plus la stratégie est rôdée et plus cela devient une seconde nature. Imaginez que vous êtes réellement au bord d'un précipice. Plus vous vous en éloignez, plus il disparaît à votre vue et moins il a d'impact sur vous.

Vous êtes de plus aidé par votre système réticulaire activateur que vous avez inconsciemment programmé pour « supprimer » de votre réalité tout symbole de ce gouffre : vous anticipez pour éviter de regarder là où ça va faire mal.

Certaines situations (dont le point commun est de vous surprendre) font écho à l'une des peurs enfouies dans ce gouffre. L'analyse transactionnelle les nomme des élastiques. Ils vous ramènent à la peur initiale qui ne devrait pas être éclairée, conscientisée. C'est à ce moment-là que vous ressentez de l'incompréhension (voir son décodage dans le chapitre « le mauvais sexe ») ou une émotion plus intense comme la tétanisation ou la stupeur. Celle qui nous intéresse ici est ressentie au plus près du gouffre : l'effondrement, la sensation que le monde s'écroule sous vos pieds.

Un enfant voit sa maison brûler (les incendies sont très traumatisants pour les enfants). Personne n'est blessé. Son mental gère et refoule le traumatisme. Vingt ans plus tard, sa voiture tombe en panne et se met à brûler. L'élastique le renvoie au premier incendie et il s'écroule, sans comprendre ce qui lui arrive.

Vous avez peut-être vécu de tels moments de bascule dans votre vie. Un événement, parfois anodin, a déclenché une crise énorme. Identifiez-en l'origine, puis libérez-vous. Pour cela, le décodage de l'émotion vous sera précieux.

- Vous vous êtes écroulé psychologiquement d'un seul coup.
- Un événement vous a totalement figé, vous étiez incapable même de penser.
- Vous vous êtes mis à délirer subitement.
- Votre vie a changé du jour au lendemain après un choc.

Je nomme ces événements des « points de bascule ». Ils sont souvent révélateurs ou générateurs de quelque chose de plus profond dont vous devez vous libérer. A l'aide des autres chapitres, essayez d'en comprendre l'origine. S'il s'agit d'un fait comme un incendie, vous n'avez rien à rendre. Utilisez la technique de l'EMDR ou de l'EFT pour vous libérer.

Exemple d'un chapitre
La Xième chose dont je veux parler, c'est que lorsque j'étais en école de théâtre, un soir, j'ai perdu tout mon argent au poker. J'ai dormi dans la rue car j'étais vide, incapable de comprendre ma vie et ayant envie d'en finir.
Lorsque j'évoque cela, je ressens une sensation d'anéantissement, de mort, de détresse et de désolation.
Je comprends aujourd'hui que j'ai contacté ce jour-là le gouffre qui existait au milieu de moi et je prends conscience que ce gouffre est la somme de tous les mensonges que j'ai créés. C'est seulement ma faculté de me le cacher qui m'a permis de survivre... Connecter ce vide m'a amené aux frontières de la mort et permis de réaliser que j'étais en fait un mort-vivant.

Je me libère de l'interdiction de regarder mes mensonges en face.
Je me libère de la croyance que je dois tourner le dos à ma souffrance.
Je me libère de la vie de mort-vivant en tant que solution.

Je récupère ma capacité à regarder mes peurs en face.
Je récupère ma toute-puissance.
Je récupère mon inscription pleine et entière dans la vie.

Décodage des émotions
• *L'anéantissement* : « Je contemple ma mort ». Vous faites l'expérience de la mort au niveau symbolique, sans toutefois la traverser car votre mental vous retient au bord du gouffre. Pour transcender ce gouffre, il faudrait tomber dedans. C'est cet épisode que raconte Eckart Tolle dans l'introduction de son livre « Le pouvoir du moment présent ». Une

pensée paradoxale l'amène au bord du gouffre, et là, il tombe dedans. Il se voit chuter. Il perd alors conscience et lorsqu'il se réveille quelques heures plus tard, il est totalement libre, il a transcendé son mental.
Lorsque vous contemplez le gouffre, trois possibilités s'offrent à vous :
- Vous êtes retenu au bord et vous vivez ce que vit la personne de l'exemple.
- Vous voyez ce qu'il y a dans le gouffre et vous décompensez (effondrement, crise de schizophrénie, etc.).
- Vous tombez dedans et vous ressortez « de l'autre côté », c'est-à-dire que vous connaissez une illumination. Votre mental est confronté au paradoxe suprême : s'il conserve les mensonges, vous devez mourir mais comme sa mission est votre survie, dans l'instant, il choisit votre survie au détriment des mensonges... Et instantanément, vous êtes libre !
• *La détresse* : « Mon âme même est en péril, je dois demander de l'aide ». Un navire en détresse envoie un SOS, ce qui signifie « Save Our Souls » – Sauvez Nos Ames. Vous êtes en train de faire de même. Votre corps vous dit d'appeler à l'aide car vous ne vous en sortirez pas seul. C'est le moment de chercher alentour la personne ressource – ami, parent, thérapeute, etc.
• *La désolation* : « J'ai perdu tous mes repères, mes bases de combativité ». Connaissez-vous l'expression « terre de désolation » ? C'est ce que vous vivez, votre paysage (symbolique) est ravagé. Votre corps vous invite à prendre le temps de vous reconstruire ; le message rejoint celui de la détresse, vous n'y parviendrez pas seul.

Voilà un assemblage d'émotions qui conduit à demander de l'aide. Si vous avez vécu un tel cocktail, vous aurez certainement besoin d'un accompagnant.

Ce gouffre au milieu de vous est une illusion créée au niveau symbolique parce que vous n'avez pas traité les manques au niveau réel. Vous avez inventé une sorte de trou noir et vous croyez qu'il vous aspirera, vous détruira si vous tombez dedans. Parvenir à l'illumination, c'est se rendre compte de l'illusion. Les personnes qui font cette expérience partent dans un gigantesque éclat de rire. De leur point de vue, la farce est trop

drôle. Ils réalisent qu'ils avaient peur de : rien ! Vous auriez la même réaction si vous aviez eu peur toute votre vie qu'un diable sorte d'une boîte que vous gardiez fermée et que vous vous rendiez compte un jour qu'en fait, elle était vide...
Une fois vos peurs centrales dissoutes, le gouffre se résorbe et vous pouvez désormais inverser votre tendance de fonctionnement : au lieu de le fuir, de chercher à vous en éloigner le plus possible, affrontez-le ! Imaginez que vous nagez dans une rivière et que vous remarquez un immense tourbillon se former et menacer de vous entraîner par le fond ; vous nagez de toutes vos forces pour vous en éloigner. Or, maintenant que vous êtes libre, nagez *vers* le tourbillon et plongez en son cœur. Concrètement, lorsque vous ressentez une peur[17], posez-vous un moment et laissez-la s'épanouir en vous, ressentez-la totalement, respirez amplement, posément, tout en la regardant dans les yeux. Vous sentirez quelque chose se détendre en vous, puis lâcher. Contrairement à ce que croient et espèrent nombre de personnes dans la spiritualité, *la sortie se fait par le bas.* La récompense est à l'aune du courage que vous déploierez.

- L'œdipe non résolu

Le complexe

Pour comprendre aisément le complexe d'Œdipe (on dit aussi, pour les filles, le complexe d'Electre), il est nécessaire d'intégrer un élément inconnu de la psychanalyse, étant d'origine spirituelle. Lorsque vous vous incarnez, il vous est impossible de faire « descendre » dans la matière tout ce que vous êtes, loin s'en faut. Votre conscience se rétrécit pour s'ajuster à votre corps terrestre limité.
Votre vraie nature, que certains appellent l'âme, est beaucoup plus vaste, elle est même illimitée. C'est le fameux « mettre Paris en bouteille », ou pour prendre une autre image, vous êtes aussi vaste que mille calamars géants et que vous ne pouvez faire descendre qu'un petit bout de tentacule dans le corps humain.

[17] Après votre libération, bien sûr !

La partie humaine perçoit intensément cette « réduction » comme une coupure terrible au moment de l'incarnation. La sensation de perte est redoublée à la naissance, au moment où vous quittez la quiétude de la matrice (votre première expérience en naissant est de vous brûler les poumons !). Une part de vous souhaite « retourner à la plénitude ».

Les deux éléments associés causent une soif énorme, inconsciente, que l'on nomme « la nostalgie de la Source ». Votre mental, non encore formé, ne peut appréhender ce manque, se le représenter. Ce n'est que lorsque le réseau de pensées devient suffisamment complexe, que vous pouvez vous mettre en quête de cette « partie » perdue. En fonction de la stimulation dont vous avez bénéficié, cela se passe (généralement) entre trois et six ans. Puisque la perte est gigantesque, vous cherchez quelque chose d'énorme... et la seule chose très puissante que vous percevez alentour, c'est la force sexuelle. Souvenez-vous qu'elle est si profondément enracinée au niveau symbolique qu'elle ne porte pas de nom. C'est le père qui la transmet (cf. les pères vides). C'est donc lui qui la détient. Les choses vont différer selon que vous êtes fille ou garçon.
Si vous êtes un garçon, vous voulez vous emparer de la force du père que vous voyez utilisée pour combler votre mère et vous souhaitez combler celle-ci à votre tour car vous croyez qu'en accomplissant cet acte, vous récupérerez ce que vous possédiez avant l'accouchement. Cet effet est redoublé par l'idée inconsciente qu'en comblant votre mère, vous retournez à l'intérieur, où vous étiez parfaitement comblé... Et vous tombez amoureux de votre mère.
Si vous êtes une fille, vous croyez que votre père, en vous comblant, vous fera retrouver ce qui vous manque.
Combler, au niveau symbolique, signifie remplir, colmater le vide causé par la perte vécue au moment de l'incarnation.
L'œdipe se résout dans une triple modalité.

- Si vous êtes un garçon, vous voyez que cette porte est fermée car le désir de votre mère est résolument orienté vers votre père (et non vers vous). C'est ce que l'on nomme la triangulation : il y a vous, votre père et votre mère. La présence de votre père vous « déloge » d'une relation exclusive avec votre mère. C'est comme une sorte de dialogue qui

s'instaure, bien que des mots ne soient pas obligatoires : les symboles suffisent. Si les mots étaient prononcés, votre mère vous dirait : « Je ne suis pas ton amoureuse, je suis ta maman ; mon amoureux, c'est ton papa. Lorsque tu grandiras, tu trouveras ton amoureuse. » Vous entendriez de la part de votre père : « Tu ne touches pas, c'est *ma* femme ! » Vous comprenez alors que votre mère ne vous désire pas, qu'elle désire votre père, qui lui-même désire votre mère. Il n'y a donc pas de place pour un désir de cet ordre en ce qui vous concerne ; il ne reste que votre position de fils. Si vous êtes une fille, c'est l'inverse.
L'œdipe se résout dans un double aboutissement.
• Vos parents vous projettent dans la vie. On dit : « Les parents sont l'arc, l'enfant, la flèche ». C'est la deuxième mission symbolique des parents (la première étant « maman = amour ; papa = sécurité ») : ouvrir leur enfant au monde.[18]
• Vous vous identifiez au parent du même sexe. Si vous êtes un garçon, vous voulez ressembler à votre père (« mon papa, c'est le plus fort du monde ») ; si vous êtes une fille, vous souhaitez imiter votre mère (vous mettez ses chaussures, vous voulez vous maquiller, etc.). Cette identification permet et renforce l'ouverture au monde.

Lorsque l'œdipe est résolu, vous faites le deuil de ce morceau manquant et vous vous ouvrez à la vie sur Terre. Vous passez de nostalgie à investissement. A partir de ce moment-là, même si votre vie durant vous conservez cette sensation qu'il vous manque confusément quelque chose de profond, vous ne recherchez plus cela au sein d'une relation contre nature, vous vous ouvrez à d'autres voies, telles que la spiritualité, la méditation, la religion, etc.

Au fond, la structuration de la sexualité humaine au travers du complexe d'œdipe est un marché de dupes éhonté... puisque se détourner du parent du sexe opposé, c'est aussi renoncer à reconnecter la partie subtile de nous-même. Or, c'est ce manque, cette « nostalgie de la Source » qui nous constitue le plus !

---

[18] Deux chapitres sont consacrés plus loin aux dysfonctionnements de cette mission.

Si vous descendez au plus profond de vous-même, vous retrouvez cette sensation, cette certitude qu'il y a « autre chose ».
Si nous avons cherché à recouvrer cette partie via l'œdipe, c'est tout simplement que l'humanité, dans son voyage vers l'involution (cf. le délitement de la Loi Symbolique), a délaissé le subtil et le sacré au profit du mesurable et du cartésien. Au final, la coupure s'est inscrite dans l'inconscient collectif, sans pour autant apaiser cette soif inextinguible de reconnexion... Il a fallu trouver un nouveau chemin d'accès : la force sexuelle s'est naturellement imposée car elle est très intense et immédiatement à notre portée. L'idée est donc de remonter ce courant sexuel comme un saumon remonte le courant jusqu'à la source.
De ce point de vue, le complexe d'œdipe est donc une désobéissance, une forme de perversion visant à contourner l'interdiction inconsciente collective de se reconnecter à sa partie non incarnée.
Il existe une voie simple et directe pour y accéder de nouveau ; nous l'évoquerons dans le chapitre « la connexion au monde subtil ».

Les deux parents présents

Si vous êtes un garçon et que votre mère ne désire pas votre père, la porte vous semble ouverte vers le désir de celle-ci. Ce qui n'était qu'une possibilité imaginaire (fantasmée) devient une possibilité réelle. Une partie de vous dit : « Fonce, tu peux retrouver la partie perdue ! » Mais la partie qui veille à votre survie dit : « Non, cette voie te conduit à la folie, tu vas sombrer dans le désir de ta mère ! » Cette dernière partie, qui est votre logiciel survie, doit vous détourner de ce chemin puisque votre père ne le fait pas. Cela vous pose un problème insoluble car vous devriez pour cela reconnaître que votre mère représente un danger. C'est impossible car antagonique à « maman = amour ».
Votre mental doit trouver une astuce pour que les deux restent vrais. Vous créez pour cela un mensonge particulier que vous déclinez de la façon suivante : « Les femmes représentent un danger ». C'est astucieux car ainsi votre mère n'est pas dangereuse parce que c'est votre mère mais parce que c'est une femme. Cette solution est certes inventive mais vous allez le payer cher au moment de la puberté. Lorsque votre nature

sexuelle vous ouvre au désir, un mensonge vous dit « femmes = danger ».
A ce moment-là, un nouveau paradoxe surgit qui vient redoubler celui de la puberté (cf. ce chapitre) : vous êtes à la fois attiré et repoussé par les femmes. Quelles solutions s'offrent à vous ?
• L'homosexualité : il vous est interdit de désirer les femmes, vous déplacez votre désir vers les hommes.
• Rendre le mensonge vrai : Vous choisissez des femmes qui représentent un danger pour vous, qui vous déconsidèrent, vous maltraitent, etc.

Par ailleurs, un autre problème subsiste. L'œdipe ne s'étant pas résolu naturellement, *vous n'avez pas fait le deuil de l'espoir de récupérer le morceau manquant !* La possibilité imaginaire demeure. C'est une envie latente qui vous dit de rester disponible pour votre mère. Au moment de la montée de la puberté, elle est toujours présente. Chaque fois que vous désirez une femme, vous êtes en quelque sorte infidèle à votre mère. Vous projetez votre mensonge sur chaque femme désirable et l'écho en retour vous dit : « Attention, symbole d'infidélité à ta mère, tu dois te saboter »... Ou choisir une femme qui symbolise cette mère.
Ceci est souvent renforcé par la mère elle-même, qui, si elle ne désire pas le père, tend à reporter son affection entièrement vers son fils (certains reconnaîtront là les mères d'hommes homosexuels et la co-dépendance entre mère et fils).
Vous percevez en vous :

- L'obligation de trouver des femmes qui vous laissent disponible pour votre mère, qui renvoient en écho « avec moi, tu n'es pas vraiment engagé ».
- Il est impossible pour vous de vous engager.
- Vous avez tendance à tomber amoureux de femmes non disponibles.
- Vous vous engagez avec des femmes que vous n'aimez pas vraiment.
- Vous avez tendance à comparer incessamment votre compagne avec un idéal inatteignable qui vous fait la déconsidérer.

- Vous choisissez carrément une femme qui est la copie de votre mère. Cela vous offre l'avantage de ne pas désirer directement celle-ci et d'avoir une vie sexuelle « normale ». Le seul problème est que vous n'êtes pas réellement amoureux de cette femme puisque vous vivez avec votre mère...

Ou bien encore :

- Soit vous choisissez une femme que vous n'aimez pas et vous êtes capable de faire l'amour (mais vous n'êtes pas heureux).
- Soit vous choisissez une femme que vous aimez mais vous êtes incapable de lui faire l'amour (éjaculations précoces, pannes ; etc.).[19]

Si vous êtes une femme, c'est le même principe inversé. Vous restez disponible pour votre père (vous conservez l'espoir) : les hommes = danger et les mêmes symptômes vont se manifester.
J'ai même observé le cas de femmes qui se « défendaient » de la sexualité en accentuant inconsciemment leur odeur corporelle au niveau du sexe. Le but est d'être un repoussoir (on pourrait dire sans plaisanter que c'est la stratégie de la mouffette). Après la libération, ces odeurs ont « miraculeusement » disparu bien qu'elles existassent depuis la puberté.[20]

La famille monoparentale

Tant que le principe du couple est inscrit dans l'inconscient collectif, il est possible que l'œdipe se résolve, même en l'absence physique d'un parent, pour peu qu'il soit présent au niveau symbolique. Par exemple, si le père meurt au moment de la naissance et que la mère en parle à sa fille, le garde « présent », lui dit des choses telles que « si ton père était là, il t'aurait appris cela », cela fonctionne.
Si vous êtes une femme élevée sans père, peut-être avez-vous fait le deuil de la « partie perdue » en acceptant d'être propulsée dans la vie par votre mère et des substituts paternels (un grand-père, un oncle, un

[19] Ce symptôme peut avoir pour cause d'autres dysfonctionnements explicités plus loin.
[20] Ce symptôme peut aussi relever d'une autre origine que l'œdipe.

instituteur, etc.), auquel cas, vous vous êtes ouverte à la vie, aux expériences et à la sexualité. Mais peut-être pas...
Si vous n'avez pas fait votre deuil, la période entre l'œdipe et la puberté (qu'on appelle la période de latence) est trouble, marquée de refus d'incarnation et/ou de rivalité avec votre mère (cf. ce chapitre) et lorsque monte la pulsion de désir à la puberté, la volonté de retrouver cette « partie perdue » ressurgit de façon aigüe. Totalement inconsciemment, vous devenez comme assoiffée. Comme une personne mourant de soif se jette sur un verre d'eau, vous vous jetez sur un homme dès qu'un symbole (toujours, le symbole fait force de loi) vous indique qu'il pourrait être celui qui fera passerelle entre vous et la « partie perdue ». Il se peut que ce soit un symbole de puissance, de ressemblance avec votre père, de spiritualité (un religieux, par exemple, supposé être en lien avec « le ciel », etc.), toujours est-il que vous déclarez votre flamme avec une fougue hors de propos. Il vous arrive peut-être de sortir avec un homme et dès le lendemain, de lui proposer le mariage et de faire des enfants. Evidemment, ce comportement effraye et fait fuir celui-là même dont vous aviez besoin... On vous retire le verre d'eau avant même que vous le portiez à vos lèvres.
Si vous êtes un homme, c'est bien entendu inversé.

Gardez aussi à l'esprit que vous pouvez quand même retrouver les symptômes d'une famille monoparentale avec les deux parents présents, et inversement.
Pour conclure ce chapitre, j'anticipe les tollés qui ne manqueront pas de s'élever devant une telle « hérésie non scientifique ». Certains individus « autorisés » diront que c'est faux, ou que rien ne le prouve... Des dizaines de personnes se sont libérées de ce syndrome en utilisant ce modèle, alors, qu'il soit faux ou vrai m'importe peu : il fonctionne et cela seul m'intéresse. Comme je l'ai évoqué plus haut, mon objectif est d'aider mes clients à se libérer, non d'avoir raison.

Exemple d'un chapitre
La Xième chose dont je veux parler, Maman, c'est de la fois où j'avais posé ma tête entre tes jambes dans la voiture lors d'un de nos trajets vers l'Ardèche. J'avais alors senti ton odeur corporelle.
J'ai ressenti de l'incompréhension, du malaise et du dégoût.
Je comprends aujourd'hui qu'à l'âge où les petits garçons sont amoureux de leur maman, j'ai vu qu'une porte s'ouvrait pour moi vers le désir de ma mère. Pour me protéger de cela tout en conservant l'amour, je me suis fait croire que les femmes étaient dangereuses ; de cette manière, ma mère était dangereuse parce que c'était une femme et non parce que c'était ma mère. Comme je n'avais pas fait le deuil de ce que je recherchais à travers elle, une partie de moi est restée disponible pour ma mère ou pour des femmes la symbolisant.
(Vous n'avez rien à rendre puisque c'est vous qui vous êtes imaginé un désir inexistant).

Je me libère du désir contre-nature vis-à-vis de ma mère.
Je me libère de la croyance que les femmes sont dangereuses.
Je me libère de l'obligation de rester disponible pour ma mère ou des femmes la symbolisant.

Je récupère mon désir naturel et authentique pour les femmes.
Je récupère ma faculté à me reconnecter directement à mon âme.
Je récupère ma liberté à effectuer mes choix sexuels.

Décodage des émotions
• *L'incompréhension* : cf. le mauvais sexe.
• *Le malaise* : « Quelqu'un ou quelque chose vient troubler mon bien-être mais j'ignore quoi ». Là aussi, votre mental vous protège et vous êtes confus. C'est le signe que vous devez checker les différents éléments de la situation, que vous devez chercher. Pour cela, essayez de connecter votre intuition.
• *Le dégoût* : « J'ai quelque chose en moi de malsain (contre-nature) que je dois sortir – Je suis empoisonné ». Si vous ingérez un aliment frelaté, votre corps vous fait vomir. L'émotion « dégoût » est le pendant

symbolique du dégoût corporel. Quelque chose contre nature pénètre votre espace symbolique. Dans l'exemple, la personne ressent l'énergie d'un amour contre-nature, son corps l'en informe.

Si vous ressentez du malaise ou du dégoût dans certaines situations avec votre parent du sexe opposé, observez attentivement les symptômes décrits dans ce chapitre.

Il vous faut comprendre un élément central du fonctionnement de l'être humain : le corps émotionnel de cet homme lui crie la vérité, que nous pourrions schématiser par le message « éloigne-toi de ta mère ! » Son émotion reflète bien à ce moment-là l'expression la plus pure de son besoin le plus profond. Le mental doit cependant bloquer ce message car il contredit « maman = amour ». Il doit interdire au message d'aboutir. Il crée pour cela une autre voie : l'identification à l'émotion : il *est* dégoûté. La vérité ayant été bloquée, le mental peut tranquillement créer son mensonge. C'est la cause de notre stupidité émotionnelle. Plus les mensonges se sont empilés au cours des générations, plus cette interdiction s'est ancrée dans l'inconscient collectif et elle est aujourd'hui transmise comme une règle : « N'écoute pas tes émotions. »

- L'inceste

La Loi Symbolique dit : « Tu ne feras pas l'amour avec quelqu'un de ta famille. » La définition de l'inceste est relativement vague. A mon sens, elle comporte trois niveaux : l'inceste parental, l'inceste familial (frères, oncles, etc.) et l'abus sexuel sur un enfant de la part d'une personne de confiance. La loi réelle ne peut trancher car l'inceste ne fait pas l'objet d'une loi. Un père incestueux n'est pas jugé pour inceste mais pour viol avec circonstances aggravantes (ceci est valable aussi pour les deux autres articles premiers de la Loi Symbolique. Vous ne serez jamais jugé pour manque de respect à vos parents et eux ne le seront jamais pour manque d'amour ou de sécurité envers vous). Il y a ensuite les notions de relations incestueuses (lorsqu'il y a eu des actes) et de relations incestuelles (aucun acte physique, pénétration, attouchements, etc., le viol se situant uniquement sur le niveau symbolique). Dans tous les cas, le dommage est énorme.

En dépendance totale, l'enfant s'en remet entièrement aux parents. Il ignore les limites puisque son mental est vierge. Ce sont donc ses parents (en premier lieu) qui vont les déterminer. Ils doivent être à la fois protection/amour et l'arc qui projette l'enfant dans la vie. L'enfant est donc *a priori* prisonnier du désir des parents. Lorsqu'il reçoit un câlin, son besoin d'amour/protection est satisfait, mais qui détermine les limites ? Les parents. Seuls les parents peuvent dire « non » si l'enfant s'aventure « trop loin ».
Par ailleurs, l'enfant ne vit pas l'inceste comme du sexe. Le sexe au sens où le vit le violeur n'apparaîtra pour lui qu'à la puberté. Le plaisir qu'il peut retirer de l'acte est plus dans le registre de la plénitude que de l'assouvissement, il n'a donc pas de quoi juger l'acte s'il est réalisé avec douceur. Néanmoins, cet enfant baigne dans l'inconscient collectif et se sait en décalage avec la Loi Symbolique au plus profond de lui, il est donc tiraillé entre un plaisir conscient et un interdit inconscient. Le plaisir est généralement refoulé mais le souvenir en est réactivé lors de la puberté. Plus la douceur est grande et plus le prix à payer est élevé lorsque monte la culpabilité, au moment où il se souvient du plaisir retiré.

L'inceste est un des pires traumatismes parce qu'il faut s'accuser de l'innommable (c'est le mensonge standard : je m'accuse de ce que je subis) et endosser la culpabilité du plaisir retiré.
En cas de viol ponctuel, le mental utilise le refoulement et le souvenir disparaît : oblitération totale. Le procédé fonctionne aussi en cas de relation incestuelle (sans acte) car le mental peut se faire croire, en refoulant les souvenirs au maximum, que cela n'a pas eu lieu puisqu'il n'y a pas eu de passage à l'acte. Et pourtant, les dégâts sont bien là.
Si c'est votre cas, vous retrouverez l'existence de ce traumatisme dans des comportements, des cauchemars, des phobies...
Les symptômes de l'inceste sont multiples et nombreux. Si vous avez des suspicions, je vous invite à consulter la « Liste des conséquences de

l'inceste sur les survivants » sur la page internet :
http://www.montpellier-hypnose.fr/images/stories/pdf/liste-consequences-inceste.pdf
Vous pourrez ainsi relever dans la liste les éventuelles correspondances.
Si vous êtes une femme :

- Vous éprouvez du dégoût à faire l'amour.
- Vous avez des règles douloureuses.
- L'apparition de vos règles vous a dégoûtée.
- Vous avez eu des règles tardives, à 16 ou 17 ans parfois (essayant par là de ne pas devenir femme).
- Vous avez des phobies de symboles phalliques : couteaux, serpents, guêpes (ça pique et ça fait mal), etc.
- Vous souffrez de vaginisme.
- Vous ne jouissez jamais (ou vous vous interdisez de jouir).
- *Vous ne regardez pas votre père dans les yeux !* Si vous présentez ce symptôme-là, il y a de très fortes chances que vous ayez été victime d'inceste.

Si vous êtes un homme :

- Vous avez souffert d'un phimosis.
- Vous ne regardez pas votre père dans les yeux.
- Vous éprouvez une attraction/répulsion pour le sexe.
- Vous oscillez entre plaisir et culpabilité.
- Vous ressentez des pulsions sexuelles violentes.
- Vous regardez compulsivement des films pornos.
- Vous êtes homosexuel et porté sur les « plans cul ».
- Vous éprouvez une aversion pour le sexe.

Ces symptômes pris individuellement peuvent renvoyer à autre chose que l'inceste, un œdipe non résolu ou un viol, par exemple.
Comment différencier un œdipe non résolu d'un inceste ? Dans le cas de l'œdipe, c'est l'enfant qui désire le parent (et ce n'est pas réciproque) ; Dans le cas de l'inceste, c'est le parent qui désire (consciemment ou non) l'enfant.

Si vous avez été physiquement abusé, on parle de relation incestueuse, dans le cas contraire, de relation incestuelle.
Incestueux ou incestuel ne change rien au traumatisme puisque le symbole est tout. Il arrive même que cela soit pire en cas de relation incestuelle, puisque la personne n'a pas de réalité à laquelle se raccrocher et qu'elle nie l'ampleur du traumatisme, voire se culpabilise encore plus de présenter les symptômes de l'inceste.
Une solution possible pour le logiciel survie d'assurer la protection consiste à changer de sexe symboliquement. Si vous êtes une fille et que vous avez peur d'un inceste avec votre père, en vous transformant en garçon, vous vous dites que vous échappez à son désir.
Le plus souvent, vous déplacez la peur vers une phobie (cf. les phobies).

Exemple d'un chapitre
La Xième chose dont je veux parler, Papa, c'est que tu m'as dit la chose suivante quand j'avais à peu près 13 ans : « Je serai toujours le premier homme de ta vie, hein ma fifille ? »
J'ai ressenti de l'effondrement, de la gêne, de la nausée et de l'impuissance.
Je comprends aujourd'hui que lors de ma petite enfance, j'ai senti un amour contre-nature de la part de mon père car il me voyait plus comme une femme que comme sa fille. Pour me protéger de cette folie, j'en ai refoulé la conscience, puis, pour conserver un système d'alerte intérieur, tout en préservant l'image de mon père, je me suis fait croire que les hommes étaient dangereux. De cette manière, mon père était dangereux parce qu'il était un homme et non parce qu'il était mon père. Par ailleurs, j'ai déplacé en partie ma peur en créant la phobie des seringues. J'en ai conservé un dégoût de la chose sexuelle et j'ai par la suite choisi des hommes symboliquement menaçants par leur violence ou leur dévalorisation ; ou bien au contraire non menaçants par leur incapacité à être virils.
C'est pourquoi Papa, je te rends ton désir contre nature et ta perversion sexuelle.

Je me libère du désir de mon père vis-à-vis de moi.

Je me libère de l'énergie d'inceste.
Je me libère de la croyance que les hommes sont dangereux.
Je me libère de la phobie des seringues.

Je récupère ma pureté et ma féminité naturelle.
Je récupère mon droit divin à vivre l'amour de façon ludique et sacrée.
Je récupère mon droit à vivre un amour de complétude.

Décodage des émotions
• *L'effondrement* : cf. l'incompréhension in le mauvais sexe.
• *La gêne* : je me sens complice d'assister à cela (elle peut avoir un message autre, en fonction de la situation. Voir décodage en annexe).
• *La nausée* : cf. le dégoût in l'œdipe.
• *L'impuissance* : cf. le refus d'incarnation.

La précision des émotions peut parfois être réellement impressionnante. Le bouquet émotionnel que ressent cette femme lui indique immédiatement la nature de son trouble : de quoi donner envie de devenir intelligent émotionnellement.

La phrase qu'entend cette jeune fille la surprend et l'amène au bord du gouffre. L'horreur monte à sa conscience, et pourtant, rien de nouveau ne prend place en elle ; voilà bien longtemps qu'elle a construit son mensonge et refoulé le tout. Cela vous donne un aperçu de ce qui règne en vous à votre insu : un réservoir inconscient de noirceur qui vous ronge incessamment, comme des pierres chauffées à blanc, dont la chaleur destructrice reste active toute votre vie, sans que vous ayez la moindre possibilité de vous en rendre compte. Voilà pourquoi vous avez souvent besoin d'aide pour identifier ce qui agit tout au fond de vous. Si vous avez été victime d'un inceste, vous devez bien sûr rendre ce morceau à la personne mais cela ne suffira pas car il reste en vous une empreinte énergétique. Vous la libérerez en utilisant une technique comme l'EMDR, l'EFT ou la TAT (faites des recherches sur l'internet, vous trouverez aisément). Cependant, mon expérience m'a montré que les personnes qui résolvaient le mieux cette problématique étaient celles qui parvenaient à y trouver un sens plus profond en utilisant la spiritualité comme modèle. Quelque chose unit le violeur au violé, le bourreau à la victime, quelque chose de plus profond qu'un problème de circonstances ou de psychologie instable. Si vous vous sentez attiré par la compréhension des choses de l'esprit (la spiritualité), peut-être serez-vous amené à développer une nouvelle compréhension de ce qui vous est arrivé. Voir à ce sujet le chapitre sur les contrats d'âmes.

Quoi qu'il en soit, vous devez vous reconstruire. Vos émotions seront des guides précieux car elles vous permettront de prendre conscience que les difficultés vécues depuis que vous avez subi cet amour contre-nature sont toutes des élastiques qui vous ramènent au traumatisme originel.

Repérez les symboles – par exemple si vous êtes une femme, le contact d'une main d'homme sur votre peau – et faites un travail de reprogrammation de ce symbole. Déchargez-le (comme on déchargerait une batterie), videz-le de sa substance symbolique et réintégrez-le dans sa réalité propre. Pour cela, l'EFT vous aidera grandement.

Enfin, l'inceste (ainsi que le viol) entraîne toujours une injonction de silence, tant dans la famille que la société. Non seulement la Loi Symbolique n'est pas respectée, mais de plus, il est refusé l'accès à la loi réelle. Il est *fondamental et impératif* de faire reconnaître socialement l'abus que vous avez subi et de réclamer que la justice collective s'exprime. Pour cela, vous devez porter plainte. Si vous ne le faites pas, une part de vous restera à jamais non réparée.

- L'inceste (ou le viol)[21] transgénérationnel

J'attire votre attention sur le fait qu'un inceste avec l'un de vos parents signe la plupart du temps l'existence d'une telle problématique transgénérationnelle.

Un crime d'inceste s'est produit dans les lignées de vos ancêtres, créant un fantôme qui réapparaît de génération en génération, demandant réparation de ce crime.

---

[21] L'énergie transgénérationnelle de viol se libère de la même façon que celle de l'inceste.

Que ce soit par des correspondances de dates ou de prénoms (mais aussi par d'autres biais que vous ne verrez pas), vous avez été désigné pour cette mission.
Il vous faut donc réparer cet inceste et pour cela, vous devez le remettre en scène, c'est-à-dire le subir.
Notez l'absurdité de la chose car l'inconscient collectif vous demande de le revivre, sans pour autant vous dire en quoi ou de quelle manière cela réparera quoi que ce soit.
Par ailleurs, cela génère un paradoxe car il vous est imposé de supporter des viols, ce qui est contraire à la mission survie de votre mental ; vous devez donc à la fois subir et à la fois vous protéger.

- Vous avez plusieurs fois subi des attouchements et/ou des viols.
- Vous avez régulièrement eu affaire à des exhibitionnistes, des pédophiles, etc.
- Il y a des traces d'inceste dans votre lignée (par exemple, votre grand-mère s'est faite violer par son propre père).
- Vous êtes dégoûté par l'acte sexuel, sans que cela ne soit expliqué par l'analyse de votre enfance.
- Vous n'avez connu que très peu de partenaires.
- Plus possiblement les symptômes de l'inceste.

Exemple d'un chapitre
La Xième chose dont je veux parler, c'est qu'à l'âge de trois ans, j'ai été attouchée par mon oncle et que j'ai été violée à 8 ans par mon cousin.
Lorsque j'évoque cela, je ressens du dégoût et de l'impuissance.
Je comprends aujourd'hui que l'inconscient collectif du clan m'imposait de réparer un crime lié à l'inceste. Je vivais un terrible paradoxe car une partie de moi devait pour cela se faire violer, alors qu'une autre devait s'en protéger.
Pour réparer, je me suis régulièrement faite agresser sexuellement, et pour me protéger, j'ai créé mes règles douloureuses, le vaginisme et la phobie des insectes.
J'en ai conservé en grandissant la tendance à choisir des hommes qui étaient soit menaçants, soit au contraire non menaçants.

C'est pourquoi, je rends cette mission perverse à l'inconscient collectif de mon clan.

Je me libère de l'obligation de me faire abuser.
Je me libère de l'énergie d'inceste.
Je me libère des traumatismes subis.

Je récupère ma pureté naturelle.
Je récupère mon libre arbitre en matière de sexualité.
Décodage des émotions
• *Le dégoût* : cf. l'œdipe.
• *L'impuissance* : cf. le refus d'incarnation.

Considérez l'éventualité et la pertinence de rédiger un autre chapitre pour vous libérer desdits viols.
Vraisemblablement, vos deux parents sont porteurs de cette énergie d'inceste. Mon expérience m'a en effet montré que ces énergies s'assemblaient, comme si l'inconscient collectif leur imposait de se rejoindre, portées par le même besoin de réparer.
Il est possible que vous soyez victime de ce syndrome, bien que vous ne ressentiez absolument aucune perversion sexuelle chez vos parents. Ils sont alors ce que je nomme des porteurs sains, pour reprendre la dénomination scientifique de personnes infectées par un virus, pouvant le transmettre, sans pour autant être atteintes par la maladie.

Pour ce qui concerne la suite à donner à ce syndrome après le Festen, référez-vous au chapitre sur l'inceste.

- L'identité refuge de mère

Votre mère (pour conserver « maman = amour ; papa = sécurité ») a construit le mensonge : « Je ne suis rien. » Elle vit sa vie en manifestant ce mensonge, se sabotant dès qu'un symbole vient lui montrer le contraire. Au niveau symbolique, tout est parfait, mais au niveau réel, c'est une vraie croix à porter. Un miracle la soulage lorsqu'elle accouche

de son premier enfant : elle *devient* mère ! D'un seul coup, elle devient quelqu'un : « Je *suis* mère ! » Cela lui procure cette identité qui lui était interdite, sans avoir à remettre en cause le mensonge. Elle pourra donc être quelqu'un, dans cette bulle de maternité. En dehors de cette activité très circonscrite, elle demeure personne. Pour cette raison, elle tente de vivre le maximum de sa vie à l'intérieur de cette bulle : toute son énergie, son organisation, sont tendues vers l'objectif d'être mère.
Vous reconnaîtrez une telle mère car :

- Elle vous faisait tout, vous n'aviez pas à bouger le petit doigt.
- Même si elle disait que vous deviez vous autonomiser, c'était plus fort qu'elle, elle vous prodiguait conseil sur conseil.
- Elle vous étouffait et vous aviez tendance à repousser ses câlins.
- Elle est ambivalente, dédiant tout son temps à cet objectif et se plaignant de ne rien pouvoir faire pour elle-même.
- Bien que vous soyez adulte aujourd'hui, elle continue de s'occuper de vous.

Notez que si vous êtes une femme, vous pouvez vous-même présenter ce symptôme, auquel cas, vous l'évoquerez dans la résultante (pour vivre quand même, je me suis construite une identité refuge de mère), entraînant un : « Je me libère de mon identification à mon identité de mère et ce faisant, je libère mes enfants de mon attachement. »

Exemple d'un chapitre
La Xième chose dont je veux parler, Maman, c'est que, parlant de moi à Papa, tu disais : « C'est ma fille, ce n'est pas la tienne. »
Je ressentais de la colère, de la peine et de la stupeur.
Je comprends aujourd'hui qu'ayant été abandonnée par sa propre mère, ma mère n'avait pas pu construire son identité. Elle en acquis une par le simple fait de devenir mère. Ma présence devenait pour elle une question de survie, et c'est pour cela qu'elle tentait de rejeter toute présence menaçant ce lien. Comme j'étais ce qui lui conférait une identité, je ne pouvais exister qu'en tant que sa fille, ce qui m'interdisait de vivre ma propre vie et de prendre mon essor. C'est devenu pour moi comme une mission : être la fille de ma mère.

C'est pourquoi, Maman, je te rends ton gouffre identitaire et ton besoin d'être nommée.

Je me libère de l'obligation de conférer une identité à ma mère.
Je me libère de l'obligation de n'exister qu'en tant que sa fille.
Je me libère de l'obligation de rester disponible pour ma mère.
Je me libère de l'interdiction de vivre ma propre vie.
Je me libère de l'interdiction de prendre mon essor.

Je récupère mon identité propre.
Je récupère mon libre arbitre, ma souveraineté et mon auto détermination.

Décodage des émotions
• *La colère* : cf. le père vide.
• *La peine* : cf. l'enfant pas désiré.
• *La stupeur* : cf. l'incompréhension in le mauvais sexe.

La peine délivre ici un message subtil car la personne se sent trahie par sa mère, mais dans le même temps elle sent qu'elle trahit sa mère si elle cesse d'être l'objet de son existence. Soyez vigilant lorsque vous ressentez cette émotion, à bien établir qui trahit qui.

Si vous avez eu une telle mère, vous avez créé le mensonge que vous existiez pour elle, car si vous vous mettiez à exister pour vous, vous auriez causé sa mort, puisqu'elle aurait perdu son identité. Votre mental vous fait croire que vous devrez toujours rester son enfant. Pour vous libérer, il vous faudra donc affronter la peur de faire du mal à votre mère. Vous y parviendrez en réalisant que tout cela n'est qu'une illusion, que dans la réalité, votre mère est une adulte qui peut elle-même reprendre le pouvoir sur son mental. La cérémonie dissout instantanément ce mensonge et donc cette croyance. C'est comme si instantanément, vous obteniez l'autorisation de quitter le nid.

- L’enfant cause du couple

Pour une raison ou une autre, vos parents n’avaient rien à faire ensemble. C’est votre naissance qui a fait naître le couple. Vous étiez en quelque sorte celui par qui le malheur arrive.
Vous promenez à votre insu une culpabilité permanente, car sans vous, vos parents n’auraient pas connu ce tourment. En conséquence, vous n’étiez pas autorisé à vivre, ce qui vous interdisait de trouver votre place, voire d’en avoir une.
Vous identifierez ce syndrome parce que :

- Vous êtes la bête noire de l’un de vos parents, voire des deux.
- Vous vous sentez illégitime.
- Vous êtes le fruit d’un mariage forcé (par exemple mariage arrangé) et votre mère vous l’a fait payer.
- Aucune place ne vous était faite, physiquement et/ou symboliquement dans la maison.

Exemple d’un chapitre
La Xième chose dont je veux parler, Maman, c'est que tu t'es mariée parce que tu étais enceinte de moi et que tu as failli mourir lors de l'accouchement.
Lorsque j'évoque cela, je ressens de la tristesse, de l'incompréhension et de la culpabilité.
Je comprends aujourd'hui que n'ayant pas été désiré, j'ai dû construire le mensonge que j'étais un imposteur. Dans le même temps, je me suis rendu responsable du mariage de mes parents, prenant sur mes épaules la charge négative qui habitait ma mère.
Je ne pouvais donc exister qu'à la condition de payer le prix de mon infamie supposée. J'en ai conservé l'interdiction d'émettre mes propres désirs et la tendance à toujours réparer dans le sacrifice.
C’est pourquoi, Maman, je te rends ta responsabilité, tes regrets, ta rancœur et ton ressentiment.

Je me libère de la croyance que je suis le responsable de la création du couple de mes parents.

Je me libère de la croyance que je suis un imposteur.
Je me libère de l'énergie négative de ma mère.
Je me libère de la croyance que je suis responsable du malheur de mes parents.
Je me libère de l'interdiction d'émettre mes propres désirs.
Je me libère de l'obligation de réparer dans le sacrifice.
Je me libère de l'attente que l'on me donne une place.

Je récupère mon innocence.
Je récupère mon droit à la vie.
Je récupère la place qui me revient de droit.

Décodage des émotions
• *La tristesse* : cf. le mauvais sexe.
• *L'incompréhension* : cf. le mauvais sexe.
• *La culpabilité* : cf. la perte d'un jumeau.

Durant vos premiers pas sur le chemin de l'intelligence émotionnelle, il vous sera difficile de différencier la tristesse de la peine. Il convient de vous entraîner car il existe une grande différence entre devoir faire le deuil et devoir prendre conscience d'une trahison.

En vous libérant, vous effacez une fausse croyance. Il vous restera à déployer votre puissance car vous n'obtiendrez jamais cette légitimité que vous avez toujours mendiée. Personne ne vous donnera jamais de place, c'est à vous de la prendre. Vous aurez besoin pour cela d'audace. Ce travail de développement sera facilité si vous trouvez l'appui de quelqu'un qui croit en vous. Néanmoins, vous devrez considérer cette aide comme un tremplin et non comme une béquille permanente.

- L'enfant garant du couple

Votre conception a fait l'objet d'un marchandage entre vos parents. Votre venue n'était pas envisagée en fonction d'un désir de vous mais uniquement (ou en partie) pour l'utilité apportée à l'un ou aux deux.

En conséquence, il vous était interdit de vivre pour vous-même ; vous deviez vous sacrifier pour conserver votre fonction originelle : être le ciment du couple de vos parents.

Les symptômes peuvent être les suivants :

- Un seul de vos parents désirait un enfant et a arraché son accord à l'autre.
- L'un de vos parents voulait un enfant pour s'attacher la présence de l'autre.
- Vous avez été conçu pour « sauver le couple ».
- Vous avez été conçu sur prescription médicale ou thérapeutique (si, si, c'est possible : « Faites un enfant, cela vous rapprochera »).
- Vous vous donnez comme mission de réconcilier vos parents.
- Vous vous interdisez de partir loin d'eux.
- Vous éprouvez des difficultés à voler de vos propres ailes.
- Vous ressentez des émotions contradictoires vis-à-vis de vos parents, telles que amour/haine, attraction/répulsion...

Exemple d'un chapitre
La Xième chose dont je veux parler, c'est que vous vous êtes mariés parce que Maman était enceinte. J'ai appris que toi, Maman, tu avais proposé un arrangement à Papa : il pourrait continuer sa vie d'artiste car toi, tu assurerais financièrement.
Lorsque j'évoque ceci, je ressens de la pitié, de la déception, de l'angoisse et un sentiment d'impuissance.
Je comprends aujourd'hui que la façon dont j'ai été conçue et dont je suis née a fait l'objet d'un contrat entre mes parents. Ma mère assurait les rentrées d'argent ; en contrepartie, elle avait un père pour sa fille. Mon père avait l'assurance de pouvoir continuer sa vie d'artiste, c'est-à-dire qu'il n'était pas obligé de s'engager, d'assumer son rôle de chef de famille.
Cet arrangement m'a amenée à croire que j'étais la base de leur union et la condition sine qua none de sa pérennité. A partir de là, je devenais la garante de cette union et c'est devenu ma mission de vie. Pour

remplir ma part du contrat, je devais éviter de dénoncer le contrat lui-même et il m'était interdit de prendre mon envol. Dès qu'un symbole de liberté m'apparaissait, je n'avais d'autre choix que de me saboter pour rester dans la prison de ma mission.
C'est pourquoi, Maman et Papa, je vous rends votre responsabilité et vos arrangements.

Je me libère de la mission de garantir le couple de mes parents.
Je me libère de l'interdiction de vivre pour moi-même.
Je me libère de l'obligation de me sacrifier.

Je récupère ma liberté.
Je récupère mon autodétermination.
Je récupère mon libre arbitre.

Décodage des émotions
• *La pitié* : « Je ressens la souffrance de l'autre mais je le juge indigne ». Pour comprendre la signification du mot indigne, le mieux est de faire un pléonasme en disant « indigne d'un être humain », c'est-à-dire : « Un être humain ne fait pas ça ». Il y a donc dans la pitié la notion de jugement ; bien que l'autre souffre, vous le condamnez.

On voit ici que l'intelligence émotionnelle permet de descendre profondément en soi ; il est nécessaire pour cela d'accepter de se regarder sans complaisance. Y êtes-vous prêt ?

Une fois de plus, vous êtes prisonnier sans en avoir conscience ; vous ne comprenez pas pourquoi chacun de vos projets échoue, bien que vous y mettiez beaucoup d'énergie. Tant que votre analyse restera au niveau de la réalité, vous reproduirez sans cesse cette conduite d'échec. Il vous faut descendre au niveau symbolique pour identifier la mission et vous en libérer. Une fois le mensonge dissout, portez votre attention sur les loisirs que vous avez pratiqués enfant, vos hobbies. Il est possible en effet que vous vous autorisiez ce à quoi vous aspiriez profondément, tant que cela restait dans le cadre d'activités annexes, circonscrit dans une bulle qui ne portait aucunement atteinte à la mission principale. Vous pourrez alors décliner ce loisir en activité professionnelle car il y a bien des chances que ce soit votre passion.

- L'enfant réparateur

Deux cas de figure peuvent se présenter.
Au moins l'un de vos parents est inconsciemment mécontent de sa vie, peut-être même a-t-il une impression de l'avoir ratée. Il va tenter de réparer cela en vous faisant réussir pour lui. Vous êtes donc victime d'une forme de tyrannie puisque ni vous, ni vos aspirations ne sont entendues. Seule compte l'atteinte de « votre » objectif qui sera le symbole pour votre parent qu'il a réussi.

- Votre parent se glorifie de vos réussites en public.
- Bien que ce soit lui qui vous impose l'activité, il n'est que critique, ne vous valorisant que très peu, voire pas du tout.
- Il n'écoute jamais vos désirs propres ou les balaye d'un revers de main.
- Vous avez abandonné l'activité en question dès que vous avez pu.

Exemple d'un chapitre
La Xième chose dont je veux parler, Maman, c'est que tu voulais absolument que je fasse du piano, bien que je n'aimais pas ça.
Je ressentais de la contrainte, de la colère, de la peine, de l'incompréhension et de l'impuissance.
Je comprends aujourd'hui que ma mère s'était vue interdire de faire du piano, alors qu'elle en était passionnée. Elle a donc cherché à réparer cette injustice à travers moi. Pour conserver l'illusion de son amour, je me suis fait croire qu'elle serait fière de moi si je réussissais, m'obligeant à mettre un couvercle sur mes propres désirs. J'en ai conservé l'incapacité à me faire plaisir et la tendance à ne pas affirmer mes choix en groupe.
C'est pourquoi, Maman, je te rends ta quête de réussite et de valorisation.

Je me libère de l'obligation de réparer ma mère.
Je me libère de la croyance que quelqu'un doit être fier de moi.
Je me libère de l'interdiction d'avoir des désirs et de les manifester.
Je me libère de l'interdiction d'affirmer mes choix.
Je récupère mes propres désirs.
Je récupère mon droit à manifester mes envies.
Je récupère mon auto détermination.

Décodage des émotions
- *La colère* : cf. le père vide.
- *La peine* : cf. l'enfant pas désiré.
- *L'incompréhension* : cf. le mauvais sexe.
- *L'impuissance* : cf. le refus d'incarnation.

On observe la puissance du mental qui parvient à juguler l'énergie de la colère et de la peine. Le message de l'impuissance est ici la clé car la situation implique obligatoirement une perte si la personne veut s'orienter vers une solution.

Deuxième cas de figure, vous vous accusez du malheur de votre parent et vous croyez qu'en le réparant, vous recevrez l'amour ou la sécurité dont vous manquez. Il vous est impossible de vivre votre vie pour vous, puisque vous êtes hanté par une culpabilité permanente. Vous êtes votre propre juge et vous vous condamnez vous-même à la réparation à perpétuité.
C'est une forme d'amour conditionnel ou de sécurité conditionnelle puisque la réparation est la condition pour en recevoir.

Exemple d'un chapitre
La Xième chose dont je veux parler, Maman, c'est que je t'ai entendue de nombreuses fois raconter l'histoire où tu as dû quitter ton travail à cause d'une maladie infantile que j'avais.
Lorsque j'évoque cela, je ressens de la culpabilité.
Je comprends aujourd'hui que cette culpabilité a créé en moi l'injonction de réparer le tort causé à ma mère. Ceci a donc renforcé le

mensonge que je devais rester pour elle, réparer et lui rendre ce que je lui avais fait perdre. Ceci m'a conduit plus tard à me faire manipuler par les personnes qui me culpabilisaient.
C'est pourquoi, Maman, je te rends ton manque de responsabilité et ta plainte.

Je me libère de la croyance que je suis responsable de la souffrance de ma mère.
Je me libère de l'obligation de réparer ma mère.
Je me libère de la croyance que je suis en dette vis-à-vis de ma mère.
Je me libère de ma tendance à me laisser manipuler.

Je récupère mon droit à vivre pour moi-même.
Je récupère la conviction que chacun est responsable des résultats qu'il obtient.
Je récupère mon autodétermination.

Décodage des émotions
• *La culpabilité* : cf. le perte d'un jumeau.

Prendre conscience du message de la culpabilité est une bénédiction car en y réfléchissant, il permet de comprendre que son origine est chez le parent et non chez l'enfant. Dans la réalité, l'enfant ne peut être coupable de rien, il n'est que pureté. Pensez toujours à redistribuer les responsabilités, à rendre à César ce qui lui appartient.

Quel que soit le cas de figure, il vous faudra tout d'abord changer de programme. Cela pourra s'avérer difficile car vous avez fonctionné des années, voire des dizaines d'années de cette façon. Vous le percevrez comme une forme d'égoïsme. Soyez conscient de cela car d'un certain point de vue, vous avez raison : il est temps pour vous de devenir égoïste ! Il est temps de penser à vous. Il est temps de vous mettre en tête de liste des personnes dont vous vous occupez.
Deuxième difficulté : vous devrez manifester résolument votre libération à ce parent. Celui-ci fonctionne aussi dans son programme par défaut et

il n'a aucune raison d'en changer. Dans le premier cas, il souhaite toujours vivre à travers vous et dans le second, il souhaite continuer à se plaindre car c'est pour lui une forme de reconnaissance.
Le plus simple sera pour vous de nommer le jeu : « Maman, que tu n'aies pas réussi à faire ce que tu souhaitais, je le comprends, mais c'est ton problème. A partir de maintenant, je te demande de cesser de vouloir des choses à ma place. »
« Maman, tu as vécu quelque chose de difficile et de douloureux, je le comprends, j'ai plein de compassion pour toi. Maintenant, que peux-tu faire à propos de ça : accepter, améliorer ou quitter ? En ce qui me concerne, je ne veux plus entendre tes plaintes. »
Il vous est tout à fait possible de poser les choses fermement et dans l'amour. Cela requiert juste un peu d'audace et d'entraînement.

- Sauver ses parents

Une autre stratégie pour se faire croire que l'amour et/ou la sécurité vont revenir est de sauver ses parents. Le principe est le suivant : « Si mes parents ne me les donnent pas, c'est qu'ils ont perdu leur puissance d'amour et de sécurité, c'est qu'ils sont tombés de leur piédestal. Si je les remonte dessus, ils pourront assurer leur mission et je recevrai alors ce qui m'est dû. »

- Vous vous sacrifiez sans cesse.
- Vous pardonnez tous les manquements, les abandons, les maltraitances.
- Vous passez votre temps à leur prodiguer des conseils qui, bien sûr, ne sont jamais suivis, ce qui déclenche en vous agacement, colère et intolérance.
- Vos parents ont tendance à demander exagérément des services ou se plaignent régulièrement. Quoi que vous fassiez, ça ne suffit jamais et chaque solution que vous leur offrez pour se reprendre en main déclenche en retour un « oui, mais ».
- Vous avez la sensation d'être le parent de votre parent.

Le sacrifice (quel que soit le mensonge qui le génère) est quelque chose de pernicieux car vous attendez d'être payé de reconnaissance en retour... Toujours le cri de la chauve-souris. Malheureusement, cela ne fonctionne jamais car lorsque vous vous sacrifiez, vous optez pour une position infantile. Cela signifie que vous êtes dans le registre de la plainte, vous recherchez la reconnaissance, la validation de l'autre en vous mésestimant. Sans en avoir conscience, vous vous comportez comme un petit enfant qui fait quelque chose de son plein gré pour recevoir une récompense. Si cela peut (éventuellement) fonctionner lorsque vous êtes enfant, une fois devenu adulte, la règle est la suivante : si vous prenez une position infantile, vous recevez une fessée. Le sacrifice est une voie sans issue car vous n'obtenez jamais la valorisation escomptée et de plus, vous faites chuter sans cesse votre estime de vous-même.

Une variante du sacrifice est de donner ce que vous n'avez pas reçu. Si vous travaillez dans la relation d'aide (service social, infirmier, thérapeute, etc.), peut-être êtes-vous en train de donner ce que vous n'avez pas reçu. Vous cherchez à vous réparer en réparant les autres. Vous avez intérêt à clarifier cela car il y a une demande sous-jacente inconsciente et malsaine. C'est une forme de collusion (cf. ce chapitre) qui fonctionne aussi avec ses proches et sa famille.

Exemple d'un chapitre

La Xième chose dont je veux parler, Papa, c'est que, régulièrement, dans un repas de famille, lorsque tu étais attaqué par la famille, je te défendais « bec et ongles ».

Je ressentais de l'injustice, de la tristesse et de la pitié.

Je comprends aujourd'hui que je m'étais donné la mission de sauver mon père et d'accomplir ce qu'il ne pouvait accomplir : je ne devais m'occuper que de lui, tout faire pour le protéger et tenter de le remonter sur son piédestal. Cela me permettait de me faire croire que si j'y parvenais, il m'offrirait la sécurité dont j'avais besoin. Lorsque j'étais dans ma mission, cela me positionnait dans une relation fusionnelle avec lui et du coup, j'avais l'impression d'être un imposteur le reste du temps quand je n'y étais pas.

Cette posture me mettait dans un paradoxe insoutenable puisqu'en quelque sorte, je devais être le père de mon père sans aucun moyen d'y parvenir.
J'en ai conservé la tendance à sauver les autres ou à faire leur travail, au détriment de mes propres objectifs.
C'est pourquoi, Papa, je te rends ton inaptitude à t'assumer.

Je me libère de l'obligation de sauver mon père.
Je me libère de l'obligation de le remonter sur son piédestal.
Je me libère de la relation fusionnelle avec lui.
Je me libère de la croyance que je suis un imposteur.
Je me libère de la croyance que je dois être le père de mon père.

Je récupère mon droit à effectuer mes choix pour moi-même.
Je récupère la certitude naturelle que je dois être le premier bénéficiaire de mes actions.

Décodage des émotions
• *L'injustice* : « la Loi Symbolique n'est pas respectée ». Puisque vous baignez dans l'inconscient collectif comme un buvard dans de l'encre, vous êtes imprégné de la Loi Symbolique, ce qui signifie qu'au fond de vous, vous possédez un sens inné de la justice qui n'a rien à voir avec la justice des hommes.
Imaginons qu'un père donne de l'argent de poche à ses deux jumeaux ; ils ont été sages et ont travaillé pareillement. A l'un, il donne dix euros, à l'autre, il en donne cinq. Ce dernier s'écrie : « Ce n'est pas juste ! » Bien sûr, vous êtes d'accord avec lui, mais si je vous demande pourquoi c'est injuste, peut-être répondrez-vous que ce n'est pas équitable. Pourquoi faut-il que ce soit équitable ? Eh bien là, vous êtes incapable de répondre ! C'est comme ça et puis c'est tout ! Impossible d'expliquer pourquoi, et pourtant, vous êtes absolument certain que c'est comme ça que cela doit être. Evidemment, si l'on se souvient que la Loi Symbolique est là pour fluidifier les rapports entre les gens, on peut comprendre. Si les deux enfants obtiennent le même montant, la situation sera beaucoup plus simple dans la maison. Lorsque l'extérieur

est en contradiction avec cette « loi intérieure », vous ressentez l'injustice. Encore une fois, elle n'a rien à voir avec la loi réelle. Si vous reprenez l'exemple de la contravention pour excès de vitesse cité plus haut, le conducteur qui se fait verbaliser se sent aussi victime d'une injustice, bien que contrevenant à la loi réelle.

• *La tristesse* : cf. le mauvais sexe.
• *La pitié* : l'enfant garant du couple.

Plus vous prendrez conscience du message de l'injustice, plus vous la reconnaîtrez fréquemment en vous. Soyez vigilant pour la différencier de la colère car ce n'est pas une de vos valeurs qui est en cause, c'est quelque chose de plus profond et d'inexpliqué.

Si vous essayez de sauver vos parents, calez-vous sur cette règle immuable : chacun est responsable des résultats qu'il obtient. Offrez la possibilité à vos parents de reprendre leur pouvoir en leur rendant leur responsabilité et s'ils continuent de se plaindre ou de quémander, vous devrez poser des limites. Même lorsque vous vous serez libéré, cela restera difficile de manifester cette libération car vous aurez l'impression de désobéir à la loi numéro un : « Tu respecteras tes parents. » Dans ce cas, c'est uniquement votre mental qui apportera la confusion pour vous empêcher de mettre en place un nouveau programme. Il n'est nullement question de manquer de respect à vos parents, au contraire, puisque vous cessez de les traiter comme des enfants. Dans le même registre, il vous faudra peut-être dépasser la peur de les trahir. Dites-vous aussi que ce n'est pas parce que vos parents n'ont pas fait leur travail qui consistait à vous projeter dans la vie, que c'est à vous de les porter.

Enfin, vous avez tendance à leur pardonner comme en leur signant un blanc seing. *Si vous voulez pardonner, reconnaissez dans un premier temps le mal que vous avez subi*, les méfaits accomplis... Sinon, ce n'est pas du pardon, c'est de l'oubli, de la négation, du déni.

- L'abandon

L'abandon est à la fois un syndrome et une émotion. A la naissance et durant les premières années, « maman = amour » doit se manifester physiquement. Le bébé a *besoin* de contacts, de câlins, de marques d'affection, surtout tant qu'il n'a pas dépassé le stade fusionnel. Un bébé mis en couveuse est un bébé abandonné. Dieu merci, aujourd'hui, les mamans peuvent rester à leur côté.
Dans un premier temps, le risque d'abandon est par conséquent physique *et* symbolique ; l'enfant grandissant, le risque glisse de plus en plus vers le symbolique. Pour comprendre la puissance des dégâts causés par l'abandon, revoyons le message de l'abandon en tant qu'émotion : « Je suis en train de perdre maman = amour et/ou papa = sécurité ». Dit autrement : « Je suis en train de mourir. » Au niveau symbolique, vivre l'abandon, c'est aller aux frontières de la mort. Vous êtes au bord du gouffre. Si vous avez vécu l'abandon :

- Vous sentez en vous un trou que rien ne peut combler.
- Vous vous effondrez lorsque quelqu'un vous quitte.
- Les adieux vous sont très pénibles.
- Vous vous sentez très mal lorsque quelqu'un annule un rendez-vous.
- Vous supportez difficilement que quelqu'un vous retire de ses listes de réseaux sociaux.
- Vous perdez pied si l'on part sans vous (le car dans lequel vous étiez est reparti de l'arrêt pour une pause et vous n'êtes pas à son bord).
- Plus tout ce que votre mental évalue comme un symbole d'abandon, par exemple, votre compagnon/compagne vous annonce qu'il/elle va sortir seul(e) avec des amis.

Exemple d'un chapitre
La Xième chose dont je veux parler, c'est que tu m'as raconté, K...(mère biologique), que la dernière fois où tu es venue me voir, alors que j'avais 2-3 ans, tu m'as dit n'avoir pas pu me dire au revoir parce que Maman (mère adoptive) te l'avait interdit. J'ignore si c'est comme ça

que tu expliques la suite. Quoi qu'il en soit, je ne t'ai plus revue jusqu'à l'âge de 35 ans.
Lorsque j'évoque cela, je ressens de la panique, de l'impuissance, de l'abattement et de la résignation.
Je comprends aujourd'hui qu'il m'était impossible d'accepter l'abandon de ma mère car c'était perdre toute chance de recevoir son amour. Le fait que l'abandon n'ait pas été signifié clairement me permettait de me faire croire qu'un espoir existait, qu'elle pourrait revenir et me donnerait alors cet amour. En conservant cet espoir ouvert, je comprends aussi que je me suis fermée à l'idée de le recevoir de ma famille adoptive. Ceci me convenait bien puisque cela m'aidait à me faire croire que je ne le méritais pas.
J'en ai conservé la tendance à anticiper l'abandon et nier ma personnalité et mes envies pour éviter de le vivre.
C'est pourquoi, Maman, je te rends ta lâcheté et ton manque d'empathie.

Je me libère de l'abandon et des traumatismes qu'il a causés en moi.
Je me libère de la peur d'être abandonnée.
Je me libère de la croyance que je mérite d'être abandonnée.
Je me libère de l'interdiction de recevoir de l'amour pour conserver l'espoir de le recevoir de ma mère.

Je récupère mon intégrité.
Je récupère la conscience de ma valeur.
Je récupère ma légitimité naturelle.

Décodage des émotions
• *La panique* : mélange d'affolement, d'impuissance et d'incompréhension. Je suis au-delà de ma zone d'inconfort, totalement incapable de mobiliser mes ressources pour faire face à la situation.
• *L'affolement* : « J'ai peur et je suis submergé ! » Vous êtes face à une peur et votre mental n'est pas équipé pour la traiter, soit qu'elle vous soit inconnue, soit qu'il y ait trop d'éléments à gérer en même temps, soit que vous n'ayez pas le temps.

• *L'impuissance* : cf. le refus d'incarnation.
• *L'incompréhension* : cf. le mauvais sexe.
• *Le découragement* : « J'ai peur et je n'ai plus la force d'avancer ». C'est le contraire du courage qui est la capacité d'avancer malgré sa peur. Vous êtes face à quelque chose qui est trop énorme pour vous. La solution est de le décliner (découper) en plusieurs étapes que vous pouvez appréhender. C'est l'enseignement africain : comment fait-on pour manger un éléphant ? Bouchée par bouchée.
• *L'abattement* : mélange de tristesse et de découragement.
• *La résignation* : « Je suis d'accord pour accepter, bien que ce ne soit pas la solution ». Si vous êtes résigné, vous vous sentez aussi impuissant. Explorez les solutions « quitter » ou « améliorer », sachant que vous devrez pour cela faire preuve de courage.

Peut-être est-il préférable de se faire accompagner lorsque montent autant d'émotions et si intenses. Il est en effet délicat d'aller explorer soi-même le bord du gouffre.
Dans l'exemple, nous découvrons que c'est le drame de l'abandon qui déclenche une série de mensonges en cascade. Tant que cette femme ne rend pas le morceau qu'elle a pris à sa mère biologique, elle est condamnée à s'interdire l'amour et à garder au fond d'elle l'espoir perverti de le retrouver un jour.

Le syndrome d'abandon pèse sur vous sans vous laisser aucun répit. Dès que vous êtes en relation avec quelqu'un, vous projetez sur lui votre manque et vous cherchez en retour les signes qu'il va pouvoir le combler mais sans vous rendre compte qu'en même temps, vous projetez inconsciemment sur lui l'obligation de vous faire abandonner, de manière que le mensonge reste actif. Si vous êtes de tendance abandonnique, vous êtes désespéré, voire anéanti si l'autre vous quitte… Tout en ressentant la fatalité : « C'était couru d'avance », car au fond, une petite voix vous dit que vous le méritiez. Il se peut aussi que ce soit la plainte qui prédomine ou le ressentiment car vous attaquer à l'autre vous évite de regarder votre souffrance dans les yeux.

Vous pouvez aussi choisir une autre stratégie : abandonner l'autre avant d'être abandonné. Elle repose elle-même sur une stratégie plus profonde orchestrée par la peur : si vous avez peur de tomber, la meilleure solution pour ne plus avoir peur est de tomber ! Vous hâtez votre chute pour ne plus avoir peur de chuter.
Même libéré, dépasser cette peur reste délicat car il n'y a rien à affronter, que le vide. Pour transcender cette sensation, attendez de la ressentir, puis posez-vous dans un endroit et une position tranquilles et laissez cette peur s'épanouir en vous : plongez dans le tourbillon, regardez-la dans les yeux, laissez-la prendre possession de votre corps à partir de l'endroit où elle apparaît. Mesurez son ampleur, son intensité, regardez-la d'un œil clinique, comme vous regarderiez la façon dont un vêtement s'ajuste à votre corps. La peur est aversive et tend à vous éloigner du danger ; il vous faut cesser de fuir (dans la plainte, la dépression, le désespoir, etc.) alors que *tout* vous dit de le faire.

- Le bouc émissaire

Il arrive parfois (fréquemment ?) que l'un des enfants de la fratrie soit désigné. Les raisons peuvent être une ressemblance avec un parent (vous ressemblez à l'oncle maudit de la famille, par conséquent, vous en devenez le symbole) mais cela peut être plus subtil : vous êtes la quatrième fille et on aurait bien aimé un garçon ; vous êtes manuel alors que les autres sont intellectuels, peut-être êtes-vous désigné par l'inconscient collectif, etc. Mon expérience m'a montré qu'il n'est pas crucial de déterminer l'origine de la désignation pour s'en libérer. Il suffit de prendre conscience que vous jouez le rôle de bouc émissaire. L'expression vient du latin *caper emissarius* signifiant « le bouc envoyé, lâché ». Elle trouve son origine dans la Bible où l'on peut lire que le prêtre d'Israël posait ses deux mains sur la tête d'un bouc pour transmettre à l'animal tous les péchés commis par la communauté. Celui-ci était ensuite conduit dans le désert pour y mourir... Pratique, non ? C'est ce qu'on appelle le sacrifice de substitution.
Si c'est tombé sur vous :

- Vous devez porter sur vos épaules toutes les tares et les erreurs de la famille.
- Vous êtes obligé de vous sacrifier car vous vous faites croire que c'est la condition à remplir pour conserver « maman = amour ; papa = sécurité ».
- Quoi que vous fassiez, vous êtes le mouton noir de la famille.
- Vous n'obtenez jamais de remerciement pour vos sacrifices.
- Plus vous en faites, moins vous êtes reconnu.
- Vous mendiez vainement la reconnaissance.
- Vous êtes le seul à n'avoir pas réussi.
- Vous vous sentez différent des autres membres de votre famille.

Exemple d'un chapitre
La Xième chose dont je veux parler, Papa et Maman, c'est de l'idée que vous avez eue qu'on parte tous les quatre en vacances en Espagne avec G., bien que je ne parlais plus à ma sœur adoptive depuis cinq ans. Evidemment cela a tourné au drame.
J'ai ressenti de la peine, de la peur, de la colère et de l'exaspération.
Je comprends aujourd'hui que mes parents étaient incapables de reconnaître et de prendre en compte la problématique de G. car cela aurait supposé des solutions en dehors de leurs moyens. En conséquence, ils ont été contraints de faire de moi le bouc émissaire de la famille, sacrifiée sur l'autel de leur impuissance. J'ai donc été obligée d'accepter cette mission et pour pouvoir en souffrir ou pour justifier cette souffrance, j'ai surjoué le rôle de sœur. J'ai finalement trouvé une issue en quittant la maison à 14 ans, dédouanant ainsi mes parents. Cette stratégie m'a suivie plus tard, m'empêchant de prendre les problèmes à bras-le-corps et d'identifier leurs raisons profondes.
C'est pourquoi, maman et papa, je vous rends votre lâcheté, votre irresponsabilité et votre aveuglement.

Je me libère du rôle de bouc émissaire.
Je me libère du sacrifice en tant que solution.
Je me libère de l'interdiction de regarder les problèmes en face.
Je me libère de l'interdiction de les prendre à bras le corps.

Je récupère ma valeur intrinsèque.
Je récupère mon discernement.
Je récupère mon innocence.

Décodage des émotions

• *La sensation d'être nié* : « Je perds ma place et mon humanité ». C'est une sorte d'indifférence active. Lorsque vous ressentez cela, c'est pour vous comme une sentence émise par un tribunal suprême. Vous êtes tiraillé à l'extrême entre le besoin d'exprimer votre droit à la vie et l'obligation d'obéir au mensonge qui vous en dépossède. Comme d'habitude, c'est le mental qui l'emporte et vous finissez par vous nier vous-même.

Cette sensation d'être annulé est précieuse pour vous car elle vous permet de prendre conscience de la façon dont vous avez besoin d'être validé par les autres ; vous avez un travail de libération à faire à ce sujet.

Le plus difficile à supporter pour les personnes qui se sacrifient (ceux qui ont généré l'expression « trop bon, trop con »), c'est de ne jamais obtenir de remerciements. Il en est ainsi car la règle des relations dans le registre dominant/dominé conduit celui qui se sacrifie à être sacrifié : soit vous êtes exploité par des vampires qui se régalent, soit vous êtes déconsidéré par des personnes qui méprisent ceux qui ne s'affirment pas. On peut l'énoncer d'une façon encore plus lapidaire : si vous vous mettez en position infantile, vous recevez une fessée.

Vous libérer, c'est prendre conscience de la charge que vous avez sur les épaules et la rendre. Chacun est responsable des résultats qu'il obtient ; rendez à chacun sa propre responsabilité, retrouvez en vous la vie et votre droit à en profiter pleinement. Soyez vigilant quant à votre programme par défaut : le sacrifice. Passez un nouvel accord avec vous-même : chaque fois que vous êtes en groupe et qu'un service est à rendre ou une corvée à effectuer, prenez l'engagement de compter jusqu'à 10 et d'examiner la réalité de la situation. Observez s'il est écologique pour vous de faire cela, c'est-à-dire : êtes-vous en train de nuire à votre équilibre ? Ensuite, osez ne rien dire, tenez bon, juste pour voir une fois ce que cela produit en vous. Lorsque le moment sera passé, êtes-vous satisfait de votre silence ? Vous serez surpris de constater combien c'est bon de penser à soi !

- Le rang dans la fratrie

La place que vous occupez dans la fratrie n'est jamais anodine. Si cela détermine certains traits de caractère, il n'en résulte pas de troubles majeurs. En revanche, dans le cas de parents dysfonctionnants, elle crée ou renforce des mensonges, accentuant la souffrance première.
Nous allons considérer trois places essentielles : celle d'aîné, celle du milieu et celle de dernier.

La place d'aîné

Dans notre société où le métier de parents n'est pas enseigné, ceux à qui la fonction échoit se retrouvent bien souvent démunis. Ils ont alors tendance à surjouer leur rôle, soit par souci de bien faire, soit par peur de mal faire ou d'être jugé. L'enfant est surinvesti et de grosses attentes sont placées sur ses épaules.
Il est possible alors qu'il soit moins considéré pour ce qu'il est que pour ce qui est attendu de lui. Dit autrement, il lui est interdit de devenir ce qu'il souhaite, obligé qu'il est de se conformer à l'image qu'il imagine que ses parents projettent sur lui.
Pour conserver l'amour et la sécurité, il essaye de correspondre à ces attentes, se mettant lui-même la pression pour devenir ce qu'il sent que l'on attend de lui. Il se peut que ce syndrome rejoigne celui du parent téléguidant (cf. ce chapitre).
Enfin, il est possible que cela soit accentué si vous êtes un garçon, car vous véhiculez le nom, portant la responsabilité de la pérennité de la lignée. S'ajoutera alors à la responsabilité et aux attentes, l'orgueil et le paraître.

- Vous êtes l'aîné.
- Vous avez toujours l'envie de bien faire.
- Vous avez une tendance au sérieux et à la responsabilité.

- Même si vous ne vous sentez pas supérieur à eux, vos puînés sont toujours les « petits » à vos yeux, même en grandissant.
- Vous pensez que votre place d'aîné vous accorde des droits.

Exemple d'un chapitre
La Xième chose dont je veux parler, Papa, c'est du jour où tu m'as demandé de reprendre la ferme. Quand je t'ai dit de la proposer à l'un de mes frères car cela ne m'intéressait pas, tu m'as répondu que c'était à moi qu'elle revenait.
J'ai ressenti de l'incompréhension, de la peine et de l'injustice.
Je comprends aujourd'hui que ma place d'aîné a fait peser sur moi des attentes et des obligations, m'interdisant de me construire et de me développer en fonction de mes désirs propres. J'ai donc été contraint de me faire croire que j'étais responsable de la famille, que ma vie était tracée et qu'il m'était interdit de sortir de ce couloir. J'en ai conservé la tendance au dirigisme et au sérieux.
C'est pourquoi, Papa et Maman, je vous rends votre surinvestissement et vos attentes.

Je me libère de l'identité d'aîné.
Je me libère de l'obligation de porter symboliquement la famille.
Je me libère de l'interdiction de créer mes propres désirs.
Je me libère de l'obligation d'être sérieux.

Je récupère mon libre arbitre.
Je récupère ma légèreté.
Je récupère la sagesse de laisser libre les autres.

Décodage des émotions
• *L'incompréhension :* cf. le gouffre.
• *La peine :* cf. l'enfant pas désiré.
• *L'injustice :* cf. sauver ses parents.

L'incompréhension vous est d'un grand secours ici car elle vous invite à vous poser et à chercher profondément en vous les causes de votre malaise. Votre intelligence émotionnelle, associée à la lecture de ce chapitre, vous permettra de nommer plus précisément ce que vous avez vécu.

Après votre libération, il vous faudra apprendre à vous effacer, à écouter, à laisser les autres libres de leur choix, et surtout... à être léger ! Vous découvrirez que délaisser les responsabilités peut s'avérer très confortable. Dans le même temps, vous conservez votre talent et vous vous appuyez dessus pour que les groupes auxquels vous participez œuvrent dans l'efficacité et la responsabilité.

La place du milieu

L'enfant du milieu occupe une place particulière, du fait que les attentes sur lui sont moins fortes, qu'il a dépossédé l'aîné de sa place de fils ou de fille unique (que lui n'aura jamais) et que lui-même est dessaisi de sa place de « chouchou » par son puîné.
Il lui est donc difficile de trouver la sienne, qu'il cherche entre mendicité de reconnaissance en direction de l'aîné, plainte par rapport à la perte, et révolte pour faire reconnaître son droit à la différence.
Si l'aîné a tendance à le rejeter et si les parents sont désemparés, il se retrouve rapidement stigmatisé « à part » et se développe à la marge de la famille et plus tard, de la société. Cette place est donc synonyme de problématique de place et de quête d'identité.
Si vous avez occupé cette place :

- Vous êtes le deuxième de trois, parfois de plus, surtout si le quatrième s'est fait attendre.
- Vous faisiez différemment des autres.
- Vous éprouviez des difficultés à vous faire des amis parmi ceux de votre âge.
- L'apprentissage traditionnel vous rebutait (et vous rebute encore).
- Vous vous définissez, ou vous êtes défini comme marginal.

Exemple d'un chapitre
La Xième chose dont je veux parler, c'est que, petit, j'essayais de suivre mon frère aîné avec ses copains et ils me rejetaient.
Je ressentais de la frustration, de la tristesse, de la colère et de l'injustice.
Je comprends aujourd'hui que la place du milieu, privée de manifestation sécurisante de la part de mon père, m'interdisait d'être nommé responsable comme l'aîné ou chouchou comme mon petit frère. J'étais donc dans une quête permanente d'identité, mendiant sans arrêt la reconnaissance et le fait d'être nommé. La conséquence était une jalousie à l'encontre des deux. J'en ai conservé la tendance à me révolter contre toute forme d'autorité et une difficulté à m'inscrire socialement.

Je me libère de ma quête identitaire.
Je me libère de l'obligation de me marginaliser.
Je me libère de ma jalousie.
Je me libère de l'obligation de mendier la reconnaissance.

Je récupère la conscience de Qui Je Suis Vraiment.
Je récupère l'estime naturelle de moi-même.

Décodage des émotions.
• *La frustration :* cf. la déception in le père vide.
• *La tristesse :* cf. le mauvais sexe.
• *La colère :* cf. le père vide.
• *L'injustice :* cf. sauver ses parents.

Il est possible que ces émotions aient été longtemps réfrénées, enfouies... Autorisez-vous à les laisser s'exprimer pleinement, à vous déborder... C'est à ce prix-là que vous pourrez les transmuter.

Après votre Festen, vous programmerez votre système réticulaire activateur pour identifier les situations où vous vous opposez par principe. Il vous sera possible alors de vous demander tranquillement ce que requiert la situation. Si vous parvenez à faire cela, en vérité, vous découvrez que votre place du milieu vous confère un talent énorme : celui de ne pas hurler avec les loups, de ne pas suivre le troupeau... Profitez-en !

La place de dernier

La place de « chouchou » peut s'avérer une bénédiction du point de vue de l'amour, des câlins, mais elle peut devenir une malédiction si l'enfant demeure le « bébé à sa Maman ».
On rejoint ici à la fois le chapitre sur l'identité refuge de mère et le parent fusionnel... A la différence près que vous êtes stigmatisé dans la fratrie. L'interdiction de prendre son envol prend une couleur particulière et est renforcée par le fait que vos aînés ont eu le droit de le faire.

- Vous êtes le dernier de votre fratrie.
- Il vous était interdit de prendre des risques.
- Votre mère continuait à vouloir vous faire des câlins bien après l'âge raisonnable.
- Vous entendiez des phrases comme : « Tu resteras toujours mon bébé. »
- Vous êtes souvent considéré plus fragile que les autres.

Exemple d'un chapitre
La Xième chose dont je veux parler, Maman, c'est que pour mes 30 ans, il m'a fallu te repousser car tu n'en finissais pas de me faire un câlin. Lorsque je t'ai demandé de te calmer, tu m'as répondu : « Tu peux dire tout ce que tu veux, tu resteras toujours mon bébé. »
J'ai ressenti de l'agacement.
Je comprends aujourd'hui que la place de dernier m'a obligé à construire le mensonge que je devais rester le bébé de ma mère, que pour lui complaire, il me fallait rester symboliquement dans ses jupes et conserver une certaine faiblesse, associée à celle d'un enfant fragile. C'est ainsi que plus tard, il m'a été difficile de m'affirmer de façon générale et de m'imposer dans ma fonction de manager.

C'est pourquoi, Maman, je te rends ton amour égoïste.

Je me libère de l'identité de petit dernier.
Je me libère de l'emprise de ma mère.
Je me libère de l'interdiction de m'affirmer.

Je récupère mon identité propre.
Je récupère ma capacité naturelle à m'affirmer.

Décodage des émotions

• *L'agacement* : « J'ai la sensation de me faire envahir ». Vous pouvez être envahi physiquement lorsque quelqu'un vient mâcher un chewing-gum dans votre oreille ; vous pouvez aussi l'être symboliquement si, par exemple, quelqu'un vient vous donner un conseil que vous ne demandiez pas. Dans les deux cas, quelqu'un pénètre dans votre espace, il vous faut donc marquer vos limites. En prenant conscience des choses qui vous agacent, vous pouvez établir une liste des domaines où vous devez signifier à l'autre la limite à ne pas dépasser. Nota : si l'invasion touche votre intégrité, votre intimité la plus profonde, vous avez la sensation d'être violé.

Je vous invite à bien vous souvenir de cette émotion et de son message car vous constaterez après votre libération qu'elle deviendra votre favorite. En effet, ayant effectué un bond de conscience, il vous sera très difficile d'accepter d'être envahi par des énergies que vous-même avez délaissées.

Etant libéré, il sera nécessaire dans un premier temps de signifier clairement à votre mère que ce jeu est terminé. Il vous faudra certainement être radical car elle invoquera sans doute son droit de mère. A vous de vous imposer, par exemple de la façon suivante :
« Maman, écoute bien car je ne te le dirai qu'une seule fois : nous passons désormais à une relation adulte/adulte, et je cesserai tout autre genre de relation. » Soyez attentif car elle vous testera probablement quelques fois avant d'accepter de renoncer.

Pour ce qui concerne le développement de l'affirmation de vous-même, à vous l'audace et la technique du héros !

- Le parent fusionnel

Bien que le père puisse présenter ce dysfonctionnement, c'est le plus souvent la mère qui s'attache de façon pathologique à son enfant. Peut-être vit-elle dans la peur d'être une mauvaise mère ou bien qu'il arrive quelque chose à son enfant ? Elle peut vouloir combler le vide créé en elle par une mère sans amour ; c'est une sorte de « boulimie de son enfant ». Quelle qu'en soit la cause, elle ne le quitte pas d'une semelle. Pour que vous puissiez passer de « fusion », qui est le premier stade tout à fait naturel, à « autonomie, maturité », il est nécessaire que vous vous décolliez de votre mère. Souvenez-vous : les parents sont l'arc, l'enfant, la flèche. Si votre mère colle la flèche au fond du carquois, vous êtes mal parti... parce que vous ne partez pas. Vous êtes en souffrance car la fusion amène la confusion.

- Votre vie manque de clarté.
- Vous éprouvez souvent de la culpabilité à accomplir des choses seul.
- Vous pensez immanquablement à votre mère lorsque, par exemple, vous prenez du bon temps sans elle.
- Vous appelez votre mère tous les jours.
- Vous êtes son confident.
- Vous utilisez des expressions telles que « nous sommes la même chair ».
- Vous avez une peur quasi phobique que votre parent meure, qu'il soit perdu.
- Vous avez peur d'être perdu sans lui.

Exemple d'un chapitre
La Xième chose dont je veux parler, c'est du fait que je dois t'appeler tous les jours, Maman. Si je ne le fais pas, alors tu me le reproches. Lorsque j'évoque cela, je ressens de la lassitude, de l'agacement, une sensation d'étouffement et de la culpabilité.

Je comprends aujourd'hui que ma mère m'a élevée dans un mode de relation fusionnelle, cherchant toujours à me garder auprès d'elle pour elle. J'ai donc été contrainte de me faire croire que je lui appartenais et que je devais obéir à chacune de ses injonctions me retenant auprès d'elle. Ceci a eu pour conséquence de me priver de subjectivité, de ne posséder aucun espace en propre. J'en ai conçu la tendance à me référer à elle quand je prenais des décisions personnelles.
C'est pourquoi, Maman, je te rends ton égoïsme et ta tendance fusionnelle.

Je me libère de la croyance que j'appartiens à ma mère.
Je me libère de la fusion avec ma mère.
Je me libère de l'interdiction de posséder ma propre subjectivité.
Je me libère de l'interdiction de posséder mon propre espace et ce faisant, j'affirme clairement ma présence au monde.

Je récupère mon libre arbitre.
Je récupère mon espace de décision.
Je récupère mon auto détermination.

Décodage des émotions
• *La lassitude* : « Je choisis d'accepter mais ce n'est pas la bonne solution, c'est une solution par défaut ». Votre corps vous dit d'améliorer ou de quitter. Peut-être tentez-vous d'améliorer ; si cela ne fonctionne pas, vous ressentirez bientôt du ras-le-bol.
• *L'agacement* : cf. la place de dernier.
• *L'étouffement* : cf. l'oppression in le transgénérationnel.
• *La culpabilité* : cf. la perte d'un jumeau.

Cette personne se fait envahir, elle l'accepte, bien que ce ne soit pas la bonne solution, elle est touchée dans sa vie même (étouffement) et elle pense causer l'irréparable à chaque tentative d'émancipation. Rien qu'avec l'étouffement, cette personne se mettra en mouvement pour supprimer ce qui l'empêche de respirer si elle est intelligente émotionnellement.

Vous êtes dans une prison sans murs, vous la recréez à chaque instant et tenter de vous en évader vous cause la plus grande souffrance. Il vous faudra énormément de courage pour oser vous libérer de ce lien. Gardez à l'esprit qu'un maître possédant un esclave est lui-même attaché à l'autre extrémité de la chaîne. Cette pensée peut vous aider car vous prenez ainsi conscience qu'en vous libérant, vous libérez votre parent. Bien que cela puisse sembler curieux, c'est un des symptômes les plus simples à dépasser car la libération fait littéralement voler en éclats le besoin de fusion. C'est à peine si vous avez besoin de concevoir un programme délibéré. La nouvelle relation se met en place toute seule et il vous est très simple de tenir votre mère à juste distance.

- La recherche de loi réelle

La puberté, par son caractère sexuel, réactive la problématique œdipienne. L'adolescent s'écarte de ses parents pour ne pas revivre ce dont il a fait le deuil et tout à la fois, il recherche des limites pour définir ce nouveau monde symbolique qui s'offre à lui. Il a besoin de repères car son univers est instable du fait de l'opposition entre la pulsion de vie et ses peurs. Si le père est défaillant, ces limites font défaut et l'adolescent cherche alors un substitut, un symbole d'autorité. Il le trouve dans la loi réelle.

- Vous êtes-vous retrouvé au poste de police ?
- Etiez-vous convoqué régulièrement dans le bureau du proviseur ?
- Avez-vous choisi (ou eu envie de choisir) un métier dans la police, l'armée, les pompiers ? Là où vous serez en sécurité sous l'aile de la loi réelle...

Exemple d'un chapitre
La Xième chose dont je veux parler, c'est que lorsque j'étais adolescent, je passais mon temps dans le bureau de la Conseillère Principale d'Education.
Lorsque j'évoque cela, je ressens de l'indifférence.

Je comprends aujourd'hui que j'essayais de compenser le manque de Loi Symbolique en convoquant la loi réelle. Comme je n'obtenais pas ce que je cherchais, je mettais chaque fois la barre un peu plus haut. Cette fuite en avant stérile faisait monter énormément de pression en moi. A la fois pour m'en libérer et m'en anesthésier, j'ai choisi de faire énormément de sport. J'en ai conservé une tendance à prendre des risques inconsidérés et la crainte d'être pris en faute.
C'est pourquoi, Maman et Papa, je vous rends votre défaillance symbolique.

Je me libère de l'obligation de quêter la loi réelle pour compenser le manque de Loi Symbolique.
Je me libère de la surenchère en tant que solution.
Je me libère du sport en tant que solution.

Je récupère mon équilibre intérieur.
Je récupère ma puissance et ma confiance.

Décodage des émotions
• *L'indifférence* : souvenez-vous que chaque émotion vous guide vers un objectif. L'indifférence vous indique que dans cette situation, vous n'avez pas d'objectif. Soit vous n'êtes pas concerné, soit vous avez perdu complètement votre combattivité. Dans l'exemple, la personne est indifférente car la barre n'est plus assez haute, la loi de l'école ne pèse plus sur elle (elle a d'ailleurs eu plus tard affaire à la police).

Lorsque vous deviendrez performant dans l'intelligence émotionnelle, il vous arrivera de sentir l'indifférence sur un niveau plus élevé car vous ne serez plus dans le vouloir, vous serez dans l'être. A ce moment-là, vous n'aurez plus d'objectifs et vous laisserez votre intuition vous guider.

De par son origine, la loi réelle est un magnifique symbole. Créée pour suppléer aux dysfonctionnements de la Loi Symbolique, elle représente en quelque sorte une bouée de sauvetage (ou une rustine) et il lui arrive

en retour de ramener de la symbolique dans une situation dramatique. Ainsi, un juge aux affaires familiales va apporter du tiers entre deux parents qui se déchirent à propos de leur enfant et leur permettre de dériver leurs souffrances et leur violence ailleurs que sur l'autre et sur l'enfant. Il arrive que le caractère solennel d'un tribunal fasse symbole et arrête un adolescent dans ses conduites à risque. Encore faut-il que ce soit l'aspect symbolique qui soit visé et qui fasse effet car la réalité est inefficace. Jamais une peine de prison n'a guéri ni calmé qui que ce soit. Si la loi réelle cherchait à rétablir de la symbolique, les crimes seraient envisagés pour ce qu'ils sont : des symboles.
Chacun de vos dysfonctionnements dans la réalité est le reflet d'un dysfonctionnement au niveau symbolique. Voilà pourquoi chez les nations premières, il n'y a ni crime ni prison. La Loi Symbolique est respectée et chaque dysfonctionnement est repéré et traité immédiatement au niveau symbolique.

- Le père violent

Si votre père était violent, il est certain qu'il était vide aussi. Comme expliqué dans ce chapitre, un père vide a peur (inconsciemment) d'être démasqué. Il parvient à compenser son vide en société (comme moi avec l'humour), mais lorsqu'il est convoqué en tant que mari ou en tant que père, il est au pied du mur. Il ne peut plus faire semblant car c'est sa flamme qui est sollicitée. Lorsqu'un père est vide, il a peur de n'être pas entendu, pas écouté, pas respecté, sans que cela soit vraiment conscientisé. Avez-vous déjà entendu un sourd parler ? Puisqu'il ne s'entend pas, il a tendance à crier car il n'a pas de « retour » (d'où l'expression « gueuler comme un sourd »). Le père vide procède de la même logique. Plus il se vit comme faible, plus il crie : « La violence est la force des faibles »[22]. Souvenez-vous de vos professeurs. Celui ou celle qui avait de l'autorité levait un sourcil et c'était le silence ; dans la classe de celui ou celle qui en était dépourvu, c'était le chahut bien qu'il ou elle criait énormément... *Avoir de l'autorité, c'est ne pas s'en servir.*

---

[22] Citation d'Isaac Asimov.

Que ce soit le vide ou autre chose qui ait causé la violence, vous êtes frappé par celui qui doit vous tenir en sécurité et vous êtes obligé de vous accuser de ce que vous subissez : « Si mon père me frappe, c'est que je mérite d'être maltraité. »
S'ajoute à cela le traumatisme pur. Vous subissez cette violence comme un choc, que vous soyez frappé ou non, et il vous faut le refouler pour garder le mensonge actif.
Prenez conscience aussi que vous vivez « papa = menace » *dans la réalité*. De la même façon que l'intensité de l'émotion est proportionnelle à l'intensité de l'objectif, l'intensité du mensonge est proportionnelle à l'intensité de la défaillance, du dysfonctionnement. Conserver « papa = sécurité » s'il vous gronde parce que vous êtes trop lent est une chose, y parvenir quand il donne libre cours à sa violence en est une autre. Plus la réalité est dure et traumatisante, plus le mensonge est énorme. Vous êtes alors obligé de marcher sur la tête pour conserver l'idée de la sécurité. Dans le premier cas, « je suis trop lent » suffit ; dans le second, voyez-vous l'énormité dont vous vous accusez ?

- Vous étiez frappé par votre père.
- Vous craigniez ses colères.
- Vous aviez peur de lui.
- Son regard vous glaçait.
- Il frappait votre mère.

Prenez conscience que la violence n'est pas uniquement physique. Un regard assassin cause autant de dégâts qu'une gifle. Il est même possible que le traumatisme soit plus intense et plus profond. Par ailleurs, même si votre père ne vous frappait pas mais maltraitait votre mère, vous étiez victime de sa violence (cf. conflit d'allégeance).

Exemple d'un chapitre
La Xième chose dont je veux parler, Papa, c'est d'une fois où, quand j'avais 5-6 ans, tu te disputais avec Maman, dans votre chambre, vers minuit. Elle te demandait de ne plus me toucher et de ne t'en prendre qu'à elle, dorénavant. Tu lui as dit comme souvent : « Je fais ce que je veux » ; elle t'a rétorqué : « Non, tu n'as pas le droit. » Je t'ai alors

entendu quitter votre chambre et j'ai compris que tu venais me chercher. Immédiatement, j'ai tâché de faire semblant de « dormir comme un petit ange » pour peut-être te faire renoncer.
Tu m'as traîné hors de mon lit en me tirant par les cheveux et m'as cogné la tête sur le sol pendant que ma mère hurlait.
J'ai ressenti de la terreur, un insondable accablement, de la désolation, du désespoir, un sentiment de vide et d'abattement que rien, semblait-il, ne viendrait apaiser.
Je comprends aujourd'hui que mon père imposait sa tyrannie par la violence et la terreur, physiquement et verbalement. Pour préserver un espoir, je me suis fait croire que je méritais d'être maltraité, que je ne valais pas plus qu'un esclave ou un objet et que mon père me reconnaîtrait si j'admettais n'être que cela. J'ai ainsi créé un paradoxe effroyable, fabriquant un espoir utopique au détriment de ma sécurité physique. Pour le résoudre, je me suis privé de toute subjectivité, vivant dans un brouillard permanent, aux frontières de la folie. J'en ai conservé la tendance à me faire maltraiter et parfois même, à susciter cette violence.
C'est pourquoi, Papa, je te rends ta violence, ton inhumanité et ton despotisme.

Je me libère de la violence de mon père et des traumatismes qu'elle m'a causés.
Je me libère de la croyance que je mérite d'être maltraité.
Je me libère de sa tyrannie.
Je me libère de sa terreur.
Je me libère de la croyance que je ne vaux rien.
Je me libère de la croyance que j'appartiens à mon père.
Je me libère de la croyance qu'il a droit de vie et de mort sur moi.
Je me libère de l'obligation de vivre dans le brouillard et dans les limbes.
Je me libère de la folie en tant que solution.

Je récupère mon intégrité et ma valeur.
Je récupère mon droit à être entendu, reconnu et valorisé.

Je récupère mon droit à être bien traité.

Décodage des émotions
• *L'accablement* : cf. l'abattement.
• *Le désespoir* : « Je ne peux plus accepter l'inacceptable ». Vous avez perverti l'espoir pour construire la sécurité symbolique, cependant les faits sont têtus. Votre corps vous crie de sortir de cette situation mais votre mental s'accroche au mensonge initial. Dans l'exemple, cet enfant vit au bord de la rupture puisqu'il ne peut trouver aucune justification à son père, que sa mère en est victime aussi et qu'elle est en même temps complice puisqu'elle reste. Il vit en permanence au bord du gouffre et son mental, pour le protéger, ne cesse de disjoncter.

Si vous avez vécu des violences aussi extrêmes, l'intelligence émotionnelle ne vous sera d'aucun secours ; allez chercher de l'aide, vous gagnerez du temps et de l'énergie.

Peut-être plus encore que par la violence des coups, le traumatisme est causé au niveau symbolique par le fait d'être totalement à la merci de votre bourreau et que celui-ci soit justement celui qui devrait vous protéger. Quoi que vous fassiez, vous êtes perdant car la seule solution réellement efficace serait de quitter, ce qui vous est impossible. Dans le jeu des échecs, l'expression « être en zugzwang » signifie que quel que soit le coup joué, il sera perdant ; le seul bon coup serait de ne pas jouer. C'est ce que vous tentez de faire. Vous essayez de rester en stase, ni tout à fait dans la réalité, ni tout à fait parti. D'une part, c'est inefficace, d'autre part, chaque coup qui tombe, chaque parole blessante vient renforcer la culpabilité et la souffrance indicible. Rendez cette violence à votre père, elle lui appartient. Et une chose est certaine : vous n'avez pas besoin de sa sécurité !
Vous penserez aussi à vous libérer du traumatisme causé par sa violence.
Si vous-même êtes un père violent avec votre enfant, prenez conscience que cette violence est déclenchée par un symbole. Votre enfant vous dit ou fait quelque chose qui vous donne à penser qu'il vous a démasqué,

qu'il dénonce votre vide, votre impuissance. La gifle que vous lui donnez est l'équivalent d'une répartie : « Et celle-ci, est-elle vide ? »
Vous avez peur de n'être pas obéi, vous avez peur de ne pas pouvoir protéger votre enfant, vous êtes démuni. Pensez à vous libérer de cela dans votre cérémonie : « Je me libère de la violence en tant que solution. »

- La mère violente

Il est parfois possible de s'arranger avec la dureté et la violence du père et de la camoufler sous le mensonge « *dura lex, sed lex* » (la loi est dure mais c'est la loi) ; vous vous arrangez avec vous-même en confusionnant violence et autorité. Par contre, cet accommodement est impossible concernant l'amour de votre mère. Si votre mère était violente, elle était résolument à l'opposé de la Loi Symbolique car vous ne pouviez lui concéder l'excuse de la sécurité. Le mensonge est à la mesure du manquement : vous méritez d'être maltraité. Ayant créé ce mensonge, il vous est impossible de le dénoncer car vous pénétrez dans le royaume de l'indicible. La voie qui s'offre à vous pour subsister est de faire alliance avec votre bourreau et de garder la vérité enfouie ; en conséquence, vous cachez les traces de coup ou les sévices qu'elle vous fait subir. C'est pour cette raison qu'il y a une loi sur le signalement d'enfants en danger car on ne peut compter sur eux pour se signaler.
Vous êtes déstructuré, complètement explosé, car si votre mental doit vous protéger (c'est la mission survie), il doit par-dessus tout conserver « maman = amour » et à cause de cela, il vous laisse en danger. Pour vous protéger au niveau symbolique, il vous fait subir un danger réel.
Si vous êtes un homme :

- Vous recherchez cette violence chez une femme (cf. collusion).
- Dans le même temps, vous recherchez la douceur.
- Vous êtes violent avec votre femme pour vous venger de votre mère.

Si vous êtes une femme :

- Vous recherchez inconsciemment la maltraitance (vous croyez la mériter).

- Vous-même avez tendance à maltraiter (car vous vous êtes identifiée à votre mère).

Exemple d'un chapitre
La Xième chose dont je veux parler, Maman, c'est que lorsque j'étais bébé, tu ne supportais pas mes pleurs et pour essayer de me faire taire, tu me jetais des verres d'eau au visage.
Lorsque j'évoque cela, je ressens de la suffocation, de la stupéfaction, du ressentiment, de la déception et de la peine.
Je comprends aujourd'hui que j'ai inscrit cette maltraitance comme une trahison et que ces passages à l'acte de ma mère me mettaient en danger de mort symbolique.
Pour garder l'illusion de son amour, je me suis dit que je méritais d'être maltraitée, puis j'ai déplacé cette peur vers l'objet lui-même, ce qui a déclenché ma phobie de l'eau. J'ai prolongé plus tard ce mensonge en suscitant les mauvais traitements et en violentant mes enfants.
C'est pourquoi, Maman, je te rends ta violence.

Je me libère de la violence de ma mère et des traumatismes causés.
Je me libère de la croyance que je mérite d'être maltraitée.
Je me libère de la phobie de l'eau.
Je me libère de la violence en tant que solution.

Je récupère l'amour de moi-même.
Je récupère ma valeur naturelle.
Je récupère mon droit à être bien traitée.

Décodage des émotions
• *La suffocation* : il s'agit plus d'une sensation que d'une émotion mais elle nous intéresse car elle renvoie aux synonymes d'asphyxie et d'étouffement qui nous montrent la relation avec la respiration. Vous pouvez vous libérer de nombreux besoins, vous pouvez même cesser de manger (faites une recherche sur l'internet en entrant « se nourrir de lumière » et vous trouverez une importante documentation) mais vous ne pouvez pas cesser de respirer. La respiration, c'est la vie. En conséquence, toutes les maladies et toutes les affections qui touchent

l'appareil respiratoire sont des signes d'atteintes vitales au niveau symbolique. Elles font écho à un mensonge où la vie elle-même était en jeu. Dans l'exemple, ce bébé associe la violence de sa mère à la noyade par le biais de l'eau qui l'envahit. Au niveau symbolique, elle est menacée de mort par celle qui doit lui insuffler l'amour. Le but de la phobie est de déplacer cette peur indicible vers une cible acceptable (cf. les phobies) ; en l'occurrence, l'eau est toute trouvée puisque c'est l'instrument de la maltraitance.

- *La stupéfaction* : cf. incompréhension in le mauvais sexe.
- *Le ressentiment* : cf. le père vide.
- *La déception* : cf. l'amertume in le père vide.
- *La peine* : cf. l'enfant pas désiré.

Cette femme accède à cet ensemble d'émotions parce qu'elle prend le temps de s'y arrêter durant le travail. Auparavant, elle ne s'était jamais prêtée à cet exercice. De la même façon, vous avez le choix de passer par-dessus les événements, en mode pilotage automatique... Ou bien de prendre le temps de porter attention à vos émotions et ensuite, de les décoder.

Le plus difficile pour vous libérer est de passer par-dessus le mensonge qui vous oblige à excuser votre mère, à justifier son comportement. A cet endroit, vous avez vraiment besoin d'un soutien extérieur, de quelqu'un qui vous assiste pour regarder la réalité sans la travestir. Pour vous y aider, prenez conscience que la question n'est pas de savoir si votre mère était une bonne ou une mauvaise mère ; la question est tout simplement : était-ce une *vraie* mère ? Donnait-elle l'amour à son clan, en était-elle la garante ?
D'ailleurs, si aujourd'hui vous êtes une mère et que vous vous interrogez sur vos capacités, si votre confiance est ébranlée, si dans une situation donnée, vous ignorez comment réagir envers votre enfant, posez-vous la question : « Dans cette situation, que ferait une vraie mère ? » Si vous êtes un père, une telle question peut bien sûr aussi vous aider (« que ferait un vrai père ? »). Lorsque vous serez libre, gardez à l'esprit que cette violence a laissé son empreinte en vous et qu'elle tend à vous faire

fonctionner dans ce registre à votre tour. Téléchargez-vous un nouveau programme, un programme d'amour, de bienveillance et d'attention envers l'autre, et surtout envers vous-même.

- Le parent dépressif

La dépression est souvent déclenchée par la perte de quelqu'un, d'un objet, d'un statut qui soutenait la personnalité. La personne existait par l'autre, son identité était à l'extérieur d'elle. Cette force de vie, cette capacité d'amour disparaissant, la culpabilité monte d'avoir causé sa disparition : c'est l'effondrement.

Avoir un parent dépressif est, pour l'enfant, terrible pour plusieurs raisons.

- Si sa mère est dépressive quand elle est enceinte (cf. ce chapitre) et/ou à sa naissance, il subit la dépression par empathie.
- Quel que soit le parent, il subit un manque de stimulation.
- Il doit accepter ce modèle (le reconnaître juste) pour conserver l'amour et/ou la sécurité.

Ceci est empiré vers l'âge de deux, trois ans, au moment où cet enfant connaît lui-même une phase naturelle de dépression, lorsqu'il doit faire le deuil de sa toute-puissance.

Le manque de soutien et de stimulation parental durant cette période le fige de façon chronique dans cette posture, la dépression devenant alors une solution récurrente pour gérer l'adversité.

- L'un de vos parents n'avait aucun goût pour la vie.
- Il régnait une ambiance mortifère à la maison.
- L'un de vos parents était suractif et devenait amorphe lorsqu'il s'arrêtait.
- Vous avez tendance à déprimer quand vous n'obtenez pas ce que vous désirez.
- L'ennui est l'une de vos compagnes.
- Vous avez des problèmes de sommeil.
- Vous mangez lorsque vous vous ennuyez.
- Vous avez tendance à critiquer les gens bien portants.
- Vous renoncez au moment de concrétiser un projet.

Exemple d'un chapitre
La Xième chose dont je veux parler, Maman, c'est que tu as fait une fausse couche juste avant ma naissance, qui t'a fait plonger dans une dépression pendant plus d'un an.
Lorsque j'évoque cela, je ressens de la peine et de la désolation.
Je comprends aujourd'hui que j'ai été marquée de l'empreinte de cette dépression in utero et que je n'ai pu m'en sortir par manque de stimulation. J'ai donc inscrit la dépression comme un mode de solution auquel je recourais chaque fois que j'étais en situation de stress.
C'est pourquoi, Maman, je te rends ta dépression.

Je me libère de la dépression en tant que solution.

Je récupère ma force de vie et mon agressivité.

Décodage des émotions
• *La peine :* cf. l'enfant pas désiré.
• *La désolation :* cf. le gouffre.

La dépression est toujours en lien avec le gouffre car elle est justement une solution pour éviter d'y sombrer : mieux vaut la dépression que la mort.

Si vous-même êtes dépressif, essayez au maximum de préciser l'origine et son mode d'expression, de manière à opérer le plus chirurgicalement possible lors de votre Festen. Vous pouvez être dépressif :
- Par mimétisme de vos parents.
- Par effondrement lorsque vous avez manqué le succès.
- Lorsque la frustration qui vous animait disparaît (vous passez du ressentiment à la culpabilité).
- Parce que vous dépensiez votre énergie pour soutenir l'autre et qu'il s'avère décevant.
- Parce que vous mettez fin à l'ambivalence qui vous faisait sadiser (néologisme signifiant : avoir un comportement sadique) l'objet de votre amour (relation amour/haine).

- Parce que vous culpabilisez de votre addiction (nourriture, par exemple).
- Lorsqu'il n'existe pas d'autre voie pour faire face à la surpression.
- Lorsque vous ne dites pas ce que vous avez sur le cœur à la personne concernée.

Il est possible aussi que vous masquiez votre dépression derrière des troubles du sommeil, des maladies, des jugements excessifs vis-à-vis des autres... L'idée étant de ne pas vous laisser aller à la dépression qui est socialement mal vue.

Mettez cela en relation avec le mode d'expression de la dépression de votre parent et construisez votre chapitre en fonction de ces éléments.

Après votre Festen, programmez votre système réticulaire activateur pour identifier le moment où le programme par défaut de dépression se présente... Et prenez le chemin de la vie.

Plus vous pratiquerez et plus l'ancien programme se délitera, jusqu'à ne plus exister que sous forme de souvenirs.

- Le conflit d'allégeance

Si votre père frappe votre mère, un paradoxe se déclenche en vous car si « papa = sécurité » est vrai, il a raison de frapper Maman qui le mérite, mais si Maman mérite d'être frappée, c'est qu'elle n'est plus « = amour ».

L'un exclut l'autre. Or, les deux doivent rester vrais. Vous êtes victime du conflit d'allégeance. Vous pouvez aussi le ressentir si vos parents vous convoquent pour prendre parti, par exemple en cas de divorce. Pour en sortir, il est possible que vous sacrifiiez un parent ; vous allez par exemple prendre parti pour votre mère. C'est possible car les peurs sont organisées hiérarchiquement, la plus faible cédant devant la plus forte. J'ai vu le cas d'une jeune femme qui avait tissé son lot de mensonges pour conserver l'illusion de la sécurité auprès d'un père d'une violence folle. Un jour, elle l'a vu foncer sur elle, ivre, un couteau à la main et elle a su qu'il voulait *vraiment* la tuer ! Instantanément, tous

les mensonges sont tombés. Elle a réussi à s'enfuir et sa vie a changé. Lorsqu'elle est arrivée vers moi, elle était complètement libre des mensonges en rapport avec son père car la peur de la mort réelle avait supplanté la peur de la mort symbolique. La réalité avait repris ses droits.
Vous pourriez donc perdre « papa= sécurité » pour conserver « maman = amour ». Il est possible aussi que votre mental hésite entre les deux. Si c'est le cas, vous vivez au cœur du paradoxe, de l'impossibilité. Votre mental choisit alors la voie du retrait. C'est une forme de refoulement qui provoque la mise à distance de vous-même lors des moments de crise.
Vous êtes victime d'un conflit d'allégeance si :

- Votre père frappait votre mère.
- Votre mère frappait votre père.
- L'un de vos parents (ou les deux) vous demandait de prendre parti dans leurs conflits.
- Vous supportez très difficilement les conflits entre deux autres personnes.

Exemple d'un chapitre
La Xième chose dont je veux parler, Papa, c'est de la fois où tu avais frappé Maman d'un coup de pied mais cette fois-ci, j'avais réussi à parer le coup avec mon avant-bras.
En évoquant cela, je ressens de la peur, de la colère, de la panique, de la détresse, de l'impuissance mais aussi du courage.
Je comprends aujourd'hui que la violence extrême de mon père me plongeait dans un paradoxe : soit je laissais ma mère se faire frapper, et alors elle ne me donnerait plus son amour, soit je me rebellais et me battais contre mon père mais alors, je perdais la sécurité qu'il était censé me garantir. Au final, ma seule issue était de refouler profondément cette violence et de m'extraire de la situation en priant pour que cela cesse. Ma situation était d'autant plus difficile que mes parents me convoquaient tour à tour contre l'autre. J'en ai conservé plus tard la difficulté à me positionner dans les conflits.

C'est pourquoi, Maman et Papa, je vous rends votre violence et vos conflits, ainsi que votre irresponsabilité et votre immaturité.

Je me libère du conflit d'allégeance.
Je me libère de la croyance que je dois prendre parti dans le conflit de mes parents.
Je me libère de l'interdiction de me positionner dans les conflits.

Je récupère mon libre arbitre.
Je récupère mes propres limites.
Je récupère ma capacité de discernement.

Décodage des émotions
- *La peur* : cf. la mère sans amour.
- *La colère* : cf. le père vide.
- *La panique* : cf. l'abandon.
- *La détresse* : cf. le gouffre.
- *L'impuissance* : cf. le refus d'incarnation.
- *Le courage* : j'ai peur et j'avance quand même. Seuls les fous n'ont pas peur. Dans tous les autres cas, il est possible de ne plus avoir peur lorsqu'on la surmonte... Ou bien lorsqu'on s'en est libéré en déconstruisant le mensonge.

Le décodage des émotions et la compréhension de la situation offrent la possibilité de prendre position en parlant de soi. Dans l'exemple : « Je me sens perdu et démuni quand vous me demandez de prendre parti, merci de résoudre vos conflits sans moi. »

Peut-être avez-vous résolu le conflit en choisissant de soutenir l'un des deux. Si vous avez choisi de soutenir votre mère, vous avez dû perdre l'illusion de la sécurité ou vous enfoncer dans une culpabilité profonde. Il y a de grandes chances que l'autre parent vous le fasse payer. Pensez à lui rendre sa responsabilité.
Si vous avez vécu un conflit d'allégeance avant votre puberté, vous avez en vous une peur du conflit et l'injustice en horreur. Si vous avez pris le

contre-pied de votre mensonge à l'adolescence, vous êtes un Don Quichotte qui tente de mettre fin aux conflits autour de vous. Lorsque vous assistez à un conflit, estimez en premier lieu s'il convient de vous en mêler car le principe de l'élastique vous fait perdre votre sens critique. Prenez ensuite une position extérieure à la situation. Demandez-vous par exemple : « Que ferait un juge impartial pour résoudre ce conflit ? » Enfin, une fois libéré, vous pourrez travailler un nouveau programme pour écouter votre cœur car la meilleure solution vient toujours du cœur, jamais de la tête. Pendant que vous vous entraînerez, que vous pratiquerez l'écoute du cœur, vous pourrez vous aider en posant la question suivante : « Si l'amour était un personnage, que ferait-il dans cette situation ? »

- Les parents divorcés

Même si la société a tendance à vouloir banaliser le divorce (aujourd'hui, en France, un couple sur deux divorce), il n'en reste pas moins la source de traumatismes importants chez l'enfant.
Selon son âge au moment de la séparation, il peut le vivre comme une coupure, voire une mutilation. Trois moments de sa structuration psychologique le rendent encore plus sensible à ce traumatisme :
- Vers l'âge de deux-trois ans, où il a besoin de la fermeté et de l'amour de ses parents pour renoncer à sa toute-puissance.
- Entre trois et six ans pour traverser le passage de l'œdipe.
- Au moment de l'adolescence, où la problématique œdipienne est réactivée et où il a besoin de présence soutenante pour passer dans le monde des adultes.

Dans tous les cas, il se retrouve à perdre brutalement l'amour de sa mère ou la sécurité de son père... Comment va-t-il pouvoir continuer à grandir, se demande-t-il ?
De plus, la règle étant au non-dit, il doit souvent faire face à des confusions, quand les parents disent être dans la paix, alors qu'ils sont dans la guerre.

Difficile aussi de grandir en restant entier, unifié, lorsqu'il n'y a plus de lien régulier avec celui qui n'a pas la garde.
Ceci est encore aggravé dans le cas d'aliénation parentale, lorsque l'un des deux parents le manipule, cherchant à transformer l'autre parent en un être néfaste à haïr (cf. le conflit d'allégeance). Il devient alors le bras armé devant détruire l'ex-conjoint...

- Vos parents ont divorcé dans la guerre.
- Rien ne vous a été dit de ce qui se passait réellement entre eux.
- Vous ne saviez pas ce que vous alliez devenir.
- Vous étiez pris dans un conflit d'allégeance.
- Vous ressentez de la culpabilité lorsque vous évoquez ce divorce.
- Vous avez peur de l'avenir, peur que tout s'écroule du jour au lendemain.
- Vous ne faites pas confiance aux membres de l'autre sexe.
- Vous rêvez d'une union solide, mais vous peinez à vous engager.

Exemple d'un chapitre
La Xième chose dont je veux parler, c'est qu'au moment de votre divorce, je suis resté avec toi, Maman, et cela s'est très mal passé pour moi ; je suis allé quelque temps chez toi, Papa, pour au final m'y installer définitivement.
Lorsque j'évoque cela, je ressens de la colère, de l'incompréhension et du désarroi.
Je comprends aujourd'hui que le divorce a marqué la fin du modèle de couple que je m'étais construit pour me faire croire que je recevais l'amour et la sécurité. Dans un premier temps, c'est comme si j'étais tombée dans un gouffre car je ne possédais plus aucun repère. Je me suis récupérée en stigmatisant ma mère dans l'aspect négatif et mon père dans le positif. Cela m'a conduit à créer un faux équilibre que j'ai maintenu en gardant une défiance vis-à-vis des femmes.
C'est pourquoi, Maman et Papa, je vous rends votre conflit.

Je me libère du traumatisme causé par le divorce de mes parents.
Je me libère de mon conflit d'allégeance.
Je me libère de l'obligation de diaboliser ma mère.

Je me libère de la méfiance vis-à-vis des femmes.

Je récupère mon bien-être et mon unité intérieure.

Décodage des émotions
• *La colère :* cf. le père vide.
• *L'incompréhension :* cf. le mauvais sexe.
• *Le désarroi :* « J'ai conscience d'être dans une situation indésirable mais j'ignore quelle solution choisir ». Vous êtes dans la confusion et votre corps vous appelle à clarifier. Faites un pas en arrière et analysez posément votre situation.

L'intelligence émotionnelle vous invite une fois de plus à suivre un autre chemin que celui du mental. C'est comme si vous fermiez les yeux pour utiliser un autre sens. Il vous est ainsi possible de délaisser vos pensées qui vous font tourner en rond dans l'impossibilité de remettre en cause vos parents.

Une fois votre libération accomplie, prenez le temps de sentir une nouvelle ouverture, un espace de non jugement, une disponibilité par rapport à ce qui vous arrive dans vos relations amoureuses : plus d'*a priori*, plus de dérobade, plus d'animosité gratuite... Vous restez concentré sur votre ressenti et sur ce que requiert la situation dans l'instant.

- Le frère ou la sœur maltraitant

Si vous avez été le souffre-douleur d'un frère ou d'une sœur, vous devez bien évidemment lui rendre cette énergie.
Néanmoins, si vous rédigez un chapitre qui lui est consacré, vous devez prendre conscience que s'il ou elle est devenu maltraitant, c'est qu'un espace de maltraitance était laissé, voire créé par au moins l'un de vos parents.

Si l'on ne peut relever de cas général, il existe quand même deux grands registres.
- Vos parents étaient démissionnaires et votre aîné, lorsque l'angoisse naturelle d'avoir un petit frère ou une petite sœur s'est manifestée, n'a pas été contenu, sécurisé, si bien qu'il/elle s'est engouffré dans un espace de violence où il lui fallait vous détruire.
- Soit vous étiez le bouc émissaire (cf. ce chapitre), soit vos parents gardaient un contentieux envers vous (mauvais sexe, cause de la création du couple, etc.) et ils ont trouvé le moyen de vous le faire payer indirectement.
Dans les deux cas, il vous faudra rendre un morceau à vos parents, car c'est pour garder l'illusion de l'amour et de la sécurité que vous avez accepté de vous faire maltraiter.

- Vous étiez le souffre-douleur de votre frère ou votre sœur.
- Vos parents laissaient faire plus ou moins ouvertement.
- Vous vous sentiez impuissant.
- Vous vous sacrifiiez pour acheter sa reconnaissance.
- Ou au contraire, vous tentiez de fuir sa présence.

Exemple d'un chapitre
La Xième chose dont je veux parler, F., c'est de ces insultes à répétition, quand tu me traitais sans cesse de nain, de gnome.
Je ressentais de l'humiliation, de la résignation et de l'injustice.
Je comprends aujourd'hui que mon frère cherchait à détruire celui qui lui volait sa place. Ce comportement naturel au départ est rapidement devenu terrible parce que mes parents laissaient faire. Cette démission s'expliquait par leur incapacité à faire observer la Loi Symbolique mais aussi parce qu'ainsi, F. était leur bras armé me punissant d'être du mauvais sexe.
J'ai donc encore renforcé l'idée qu'il m'était interdit d'avoir une place, que je méritais d'être maltraité et là aussi, je mendiais sa reconnaissance et son amour de frère, tout en hurlant ma détresse et ma rage lorsque la pression devenait plus forte que mes mensonges.
Je comprends aussi que mon frère a fait du mieux qu'il pouvait avec ses propres mensonges. Je lui pardonne et je l'aime.

F., je te rends ta haine et ta maltraitance ; Maman et Papa, je vous rends votre déliquescence et votre violence pernicieuse.

Je récupère mon droit à la vie.
Je récupère mon droit à avoir une place.
Je récupère mon droit à vivre en sécurité.

Décodage des émotions
• *L'humiliation :* J'ai la sensation que l'autre veut me rabaisser ou me détruire volontairement.
• *La résignation :* cf. l'abandon.
• *L'injustice :* cf. sauver ses parents.

Dès que vous ressentez de l'humiliation, prenez conscience du message sous-jacent et mettez-vous immédiatement en empathie avec la personne pour connaître son intention. S'il s'avère qu'elle est de vous détruire, préparez-vous à quitter immédiatement, à moins qu'il n'existe un espace d'amélioration.

Après votre libération, souvenez-vous que votre frère ou votre sœur n'est vraisemblablement toujours pas libre. En conséquence, même si vous êtes en paix à l'intérieur de vous, soyez attentif dans la réalité à manifester votre libération, c'est-à-dire mettre un stop instantané en cas de maltraitance plus ou moins avérée... Ou bien à faire le deuil de cette relation.

- La tyrannie

L'un de vos parents (ou les deux) vous commande et n'accepte aucune opposition ou discussion ; il vous impose son point de vue : « Tu vas t'habiller de cette façon ! Tu n'as pas à parler à cette personne ! Ton prof est un imbécile et puis c'est tout ! » Vous n'avez aucun espace à vous. C'est comme un driver en négatif : « Ne sois pas toi-même. »
Un tyran est une personne qui prend du pouvoir sur vous, qui sait ce qui est bon pour vous. En fait, il le fait pour lui, pour sa propre valorisation

(« Il n'est pas question que mes enfants soient… »), au détriment ou aux dépens de votre subjectivité. La subjectivité est votre point de vue sur le monde, ce que vous trouvez bien, mal, vrai, faux, etc. C'est votre opinion. Il n'existe pas deux points de vue identiques dans le monde. Il y a donc sept milliards de subjectivités. Nous retrouvons le proverbe africain : « Il y a ta vérité, il y a ma vérité, il y a la vérité ».
Chacun doit faire ses propres expériences, c'est incontournable parce que le mental ne connaît que ce dont il fait l'expérience. Vous pouvez lire dix livres sur ce qu'est faire du vélo, vous ne le saurez que le jour où vous monterez dessus. Voilà pourquoi les parents sont l'arc et les enfants la flèche, c'est pour que chacun forme sa propre subjectivité.
Le premier dommage que vous subissez est donc le manque d'expérimentation *par vous-même* et ceci vous gêne dans l'accès à votre autonomie ; le deuxième vient du mensonge que vous construisez pour garder (par exemple) « maman = amour » : « Si Maman m'interdit de penser par moi-même, c'est qu'il m'est interdit de posséder ma propre subjectivité. » Enfin, le troisième, et non le moindre : au niveau symbolique, vous appartenez à votre mère. Vous êtes une marionnette malgré vous (qui se rebelle à la puberté ; cela n'empêche : le mensonge est créé), actionnée par votre mère à qui vous donnez totalement votre pouvoir, pour obéir au mensonge.

- Vous avez tendance à l'immaturité (la maturité est la capacité à gérer son environnement).
- Vous avez vous-même tendance à vouloir imposer vos idées de façon tyrannique (vous avez repris le modèle).
- Vous éprouvez des difficultés à fonder vos propres opinions.
- Il vous est difficile de prendre vos responsabilités.
- Vous recherchez des personnes pour vous commander, vous diriger.

Exemple d'un chapitre
La Xième chose dont je veux parler, Maman, c'est que tu choisissais mes vêtements, malgré mes goûts et mes envies différents.
Lorsque j'évoque cela, je ressens de l'injustice.

Je comprends aujourd'hui que ma mère exerçait sur moi une véritable tyrannie. Pour conserver l'illusion de son amour, je me suis fait croire que je ne pouvais pas posséder ma propre subjectivité. Par conséquent, je devais sacrifier ma personnalité, donc me sacrifier, pour garder l'espoir qu'elle pourrait m'aimer, pour ne pas risquer de la perdre. En fin de compte, cela signifiait que je m'interdisais de m'appartenir et que j'appartenais à ma mère... Et cela équivalait à m'interdire de devenir une femme. C'est la raison pour laquelle, plus tard, j'ai toujours éprouvé des difficultés à m'imposer et à avoir tendance à chercher la validation d'autrui.
C'est pourquoi, Maman, je te rends ta tyrannie et ton manque d'empathie.

Je me libère de la tyrannie de ma mère.
Je me libère de l'interdiction de posséder ma propre subjectivité.
Je me libère de l'obligation de sacrifier ma personnalité.
Je me libère de la peur de perdre ma mère.
Je me libère de l'obligation d'appartenir à ma mère.
Je me libère de l'interdiction d'être une femme et ce faisant, je laisse s'épanouir ma féminité.

Je récupère ma souveraineté et mon autodétermination.
Je récupère la conscience de ma valeur.
Je récupère la conscience de mes limites.
Je récupère ma capacité à m'affirmer tranquillement.

Décodage des émotions :
• *L'injustice* : cf. sauver ses parents.

Le message de l'injustice le rappelle : la Loi Symbolique n'est pas respectée. Tout votre corps vous crie de mettre fin à cette tyrannie. Pour retrouver votre liberté, vous devez regarder la réalité des faits : vous donnez votre pouvoir. En effet, vous étiez contraint d'accepter la tyrannie, ce qui équivalait à un blanc-seing forcé, comme si vous faisiez semblant de croire que vous étiez d'accord : « OK, dis-moi ce que je dois faire. » Dans semblable cas, décodez l'injustice puis améliorez ou quittez.

Si l'un de vos parents était un tyran, vous avez tendance à ne pas prendre vos responsabilités, d'une part parce que le mensonge vous y oblige et d'autre part, parce que vous n'avez jamais appris à les prendre. Vous devenez une proie facile pour ceux qui aiment prendre le pouvoir : hommes politiques, employeurs, chefs... Et vous le donnez volontiers car cela vous évite d'être responsable. De plus, cela vous donne le droit de vous plaindre. Dans ces conditions, il est difficile de vous réapproprier votre pouvoir, pour deux raisons différentes. Premièrement, vous devez dépasser le programme par défaut et deuxièmement, vous devez dépasser la facilité qui, bien qu'elle fut illusoire, pouvait vous faire croire que vous vous reposiez sur les autres, qu'on faisait les choses pour vous. Pour vous empêcher de mettre en place ce programme délibéré, vous pourriez baisser les bras, vous dire que le jeu n'en vaut pas la chandelle, que c'est trop d'efforts pour peu d'avantages (votre mental résiste car il veut conserver le chemin de moindre résistance)... Vous êtes face au prix de la liberté ; il est parfois facile d'aimer sa prison. Récupérez votre subjectivité, apprenez à penser, à désirer par vous-même et pour vous-même.

- La dévalorisation

Si vous étiez dévalorisé par vos parents (ou l'un d'eux), vous avez été obligé de vous faire croire que vous êtes nul, que vous ne valez rien ou que vous ne possédez comme valeur que celle que votre parent vous attribuait. Vous êtes en défaut d'estime de vous-même.

- Vous vous sentez incapable de mener une tâche à bien.
- Vous déclinez les responsabilités.
- Vous critiquez les autres au-dessus (le chef, le patron, etc.).
- Vous vous sentez nul.
- Vous quémandez la reconnaissance ou la validation.
- Vous croyez que personne ne voudra de vous.
- Vous vous cachez derrière des gens que vous admirez.

Exemple d'un chapitre
La Xième chose dont je veux parler, Papa, c'est que tu me traitais souvent de glandeuse et que je n'entendais jamais de compliments de ta part.
Lorsque j'évoque cela, je ressens de l'injustice, du mécontentement, de la déception, de l'agacement et de l'admiration.
Je comprends aujourd'hui que mon père, en me dévalorisant, m'a contrainte à me dévaloriser moi-même, me faisant croire que je ne possédais comme valeur que celle qu'il m'attribuait. Pour faire tenir ce mensonge, je me suis appuyée sur sa force, ce qui me permettait de le prendre pour modèle. Cela me permettait également de refouler le fait que je prenais pour modèle quelqu'un qui me dévalorisait. J'en ai conservé la tendance à me dévaloriser et une grande peur d'oser.
C'est pourquoi, Papa, je te rends ta dévalorisation.

Je me libère de la dévalorisation de mon père.
Je me libère de l'obligation de me laisser dévaloriser.
Je me libère de ma tendance à me dévaloriser.
Je me libère de la croyance que je ne possède comme valeur que celle que mon père m'attribue.

Je récupère ma valeur intrinsèque.
Je récupère ma confiance naturelle.
Je récupère mon audace.

Décodage des émotions
• *L'injustice* : cf. sauver ses parents.
• *Le mécontentement* : je m'éloigne de mon objectif.
• *La déception* : cf. l'amertume in le père vide.
• *L'agacement* : cf. parent fusionnel.
• *L'admiration* : « J'ai un modèle à imiter ». Déterminez ce qui chez l'autre est digne d'admiration et posez des actions pour atteindre ce but.

Nous pouvons apprécier la stratégie du mental qui permet à cette jeune femme de se faire dévaloriser, de croire qu'elle le mérite tout en maintenant son père sur un piédestal, juste en se focalisant sur sa force. Chaque fois que vous admirez quelqu'un, regardez tout d'abord s'il n'est pas question de dévalorisation cachée de vous-même.

Si vous avez été dévalorisé par l'un de vos parents, il vous faut tout d'abord regarder cette vérité en face, sans écouter votre mental qui cherchera à pardonner ou à justifier son comportement.
Réalisez ce petit test : sur une échelle de 1 à 10, à combien vous acceptez-vous ? C'est-à-dire, à combien êtes-vous OK avec votre aspect physique, votre niveau intellectuel, vos capacités ? Notez-vous. Sur une échelle de 1 à 10, à combien vous aimez-vous ?
Regardez comment vous aimez quelqu'un d'autre et reportez la question en miroir sur vous-même ; enfin, sur une échelle de 1 à 10, à combien avez-vous confiance en vous ? Additionnez les trois notes et divisez par 3 : vous obtenez l'estime que vous avez de vous-même. Si vous êtes au-dessous de 8, vous n'êtes pas opérationnel. Vous avez un travail de libération à accomplir, et ça tombe bien, c'est ce que vous faites, bravo !

Maintenant que vous reconnaissez la réalité, travaillez à remonter votre estime. Commencez par un exercice simple et très difficile : regardez-vous dans les yeux dans un miroir. Si, au départ, vous tenez trois secondes, c'est bien. Vous allez ressentir de la gêne, de l'inconfort, peut-être du doute. Insistez, tenez bon et petit à petit, vous allez vous apprécier.

La technique du héros vous sera aussi très profitable. En manifestant les programmes délibérés, vous cessez de projeter votre peur d'être nul sur le monde alentour. Vous êtes attentif à regarder la réalité en face. Sans fard, sans fausse modestie, cherchez-vous dans le regard des autres, sans préjugés et sans attentes, vous y voyez votre vraie valeur. Acceptez-la.

- La rivalité

L'un de vos parents véhicule comme mensonge l'interdiction d'être à la vie, de s'épanouir ou encore d'être quelqu'un, de s'affirmer. Vous-même grandissez en vous épanouissant et vous manifestez donc la vie, votre puissance naturelle... Ca ne plaît pas au mental de ce parent. Vous êtes une pierre dans son jardin. Vous êtes celui qui met le mensonge en évidence, qui envoie en quelque sorte le message : « Voilà ce qu'est vivre ! » Vous allez le payer. Chaque fois qu'il pose les yeux sur vous, il contemple ce qu'il n'est pas. Pour annuler le message, il vous rabaisse jusqu'à vous faire redescendre au niveau où vous ne représenterez plus de danger. Plutôt que de choisir la dévalorisation brute, il se met en rivalité avec vous, de manière que le processus ne soit pas flagrant, qu'il ne puisse passer pour méchant à ses yeux ou aux yeux d'autrui. Vous avez la sensation que votre parent, incidemment, se compare à vous ; il achète peut-être les mêmes habits que vous ; il tente de s'imposer avec vos amis...
La rivalité peut avoir d'autres causes (par exemple, en cas d'œdipe perverti entre père et fille, la mère se met en rivalité car sa fille lui « vole » son homme, le père étant complice de cela, plus ou moins consciemment) et se retrouver mêlée à d'autres symptômes, à vous de voir si elle est une manifestation spécifique ou si elle fait partie d'un autre syndrome.
Si vous avez grandi dans la rivalité (avivée par l'esprit de compétition que tentent de répandre l'enseignement scolaire et la société en général) :

- Vous éprouvez souvent des difficultés à faire les choses en fonction de ce que vous pensez profondément.
- Vous vous comparez.
- Vous êtes envieux.
- Vous attendez le jugement de l'autre.
- Vous éprouvez du ressentiment quand l'autre réussit.

Exemple d'un chapitre
La Xième chose dont je veux parler, c'est qu'à 15 ans, Maman, tu m'as fait la réflexion que tu étais jalouse de mes jambes.
Lorsque j'évoque cela, je ressens de la désillusion, la sensation de perdre pied, de la culpabilité et de la peine.
Je comprends aujourd'hui que ma mère n'était pas équipée pour vivre de façon mature, ce qui fait qu'elle évoluait dans le registre de la morbidité. Comme j'étais une petite fille très vivante et qu'il existait entre nous une forte ressemblance, j'étais une pierre dans son jardin puisqu'à ses yeux, je symbolisais la vie. Il lui fallait d'une façon ou d'une autre se soustraire à cette image ou bien la détériorer, ce qui a provoqué cette rivalité avec moi.
Pour conserver l'illusion de son amour, j'ai dû créer le mensonge que j'étais inférieure à elle, reprendre à mon compte cette morbidité et rechercher en même temps la complicité avec ma mère pour éviter d'être détruite. J'en ai gardé la tendance à toujours me comparer, tout en m'interdisant de dépasser l'autre.
C'est pourquoi, Maman, je te rends ta rivalité.

Je me libère de la rivalité de ma mère.
Je me libère de sa morbidité.
Je me libère de l'interdiction d'être vivante et de le manifester.
Je me libère de l'obligation d'être complice avec ma mère.
Je me libère de la rivalité en tant que modèle de fonctionnement.

Je récupère ma capacité naturelle à me référer à moi-même.
Je récupère mon droit à manifester la vie et à m'exalter.
Je récupère mon droit à prendre la place qui me revient.

Décodage des émotions
• *La désillusion* : « le voile tombe ». Vous vous êtes caché la vérité pendant longtemps mais l'événement qui déclenche l'émotion est plus fort que le mensonge. La vérité est rétablie. Toute la structure de cette lignée de mensonges est remise en question, vous ne pouvez plus y croire. Le jeu de dominos continue jusqu'à ce que la nouvelle vérité

révélée « rencontre » un mensonge plus puissant ; la hiérarchie des peurs fonctionne et vous conservez le plus gros mensonge, le plus puissant, celui qui vous permet de continuer à vous accuser.
• *La sensation de perdre pied* : cf. incompréhension in le mauvais sexe. A cet instant, cette jeune fille est au bord du gouffre car il lui est très difficile de ne pas voir le manque d'amour de sa mère.
• *La culpabilité* : cf. la perte d'un jumeau.
• *La peine* : cf. l'enfant pas désiré.

La désillusion peut vous conduire à refermer les yeux à cause du principe de moindre résistance. Le plus souvent, elle déclenche le passage à l'acte qui vous fait mettre fin à la relation. Prenez le temps de décoder le message et de réfléchir à la meilleure action qui sera peut-être dans l'entre-deux de vos pulsions, ce que Bouddha appelait la voie du milieu.

Chaque mensonge est comme fusionné à vos parents. Prendre de la distance équivaudrait à vous désillusionner, à faire tomber le mensonge. Pour le faire tenir, vous êtes contraint de voir vos parents à travers un filtre déformant ; vous tentez sans cesse de les faire correspondre à une sorte d'image idéale ou à tout le moins, vous évitez de regarder là où il serait impossible de vous mentir. Voulez-vous rétablir la vérité ? Remplacez chaque mensonge par son opposé, vous aurez une idée de votre valeur réelle.
L'exemple montre comment, pour conserver vos illusions, vous êtes prêt à faire alliance avec votre bourreau et une fois de plus, comment votre mental vous met en danger au niveau réel pour conserver l'illusion au niveau symbolique.
Rendez cette rivalité à votre parent, elle ne vous appartient pas ; puis centrez-vous sur vos besoins personnels, boostez votre affirmation de vous-même et cessez de faire les choses *par rapport* aux autres. Faites-les *pour vous !*

- Le parent alcoolique

L'addiction à l'alcool peut être liée aux places et aux fonctions de père et de mère dans l'inconscient collectif. Un homme est un père en puissance ; une femme, une mère en puissance. Si cette fonction est attaquée, un problème surgit au niveau symbolique et une souffrance en découle. L'alcool est utilisé pour fuir et anesthésier cette réalité douloureuse.

Il peut aussi aider à se désinhiber, lutter contre les mensonges qui interdisent d'exprimer sa véritable personnalité. L'alcool modifie l'état de conscience, altère les facultés du mental et crée une brèche dans l'interdiction, ce qui permet de contourner le mensonge ou carrément de le faire voler en éclats. Le problème est qu'avec la désinhibition disparaissent la mesure, la bienséance, bref, les règles sociales, ce qui cause des dommages collatéraux : comportements outranciers, vulgaires, violence... Pour aborder le problème, il est utile de distinguer père alcoolique et mère alcoolique car les incidences sont différentes.

Père alcoolique

Fauché en plein vol dans sa fonction paternelle ! On retrouve une enfance avec un père vide qui oblige à créer le mensonge du vide, ou bien un père violent, souvent lui-même alcoolique, ce qui fait dire à la science officielle qu'il y a peut-être du génétique parce que ça passe de père en fils. C'est bien le cas, mais à mon sens, la génétique n'a rien à y voir. Il s'agit seulement du virus informatique, du mensonge transmis de génération en génération. Il y a, au fond de l'alcoolique, la peur de ne pas tenir sa place, d'être inadapté dans le clan car il ne peut (au niveau symbolique) en assurer la pérennité.

Il boit pour se mettre à l'abri de cette faiblesse, pour anesthésier cette souffrance d'être « moins que ». La violence étant la force des faibles, l'alcoolique est souvent violent puisque la désinhibition lui permet de retrouver cette force et de l'exprimer sous la seule forme à laquelle il puisse accéder : la violence.

Si vous avez vécu avec un père alcoolique, vous avez certainement subi son vide et sa violence. Aux mensonges habituels vont s'ajouter la terreur de subir quelqu'un qui perd son humanité et celle d'en être la victime impuissante. Tant que la puberté ne vient pas remettre le mensonge en cause, vous vous accusez mais vous devez tout à la fois gérer le dégoût qui monte en vous. Ce paradoxe est très difficile à refouler puisque le danger est réel. Vous l'avez peut-être résolu en prenant parti pour votre mère (cf. conflit d'allégeance). Si vous êtes un garçon, vous partiez cependant perdant car vous vous êtes inconsciemment identifié à votre père en sortie d'œdipe. Lorsqu'arrivera la puberté, soit vous reprendrez le modèle et vous deviendrez alcoolique, soit vous prendrez le contrepied et vous ne boirez pas une goutte d'alcool. Dans un cas comme dans l'autre, vous êtes dépendant du modèle de votre père (c'est le cas général, il est possible qu'une voie tierce vous soit accessible).

Exemple d'un chapitre
La Xième chose dont je veux parler, c'est d'une fois où lorsque tu étais saoul, Papa, j'ai eu envie de te pousser dans les escaliers.
Lorsque j'évoque ceci, je ressens du ras-le-bol, de la colère et de la haine... l'envie que tout s'arrête enfin.
Je comprends aujourd'hui que pour garder l'illusion de la sécurité, je devais justifier l'alcoolisme de mon père et me faire croire que je ne méritais pas autre chose que cela.
Cela me mettait dans une ambivalence terrible car dans la réalité, je devais subir sa déchéance et j'étais en même temps envahie par la honte, son indignité rejaillissant sur moi.
J'avais espoir qu'il meure car sa disparition aurait ainsi résolu ce terrible paradoxe.
Comme je ne pouvais garder cette idée en conscience, je l'ai refoulée, me coupant ainsi de mes pulsions de meurtre, de méchanceté et de violence. Je comprends aussi que cette agressivité m'était alors indisponible lorsque j'en avais besoin pour un projet nécessitant cette pulsion dans son aspect positif.
J'en ai par ailleurs conservé un dégoût de l'alcoolisme et une tendance à rejeter les gens qui boivent de l'alcool.
C'est pourquoi, Papa, je te rends ton alcoolisme et ta déchéance.

Je me libère des traumatismes causés par l'alcoolisme de mon père.
Je me libère de l'obligation de me focaliser sur un problème, m'interdisant de regarder la situation globale.
Je me libère de l'agressivité de mon père.
Je me libère de l'envie de tuer mon père.
Je me libère de mes pulsions de meurtre, de méchanceté et de violence.
Je me libère de l'obligation de refouler mon agressivité et ce faisant, je la rends disponible et mobilisable à volonté.

Je récupère mon agressivité naturelle et mon discernement.
Je récupère les images positives de mon père.
Je récupère ma bienveillance et mon indulgence naturelle.

Décodage des émotions
• *Le ras-le-bol* : « J'acceptais alors que ce n'était pas la bonne solution ; j'ai tenté sans succès d'améliorer : je dois quitter ! » Le ras-le-bol advient après la lassitude (cf. le parent fusionnel), lorsqu'une montée d'énergie (due à l'accumulation de la frustration) parvient à dépasser en intensité le besoin de garder l'illusion de la sécurité (ou de l'amour, dans le cas de la mère). Si cette force est très puissante, la cassure peut être définitive ; dans le cas contraire, les morceaux se recollent et l'on revient au fonctionnement habituel.
• *La colère* : cf. le père vide.
• *La haine* : « Supprime la menace ». La haine est de la colère dénaturée. Cette dernière vous indique que vous êtes menacé et vous montre la voie pour mettre fin à cette menace. Si vous restez sous l'effet de cette menace, votre corps vous envoie un message plus radical : la haine, qui vous dit en fait : « Tue-le ! »
• *L'envie que tout s'arrête* : hésitation entre la lassitude et le ras-le-bol.

Il faut une grande volonté d'introspection et du courage pour explorer le message de la haine. Si vous l'avez, vous apprendrez beaucoup sur vous-même et sur ce que vous avez à libérer... Attendez-vous bien sûr à quelque chose de difficile.

Un père alcoolique dont le comportement confine à la déchéance fait perdre tout sens de la réalité. Vous êtes tellement loin de la Loi Symbolique que rien de raisonnable n'est envisageable. Vous savez que rien ne changera jamais, sauf s'il part ou s'il meurt. D'une certaine façon, cette solution peut être envisagée, à condition qu'elle demeure aux frontières de l'inconscient. Ceci vous permet de conserver l'illusion de « papa = sécurité ». Vous pouvez aussi bien sûr préférer le refoulement ou la banalisation. Quoi qu'il en soit, pour vous libérer de ce morceau, vous devez retrouver vos émotions, les laisser remonter, bien qu'elles soient très fortes et très profondes – comme la honte ou la colère – et retrouver le chemin de votre mensonge.

Une fois libéré, vous devez « regarder l'alcool dans les yeux », c'est-à-dire vous dégager du symbole. Le premier élément de ce renouveau est bien sûr la conscience. Surveillez les associations en vous, ce qui vous vient à l'esprit et les émotions qui montent lorsque vous voyez un verre d'alcool, lorsque vous êtes parmi des gens qui boivent ou lorsque vous buvez. Décodez ces émotions, vous pourrez ainsi déterminer votre croyance à cet instant. Ensuite, décidez de la croyance qui vous semble la mieux adaptée et posez les actions qui correspondent à sa mise en place. Peut-être choisirez-vous de considérer l'alcool comme un facteur de lien social ou bien comme la cause de destruction de votre corps ; l'important est de vous mettre en cohérence avec cette nouvelle vérité. Vous cessez de réagir au symbole de l'alcool, vous êtes désormais proactif car vous avez un objectif réfléchi et réel qui vous guide.

Nota : L'exemple choisi nous livre un autre enseignement : cette personne se coupe de sa violence et perd en même temps sa capacité à mobiliser son agressivité. L'énergie que vous utilisez est neutre au départ, c'est vous ensuite qui la polarisez. C'est à l'image de la dynamite : l'effet sera différent selon que vous l'utiliserez pour construire une route ou pour faire exploser une vitrine. Nous retrouvons ici les deux pôles de la dualité : l'amour/la peur, la paix/la guerre, etc. Vous avez besoin d'énergie ; il ne s'agit donc pas de *réfréner* vos pulsions négatives mais de vous libérer de *la cause* de l'orientation de l'énergie dans cette direction, puis de la canaliser vers son aspect positif.

Il est possible aussi que vous utilisiez l'humilité pour éviter d'accéder à votre agressivité en tant que force de création. Prenez conscience qu'il s'agit d'une fausse humilité, dont la fonction est de vous empêcher de laisser monter cette colère qui vous habite.
Enfin, peut-être avez-vous choisi de rejoindre un groupe qui fustige l'agressivité, que ce soit un groupe de méditation ou une religion.
Encore une fois, le but n'est pas de l'étouffer, mais de la canaliser.

Mère alcoolique
Il semble que le plus fréquent chez la femme soit un mode d'entrée dans l'alcoolisme à l'âge adulte. Elle est confrontée à un symbole qui lui indique qu'elle a perdu la fonction potentielle de mère. Ce peut être une perte physiologique (ligature des trompes) ou symbolique (le père qui l'empêche de donner son amour à son enfant). Si vous avez grandi avec une mère alcoolique, vous avez bien sûr une culpabilité importante. Si vous êtes un homme, vous avez plutôt fui ; si vous êtes une femme, vous avez plutôt tenté de la sauver.
Dans les deux cas, vous êtes confronté à l'image de la mort car l'alcoolisme est un suicide à petit feu. Une fois de plus, il vous faut composer avec la morbidité (cf. ce chapitre).
L'autre dimension est la gestion du quotidien et de l'état de votre parent. Avez-vous couché votre mère totalement ivre ? Vous êtes-vous caché pour éviter d'être frappé ? Avez-vous caché les bouteilles d'alcool ? Le quotidien pèse lourd et toute la panoplie y passe pour vivre avec cela : refoulement, négation, banalisation, non-dits... Le dernier est peut-être le plus terrible avec les alcooliques : « Faire comme si de rien n'était ».

Exemple d'un chapitre
La Xième chose dont je veux parler, c'est que durant ta période alcoolique, Maman, j'avais essayé d'en discuter avec toi et tu m'as dit quelque chose comme : « C'est faux, je ne suis pas malade, vous êtes tous contre moi ! »

Lorsque j'évoque cela, je ressens de l'agacement, de l'impuissance et de la frustration.
Je comprends aujourd'hui que pour conserver l'illusion de son amour, il me fallait refouler toute la peur qui se cachait derrière l'alcoolisme de ma mère, en même temps que sa déchéance. Mais comme cette réalité s'imposait quotidiennement, j'essayais de la guérir, ce qui me permettait de conserver l'espoir de l'amour conditionnel. Comme elle s'était construite sur la susceptibilité et la fuite, elle niait farouchement son alcoolisme, me laissant impuissant à l'aider et incapable de supporter cette réalité. J'oscillais donc entre ressentiment et honte, et finalement, j'ai validé sa susceptibilité pour détourner mon regard de son alcoolisme, ce qui m'a fait choisir plus tard des femmes susceptibles et fuyantes.
C'est pourquoi, Maman, je te rends ton alcoolisme, ta susceptibilité et ton irresponsabilité.

Je me libère des traumatismes causés par l'alcoolisme de ma mère.
Je me libère de l'obligation d'aider et de sauver ma mère.
Je me libère de sa susceptibilité.
Je me libère de la fuite en tant que solution.

Je récupère mon discernement.
Je récupère ma bienveillance.
Je récupère mon droit à laisser l'autre responsable des résultats qu'il obtient.

Décodage des émotions
- *L'agacement* : cf. le parent fusionnel.
- *L'impuissance* : cf. le mauvais sexe.
- *La frustration* : cf. l'amertume in le père vide.

Plus les mensonges sont puissants, plus les programmes par défaut son ancrés et plus vous aurez besoin de l'intelligence émotionnelle pour mettre en place les programmes délibérés. Un tel exemple montre bien la volonté nécessaire pour cela.

Là aussi, il va vous falloir du courage pour laisser remonter ce que vous aviez enfoui au plus profond de vous ; vous devrez rendre sa responsabilité à votre mère, accepter que chacun est responsable des résultats qu'il obtient. En cessant de l'excuser et de la protéger, vous pourrez rendre ce morceau que vous lui avez pris.
Une fois libéré, vous verrez ce que vous pouvez faire, d'adulte à adulte. Cependant, vous avez déjà remarqué que les conseils étaient totalement inutiles. Vous-même détestez les conseils en général et en particulier ceux qui visent à votre amélioration. Vous pouvez donc comprendre que la culpabilité de l'alcoolique et le déni amplifient cette tendance. Même si cela nécessite plus de courage, il est plus efficace de poser des questions simples et directes qui sont susceptibles de mettre la personne en mouvement, par exemple : « Lorsque tu bois, quel regard portes-tu sur toi-même ? »

- Le parent pervers narcissique

La perversion est un déplacement : le moyen devient l'objectif (cf. le père vide). Le pervers narcissique ne peut accepter sa souffrance en lui, tant elle est indicible. Son mental trouve une astuce en la projetant à l'extérieur de lui pour la détruire sans se faire mal à lui-même. Il déplace sa souffrance sur vous pour l'annihiler. Une fois cette projection opérée, il ne la voit plus en lui-même : c'est pour cette raison qu'il est impossible d'aider un pervers narcissique car de son point de vue, il va très bien.
Pour vous démolir, il doit vous transformer en un objet qu'il manipule. A ses yeux, vous perdez toute humanité,[23] vous n'êtes qu'un objet... Et vous devenez son souffre douleur.
Il possède trois atouts extraordinaires :

- Un talent hors du commun pour repérer comment vous flatter et vous faire croire qu'il vous aime comme jamais on ne vous a aimé.
- Il possède un sixième sens pour détecter votre faille, ce qui va vous faire le plus souffrir.

[23] Pour peu qu'il en voit en qui que ce soit, car étant dépourvu de tout fondement moral, il n'est pas vraiment relié aux autres humainement.

- Il est totalement dépourvu de morale.

Quand vous êtes sous l'emprise d'un pervers narcissique, vous êtes en grande souffrance et totalement piégé car vous basez vos paroles, vos actions et votre compréhension sur le fait que vous avez un être normal en face de vous. Vous partez donc du principe que l'autre fonctionne pareillement, qu'il parle « vrai ». Hélas pour vous, il existe des êtres humains qui ne possèdent absolument aucune morale. Ils sont capables de faire le plus grand mal sans la moindre culpabilité, sans le moindre remords. En fait, ils ne baignent pas dans la Loi Symbolique.[24] Ceci est tellement contre nature que vous ne pouvez l'envisager car vous ne croyez tout simplement pas qu'un être humain puisse vouloir en détruire un autre « gratuitement ». Et pourtant, c'est bien de cela qu'il s'agit : vous devenez son instrument et il va démanteler ce que vous êtes, votre identité et votre subjectivité. Inutile de vous dire que si vous avez eu un tel parent, vous avez de la chance d'être encore debout. Vos parents sont là pour vous construire, c'est le sens de « maman = amour ; papa = sécurité » et « les parents sont l'arc, l'enfant la flèche ». Votre parent pervers narcissique déversait sa souffrance sur vous, sans que vous puissiez comprendre ce qui se passait.

- Vous subissiez l'injustice, la dévalorisation permanente, la déconsidération insidieuse.
- Vous enduriez l'alternance de « je t'aime » et de « tu es nul(le) ».
- Vous vous sentiez déconstruit en permanence, doutant de la réalité.
- Votre seule résistance était la culpabilité.
- Vous doutiez de vous-même.

Vous avez vraiment intérêt à rendre ce morceau, d'autant plus que votre chemin d'adulte est maintenant parsemé de pervers narcissiques : collègues, employeurs, et surtout amoureux(ses). En effet, vous les attirez car vous cherchez à réparer ce que vous avez subi. On appelle cela

[24] Pour certains psychanalystes, c'est une structure en soi. Ils distinguent trois catégories : les psychotiques, les névrosés et les pervers.

une collusion. Reportez-vous au chapitre qui lui est consacré pour la comprendre et vous en libérer.
Ceci nous amène à préciser que les pervers narcissiques peuvent jouer leur jeu uniquement s'il y a complicité de la victime. C'est une forme de jeu psychologique.[25]
Pour quelles raisons ne parvenez-vous pas à vous défaire d'un pervers narcissique ? Tout d'abord, parce que vous croyez à son amour, alors qu'il est incapable d'aimer. Il peut jouer parfaitement ce rôle et vous y croyez car aucun homme ne peut soutenir la comparaison (personne ne peut vous aimer réellement sans le moindre défaut dans cet amour).
Vous restez aussi car vous voulez qu'il admette qu'il vous fait du mal, qu'il reconnaisse que vous êtes quelqu'un de bien. Vous voulez obtenir justice et réparation. Toujours la même chose : vous faites comme si vous aviez affaire à quelqu'un de normal. Vous ne l'obtiendrez jamais : il/elle ne veut que votre destruction.
Une seule stratégie fonctionne avec ces personnes pour éviter qu'ils ne vous mettent le grappin dessus : l'indifférence. S'il voit que ses flatteries et ses attaques restent sans effet, il cherchera une autre victime puisque ce dont il a besoin, c'est de votre souffrance.
Si vous êtes déjà piégé(e), une seule solution : *fuyez !*

Exemple d'un chapitre
La Xième chose dont je veux parler, Papa, c'est d'un petit événement survenu au mariage de V.... Tu es venu vers moi, et tu m'as dit : « Je n'ai pas oublié que c'était ton anniversaire. »
J'ai ressenti de l'angoisse, de la haine, de la fatalité et de la détresse.
Je comprends aujourd'hui que ce comportement était typique de la perversion de mon père : en effet, il se débrouillait pour ne pas me souhaiter mon anniversaire et ne me faisait pas de cadeau non plus, tout en me faisant remarquer insidieusement qu'il ne le faisait pas.
Face à ce besoin maladif de me détruire, j'étais sans cesse tiraillée entre la pulsion de sauver ma vie et l'injonction de lui rester inféodée et d'accepter de n'être qu'un objet à détruire. Pour m'en sortir, je me suis

[25] Je détaille tous ces jeux du mental dans "Se Libérer de la Souffrance et Construire son Bonheur".

mise en position de victime jusqu'au moment où j'ai pu fuir. J'en ai conservé plus tard la tendance à m'affilier et à me victimiser.
C'est pourquoi, Papa, je te rends ta perversion et ton besoin de me détruire.

Je me libère de la perversion de mon père et des traumatismes qu'elle m'a causés.
Je me libère de la croyance que je mérite d'être détruite.
Je me libère de l'obligation de rester inféodée à mon père.
Je me libère de ma tendance à m'inféoder.
Je me libère de la victimisation en tant que solution.

Je récupère l'amour de moi-même.
Je récupère ma capacité à poser des limites.
Je récupère le droit à prendre soin de moi.
Je récupère ma liberté.
Je récupère ma capacité à m'assumer.

Décodage des émotions :
• *L'angoisse* : cf. la mère sans amour.
• *La haine* : cf. le père alcoolique.
• *La fatalité* : « Je le savais, c'était déjà écrit ». Vous avez modélisé ce type de situation et vous en connaissez l'issue. Il y a de la résignation dans ce message, comme une acceptation par défaut.
• *La détresse* : cf. le gouffre.

Voici un magnifique exemple pour différencier le message de l'émotion et celui du mental. Parfois, vous ne vous en sortirez qu'en vous focalisant sur le message émotionnel. C'est un peu comme si vous fermiez les yeux pour vous guider au toucher car vous savez qu'en regardant, vous êtes victime d'une illusion d'optique. Gardez bien ceci à l'esprit : votre mental est menteur.

Si l'un de vos parents était un pervers narcissique, vous vous êtes construit le statut de victime et sans vous en rendre compte, vous recherchez sans cesse un autre bourreau pour qu'enfin il soit reconnu que vous étiez réellement l'objet d'une injustice permanente et jamais réparée. Comme vous l'avez certainement remarqué, cela ne fonctionne pas. Il vous faut monter en conscience sur la structure perverse pour vraiment comprendre en quoi elle consiste. Consultez des articles, lisez des livres.[26] Vous devez absolument accepter que cette personne ne fonctionne pas normalement. La Loi Symbolique ne s'applique pas à elle. Elle ne pense pas comme vous. Ensuite, reprenez votre pouvoir en commençant par reconnaître cette structure de victimisation en vous. A partir de là, il vous sera possible d'identifier le morceau à rendre, puis de le rendre et d'enfin construire une vie responsable où vous êtes aux commandes.

- Le parent téléguidant

Il existe une forme de tyrannie douce. Votre parent vous aime et veut le mieux pour vous. Il vous prodigue conseil sur conseil... Sauf que ce ne sont pas des conseils car vous n'avez aucune possibilité d'agir différemment de ce qu'il préconise. Sans en avoir conscience, vous devenez une voiture téléguidée et c'est votre parent qui tient la télécommande.

- Petit, votre parent était votre héros préféré.
- Vous l'appelez tous les jours.
- Vos conversations sont généralement efficaces : pas de bla-bla, de discours légers et sans visées précises.
- Dès que vous avez une décision importante ou compliquée à prendre, vous l'appelez : il sait quoi faire.
- Vous êtes tiraillé entre amour et exaspération.

Exemple d'un chapitre
La Xième chose dont je veux parler, Maman, c'est de la fois où tu m'as expliqué que ma relation amoureuse du moment contrariait mon plan de carrière et que je t'ai écoutée en y mettant fin.
J'ai ressenti du soulagement, de l'ambivalence et de la contrainte.

---

[26] Marie-France Hirigoyen en réalise une magnifique approche dans son ouvrage « le harcèlement moral ».

Je comprends aujourd'hui que ma mère me téléguidait. J'étais manipulée sans en avoir conscience et totalement incapable de prendre une décision sans elle. Je me retrouvais coincée car en même temps que j'avais envie de m'émanciper, je devais faire appel à elle pour résoudre mes problèmes. Cela m'a conduite à toujours garder ma mère au centre de ma vie, sans pouvoir laisser véritablement de place aux autres, ni laisser monter mes propres envies.
C'est pourquoi, Maman, je te rends ta volonté d'emprise bienveillante.

Je me libère de la manipulation de ma mère.
Je me libère de l'interdiction de prendre mes décisions et ce faisant, j'acquiers ma souveraineté.
Je me libère du lien d'attachement à ma mère.
Je me libère de l'interdiction de reconnaître mes propres envies.
Je me libère de l'interdiction de les manifester.
Je me libère de la peur de guider ma vie.

Je récupère mon libre arbitre.
Je récupère ma responsabilité.
Je récupère mon audace naturelle.

Décodage des émotions
• *Le soulagement* : je sors d'une situation indésirable.
• *L'ambivalence* : je poursuis deux objectifs opposés en même temps. Je dois faire un choix et accepter de perdre l'un des deux termes. Clémenceau le disait : « Mettre fin à une ambiguïté se fait toujours à son propre détriment. » Vous dites qu'il est important d'être citoyen et dans le même temps, vous essayez de ne pas payer vos impôts... Si vous voulez mettre fin à cette ambivalence, quel que soit votre choix, vous devrez faire un deuil : celui de la citoyenneté ou de votre argent. Choisir, c'est renoncer.
• *La contrainte* : cf. le transgénérationnel.

L'ambivalence est une excellente émotion car si vous en prenez conscience, elle vous conduit directement au coaching en trois points :

- Qu'est-ce que je veux vraiment ?
- Quel est le prix à payer ?
- Payer le prix.

Pratiquez cela et vous dirigerez votre vie (et aidez vos proches de cette façon car avec ces trois questions, vous devenez coach).

Il est important que votre parent ait du désir sur vous pour vous stimuler. C'est parce que les parents ont envie que leur enfant apprenne à marcher qu'il va le faire. Ils sont son premier moteur.
Néanmoins, cela doit être dans le but de le rendre autonome. Après votre libération, vous allez devoir mobiliser votre courage pour apprendre à décider. Découvrir comment laisser monter vos envies, comment construire un choix... et vous lancer dans le vide sans filet, c'est-à-dire : oser. Ce processus est détaillé plus loin dans le chapitre consacré à l'autorisation du père.

- Le parent intrusif

L'un de vos parents vous posait-il toujours des questions sur votre emploi du temps, les personnes que vous rencontriez ? Ou bien pénétrait-il dans votre chambre en votre absence pour fouiller dans vos affaires ?
Une telle emprise est lourde à porter car sa présence est pernicieuse et constante. C'est un état d'esprit : votre parent *doit* savoir ce qui se passe pour vous... Et cela ne vous aide aucunement de savoir que son intention est positive et qu'elle repose sur une peur.
Vous êtes tout simplement dépossédé de la moindre chance de vous structurer à partir d'un espace qui vous soit propre. C'est une forme de tyrannie malsaine car, si rien ne vous est imposé directement, vous devez être un livre ouvert : interdiction d'avoir un jardin secret !
Peut-être avez-vous essayé de résister mais les mensonges fondamentaux vous ont fait perdre la partie jusqu'à votre puberté, vous laissant osciller entre lassitude et résignation.

- Vous entendiez quotidiennement des questions du genre : « Avec qui étais-tu au téléphone ? Que fait-il dans la vie ? Combien as-tu dépensé ?... »
- Votre parent pénétrait souvent à l'improviste dans votre chambre.
- Vous avez horreur que l'on touche à vos affaires.
- Vous détestez que l'on vous pose des questions.
- Vous vous laissez envahir ou au contraire, vous réagissez de façon épidermique.

Exemple d'un chapitre
La Xième chose dont je veux parler, Maman, c'est de la fois où tu as lu mon journal intime et que tu m'as ensuite posé 1000 questions sur ce que j'y avais écrit.
J'ai ressenti de la peine, du désespoir et de la colère.
Je comprends aujourd'hui que ma mère était pétrie de la peur de perdre le contrôle. Cela s'est prolongé dans l'idée qu'elle se faisait de mon éducation : selon elle, pour que je grandisse correctement, elle devait contrôler ma vie.
J'ai donc dû me construire le mensonge que je n'avais aucun espace vital pour moi-même et que je devais accepter cette invasion. Même si je m'y suis opposé à la puberté, j'en ai conservé la tendance à me laisser envahir, tout en détestant cela.
C'est pourquoi, Maman, je te rends ton intrusion et ton inquisition.

Je me libère de l'intrusion de ma mère.
Je me libère de sa peur de perdre le contrôle.
Je me libère de l'interdiction de posséder mon propre espace.

Je récupère ma liberté.
Je récupère mon droit à cultiver mon jardin secret.
Je récupère ma capacité à le défendre.

Décodage des émotions
• *La peine :* cf. l'enfant pas désiré.

- *Le désespoir :* cf. le père violent.
- *La colère :* cf. le père vide.

Le désespoir est la clé de ce bouquet émotionnel ; il montre combien cette personne était enfermée dans une prison sans murs, perdant tout espoir de conduire elle-même sa vie. Il permet ainsi de mesurer la profondeur et l'ampleur du traumatisme subi.

- La complicité d'un parent

Vous subissez une maltraitance de l'un de vos parents et l'autre est complice. Viol, inceste, mauvais traitements... Prenons ce dernier exemple : votre belle-mère vous frappe, vous maltraite... Votre père le sait mais ne dit rien ; vous savez qu'il sait mais vous ne pouvez rien dire car si vous le faites, vous reconnaissez que papa = insécurité. Vous vous accusez donc de ce que vous subissez (si je suis frappée, je le mérite) et de plus, vous devez faire une croix *dans la réalité,* sur la capacité de votre père à vous protéger. Vous renoncez à votre père mais il est impossible de vous l'avouer. Vous perdez l'espoir.
Un parent peut laisser son enfant dans des situations réellement dangereuses. Cela s'explique en partie par l'obligation qu'il a de rendre ses propres mensonges vrais (cf. la mère du petit enfant sur la table à langer) mais aussi par la force du principe de moindre résistance. Vous avez tendance à utiliser le moins d'énergie possible.[27] Lorsque vous êtes confronté à une situation nouvelle, si elle requiert plus d'énergie pour mettre en place un nouveau mode de fonctionnement, vous aurez tendance à conserver l'ancien. C'est en partie ce qui cause la résistance au changement. Vous avez tendance à utiliser toujours les mêmes programmes, ce que je nomme des programmes par défaut.
Par exemple, on vous indique un nouvel itinéraire pour aller à votre travail ; bien qu'il soit plus court et vous fasse gagner du temps, vous conservez l'ancien parce que vous croyez (inconsciemment) qu'instituer le nouveau vous coûtera plus d'énergie. C'est peut-être dommage pour vous mais les conséquences ne sont pas très graves. Elles le sont

[27] C'est aussi un principe physique appelé « le principe de moindre action ».

beaucoup plus lorsque vous voyez l'enfant des voisins se faire maltraiter et que vous ne le signalez pas. Si l'on vous posait la question : « Pourquoi n'avez-vous rien fait ? », peut-être tenteriez-vous de vous justifier… Mais au fond, vous ne pourriez pas répondre car si vous le faisiez, vous diriez : « Ca faisait trop de changement pour moi. » C'était moins compliqué pour votre père de laisser faire sa compagne que de vous protéger. Cela confine à l'horreur en cas d'inceste et pourtant, dans la très grande majorité des cas, le conjoint est au courant.

- Ce parent laissait l'autre vous maltraiter.
- Il s'arrangeait pour disparaître lorsque c'était le cas.
- Il justifiait les actes de l'autre (il a raison, tu n'as pas à le provoquer).
- Il vous défendait mollement (« Quand même, tu exagères, ce n'est qu'un enfant »).
- Vous vous interdisiez de le convoquer, de lui dire la vérité lorsque l'autre vous maltraitait à son insu.

Exemple d'un chapitre sur la complicité de la mère
La Xième chose dont je veux parler, Maman, c'est que, lorsque je t'ai demandé pourquoi tu étais restée vivre avec Papa, tu m'as répondu que c'était pour éviter de briser la famille que nous percevions unie, F. et moi.
J'ai ressenti de l'incompréhension, de l'amertume, de la peine et de la déception.
Je comprends aujourd'hui que ma mère était complice de mon père, notamment par peur de la solitude ; cela la conduisait à une grande immaturité et des actes de lâcheté, là où j'attendais qu'elle me défende comme une lionne ses lionceaux. Cela renforçait en moi le sentiment de danger et le paradoxe du conflit d'allégeance. Pour me protéger, j'ai évité de solliciter la protection de ma mère pour ne pas la confronter à sa défaillance et j'ai refoulé la souffrance causée par ce traumatisme. Plus tard, j'ai choisi de prendre de la distance et de devenir froid dans de telles situations.
C'est pourquoi, Maman, je te rends ta lâcheté et ta complicité.

Je me libère de la complicité de ma mère.
Je me libère de son immaturité et de sa lâcheté.
Je me libère du manque de protection de sa part.
Je me libère de la sensation de danger permanent.
Je me libère du refoulement en tant que solution.
Je me libère de la banalisation en tant que solution.
Je me libère de la froidure en tant que solution.

Je récupère ma paix intérieure.
Je récupère la connexion à moi-même.
Je récupère mon empathie.
Je récupère ma capacité à confronter l'autre dans ses manquements.

Nous voyons par cet exemple que si la sécurité revient au père, une mère doit protéger ses enfants comme une lionne. C'est un amour qui englobe, qui contient et qui protège, qui crée la bulle dont nous avons besoin au départ pour commencer à être au monde dans la quiétude. Si votre mère était à l'opposé de cela, examinez la pertinence de construire un chapitre uniquement sur ce thème.

Décodage des émotions
• *L'incompréhension* : cf. le mauvais sexe.
• *L'amertume* : cf. le père vide.
• *La peine* : cf. l'enfant pas désiré.
• *La déception* : cf. le père vide.

Il est facile de ne pas écouter ses émotions dans ce genre de situation en se focalisant sur le bourreau évident. Lorsque vous sentez une gêne diffuse par rapport à quelqu'un, focalisez-vous sur vos émotions et écoutez-les, elles ont quelque chose à vous dire.

Exemple d'un chapitre sur la complicité du père
La Xième chose dont je veux parler, Papa, c'est que lorsque Maman tentait de m'imposer de continuer à vivre chez les voisins plutôt qu'en colocation, tu n'as pas réagi.

Lorsque j'évoque cela, je ressens de la fatalité.
Je comprends aujourd'hui que mon père était complice passif de la tyrannie de ma mère, ce qui me faisait perdre tout espoir de bénéficier de sa sécurité puisque j'en avais la preuve contraire sous les yeux. Pour éviter de vivre dans le désespoir, j'ai banalisé cela à outrance et je me suis interdit de le convoquer dans la réalité. Cette propension à la banalisation m'a interdit plus tard de prendre les problèmes en considération et à demander de l'aide quand j'en avais besoin.
C'est pourquoi, Papa, je te rends ta lâcheté et ta complicité.

Je me libère de la complicité de mon père.
Je me libère de la banalisation en tant que solution.
Je me libère de l'interdiction de demander de l'aide.
Je me libère de l'interdiction de prendre les problèmes en considération.

Je récupère ma capacité à confronter l'autre dans ses manquements.
Je récupère ma capacité à demander de l'aide.

Décodage des émotions
• *La fatalité* : cf. le parent pervers narcissique.

Si vous prenez conscience de cette émotion et que vous la décodez, immédiatement, vous vous mettez en mouvement : il vous faut vous redresser et pratiquer : utilisez par exemple le coaching en trois points (cf. le parent téléguidant).

Le parent qui subit n'est jamais une victime impuissante. Il existe toujours un choix. Bien sûr, pour conserver le mensonge intact, vous aurez tendance à l'excuser, à justifier son comportement. Mais en réalité, c'est inexcusable car il s'agit véritablement de non-assistance à personne en danger. Admettre que votre parent vous a trahi est très difficile, néanmoins, vous devez accepter ce fait pour pouvoir vous en libérer. Une fois le morceau rendu, se pose la question du type de relation que vous allez poursuivre avec ce parent. Allez-vous continuer

comme si de rien n'était ? Allez-vous pardonner ? Allez-vous quitter ? Quelle que soit l'action que vous allez poser, faites-le en conscience, dans l'intention de manifester votre liberté. Votre but désormais est d'exprimer qui vous êtes vraiment. Plus de compromis, plus d'atermoiements, vous dites ce que vous faites, vous faites ce que vous dites. C'est le principe d'intégrité. L'intégrité est le pilier central de votre vie. Si vous êtes intègre, vous êtes entier, vous ne vous arrangez pas avec vous-même, vous ne faites du mal ni aux autres, ni à vous-même. Votre intégrité est menacée lorsque vous êtes face à un enjeu.[28] Plus celui-ci est élevé, plus vous êtes prêt à des compromis. Imaginons que pour respecter l'un de vos mensonges, vous deviez mettre à mal l'une de vos valeurs ; si c'est le mensonge qui l'emporte (comme c'est le plus probable), vous vous retrouvez en défaut d'intégrité.
Vous découvrirez que plus la personne est proche de vous, plus il est difficile de vous détacher de l'enjeu, de centrer vos actes et vos paroles sur votre intégrité. Parents, conjoint, enfants vous permettront régulièrement de toucher du doigt cette difficulté. Ceci vous aide car chaque fois que vous êtes touché ou que vous vous interdisez de dire, vous prenez conscience de quelque chose à nettoyer en vous. Vous avancez.

- La perte d'un parent

Perdre un parent est d'autant plus terrible qu'au-delà du profond chagrin, c'est un pilier de vie qui s'effondre puisque vous perdez l'amour ou la sécurité... Et en même temps, vous perdez l'illusion que vous aviez construite grâce à vos mensonges (parfois, il n'y a même que cela à perdre si vous n'en avez pas eu dans la réalité).
C'est donc l'amour ou la sécurité conditionnelle (il me donnera l'amour ou la sécurité à condition que je fasse ce qu'il faut pour cela) qui disparaît, qui ne peut plus tenir.
Plus vous aviez de mensonges vous reliant à lui, plus le traumatisme est terrible. Si ce parent vous téléguidait, qui vous téléguidera, désormais ? Si vous deviez le sauver, c'est encore pire puisque vous avez échoué dans

[28] Définition d'enjeu : « J'ai quelque chose à gagner ou à perdre ».

votre mission : vous en concevez une énorme culpabilité car vous avez causé l'irréparable.

Si la mort est prévisible (en cas de longue maladie, par exemple), le mental peut s'organiser, par exemple en transférant les besoins sur quelqu'un d'autre. Peut-être allez-vous chercher à sauver votre sœur, ayant échoué avec votre mère. Si le décès intervient subitement, il y a un bug dans votre mental. Il se met en état de choc car l'information est trop difficile à traiter. Peut-être vous coupez-vous de vos émotions, peut-être êtes-vous incapable de faire votre deuil, peut-être même vous retirez-vous de la réalité (par la dépression, par exemple), tant elle est insupportable.

Dans un premier temps, grâce aux autres chapitres, identifiez ce qui s'est effondré en vous. Ensuite, il vous faut à tout prix vous libérer du traumatisme de cet instant, de ce moment de votre vie.

Vous aurez besoin de rédiger ce chapitre si :

- Vous n'avez pas fait le deuil de votre parent.
- La tristesse ou le chagrin s'empare de vous chaque fois que vous y pensez.
- Vous éprouvez de la culpabilité lorsque vous l'évoquez.
- Vous êtes totalement froid depuis sa mort (coupé de vos émotions) ou quand vous parlez de lui.

Exemple d'un chapitre

La Xième chose dont je veux parler, c'est de ton décès, Papa, l'année de mes 7 ans.

Lorsque je l'évoque, je ressens de l'abandon, la sensation d'être niée et la sensation que mon monde s'écroule.

Je comprends aujourd'hui qu'en perdant mon père, je perdais celui qui, symboliquement, m'autorisait et légitimait mon existence. En le perdant, non seulement je perdais la sécurité, mais je perdais aussi cette légitimité. Par ailleurs, il ne m'était pas reconnu le droit, la possibilité d'éprouver ce sentiment de perte. Etant privée de cela, j'étais privée de la possibilité de faire mon deuil, et je reconnaissais implicitement mon illégitimité. J'en ai conservé une difficulté à faire tranquillement mes deuils.

Je me libère de la perte de mon père.
Je me libère de l'impossibilité de faire mon deuil.
Je me libère de mon illégitimité.
Je me libère de la croyance que la légitimité peut m'être donnée par quelqu'un et ce faisant, je me légitime moi-même.

Je récupère le droit à faire mon deuil.
Je récupère ma légitimité naturelle.

Décodage des émotions
• *L'abandon* : cf. ce chapitre.
• *La sensation d'être nié* : je suis annulé, comme si je n'avais pas d'existence.
• *La sensation que mon monde s'écroule* : cf. l'incompréhension in le mauvais sexe.

La sensation d'être nié est intéressante à double titre : elle vous montre que l'autre souhaite vous annuler (et donc, pour quelle raison restez-vous ?). D'autre part, elle vous indique que vous avez besoin du regard de l'autre pour exister. Vous avez par conséquent un mensonge à dissoudre.

Une fois libre de ce traumatisme, il vous faudra faire ce deuil qui ne s'est pas accompli naturellement. Ce processus se réalise en cinq étapes.

1) La négation. Vous refusez que cela soit arrivé, vous ne parvenez pas à l'intégrer.
2) La colère, la revendication. Vous en voulez à la terre entière ou à la personne responsable de son décès, etc.
3) La dépression. Vous vous laissez glisser dans cet état, refusant d'envisager quelque solution que ce soit.
4) L'acceptation. Vous passez de l'étape précédente à celle-ci en négociant avec vous-même : votre logiciel survie vous remet dans la vie et vous reconnaissez que parmi les trois solutions (accepter, améliorer ou quitter), seule l'acceptation est possible.

Voir à ce sujet le message de la tristesse dans le chapitre sur le mauvais sexe.

5) La sublimation. Ce qui vous avait abattu naguère vous renforce aujourd'hui. A la suite d'un accident, un homme se retrouve en fauteuil roulant. Après l'avoir accepté, il se lance dans les jeux paralympiques. Il est interviewé après avoir remporté une médaille : il remercie son accident.

Lorsque vous avez un deuil à faire, déterminez dans quelle étape vous vous situez. Ceci vous permettra de collaborer à votre changement pour passer à la suivante. De cette façon, vous gagnerez énormément de temps.

- Le manque d'un parent

Ce syndrome peut avoir plusieurs origines : soit votre parent est mort quand vous étiez encore tout bébé ; soit votre père est parti quand votre mère est devenue enceinte ; soit votre mère a « voulu faire un enfant toute seule » ; soit votre mère vous a abandonné à votre père très rapidement... Bref, vous avez manqué d'un parent et celui restant n'a pas « refait sa vie ».

Dans le cas (le plus fréquent) de manque d'un père, vous avez manqué de sécurité, de ce que l'on appelle « La Loi du Père ». Vous n'avez pas bénéficié de la limitation, de la protection par une énergie masculine. Il est fort probable aussi que vous n'ayez pas été désigné (cf. histoire d'une prison). Il vous a donc été difficile, compliqué, de traverser les angoisses de mort et la crise identitaire à laquelle tout enfant est confronté dans son développement.
Si, de plus, les figures masculines faisaient défaut autour de vous (oncles, instituteurs, animateurs sportifs, etc.), le passage de l'œdipe a vraisemblablement été problématique.

Si vous êtes une fille, vous avez peut-être construit une rivalité avec votre mère qui a perduré jusqu'à l'âge adulte. Si vous êtes un garçon,

vous avez manqué d'une image identificatoire pour construire votre identité (en plus d'un œdipe perverti – cf. ce chapitre).
Dans les deux cas, il y a une faille dans votre identité et vous avez quêté celle-ci plus ou moins consciemment tout au long de votre vie.
Il est essentiel de vous libérer de ce manque et de récupérer, d'allumer en vous cette vibration fondamentale qui est l'une des composantes de votre identité.

- Vous avez des accès de solitude.
- Vous vous demandez souvent qui vous êtes.
- Vous éprouvez énormément de difficultés à vous affirmer.
- Vous avez peur d'être abandonné.
- Vous tremblez devant un homme autoritaire.
- Vous recherchez la compagnie d'hommes rassurants.

Si vous avez manqué d'une mère, c'est bien sûr l'amour qui vous a fait défaut. Même si votre père vous a aimé, vous n'avez pas bénéficié du contact physique maternel indispensable à votre naissance et/ou le lien de fusion a été brisé, ce que vous avez vécu comme l'arrachement d'un membre.
Vous retrouvez les mêmes symptômes que précédemment, avec en plus :

- Vous êtes assoiffé de câlins.
- Ou au contraire, vous ne supportez pas d'être touché.
- Si vous êtes une femme, vous avez manqué d'un modèle pour être femme et être mère.

Il convient d'ajouter à cela la particularité des enfants d'un couple homosexuel. Quelle que soit la nature de ce couple (masculin ou féminin), vous avez été en manque d'un parent : soit vous avez manqué de limitation, de sécurité et/ou d'image identificatoire... soit vous avez manqué d'amour et de fusion maternelle.
A moins d'une compensation – par exemple, la proximité d'un homme dans un couple de femmes – vous êtes porteur de ce syndrome.
Observez les symptômes et construisez un chapitre car vous avez des choses à rendre et à récupérer.

Exemple d'un chapitre
La Xième chose dont je veux parler, c'est que lorsque tu as appris que Maman était enceinte, M., tu as dit que tu ne voulais pas d'enfant et tu es parti.
Lorsque j'évoque ceci, je ressens de la tristesse, de la peine et du chagrin.
Je comprends aujourd'hui que je n'ai pas été désignée par mon géniteur comme étant sa fille, en conséquence, j'ai toujours manqué de ce père à l'intérieur de moi qui me valide, me sécurise et me soutienne. Ne pouvant accéder à ce manque, j'ai poursuivi une quête identitaire dont je ne connaissais pas l'objet, cherchant un père en ignorant que je le recherchais. J'avais ainsi tendance à donner ma confiance à des hommes qui symbolisaient cette fonction.
C'est pourquoi, M., je te rends ton abandon, ta fuite et ta démission.

Je me libère du manque d'un père.
Je me libère du manque de sécurité.
Je me libère de l'obligation de mener une quête pour la retrouver.
Je me libère de la tendance à combler ce trou par des succédanés de paternité.

Je récupère ma vraie identité à partir de mon étincelle divine.
Je récupère ma sécurité intrinsèque.

Décodage des émotions
• *La tristesse :* cf. le mauvais sexe.
• *La peine :* cf. l'enfant pas désiré.
• *Le chagrin :* « les quatre solutions sont fermées ». Vous ne pouvez ni accepter, ni améliorer, ni quitter... ni vous plaindre. Comme vous ne pouvez plus évacuer le stress, votre biologie vous y aide en vous faisant pleurer. L'analyse de la composition chimique des larmes montre une différence entre les larmes de chagrin, de joie, ou causées par des oignons. On trouve dans les larmes de chagrin des molécules d'antalgiques et des molécules causées par le stress. La sagesse populaire le dit avec raison : « Pleure, ça fait du bien ».

Le chagrin indique toujours la profondeur du traumatisme. Quand vous le ressentez, prenez conscience que vous êtes dans une attitude qui confine au désespoir. Dans un premier temps, essayez de comprendre pour quelles raisons il vous est impossible de vous plaindre (c'est généralement parce que vous prendriez conscience du manquement de votre parent). Ensuite, vraisemblablement (comme dans l'exemple ci-dessus), vous partirez vers « accepter » et le deuil qui va avec.

Après votre libération, comme vous aurez augmenté votre conscience à ce sujet, il est possible que le programme par défaut se représente lorsqu'un symbole de manque de sécurité surgira (puisque vous serez plus sensible). Déplacez immédiatement votre conscience vers votre cœur pour vous identifier de nouveau à votre part divine.

- Le parent inversé

Papa = amour, maman = sécurité. Quelque chose était inversé dans le fonctionnement du couple de vos parents (il est toutefois possible qu'un seul de vos parents soit inversé).
Du côté du père, il y a de la castration symbolique dans l'air. Un mensonge l'empêchait de manifester sa virilité et son autorité. Pour éviter d'être démasqué (cf. le père vide), il utilisait l'amour, trouvant une autre issue que la fuite ou la violence. Il est alors aisé pour l'enfant de détourner le regard du manque fondamental, puisqu'il ne reçoit que du positif.

Du côté de la mère, quelque chose a aussi dysfonctionné dans sa structuration, peut-être l'impossibilité de faire le deuil de ne pas posséder de sexe comme le garçon, ou bien le besoin de revanche sur la gent masculine... Toujours est-il que c'est elle qui fait régner la loi dans la maison : pas de câlins, pas de bisous, pas d'affection... mais de l'organisation, des exigences et de la rigueur (quand ce n'est pas de la violence).
Ici, plus difficile pour l'enfant de s'arranger ; en conséquence, le mensonge est standard : « Je ne mérite pas d'être aimé. »

Les mensonges sont donc singuliers (correspondants au dysfonctionnement de chacun des parents) et pluriels car ils concernent les deux parents à la fois. Il est donc possible que ce syndrome ne fasse pas l'objet d'un chapitre particulier, mais soit intégré à l'un des chapitres sur vos parents (par exemple, le père vide ou la mère sans amour), et/ou à celui sur le couple.
Selon que vous êtes un homme ou une femme, l'impact est différent mais le principe reste le même car vous avez eu aussi tendance à inverser la polarité en vous.
Vous vous reconnaissez aisément car :

- Votre père était affectueux mais sans autorité.
- Votre mère portait la culotte.

Exemple d'un chapitre
La Xième chose dont je veux parler, Papa, c'est que tu étais le seul à me faire des câlins.
Lorsque j'évoque cela, je ressens de l'incompréhension et des regrets.
Je comprends aujourd'hui que mes parents étaient inversés dans leur structure et leur fonctionnement : je recevais l'amour de la part de mon père et la sécurité de celle de ma mère. Je me suis accusé du fait de ne pas recevoir d'amour maternel, et j'ai compensé le manque d'autorité en me faisant croire que l'amour valait pour cela. Je me cachais ainsi que je n'avais pas confiance en mon père pour me protéger. J'en ai conservé un manque de confiance en moi-même et l'impossibilité de prendre en compte les situations où l'autorité était nécessaire, car j'avais placé cette fonction dans ma tache aveugle, ainsi que ma propre masculinité.
C'est pourquoi, Papa, je te rends ton amour de camouflage et ton manque de protection.

Je me libère du manque de sécurité.
Je me libère du manque de confiance.
Je me libère de l'impossibilité de discerner les situations nécessitant de l'autorité.
Je me libère de l'interdiction d'exprimer la masculinité.

Je récupère ma sécurité et ma confiance naturelles.
Je récupère ma lucidité.
Je récupère ma virilité.

Décodage des émotions
• *L'incompréhension :* cf. le mauvais sexe.
• *Les regrets :* je veux refaire le film et changer la fin = je n'accepte pas ce qui est arrivé.

L'intelligence émotionnelle vis-à-vis de vos parents vous conduira la plupart du temps à accepter et à faire le deuil de ce dont vous n'avez pas bénéficié. Après avoir renvoyé ces émotions à leur source, elle vous invite à vous concentrer, à partir de votre étincelle divine, sur le déploiement de ce qui vous a manqué. La seule exception à l'acceptation est quand vous avez une action directe à poser (par exemple, porter plainte dans le cas d'un inceste).

Une fois libéré, il vous faudra travailler pour remettre en lumière la part de vous (masculine ou féminine) qui restait jusqu'alors dans l'ombre. Pour cela, vous observer sera primordial, vous faire conseiller par vos proches judicieux et utiliser la technique du héros pertinent.

- La folie d'un parent

L'un de vos parents présente une pathologie mentale qui se manifeste intensément (crises de délires, par exemple). L'atteinte est multiple. Si votre tendance première est de vouloir nier et de faire comme s'il était normal, le risque est de vous identifier à lui et donc de reprendre sa pathologie à votre compte. Si c'était le cas, vous ne seriez pas en train de lire ce livre ; vous avez donc réussi à faire la différence et concevoir son déséquilibre. Vous avez vécu une enfance compliquée : difficile de gérer « l'extérieur » qui est témoin de la pathologie : l'école, les copains et les copines, la famille, etc.
Identifiez les émotions associées à chacune de ces situations, le décodage vous indiquera ce que vous devez libérer. Par exemple, si vous

aviez honte, libérez la peur de dévoiler votre intimité (ici, votre intimité, c'est votre parent) et le jugement que vous portez sur votre mère ou votre père (cf. le décodage de la honte).
Vous avez de plus été contraint de construire un mensonge car l'amour ou la sécurité étaient compromis. Plusieurs voies s'offraient à vous : tenter de « guérir » votre parent (on rejoint l'idée de le remonter sur son piédestal), ou bien de combler le trou béant, le gouffre que vous perceviez en lui. Dans les deux cas, vous tentiez de boucher un puits sans fond. Impossible, bien sûr, mais vous étiez tenu d'essayer pour conserver l'espoir. Comme c'était vain, vous avez joué au maximum la carte du refoulement et de la banalisation. Si cela vous a permis de continuer à vivre, vous avez quand même en vous un morceau de cette pathologie. Ramenez-le à votre conscience et rendez-le, sinon, vous continuerez d'être gouverné à votre insu par ce morceau.

- La maladie mentale vous effraie.
- Vous sentez un profond malaise en présence d'une personne présentant une pathologie mentale.
- Vous avez tendance à détourner le regard d'une telle personne.
- Vous-même avez peur d'être fou.
- Vous banalisez l'état de votre parent.
- Les films ou les livres sur la folie vous font peur.

Exemple d'un chapitre
La Xième chose dont je veux parler, c'est que vers 8 ans, je rentrais seule après l'école. J'attendais que tu rentres, Maman, et lorsque tu arrivais, j'ignorais toujours l'état dans lequel j'allais te trouver.
Je ressentais de l'angoisse, de la détresse, de la solitude et de la terreur.
Je comprends aujourd'hui que j'étais confrontée avec ma mère à deux peurs fondamentales et insondables. Tout d'abord, elle était vide d'amour et ne pouvait donc pas m'en donner. Je me suis accusée de cela et je me suis fait croire que j'en recevrais si j'arrivais à lui en donner suffisamment. Par ailleurs, j'étais menacée par sa pathologie car je devais donner de l'amour pour essayer de combler un puits sans fond.
Il me fallait quand même le faire et tout à la fois me tenir à distance de cette folie. Pour cela, je n'avais que le refoulement à ma disposition,

mais en mettant hors de portée la conscience de sa pathologie, je perdais ma lucidité, ma capacité à appréhender la réalité. Cela créait en moi un malaise profond car, dans le même temps, la situation faisait peser sur moi la peur de l'abandon et la terreur de la folie. C'est pourquoi, Maman, je te rends ta folie.

Je me libère... Cf. la liste du chapitre sur la mère sans amour.
Je me libère de la folie de ma mère.
Je me libère de l'obligation de combler le vide de ma mère.
Je me libère de l'obligation de refouler ma peur de la folie.
Je me libère de la peur de la folie.
Je me libère de l'abandon et de la peur d'être abandonnée.
Je me libère de l'interdiction de voir la réalité des choses.

Je récupère ma lucidité.
Je récupère mon droit à vivre pour moi.
Je récupère ma joie de vivre.

Décodage des émotions
• *L'angoisse* : cf. la mère sans amour.
• *La détresse* : cf. le gouffre.
• *La solitude* : cf. la perte d'un jumeau.
• *La terreur* : cf. la mère sans amour.

Il arrive que les émotions même fassent peur, ce qui redouble la difficulté d'en décoder le message. Soyez bienveillant avec vous-même et faites cela avec quelqu'un qui vous soutient et vous rassure, de manière à les explorer en vous sentant protégé.

Si vous êtes parvenu à prendre la dimension de la pathologie de votre parent, vous avez peut-être vécu la honte et la gêne par rapport à l'entourage mais vous avez tenu la folie à distance. Si par contre, son comportement était insaisissable, violent ou dangereux, vous étiez constamment en danger, sur le qui-vive mais sans vraiment pouvoir vous protéger puisque le mensonge « maître » vous interdisait de remettre votre parent fondamentalement en cause. Même si en grandissant, vous avez pris la mesure de cette pathologie, ce que vous avez gravé sur votre mental quand vous étiez petit est toujours actif. Bien entendu, vous exportez ce comportement envers toutes les personnes visiblement atteintes d'une telle pathologie. Rendez ce morceau en gardant à l'esprit que vous pouvez vous libérer tout en continuant d'aimer ce parent (ou à tout le moins le respecter). La bonne nouvelle, c'est que vous pouvez maintenant faire la part des choses et fonctionner avec lui pour ce qu'il est réellement, avec ses possibilités et ses limitations. Vous pouvez vous adapter, vous positionner, bref, faire preuve d'intelligence relationnelle.

- La mère toxique

Une mère sans amour crée un manque, sans pour autant nourrir d'intention négative vis-à-vis de son enfant. Une mère toxique désire (souvent inconsciemment) sa mort. L'origine est peut-être à chercher dans une pathologie mentale, si par exemple elle-même a été expulsée symboliquement de la vie ; dans la prolongation d'un désir de mort sur le fœtus (tentative d'auto avortement) ; dans le transgénérationnel, si l'enfant est « marqué » par un fantôme, une « malédiction » qui lui impose d'être sacrifié... Quoi qu'il en soit, il lui faut détruire sa progéniture. Il convient donc de différencier la mère toxique de la mère manipulatrice (cf. le parent pervers narcissique).

Sa première façon d'opérer concerne la fonction nourricière. Au lieu de nourrir par de l'amour (donner le sein avec amour), la mère délivre une sorte de poison énergétique (sous forme vibratoire négative ou d'affects négatifs).

La deuxième stratégie est la manipulation. Tout sera fait pour empêcher cet enfant de grandir, annihiler toute forme d'autonomie, de prétention identitaire.

Cela génère un paradoxe ultime qui est le suivant : « La condition pour que Maman m'aime est de mourir »... et induit donc le mensonge : « Je mérite de mourir ». Seulement, le mental ne peut le créer car sa mission première est la survie.

Pour résoudre le paradoxe, plusieurs voies s'offrent à lui :
- Renoncer à tout symbole d'existence en acceptant d'être le mauvais objet de sa mère et de rester prisonnier de sa morbidité. La meilleure solution pour cela est alors de rester fusionné avec elle (avec en plus un phénomène d'identification s'il s'agit d'une fille).
- Essayer de fuir, tout en restant prisonnier : s'enfermer dans sa chambre, aller chez des voisins... mais sans remettre en cause la prédominance et la mainmise de la mère. Cela donne des enfants, puis des adultes, « borderline », inadaptés en société, apeurés, qui survivent en mettant en place des obsessions : ruminations, hypocondrie, obsessions impulsives (comme la peur panique d'agresser quelqu'un, par exemple), etc.
- S'inscrire dans une oscillation vie/mort, attraction/répulsion. Semblablement à ce lézard dans le désert qui soulève les pattes en alternance pour éviter d'être brûlé par le sable surchauffé, l'enfant passe d'une attitude, d'une structure à l'autre, aucune des deux n'étant finalement acceptable.
- Créer l'impossible en obéissant à l'injonction de mort, tout en restant vivant. Il crée pour cela l'anorexie (dans la majeure partie des cas, cette solution est choisie par les filles).

L'anorexie est un mensonge qui relève du non-sens : « Pour mourir, je vais manger : rien. » En l'occurrence, ce « rien » devient quelque chose ; c'est comme si le mental structurait le vide pour lui donner une non-consistance et donc une existence concrète (comme on dit de quelqu'un « il est plein de vide »). Se nourrissant de vide, l'enfant réussit à mourir symboliquement (donc respecter l'injonction de mort) et à conserver le logiciel survie actif... puisqu'il mange. C'est typique des accords aberrants passés par le mental pour réussir la quadrature du cercle. C'est un peu le même type d'arrangement que l'accord passé à la puberté qui lui permet de dire que vrai égale faux. L'anorexie peut être associée à la boulimie (avec vomissements – cf. ce chapitre) qui est alors l'autre face de la même pièce : « Je comble un manque mais je dois me faire vomir pour le rejeter car je n'y ai pas droit. »

L'anorexie peut se déclencher chez le bébé, on parle alors d'anorexie du nourrisson. Si l'enfant avait réussi à se cacher la toxicité de sa mère (par un profond refoulement), il est possible qu'elle se révèle à la puberté et c'est alors que le syndrome se déclenche.
On retrouve dans l'anorexie une volonté d'hyper contrôle qui fait écho à la volonté de regarder ailleurs pour ne pas voir le désir de meurtre de la mère.
Si vous êtes victime d'aménorrhée, pensez à l'inclure dans le chapitre, à vous libérer de cette solution et à récupérer l'usage de vos règles.

Notez qu'au côté d'une mère toxique, on trouvera toujours un père ultra vide, complice et démissionnaire. Un chapitre devra lui être consacré à ce sujet.

Symptômes généraux :

- Votre mère alternait maltraitance et flatterie.
- Elle changeait de conversation dès que vous parliez de vous.
- Elle vous dénigrait, ou vous niait plus ou moins insidieusement.
- Vous éprouvez une sensation de malaise dès que vous évoquez la relation avec elle.
- Vous étiez sans cesse comparé à un ami ou un cousin qui, lui, était brillant, réussissait.
- Elle perdait toute humanité quand elle était en colère après vous.

Symptômes anorexiques :

- Vous refusiez de prendre le sein de votre mère.
- Vous sur-contrôlez votre corps.
- Votre indice de masse corporelle (IMC) est très en deçà de la norme.
- Vous sur-contrôlez votre alimentation (orthorexie).
- Vous bloquez devant les aliments, mais vous pouvez préparer des petits plats pour les autres.
- Vous n'avez plus vos règles (répondant à l'injonction de « déféminisation » de votre mère).
- Vous ne supportez pas ou plus le regard des autres.

- Vous vous trouvez grosse dans le miroir, même si vous êtes maigre (dismorphophobie).
- Vous êtes hyperactive et/ou vous faites du sport à outrance.
- Vous passez par des crises de boulimie.

Exemple d'un chapitre
La Xième chose dont je veux parler, Maman, c'est qu'aux environs de huit mois, je suis devenue anorexique.
Lorsque j'évoque cela, je retrouve la sensation éprouvée lorsque tu me prenais dans les bras et que cela me semblait totalement contre nature. Je ressentais du dégoût, de la culpabilité, de l'étrangeté et du danger. Je comprends aujourd'hui que ma mère était toxique pour moi. J'étais comme coupée en deux puisqu'une partie de moi voulait l'amour de cette mère et l'autre partie voulait la fuir. C'était terrible pour moi car la partie qui était attirée voulait mourir et la partie qui voulait fuir culpabilisait. Pour résoudre ce paradoxe, j'ai déclenché le processus d'anorexie. J'en ai conservé une tendance à l'extrême morbidité, au sur contrôle de ma vie et au dénigrement de moi-même.
C'est pourquoi, Maman, je te rends ta toxicité.

Je me libère de la toxicité de ma mère.
Je me libère de la croyance que je dois mourir.
Je me libère de l'obligation de manger rien.
Je me libère de l'anorexie en tant que solution.
Je me libère de l'obligation de dénaturer la vision de moi-même et ce faisant, je reprends pied dans la vie.
Je me libère de l'interdiction d'écouter mon corps et de lui donner ce qu'il demande.
Je me libère de la morbidité.
Je me libère de l'attraction/répulsion en tant que solution.
Je me libère de l'obligation de me dénigrer.

Je récupère mon droit à la vie.
Je récupère la capacité à écouter mon corps.
Je récupère le plaisir de m'alimenter.

Je récupère la parfaite estime de moi-même.

Décodage des émotions
• *Le dégoût* : cf. l'œdipe.
• *La culpabilité* : cf. la perte d'un jumeau.
• *L'étrangeté* : cf le refus d'incarnation.
• *Le danger* : « Je subis une menace *réelle* ». Vous êtes en présence d'une peur de type 1, votre intégrité est en péril.

Quand il est difficile pour vous d'accepter que vous dysfonctionnez, il est compliqué d'utiliser l'intelligence émotionnelle. Partez de ce que vos proches vous renvoient (eux, voient que quelque chose ne va pas) ; ceci aiguise votre curiosité et votre envie de reprendre les commandes de votre vie ; vous décodez ensuite vos émotions, qui, à leur tour, vous aident à déterminer les actions à poser.

En cas d'anorexie du nourrisson, il vous sera peut-être difficile de retrouver en quoi votre mère était toxique puisque forcément vous n'en gardez aucun souvenir. Vous pourrez cependant trouver des pistes dans la relation que vous avez avec elle aujourd'hui. Il vous faudra aussi explorer en quoi votre père a participé, soit en étant lui-même maltraitant, soit en laissant votre mère exprimer sa toxicité, sans vous protéger. Envisagez l'idée d'être accompagnée dans cette exploration car, de par sa nature primordiale, l'anorexie vous a peut-être conduite aux frontières de la psychose. Pour cette raison, vous aurez besoin d'être soutenue au plus près pour éviter l'effondrement durant la remise en conscience du traumatisme initial. Vous libérer est primordial puisqu'en rendant le morceau à votre mère, vous récupérez votre droit à vous nourrir de la vie.

Une fois libre, vous devez réinsuffler de la vie en vous. Programmez votre système réticulaire activateur de la manière suivante : « Montre-moi les symboles de vie que je peux intégrer dans mon quotidien en respectant la dose que mon corps peut accepter dans l'instant présent. » La notion de progressivité est importante pour éviter d'être « brûlée » par trop de vie d'un seul coup, telles ces personnes gravement sous-alimentées qui sont mortes en se remettant à manger trop précipitamment. Ceci établi, laissez l'Univers vous guider. Il vous arrivera exactement ce qui doit vous arriver. Soyez juste attentive à évoluer dans la plus grande légèreté possible... C'est une règle simple, évidente et pourtant rarement suivie : on ne traite jamais gravement un problème grave.

- La boulimie

La boulimie seule (dissociée de l'anorexie) est en relation avec la nourriture en tant que symbole. Se remplir pour combler un trou. Le mensonge qui génère la boulimie renvoie donc à une peur archaïque. Si c'est en lien avec le père, c'est en lien avec la sécurité qui, à l'origine, signifiait (à l'époque des clans) nourriture et protection. Si vous avez manqué de cette nourriture au niveau symbolique, vous chercherez à vous en remplir pour compenser ce manque initial. Si c'est en lien avec la mère, vous avez peut-être subi un manque affectif cruel, mélangeant amour et nourriture (allaitement, par exemple). Dans ces deux cas, l'objectif est de remplir, de réparer.

Il se peut aussi que l'objectif soit de créer, par une suralimentation, une sorte d'armure protectrice (couche de graisse = armure symbolique). Si vous êtes une femme, peut-être cherchez-vous à vous protéger des hommes menaçants ou bien carrément, cherchez-vous à vous enlaidir pour n'être plus désirable. C'est l'analyse de votre situation qui vous permettra de mettre en évidence l'origine de ce dysfonctionnement.

Si vous vous faites vomir après l'accès de boulimie, il s'agit d'un cas d'anorexie, traitez-le alors comme tel.

- Vous avez des envies irrépressibles de manger, en dehors de sensations de faim ou de plaisir.
- Vous perdez totalement le contrôle de vous-même durant la crise.
- Vous avalez pratiquement sans mâcher.
- Vous vous lancez dans une activité physique à outrance après la crise.

- Vous éprouvez de la honte face à ce comportement.

Exemple d'un chapitre sur la boulimie « armure »
La Xième chose dont je veux parler, c'est que la dernière fois où je suis montée sur une balance, je pesais 88 kilos.
Lorsque j'évoque cela, je ressens une envie de vomir, le dégoût de moi même, un sentiment d'inéluctabilité et d'impuissance.
Je comprends aujourd'hui que ma peur des hommes m'empêchait de vivre tranquillement dans la réalité car je me sentais constamment menacée. Comme de plus, j'étais paniquée à l'idée d'être rejetée, j'ai dû me construire une armure, une défense à interposer entre le monde et moi. J'ai utilisé pour cela mon propre corps que je croyais devoir alimenter comme une machine ; je croyais que si je cessais de la nourrir, l'armure tomberait.

Je me libère de la peur des hommes.
Je me libère de la croyance que je suis menacée.
Je me libère de la croyance que mon corps est une armure symbolique.
Je me libère de la peur d'être rejetée.
Je me libère de la boulimie en tant que solution.

Je récupère ma capacité naturelle à donner à mon corps ce dont il a besoin.
Je récupère mon amour naturel des hommes et de la sexualité.
Je récupère une vision claire et intègre de mon corps.

Décodage des émotions
• *Le dégoût de soi-même* : nous avons vu que le dégoût invitait à vomir quelque chose d'envahissant et de malsain ; le message est donc ici : « Je dois me vomir moi-même. » Une fois de plus, nous remarquons l'opposition entre le corps et le mental. Votre corps vous crie de cesser ce comportement aberrant mais votre mental tient les rênes serrées et vous contraint. C'est plus fort que vous.
• *L'inéluctabilité* : cf. la fatalité in le parent pervers narcissique.
• *L'impuissance* : cf. le refus d'incarnation.

Quelle que soit l'intensité de votre souffrance intérieure, faites l'effort d'être intelligent émotionnellement en cessant de vous identifier à l'émotion, de manière à en extraire un message utile. Dire « je me dégoûte » est totalement stérile, écoutez plutôt ce que votre corps est en train de vous dire.

Exemple d'un chapitre sur la boulimie « combler »
La Xième chose dont je veux parler, c'est qu'avant de commencer ce travail, il m'arrivait d'être active le matin jusqu'à mon cours de boxe, puis, lors de mon retour vers 10h, de me mettre au lit pour la journée et de ne me lever que pour assouvir une faim irrépressible.
Lorsque j'évoque cela, je ressens de la culpabilité et du gâchis.
Je comprends aujourd'hui qu'il m'arrivait d'être confrontée à un symbole qui me montrait le manque d'amour terrible que j'avais subi, tant ma mère en était vide. Pour vivre quand même, j'utilisais la boulimie qui me donnait l'impression de combler ce trou en moi.
J'utilisais aussi la dépression ou le laisser-aller pour évacuer le stress énorme que ces mensonges me causaient.
C'est pourquoi, Maman, je te rends ton vide d'amour.

Je me libère de la boulimie en tant que solution.
Je me libère de l'obligation de combler le manque d'amour par de la nourriture.
Je me libère de la dépression en tant que solution.
Je me libère du laisser-aller en tant que solution.

Je récupère ma capacité naturelle à donner à mon corps ce dont il a besoin.
Je récupère une vision claire et intègre de mon corps.
Je récupère ma joie de vivre.
Je récupère ma responsabilité et ma maturité.

Décodage des émotions :
- *La culpabilité* : cf. la perte d'un jumeau.

• *Le gâchis* : j'ai manqué mon objectif en détruisant les moyens mis en œuvre pour l'atteindre. Le gâchis relève de l'insatisfaction dont le message est « j'ai manqué mon objectif ». Imaginez que vous sortez du four le gâteau que vous avez confectionné, manquant de cuisson sur le dessus et brûlé en dessous... Vous le jetez avec une sensation de gâchis : non seulement vous avez manqué votre objectif mais de plus, vous avez gaspillé les ingrédients. Quand cette émotion concerne un point très important de votre vie (par exemple vos relations amoureuses), le message du gâchis est en quelque sorte un pléonasme qui signifie « j'ai gâché ma vie ».

Quand vous ressentez du gâchis, identifiez le processus de sabotage que vous utilisez à chaque fois. Vous comprendrez ainsi quel morceau vous avez à rendre à vos parents.

Même avant de vous libérer, vous pouvez améliorer (hormis en cas de besoin irrépressible, pour cela, attendez votre Festen). Remarquez que si vous êtes boulimique, vous engouffrez. L'appétit n'a rien à voir ici et vous ne sentez même pas ce que vous mangez car seule compte l'idée d'engloutir. De plus, comme une partie de vous est consciente du caractère nocif et malsain de ce comportement, vous essayez de vous cacher à vous-même ce que vous êtes en train de faire : vous avalez vite pour ne pas vous voir. Si par exemple, vous mangez un croissant, à peine l'avez-vous en main qu'il est déjà dévoré. Comme si vous disiez « personne ne m'a vu ». Reprenez les commandes : regardez votre croissant, sentez-le, mordez doucement dedans et prenez conscience de vos dents qui le découpent, du moelleux que vous avez en bouche, sentez le goût s'épanouir en vous, tirez tout le plaisir de ces sensations, avalez... Et félicitez-vous ! Recommencez avec la deuxième bouchée... Bien sûr, ce sera plus facile après votre libération puisque vous n'aurez plus en vous le programme qui vous commande d'engloutir. Il ne restera plus que l'habitude à changer. L'astuce consiste une fois de plus à privilégier la réalité au détriment de la symbolique. Lorsque vous comblez, vous n'êtes nulle part dans la réalité. En prenant le temps de déguster, vous revenez dans l'instant présent, vous êtes physiquement présent, associé pleinement à l'action que vous posez. Chaque fois que vous opérez de cette façon (que ce soit pour manger ou pour toute autre action), vous créez du bien-être. Il vous est impossible d'être dans l'instant présent et en même temps d'être malheureux.

- Les TOC

Les troubles obsessionnels compulsifs (TOC) naissent quand un enfant constate que l'un de ses parents, ou les deux, sont incapables de s'occuper d'eux-mêmes, de contrôler leur vie, d'assurer leur propre sécurité. Il éprouve énormément de difficulté à détourner son regard de cela, tant le manquement est important. Il ne peut non plus compter sur un mensonge traditionnel pour résoudre son problème car la manifestation de l'insécurité est au niveau réel et non plus au niveau symbolique. Il y a donc une peur de type 1 mais il ne peut la prendre en compte sans remettre en cause l'amour ou la sécurité...
Pour résoudre ce paradoxe, le mental crée une zone de contrôle absolu dans laquelle ne sévit pas cette peur globale. C'est la création du TOC : son but est d'offrir une illusion de contrôle permettant d'annuler le vide, de détourner le regard de ce danger de manquer de contrôle. « Si j'aligne parfaitement ces objets en alternant obligatoirement les couleurs, tout va bien se passer ; si j'éteins dix fois la lumière, je suis parfaitement rassuré. » Le mental utilise ici l'astuce de l'arbre qui cache la forêt : en se focalisant sur un élément, il ne distingue plus l'ensemble ; en alignant les objets, cet enfant ne voit plus la défaillance de ses parents.
Le TOC est donc une sorte de bulle de contrôle dans un univers incontrôlé. Le problème est que cette bulle est totalement isolée du reste de la vie. Si l'un de vos TOC est d'éteindre dix fois la lumière de la salle de bain, au moment où vous revenez dans votre salon, vous ne savez plus si vous avez éteint... Puisque vous êtes sorti de la bulle. Il faut y retourner, éteindre de nouveau dix fois et lorsque vous en ressortez, vous avez de nouveau oublié. Voilà pourquoi et comment vous vivez l'enfer. Nota : il est possible aussi qu'une part de son origine soit transgénérationnelle.

Exemple d'un chapitre
La Xième chose dont je veux parler, c'est qu'au lycée, durant une période, j'étais banni par le reste des élèves. C'est à ce moment-là que j'ai déclenché des TOC.
Je ressentais des angoisses intenses, de la frustration, un malaise, de la rage et de la détresse.
Je comprends aujourd'hui que j'étais totalement démuni dans une situation hyper stressante sans pouvoir compter sur l'aide de mes parents. Sous ce stress intense, j'ai été contraint de reconnaître que mes parents étaient démunis, incapables de gérer leur propre vie, leurs désirs et leurs peurs, ce qui a fait écho avec ces mêmes peurs que j'avais réussies à refouler plus jeune. Pour survivre, croire que je conservais une maîtrise, et que je pouvais grandir normalement, j'ai déclenché les TOC qui me donnaient l'illusion de contrôler ma vie.
Lorsque cette période s'est achevée, j'ai conservé cette stratégie qui tendait à ressurgir lorsque je perdais pied.
C'est pourquoi, Maman et Papa, je vous rends votre immaturité et votre incapacité.

Je me libère des traumatismes subis quand mes parents n'assuraient pas leur propre sécurité.
Je me libère de la croyance que je dois pouvoir compter sur mes parents.
Je me libère des TOC en tant que solution.
Je me libère de la peur d'affronter la situation lorsque je perds pied.

Je récupère mon libre arbitre.
Je récupère la pleine responsabilité de ma vie et des moyens pour la vivre.
Je récupère mon courage et mon audace.

Décodage des émotions
- *L'angoisse* : cf. la mère sans amour.
- *La frustration* : cf. la déception in le père vide.
- *Le malaise* : « Mon bien-être est troublé mais j'ignore par quoi ».

• *La rage* : « Mes émotions accumulées et refoulées, au premier rang desquelles la frustration, veulent sortir sous une grande pression ». C'est le principe de l'autocuiseur. Quand la vapeur monte en pression, elle sort par la soupape sous forme de jets. Quand vous accumulez du stress, il doit sortir sous une forme ou sous une autre. Il arrive qu'une situation fasse symbole et un jet de vapeur s'échappe : c'est l'accès de rage. Si la soupape est bloquée (vous vous interdisez de déborder), c'est l'autocuiseur lui-même qui risque d'exploser : ce sera la crise de rage où plus rien ne sera contrôlé.
• *La détresse* : cf. le gouffre.

Même en décodant le message de ses émotions, on voit qu'il est difficile pour cette personne de comprendre l'origine de sa souffrance, tant qu'il n'a pas accès à la compréhension de l'origine du dysfonctionnement. C'est la limite de l'intelligence émotionnelle face à l'inconscient.

- Les phobies

Vous n'écrirez jamais un chapitre ayant pour thème principal une phobie car celle-ci est toujours la résultante d'un autre dysfonctionnement. Elle sera donc intégrée dans l'interprétation de celui-ci (cf. exemple ci-dessous). La phobie est un déplacement. Elle offre une solution au mental face à un paradoxe. L'un de vos parents est directement menaçant, comme un père incestuel, par exemple. Vous êtes confronté à une peur de type 1 que vous ne pouvez prendre en compte car vous perdriez l'illusion de la sécurité. Cependant, votre logiciel survie doit quand même vous avertir du danger. Pour cela, il déplace l'objet de la peur (votre père) vers un objet ou un animal qui le symbolise. Dans le cas d'un inceste, l'objet en question doit symboliser le sexe et le danger. Un serpent correspond parfaitement à cela, de même qu'un couteau ou une guêpe (le dard symbolise le sexe et il fait mal). Il peut être malaisé de trouver l'objet original lorsque votre mental crée une chaîne symbolique d'associations : il lui semble que le premier symbole est trop proche et que vous allez en découvrir l'origine (et donc voir que papa = danger). Après avoir créé par exemple la peur des

taureaux (symbole de virilité), il la déplace vers la peur des bœufs qui, symboliquement, sont plus éloignés de la virilité.
La phobie peut rejoindre le TOC en cas de pulsions. Si vous éprouvez une peur phobique de pincer votre enfant, cela revient comme un TOC : vous intégrerez ce dysfonctionnement dans votre texte et vous vous en libérerez en tant que solution.

Peut-être aussi avez-vous construit une phobie pour annuler. Vous avez créé le mensonge qu'il vous est interdit de réussir. Vous créez votre entreprise et vous commencez à gagner de l'argent. Du jour au lendemain, vous développez la phobie des ascenseurs, de l'avion, etc. Comme vous n'êtes pas parvenu à vous saboter directement, vous compensez votre libération par la création d'une peur dont l'intensité correspondra à l'intensité de votre réussite (l'ascenseur étant le symbole de l'élévation et l'avion celui de l'envol pour une destination).

Enfin, il est possible que son origine soit à rechercher dans le transgénérationnel. Il peut s'agir d'une phobie que vous avez reprise à votre compte, par exemple, celle de l'un de vos parents.
Il est possible aussi qu'elle signale la présence d'un danger, par exemple l'inceste, manifesté par la phobie des insectes ou des rats. Elle peut aussi révéler la présence d'un fantôme, par exemple la phobie de l'eau : si un ancêtre s'est noyé, cela signe une mort dans des conditions dramatiques, inacceptées et inacceptables.

Pour vous libérer, il vous faut donc comprendre la raison pour laquelle vous avez créé cette phobie. En construisant vos autres chapitres, peut-être y parviendrez-vous. Dans le cas contraire, contactez un accompagnant Festen qui vous permettra d'identifier le mécanisme. Cela peut vraiment valoir le coup pour vous car cette technique permet souvent d'obtenir des résultats spectaculaires et fulgurants.

Exemple d'un chapitre
La Xième chose dont je veux parler, c'est que j'avais peur de rejoindre ma dernière petite amie, Célia, après une soirée, de crainte de découvrir qu'elle avait fumé une cigarette à mon insu.
Je ressentais de l'angoisse, de la terreur, une pulsion incontrôlable et de la panique.
Je comprends aujourd'hui que l'ensemble des mensonges cités précédemment avait créé en moi un manque de sécurité et un gouffre tellement énormes au niveau de l'amour, que refouler n'avait pas suffi pour les tenir à distance.
Il m'a fallu :
- Déplacer la peur de la prison dans laquelle m'enfermait mon père vers la claustrophobie.
- Déplacer l'insécurité vers la phobie de la cigarette
- Déplacer le non-amour vers la quête de femmes symboliquement pures.
En cantonnant mes peurs à ces objets, je pouvais vivre le reste de ma vie en me faisant croire que tout allait bien.
C'est pourquoi, Papa, je te rends la prison de ton vide et Maman, je te rends ton manque d'amour.

Je me libère de la peur de la prison de mon père.
Je me libère de la claustrophobie en tant que solution.
Je me libère de la peur de l'insécurité.
Je me libère de la phobie de la cigarette.
Je me libère du non-amour en moi.
Je me libère de l'obligation de quêter des femmes symboliquement pures.

Je récupère ma toute-puissance naturelle.
Je récupère ma lucidité, ma capacité à voir la réalité des choses.
Je récupère la connexion à mon amour intérieur.
Décodage des émotions
• *L'angoisse* : cf. la mère sans amour.
• *La terreur* : cf. la mère sans amour.

• *La pulsion* : ce n'est pas une émotion ; c'est un élan irrépressible. Cette personne décrit d'une autre manière « c'est plus fort que moi ».
• *La panique* : cf. l'abandon.

Ici encore, l'intelligence émotionnelle est inutilisable, compte-tenu de la puissance de la force inconsciente. Il est nécessaire de passer par une interprétation.

- Le syndrome des immigrés – le déracinement

« Ne nous faisons pas remarquer ! » Si vous êtes enfant d'immigrés, vous avez peut-être grandi dans cette ambiance. Vos parents ressentaient le racisme ambiant, tout en souhaitant conserver ce qu'ils estimaient être une chance. Cela induisait deux comportements : profil bas et paraître. Le paraître n'est pas l'apanage des immigrés, loin s'en faut, mais il prend quand même un sens particulier ici car il est vital d'envoyer le signal que l'on est bien intégré (avec parfois une compétition vis-à-vis des autres immigrés). C'est une forme de driver dont il convient de vous libérer.
Il est par ailleurs nécessaire de prendre en compte la dimension énergétique du déracinement. D'un point de vue énergétique, nous « appartenons » à notre terre d'origine (si vous souhaitez calculer précisément votre thème astrologique, vous devez y inclure l'endroit de votre naissance). Avez-vous remarqué le nombre de personnes qui achètent une maison de campagne dans la région de leur naissance, ou qui, à leur retraite, retournent s'y installer ?
Que le motif du départ soit la recherche de travail, la fuite d'un régime ou l'expatriation, vous vous coupez de vos racines. Si c'est réalisé en conscience et dans l'acceptation, le deuil s'accomplit parce que vous continuez de porter votre patrie dans votre cœur. Dans le cas contraire, une action spécifique doit être posée.
Le dysfonctionnement est accentué lorsque vos parents ne sont (dans leur esprit) que de passage. Tout ce qu'ils accomplissent, tout l'argent gagné ne fait qu'alimenter le retour au pays. Bien que vous soyez né sur ce sol et que vous lui apparteniez, vous n'êtes pas symboliquement

autorisé par vos parents à vous y établir. Vous êtes donc tiraillé entre la réalité énergétique (vous êtes de ce pays) et la symbolique (vous appartenez à vos parents).
Par ailleurs, la souffrance est aggravée si vous êtes une femme et que les garçons avaient une place d'enfant roi et/ou que la femme devait être soumise.
Il est possible aussi que vous ayez subi le droit d'aînesse et qu'il se manifestait de façon tyrannique. Peut-être sera-t-il pertinent de construire un chapitre concernant ce ou ces frères. Ici encore, cela a été accentué par le fait que vous étiez une femme (le grand frère qui vous interdisait de regarder les garçons, de sortir, etc.).

- Il était interdit de se distinguer.
- Vous deviez faire profil bas à l'école ou en société.
- Une compétition existait avec des immigrés compatriotes pour savoir qui était le mieux intégré.
- Vos parents étaient dans le paraître.
- C'étaient les principes et les valeurs du pays d'origine de vos parents qui prévalaient, bien que vous soyez né dans le pays d'accueil.
- Vos parents disaient qu'ils n'étaient que de passage, que l'idée était de retourner au pays.
- Si vous êtes une fille, il vous était interdit d'avoir des relations avec des garçons.
- Vous deviez allégeance absolue à vos aînés.

Exemple d'un chapitre
La Xième chose dont je veux parler, c'est de la fois où tu m'as rabroué, Maman, parce que j'avais voulu sortir sans être bien habillé.
J'ai ressenti de la honte, du rejet, de la tristesse, le sentiment d'être méprisé et de la dévalorisation.
Aujourd'hui, je comprends que j'ai été élevé dans la peur sociale d'être stigmatisé en tant qu'immigré. Comme cette peur était centrale dans la famille, il fallait tout faire pour paraître, afin de montrer qu'on était digne d'être intégré dans la société. J'ai inscrit cette peur dans la volonté d'être validé, reconnu, et surtout de ne jamais rien faire qui

puisse me faire rejeter. Je comprends aussi que j'appartiens à l'énergie du Maroc, que je n'ai pas demandé l'autorisation de quitter celui-ci ni celle de m'inscrire énergétiquement en France. En conséquence, une énergie s'opposait à ma réussite et à mon déploiement en France. C'est pourquoi, Maman, je te rends ta peur, ta honte et ton besoin de paraître.

Je me libère de la peur d'être stigmatisé en tant qu'immigré.
Je me libère du déracinement de mes parents.
Je me libère de la peur de me montrer.
Je me libère de la peur d'affirmer mes origines.
Je me libère de la peur d'être rejeté.
Je me libère de l'obligation de paraître.
Je me libère du besoin d'être validé.
Je me libère de l'interdiction de m'inscrire énergétiquement en France et ce faisant, je remercie le Maroc pour son énergie créatrice et je remercie la France pour son accueil.

Je récupère ma légitimité d'être humain.
Je récupère la connexion à mes origines.
Je récupère mon assertivité.

Décodage des émotions
• *La honte* : « Mon intimité la plus profonde est mise à nu et je la juge indigne » (indigne = un être humain ne fait pas ça). Cela signifie que pour avoir honte, il faut être d'accord que la chose en question est honteuse.
• *Le rejet* : « Je me sens banni du clan ». Quand l'humanité fonctionnait en clans, le bannissement était la punition suprême, elle était pire que la mort (puisque, privé de la sécurité du clan, c'était une condamnation à une mort lente, ajoutée à la honte du châtiment). Cette peur est resté gravée dans l'inconscient collectif, c'est pourquoi elle s'inscrit très profondément et de façon très douloureuse, au même titre que l'abandon. C'est la peur d'être rejeté qui rend difficile la possibilité de se distinguer, que ce soit dans la famille ou dans les groupes sociaux.

• *La tristesse* : cf. le mauvais sexe.
• *Le mépris* : « Je juge l'autre indigne » (cf. la pitié). Il ne se comporte pas en être humain et ne mérite pas d'être considéré comme tel. Si vous vous sentez méprisé, c'est vous qui vous avez la sensation de ne pas être traité comme un être humain.
• *La dévalorisation* : « Je me compare et me juge inférieur à un autre ou à l'image que je souhaiterais avoir de moi-même ». Cf. ce chapitre.

Les émotions indiquent à cette personne l'écart entre ce que dit la nature et ce qu'elle vit dans la réalité. Si elle en est consciente, elle peut déterminer le gap entre les deux pour établir ce dont elle doit se libérer. Ensuite, elle recherchera le chemin de sa propre vérité à partir de ce qu'elle ressent, la croyance limitante (le mensonge) ayant été dissoute.

Le syndrome des immigrés en renforce un autre : le besoin d'être accepté. Il exerce une pression plus ou moins forte chez chacun et vous fait quêter la reconnaissance. Vous souhaitez que l'autre ou les autres vous attribuent votre place, vous voulez que l'autre vous dise qui vous êtes, vous voulez être nommé : « Tu es beau, tu es intelligent, tu es fort, etc. » Votre estime de vous est basse. Montez en conscience, trouvez la peur qui est derrière cette quête, identifiez le mensonge... et dissolvez tout cela.
Ensuite, osez vous affirmer, prenez le risque d'être rabroué. Vous vous apercevrez que cette peur n'était qu'une illusion, que vous êtes accepté pour ce que vous êtes, que vous êtes respecté parce que vous-même, vous vous respectez. Comment voulez-vous que l'on vous fasse confiance si vous-même n'avez pas confiance en vous ? Affirmez-vous tranquillement et les gens vous accorderont du crédit. Vous n'y parvenez pas ? Faites semblant, tout le monde sera bluffé !

- Les peurs des parents

Vos parents (ou l'un d'eux) avaient peur. Si vous avez grandi dans cette ambiance, tout était danger. La nuit, les voitures, les autres, les chiens, bref, tout était danger potentiel ! 95 % de vos peurs ne se réalisent

jamais. Pour quelle raison ? Tout simplement parce que ce sont des peurs de type 2, sans aucun rapport avec la réalité.
Néanmoins, restent ces 5 % et en vérité, la plupart de celles-ci, c'est vous qui les créez.
C'est un phénomène connu : vous avez peur que le chien vous morde... Il vous mord. Souvenez-vous du système réticulaire activateur. Si vous le programmez (inconsciemment) ainsi : « Montre-moi tout ce qui peut me causer de la peur », vous allez vivre en grand danger. Ce groupe de jeunes habillés en racailles : danger ! Cette personne qui pousse son caddy trop vite : danger ! Cet homme qui veut me parler : danger ! Cette jeune femme qui veut m'interviewer : danger ! Etc.
Vous reprenez à votre compte ce modèle parental, renforcé par le schéma de fabrication des peurs (chaque fois que vous créez un mensonge, vous créez une peur), par la peur ambiante diffusée par la société (regardez chaque journal télévisé en vous posant cette question : « Si on voulait répandre la peur, s'y prendrait-on autrement ? ») et par la tendance à vous identifier à elles. Les peurs vous imposent leur tyrannie car à aucun moment, vous n'élevez votre conscience pour vous dissocier de votre peur. Prenons en exemple l'image d'Epinal où une femme, debout sur sa table, hurle, tandis qu'une souris la regarde tranquillement du sol. C'est une chose qu'elle ait peur des souris, c'en est une autre d'agir comme si la souris allait la dévorer ! Vous vous comportez comme si votre peur correspondait à une réalité.
Si vous avez vécu dans cette ambiance :

- Vos parents ne faisaient aucune différence entre leurs peurs et la réalité.
- Vous entendiez des phrases comme : « Ne parle à personne, ne t'approche pas du chien, attention à la voiture (bien qu'elle soit à 500 mètres) » à longueur de journée.
- « Ne montre pas tes jambes (si vous êtes une fille). »
- « Le monde est une jungle. »
- Il vous était interdit de vous arrêter sur le chemin de l'école.
- Il vous était interdit de sortir ou bien alors dans des conditions très strictes.
- Vos parents devaient toujours avoir un œil sur vous.

Si vous avez hérité de ces peurs, prenez conscience que vous êtes victime de drivers. A votre tour, vous vous identifiez à ces peurs en les prenant pour la réalité. Vous êtes un ordinateur victime d'un virus. Il vous faut briser ce cercle vicieux, rendre ces peurs à vos parents, puis prendre votre courage à deux mains pour les dépasser.
Lorsque vous serez libre (ou même dès maintenant), apprenez à vous extraire du piège tendu par la peur qu'essaie de vous imposer l'autre.

Exemple d'un chapitre
La Xième chose dont je veux parler, c'est de ta réaction quand je t'ai raconté mon séjour à l'étranger, Maman. Bien que j'évoquais des faits très banaux, tu avais les mains sur la figure, répétant sans cesse : « Mais quelle horreur ! »
J'ai ressenti de la peine, de la solitude, de la fatalité, du mépris et du dédain.
Je comprends aujourd'hui que le seul modèle que j'avais de ma mère était celui de ses peurs. Je n'avais aucun espace pour m'ouvrir à la vie car tout était objet de crainte. Cela créait un paradoxe car dans la réalité, je voulais être libre, indépendante et me construire en tant que femme, alors qu'au niveau symbolique, je devais rester prisonnière des peurs de ma mère... Au final, je suis restée prisonnière, tout en me faisant croire que je me libérais.
C'est pourquoi, Maman, je te rends toutes tes peurs.

Je me libère des peurs de ma mère.
Je me libère de l'interdiction de posséder mon propre espace.
Je me libère de la croyance que ces peurs correspondent à une réalité.
Je me libère de l'interdiction de regarder mes peurs en face et de les traverser.

Je récupère ma capacité de discernement.
Je récupère mon courage.

Décodage des émotions
• *La peine* : cf. l'enfant pas désiré.

- *La solitude* : cf. la perte d'un jumeau.
- *La fatalité* : cf. le parent pervers narcissique.
- *Le mépris* : cf. le syndrome des immigrés.
- *Le dédain* : « Je juge l'autre indigne et je le trouve petit ».

L'intelligence émotionnelle pourrait conduire cette femme à s'émanciper pour peu qu'elle reconnaisse en elle la présence apeurante de sa mère ; après son Festen, ses émotions pourront la guider pour reprendre les commandes.

Une jeune fille part à l'école et sa mère lui dit : « Mets un pull, tu n'es pas assez couverte.
- Mais maman, j'ai assez chaud comme ça.
- Mets un pull, j'ai froid ! »
Si cette jeune fille était intelligente émotionnellement et consciente de l'enjeu, elle pourrait rétorquer : « Maman, si tu as peur que j'aie froid, occupe-toi de ta peur et laisse-moi tranquille. »

Si vous êtes construit sur un modèle de peur, votre système réticulaire activateur trie sans arrêt votre monde dans ce sens ; pour obéir au mensonge, vous relevez chaque occasion d'avoir peur. A votre insu, vous créez une réalité menaçante qui n'est qu'une invention. Identifiez les racines de ce mensonge et rendez cela à vos parents. Les peurs qui resteront après votre libération seront presque toutes de type 2. Vous devrez les affronter. Faites preuve d'audace, foncez ! Je gage que si vous descendez de la table, la souris s'enfuira... Le phénomène est à la fois merveilleux et terrible : tant que la peur est devant vous, elle est réelle et infranchissable ; lorsque vous l'avez affrontée, vous la traversez et vous découvrez qu'elle n'avait aucune réalité.
Au moins une fois dans votre vie, s'est présentée l'épreuve de devoir dire une chose de difficile à quelqu'un. C'était une montagne à gravir. Après avoir réussi, vous vous êtes exclamé : « En fait, c'était facile. » Intégrez le processus en vous et modélisez-le : 1) avoir peur, 2) reculer, 3) oser, 4) traverser... 5) vous féliciter ! Rapidement, cela deviendra une routine.

L'intérêt de la cérémonie réside dans la possibilité de *dissoudre* la peur. Avant la libération, si vous voulez passer outre (par exemple) la peur des chiens, vous devez l'affronter un grand nombre de fois, et encore, il restera toujours une crainte (puisque le mensonge est toujours actif)... Après la cérémonie, vous l'affrontez *une seule fois* et vous constatez qu'elle n'est plus là (puisque le mensonge est dissous). Vous avez manifesté votre libération. Cette traversée qui fait disparaître la peur est nommée transcendance. Cela se produit chaque fois que vous mettez en œuvre un programme délibéré... Après votre cérémonie, bien sûr.

- Le parent surprotecteur

Syndrome légèrement différent du chapitre précédent : l'un de vos parents, voire les deux, désirait vous protéger des dangers de ce monde, de la négativité, de la souffrance, de la violence, etc. Exemple frappant : la volonté de tenir les microbes, les maladies à distance. Il s'ensuit une vigilance extrême par rapport à l'hygiène : obligation de vous laver les mains dès que vous avez touché de la terre, interdiction de se baigner avec les autres dans la piscine, interdiction d'aller à l'école quand il y a une épidémie de maladie infantile... Manque de chance, vous allez obtenir l'effet inverse puisque votre système immunitaire n'aura pas l'occasion de se développer.

Trop de laxisme vous laisse sans protection, mais trop de maternage vous empêche de vous préparer à affronter le monde.

- Vous n'êtes pas débrouillard.
- Vous étiez couvé.
- Tout jeu supposé dangereux vous était interdit.
- Il vous était demandé d'être tout le temps gentil.
- Vous étiez mis à l'écart de toute forme de violence (films, camarades, etc.).
- Les règles d'hygiène étaient strictes.
- Le monde vous fait peur.

Ce syndrome provient d'une forme particulière de peur de la part de vos parents puisqu'elle se présente sous un jour positif. Elle n'en est pas moins redoutable puisqu'il vous a été interdit de vous aguerrir.

Exemple d'un chapitre
La Xième chose dont je veux parler, Maman et Papa, c'est que vous m'interdisiez de jouer avec mes amis aux cow-boys et aux Indiens car vous ne vouliez pas que je possède ou que j'utilise des pistolets en jouet. Lorsque j'évoque cela, je ressens de la frustration et de l'incompréhension.
Je comprends aujourd'hui qu'en voulant me préserver de toute forme de violence, mes parents m'ont empêché de me préparer à affronter l'adversité. Je me suis donc construit le mensonge qu'il m'était interdit d'être en relation avec la violence et je me suis résigné en développant une appétence pour les activités plus féminines et intellectuelles. Cela m'a conduit par la suite à rester enfermé chez moi et à privilégier les amitiés féminines.
C'est pourquoi, Maman et Papa, je vous rends votre peur de la violence et votre peur d'affronter la vie.

Je me libère de l'interdiction d'affronter l'adversité.
Je me libère de l'interdiction d'être.
Je me libère de l'interdiction d'être en amitié avec des hommes virils.
Je me libère de l'interdiction de découvrir le monde.

Je récupère mon courage et mon intrépidité.
Je récupère ma masculinité, ma virilité et mon agressivité naturelle.
Je récupère ma curiosité.

Décodage des émotions
- *La frustration* : cf. la déception in le père vide.
- *L'incompréhension* : cf. le mauvais sexe.

Lorsque vous ressentez de la frustration, prenez le temps de réfléchir, tout en vous immergeant dans la situation. C'est ainsi que vous en identifierez la cause profonde et du coup, ce que vous souhaitez vraiment.

Une fois libéré, vous vous retrouvez dans la même situation qu'au chapitre précédent : vous devez affronter l'inconnu. Soyez bien conscient de la limitation de votre mental. Vous avez tendance à trouver normale la vie que vous vivez. Osez faire des expériences nouvelles et observez sincèrement ce qu'elles vous apportent. Vous sentirez la satisfaction et l'enthousiasme de découvrir de nouveaux registres, ce qui vous donnera l'envie de persévérer.

- Le syndrome de perfection

Il est des parents qui n'existent que dans la critique. C'est le négatif qui est relevé. Cela conduit souvent à la dévalorisation et génère parfois un syndrome de perfection. Toute erreur est relevée comme ne devant pas exister, comme étant anormale.

- Vous ne deviez jamais décevoir.
- Seuls comptaient les résultats obtenus dans le travail.
- Vos parents avaient beaucoup d'ambitions pour vous.
- Vos ressentis n'étaient pas pris en compte, seul le résultat comptait.
- Vous préfériez échouer totalement. Par exemple, vous pouviez ne pas vous présenter à un examen que vous n'étiez pas certain de réussir.
- Vous avez tendance à penser que si vous n'êtes pas parfait, vous êtes nul.
- Vos parents étaient intransigeants.

Si vous avez développé ce syndrome à l'extrême, vous devenez un maniaque de la perfection, à votre travail, par exemple. Il peut même confiner à l'obsession, voire aux TOC. Voyez quel chapitre correspond le mieux à votre situation.

Exemple d'un chapitre

La Xième chose dont je veux parler, Maman, c'est que lorsque je t'annonçais que j'avais eu 19/20, tu lançais : « Et pourquoi n'as-tu pas eu 20 ? Qui a eu une meilleure note que toi ? »

Je ressentais de l'incompréhension, de l'injustice et de la rage.

Je comprends aujourd'hui que ma mère, étant incapable d'être, ramenait notre relation au faire et au savoir, se tenant ainsi à distance

de son anxiété. Comme elle était de plus intransigeante et coupée de la réalité, elle m'interdisait toute autre possibilité que la perfection. Pour conserver l'illusion de son amour, j'ai donc été contrainte de me faire croire que si je n'étais pas parfaite, j'étais nulle. J'en ai conservé plus tard la tendance à être perfectionniste à outrance et à me déconsidérer dès que j'avais la sensation d'avoir quelque peu raté.
C'est pourquoi, Maman, je te rends ton anxiété et ton intransigeance.

Je me libère de l'interdiction d'être.
Je me libère de l'obligation de limiter ma vie au faire et au savoir.
Je me libère de la croyance que si je ne suis pas parfaite, je suis nulle.
Je me libère du perfectionnisme en tant que solution.
Je me libère de l'interdiction d'échouer.

Je récupère l'Etre comme guide de ma vie.
Je récupère mon auto-discernement.
Je récupère mon droit à l'échec en tant qu'outil de progression.

Décodage des émotions
• *L'incompréhension* : cf. le mauvais sexe.
• *L'injustice* : cf. sauver ses parents.
• *La rage* : cf. les TOC.

L'impossibilité de remettre en cause le parent est indiquée par les émotions mais bien sûr, il est interdit de les écouter. Elles vous seront très précieuses après la libération pour éviter de retourner dans les anciens travers.

Si vous avez peur de tomber, la meilleure façon de ne plus avoir peur... est de tomber. C'est hélas une stratégie courante quand on présente un syndrome de perfection. Après votre Festen, vous devrez mettre en place un programme d'acceptation de vos imperfections. Prenez conscience des endroits, des activités où vous êtes imparfait. Commencez par les plus petites choses, celles qui ne vous touchent aucunement, peut-être ne pas passer l'aspirateur dans tous les recoins à chaque fois. Observez comme vous pouvez l'accepter. Déplacez progressivement votre conscience vers les choses qui sont essentielles pour vous et constatez qu'à chaque fois, réside une imperfection… et que c'est OK comme ça. La nature même de l'être humain est d'être imparfait : vous progressez tout simplement vers votre vraie nature. Tout va bien.

- L'impossibilité d'apprendre

Vos parents ne vous ont pas enseigné à faire les choses. Ils étaient vraisemblablement prisonniers eux-mêmes de leur impossibilité d'enseigner. Vous receviez les consignes telles que « va faire la vaisselle, va acheter du pain, etc. » sans que personne ne vous l'ait jamais appris. S'il s'agissait uniquement de cela, vous seriez victime d'un manque d'autorisation (cf. ce chapitre). Vous avez de plus subi les remontrances, les critiques, les dévalorisations, les moqueries, lorsque vous n'y parveniez pas.
Vous avez donc été contraint de construire le mensonge que vous deviez savoir sans avoir appris. Le mensonge s'est encore accentué à l'école où l'on vous enseignait des matières, mais sans vous apprendre à les apprendre.
Vous êtes dépourvu de chemin d'apprentissage. Il vous manque la procédure logique, la progression inhérente à toute formation. Vous avez inscrit inconsciemment que vous devez directement parvenir à F, sans passer par A, B, C, D, E. Comme il vous manque la partie essais/erreurs, vous vous interdisez d'échouer, ou même parfois, d'essayer.

- Vous avez la sensation qu'il est honteux de ne pas savoir.
- Vous ne posez jamais de questions quand vous ne savez pas.
- Vous avez tendance à « truquer » lorsque vous êtes ignorant (vous faites semblant de savoir).
- Chaque échec est cuisant.
- Vous détestez les contrôles.
- Vous êtes mal à l'aise avec les processus rigoureux.
- Vous possédez un réel talent pour « noyer le poisson ».
- Vous préférez ne pas vous lancer que de tâtonner… ou d'échouer.

Exemple d'un chapitre
La Xième chose dont je veux parler, Papa, c'est du fait que tu me demandais de préparer tes repas, bien que je n'aie jamais fait de cuisine avant le décès de maman.
Lorsque j'évoque cela, je ressens de l'injustice et de l'incompréhension.
Je comprends aujourd'hui que j'ai développé en moi la croyance que je devais déjà connaître les réponses, que je devais déjà savoir avant d'apprendre. Du coup, plus tard, lorsque j'étais dans une situation que je pensais ne pas maîtriser complètement, souvent, je préférais renoncer.
C'est pourquoi, Papa, je te rends ton manque d'empathie, de bon sens et d'enseignement.

Je me libère de la croyance que je dois savoir sans avoir appris.
Je me libère de la croyance que je dois maîtriser un sujet complètement pour m'y attaquer.
Je me libère de l'interdiction d'échouer.
Je me libère de l'obligation de me rendre confuse quand je me sens en défaut de compétences.

Je récupère ma capacité d'apprentissage naturelle.
Je récupère la conscience de la progressivité nécessaire.
Je récupère mon droit à l'échec en tant qu'outil de progression.

Décodage des émotions
• *L'injustice* : cf. sauver ses parents.
• *L'incompréhension* : cf. le mauvais sexe.

Si son mental lui en laissait la possibilité, cette jeune femme saurait que la Loi Symbolique n'est pas respectée et pourrait demander des éclaircissements à son père. Hélas, elle doit se taire et subir car le mental lui interdit de clarifier.

Après votre libération, apprenez à échouer. C'est la condition de l'apprentissage. Voici une interview qu'a donnée Michael Jordan, l'un

des plus grand basketteurs de l'histoire : « J'ai raté + de 9000 paniers au cours de ma carrière (32 500 points marqués) ; j'ai perdu 300 matches. A 6 reprises, on m'a remis le ballon et j'ai raté le panier alors que j'aurais pu donner la victoire à mon équipe. Ma vie est une successions d'échecs, voilà pourquoi j'ai connu tant de succès. »
Ensuite, découvrez les différents processus d'apprentissage. Tout se fait progressivement. Il y a toujours des étapes. Soyez bienveillant avec vous-même car il est possible que cela vous fasse trembler, tant le programme par défaut était puissant.

- La juridiction symbolique

Le mental adore construire des « bulles d'isolement » dans lesquelles les mensonges sont inactifs. Nous l'avons remarqué avec les TOC, où il construit des bulles de contrôle ; nous le verrons aussi avec la connexion au monde subtil. Ici, il utilise la notion de juridiction. C'est le lieu où le juge possède un pouvoir de juger ; en dehors de ce lieu, il n'a aucun droit. Le mental délimite la juridiction de vos parents en utilisant des symboles puisés dans l'inconscient collectif de votre famille, de votre village, ou bien du pays, etc. Si vous quittez la zone, vous échappez à leur emprise.
Il est important de le remarquer car cela vous permettra de vous libérer d'eux, même à l'intérieur de leur juridiction.

- Vous respirez quand vous êtes à une certaine distance de vos parents.
- Vos parents vous en veulent si vous parlez de déménager loin d'eux.
- Vous culpabilisez si vous le faites.
- Vous avez la sensation d'être plus clair loin de vos parents.

La Xième chose dont je veux parler, c'est qu'à 34 ans, après avoir vécu à Berlin pendant 4 ans, je suis revenu vivre en Espagne où j'ai galéré une fois de plus, jusqu'à ce que je parte vivre à Paris, où, de nouveau, ma vie s'est améliorée.

Lorsque j'évoque cela, je ressens un sentiment de blocage, de la frustration, de la perdition et la sensation de tourner en rond.
Je comprends aujourd'hui qu'en partant à l'étranger, je quittais la juridiction symbolique de mes parents, laissant par la même occasion au pays l'interdiction de réussir et d'être heureuse. Comme par ailleurs, l'impossibilité d'exprimer la spiritualité dans le monde réel m'interdisait de créer, je cherchais inconsciemment à revenir en Espagne pour que mon père me libère. J'en ai conservé la tendance à fuir les problèmes pour cesser d'en ressentir la pression.

Je me libère de l'emprise de mon père sur moi.
Je me libère de la notion de juridiction et ce faisant, je m'autorise à réussir et à être heureuse en Espagne.
Je me libère de la fuite en tant que solution.
Je me libère de l'interdiction d'exprimer ma spiritualité dans le monde réel.
Je me libère de l'interdiction de créer.
Je me libère de l'interdiction de vivre de ma création.

Je récupère ma liberté en tout endroit du monde.
Je récupère ma créativité pleine et entière.
Je récupère mon droit à vivre dans l'abondance.
Je récupère ma responsabilité.

Décodage des émotions
• *Le sentiment de blocage (forme de contrariété)* : une force extérieure s'oppose à moi, m'empêche d'avancer.
• *La frustration* : cf. la déception in le père vide.
• *La perdition* : cf. la détresse in le gouffre.
• *La sensation de tourner en rond* : « Je suis dans la confusion, je m'interdis de clarifier. »

Le corps émotionnel de cette femme lui donne toutes les indications pour explorer ce qui la bloque ; il lui faudrait pour cela écouter le message de la perdition qui l'invite à demander de l'aide... Ce qu'elle a fait puisqu'elle s'est libérée grâce à son Festen.

Si vous avez inclus ce chapitre dans votre cérémonie, vous devrez absolument manifester résolument votre libération à vos parents. Il vous faudra énormément d'audace et de volonté car ils sont vraisemblablement très attachés à l'emprise qu'ils ont sur vous. Au fur et à mesure des échanges, évaluez consciemment les trois possibilités : accepter, améliorer ou quitter. Il y a beaucoup de chance, en effet, que vous cherchiez le compromis pour éviter de tout faire exploser ; il ne vous apportera que souffrance supplémentaire, ainsi qu'à vos parents. Posez-vous la question : que voulez-vous, *vraiment* ?

- Modèles parentaux

La famille est un système ; en tant que tel, elle est porteuse de symboles. Compte tenu de « maman = amour ; papa = sécurité », ces symboles occupent une place prépondérante dans votre mental. Cela signifie que vous faites souvent appel à eux pour déterminer si le mensonge est vrai ou faux. Vous vous identifiez à eux sans vous en rendre compte, d'autant plus que certains prennent la forme d'ordres impératifs. En analyse transactionnelle, ces injonctions parentales sont appelées drivers. Les principaux sont « sois parfait, sois fort, fais des efforts, fais plaisir, dépêche-toi ». Vous en êtes porteur et les répétez vous-même à vos enfants : « Dépêche-toi ! », souvent sans raison réellement valable.
Il y a aussi des modèles de vie, construits sur des croyances issues d'une religion, d'un milieu social, d'une région, etc. Observez-vous et notez ce que vous faites parce que vos parents le faisaient... La prière, la vénération de l'argent, la souffrance (il faut mériter et pour ça, il faut souffrir), éviter de se faire remarquer, etc. Vous pourrez consacrer un chapitre (ou plusieurs, si nécessaire) de votre cérémonie à ces drivers pour vous en libérer.
Il y a aussi le modèle de sexualité (qui peut lui-même être issu d'une croyance religieuse). Comment vos parents parlaient-ils de l'amour ? De la sexualité ? Que montraient-ils ? Vous pouvez avoir intégré « l'amour,

c'est sale » ou « l'amour, c'est douloureux ». Si votre mère a subi la sexualité toute sa vie, n'a jamais désiré votre père et jamais connu l'orgasme, vous comprenez que sa représentation de l'acte sexuel était sérieusement connoté ! Construisez votre chapitre en déterminant le modèle et à qui vous devez le rendre (votre père, votre mère ou les deux) et avant de le rédiger, vérifiez qu'il ne fait pas doublon avec le manque d'autorisation ou le modèle de féminité (chapitre).

Il est impossible d'établir une liste des symptômes à ce propos. Pour les découvrir, mettez votre conscience sur les principes que vous utilisez en automatique. Remarquez toutes les fois où vous évoquez vos parents quand vous faites quelque chose...

Exemple d'un chapitre
La Xième chose dont je veux parler, Maman, c'est d'une phrase qui revenait toujours dans ta bouche : « Pense aux autres et occupe-toi d'eux avant de penser à toi-même. »
Lorsque j'évoque cela, je ressens une sensation de vertige, du désarroi, de la contrainte et la sensation de ne pas être à la hauteur.
Je comprends aujourd'hui que par ces drivers, ma mère me donnait une injonction d'obéissance totale et me considérait comme un objet.
J'ai donc été contrainte de me nier moi-même et d'obéir à tous ses drivers. Comme ceci s'ajoutait au fait qu'elle était le bras armé de mon père durant ses absences, je vivais dans les limbes d'où je ne sortais que pour vivre du négatif, pour m'en prendre plein la tête. J'en ai conservé la tendance à me nier moi-même et à obéir aux injonctions.
C'est pourquoi, Maman, je te rends tous tes drivers et ton emprise sur moi.

Je me libère de l'emprise de ma mère.
Je me libère de l'obligation de lui obéir.
Je me libère de l'injonction d'obéir.
Je me libère de tous ses drivers.
Je me libère de la violence de ma mère et de tous les traumatismes que cela m'a fait subir.

Je me libère de l'obligation de vivre dans les limbes.

Je récupère mon libre arbitre et mon autodétermination.
Je récupère ma souveraineté.
Je récupère mon ancrage, mon enracinement dans le monde.

Décodage des émotions
• *Le vertige* : cf. l'incompréhension in le mauvais sexe.
• *Le désarroi* : cf. les parents divorcés
• *La contrainte* : cf. le transgénérationnel.
• *La sensation de ne pas être à la hauteur* : cf. la dévalorisation in le syndrome des immigrés.

C'est la contrainte qui est la clé dans cet ensemble d'émotions. Après l'avoir décodée, cette jeune femme pourrait signifier à sa mère qu'elle possède ses propres objectifs et qu'elle cesse d'obéir à des valeurs dans lesquelles elle ne se reconnaît aucunement.

Les modèles parentaux ont laissé leur empreinte en vous. Chaque fois qu'une situation concrète met en évidence que ce modèle est négatif ou inapproprié, cela vous plonge dans la confusion. Votre mental voit que vous vous approchez du cœur du mensonge et il vous en éloigne en vous mettant dans le brouillard. Quoi que vous fassiez, vous êtes prisonnier de ce modèle, que vous le suiviez ou que vous vous y opposiez à la puberté.
Reprendre le pouvoir et créer des nouveaux programmes peut être compliqué si vous avez l'impression qu'ainsi, vous trahissez vos parents. Une fois encore, c'est la conscience que vous aurez de la situation qui vous permettra d'évoluer ; vous devez être capable de faire la différence entre le symbole et la réalité. Par exemple, la situation requiert-elle réellement de se dépêcher ? Non ? Alors, respirez, prenez conscience du programme par défaut : « Dépêche-toi » et imposez votre nouveau programme : « Nous avons le temps. » Vous êtes libre d'agir différemment de vos parents.

- Syndrome de réalité vs symbolique

La Loi Symbolique se délite, supplantée par la loi réelle. Vous avez peut-être grandi dans une ambiance où seule comptait d'avoir un toit, à manger, des habits et l'assurance d'avoir un travail. « Il faut bien gagner sa vie. » Quelle terrible phrase : ne l'avons-nous pas gagnée en naissant ? Peut-être estimez-vous que je joue avec les mots. Non, non, non, trois fois non ! Vous n'êtes pas sur Terre pour gagner votre vie, vous êtes sur Terre pour *créer !*

Je ne suis pas en train de philosopher : c'est la fonction essentielle de l'être humain. Vous *devez* créer, sans quoi, vous dépérissez. C'est une autre façon de dire « trouver un sens à sa vie ». La seule question est : « Dans quelle activité allez-vous déverser votre énergie de créativité ? »

L'objectif est de créer ; un toit, à manger, des habits sont des moyens. Si vous *visez* ces derniers, le moyen devient l'objectif : vous pervertissez votre vie.

Avoir un travail devient aussi un objectif, alors qu'il ne devrait être que le *moyen* d'exprimer votre créativité. Voulez-vous savoir ce qu'est un *vrai* travail ? C'est une activité pour laquelle vous pourriez payer... et pour laquelle vous êtes bien payé.

Si manifester vos talents et exprimer votre créativité revêt de l'importance pour votre équilibre d'adulte, en subir le manque a causé bien des dommages lorsque vous étiez enfant.

- Vos parents ne parlaient que de leurs activités.
- Les émotions et les ressentis n'avaient pas droit de cité dans le foyer.
- L'accent était mis sur la réussite professionnelle.
- Avoir et faire gouvernaient en maîtres (au détriment de l'être).
- Les activités artistiques étaient dénigrées ou secondaires.
- L'amusement, le plaisir et le bonheur étaient superfétatoires.

Exemple d'un chapitre

La Xième chose dont je veux parler, c'est que pendant toute mon enfance, Maman, nous n'avons échangé que sur les menus des repas à

venir, l'intérêt d'avoir un bon travail pour gagner de l'argent et l'importance de faire bonne impression aux yeux des autres.
Je ressentais un sentiment de contrainte et de la lassitude.
Je comprends aujourd'hui que ma mère était incapable de donner de l'amour sous forme d'affection. Elle compensait ce manque d'amour en chevillant sa vie dans le concret, le matériel. Pour conserver l'illusion de son amour, je me suis fait croire que l'aspect matériel équivalait à cet amour et j'ai ainsi ancré qu'il fallait se contenter des besoins élémentaires au détriment de réalisation de soi, de la joie et de la vie.
Cela a généré en moi une forme de morbidité.
C'est pourquoi, Maman, je te rends ta matérialité.

Je me libère du manque d'affection.
Je me libère de la croyance que les dons matériels équivalent à de l'amour.
Je me libère de l'interdiction d'exprimer mes ressentis.
Je me libère de l'interdiction d'exprimer ma créativité.
Je me libère de l'interdiction de me réaliser.
Je me libère de l'interdiction de vivre ma vie.

Je récupère ma capacité naturelle à vivre mes affects.
Je récupère ma créativité et ma soif de me réaliser.

Décodage des émotions :
• *La contrainte* : cf. le transgénérationnel.
• *La lassitude* : cf. le parent fusionnel.

Souvenez-vous que les émotions vous guident vers un objectif. Dans l'exemple, la contrainte signale à cette personne qu'une force contraire s'oppose au but qu'elle s'est fixée et qui est tout simplement : la vie. Elle l'incite à s'ouvrir sur l'extérieur, à comparer pour pouvoir injecter de la vie dans un modèle qui en est dépourvu.

Soyez attentif à vos émotions et découvrez l'objectif sous-jacent. Examinez chaque fois si vous êtes sur le chemin de la créativité ou si

vous êtes en train de viser l'avoir, le faire ou le savoir. Gardez à l'esprit que ces trois verbes représentent des moyens et non des objectifs. Une paire de chaussures de marque ne vous rendra jamais heureux ; ce que vous en ferez... peut-être.
Du fait du délitement de la Loi Symbolique, beaucoup de personnes cherchent un sens à la vie sans jamais le trouver, tout simplement parce qu'elles le cherchent dans les choses concrètes. Si vous en faites partie, vous sentez comme un déchirement diffus à l'intérieur de vous, vous êtes préoccupé par l'aspect matériel des choses, vous posez des actions pour avoir une belle maison, une belle voiture et dans le même temps, « quelque chose » vous dit que ce n'est pas ça, qu'il y a autre chose... mais quoi ?
Après avoir diagnostiqué cette caractéristique chez vos parents, libérez-vous puis cherchez le chemin qui vous conduira sur cet autre plan auquel vous aspirez. Peut-être emprunterez-vous la voie de la spiritualité, de la méditation, ou d'une activité qui vous apparaît pour l'instant comme dérisoire et qui pourtant vous attire (peinture, écriture, musique, yoga, etc.), ou de travailler pour une cause qui en vaille la peine à vos yeux, ou bien encore changerez-vous de mode de vie, peut-être en allant vivre à la campagne...

- La morbidité

Tout est dualité. Il y a le haut et le bas, le chaud et le froid, la gentillesse et la méchanceté, l'amour et la peur, la paix et la guerre... La vie et la mort. Chaque élément de dualité est comme un segment (avec deux extrémités et un milieu « neutre ») et vous êtes le curseur qui se positionne à un endroit de cette barre. Vous pouvez être très extraverti ou un peu introverti. Même s'il y a des fluctuations en fonction de ce que vous vivez dans l'instant, vous possédez pour chaque barre une sorte de « vitesse de croisière ». Vous direz de quelqu'un qu'il est plutôt gentil ou plutôt méchant. Lorsqu'une personne vit plutôt du côté « mort », on dit qu'elle est morbide. Ce n'est pas qu'elle souhaite mourir, c'est qu'elle répand autour d'elle des paroles et des vibrations dépourvues de vie ; son mental lui interdit de manifester la vie. Voyez le discours des hommes politiques, ce qu'on appelle « la langue de bois » : aucune vie là-dedans. Aucune vie, ce n'est pas lui qui parle, il emprunte des mots qui sortent de sa bouche mais auxquels il n'a pas donné vie, il se cache derrière. Sa vie est un champagne sans bulles.

- Vous avez tendance au sérieux.
- Vous taisez ce que vous ressentez.
- Vous avez tendance à vous focaliser sur l'aspect négatif.
- Vous vous interdisez de manifester la vie.
- Vous annulez le positif par des négations inconscientes (« nous sommes allés au restaurant, non, c'était vraiment bien »).
- Vous vous interdisez de parler vrai (vous dites « une personne de couleur »).

Si vous êtes ainsi, il est possible que vous ayez eu un parent morbide. C'est souvent associé à « réalité vs symbolique » mais cela peut être un trait de caractère à part entière. Souvenez-vous que vous vous identifiez aux modèles de vos parents, même si vous pouvez prendre le contrepied à la puberté... Une fois de plus, vous allez marcher sur la tête car vous devrez créer le mensonge « la morbidité, c'est bien, c'est juste », donc, par voie de conséquence, « la vie, c'est défendu ». Vous voilà à surveiller les symboles alentour et dès qu'un élément symbolisant la vie apparaît, votre système réticulaire activateur (que vous avez programmé inconsciemment) le fait disparaître ou vous oblige à quitter la situation. Se libérer, c'est ramener la vie en soi, c'est remettre des bulles dans le champagne.

Exemple d'un chapitre
La Xième chose dont je veux parler, c'est que malgré mon si grand désir d'enfant et mes 3 FIV, je n'ai jamais pu en avoir.
Lorsque j'évoque cela, je ressens du gâchis et de la désolation.
Je comprends aujourd'hui que tous les mensonges que j'ai été contrainte de me créer m'ont conduite à m'interdire d'être à la vie.
Chaque fois qu'un symbole contraire à cette interdiction apparaissait, je devais me saboter... Et le fait d'avoir un enfant en était le plus magnifique exemple. Cela générait en moi une telle souffrance que j'ai utilisé drogue et alcool pour m'anesthésier.

Je me libère de l'interdiction de manifester la vie.
Je me libère de l'interdiction de créer.
Je me libère de l'interdiction de m'enthousiasmer.
Je me libère de l'interdiction de faire des enfants.
Je me libère de la drogue et de l'alcool en tant qu'anesthésiants.

Je récupère mon droit à manifester la vie.
Je récupère ma créativité et mon enthousiasme.
Je récupère ma fécondité naturelle.

Décodage des émotions
• *La sensation de gâchis* : cf. la boulimie.
• *La désolation* : cf. le gouffre.

Il est à craindre que l'intelligence émotionnelle ne suffise pas pour identifier ce syndrome ; l'exemple nous le montre car cette personne est en plein cœur de sa tache aveugle. C'est pour cette raison qu'elle a eu besoin d'aide. Vous pouvez malgré tout identifier la morbidité en vous reconnaissant dans les symptômes.

Si c'est le cas, votre système réticulaire activateur vous oriente irrésistiblement à l'opposé de la vie. Votre corps vous le dit par le biais des émotions et vous sentez en vous une déchirure, comme si vous étiez victime d'un pouvoir énorme, inexpliqué et terrible... Forcément, car votre mental ne peut pas vous laisser consciemment vous extirper de la vie. Ce programme agit donc en plein cœur de votre tache aveugle. Vous avez cependant la possibilité de reprendre les commandes. Programmez consciemment votre système réticulaire activateur pour qu'il mette en évidence tous ces symboles de morbidité. Cela sera certainement douloureux dans un premier temps mais la montée en conscience est la clé de votre liberté. Programmez-le ensuite pour mettre en évidence les occasions de manifester la vie ; souvenez-vous que ce à quoi vous portez attention devient votre réalité. La vie est partout autour de vous, entraînez-vous à voir le verre à moitié plein au lieu de le voir à moitié vide, à chercher les occasions de sourire, à faire un compliment, etc.

A un enfant qui pique une colère parce qu'il doit cesser de jouer, vous direz qu'il a le choix entre pleurer parce que ça s'arrête ou remercier parce que cela a eu lieu. Il n'a pas conscience qu'il porte son attention vers sa frustration, qu'il en est le jouet. C'est pareil pour vous, choisissez consciemment car sinon, vous choisirez inconsciemment. Si vous êtes conscient, c'est que vous utilisez votre mental, vous êtes aux commandes et vous vous dirigez dans la vie en choisissant d'avancer vers votre bonheur.

Si vous choisissez inconsciemment, votre mental vous utilise, il est aux commandes et vous êtes certain qu'il vous conduit toujours :

- dans la peur de ne pas obtenir ce que vous espérez,

- dans la peur de perdre ce que vous possédez,

- dans la plainte ou dans le drame.

Comme le dit le sage Osho : « La vie en elle-même est une toile vide, elle devient ce que vous peignez dessus. Vous pouvez peindre la misère, vous pouvez peindre la joie. Cette liberté est votre splendeur. »

Vous l'avez compris, la conscience est la clé. L'enjeu est la maîtrise des pensées. Appuyez sur une bûche plongée dans l'eau, elle s'enfonce. Que vous attendiez dix secondes, dix jours ou un an, dès que vous relâchez la pression, elle remonte en surface. Il en est ainsi de votre mental. Il doit être sous surveillance constante, étroite, permanente, car au moindre relâchement, il reprend les commandes. Etre libre, c'est être conscient de ses actes, de ses paroles, de ses pensées, et c'est un travail constant : *le bonheur, c'est de la discipline.*

- La banalisation

Les faits sont têtus. Vous êtes en droit de vous demander comment est-il possible dans la réalité d'endurer des mauvais traitements sans sourciller, car enfin, c'est bien joli de s'accuser, mais comment accepter concrètement la négativité, la dévalorisation, les coups, parfois les fractures ? Votre mental utilise sa botte secrète : la banalisation. Il vous fait dire : « C'est normal ». Normal signifie : dans la norme, c'est-à-dire le plus grand nombre. Lorsque vous dites : « C'est normal », vous vous faites croire que c'est ainsi ailleurs. Voici ce que me révélait une jeune femme lors de l'entretien d'analyse :

« - Mes deux parents étaient sévères... mais uniquement lorsque je le méritais.

- Sévères comment ?

- Des gifles... Quand même, parfois, mon père fermait le poing... mais normal, lorsque je faisais des bêtises...

- Autre chose ?

- Non... Ah si, ils me frappaient aussi avec un bâton ! Je me souviens, ils avaient chacun le leur, quand je le méritais, bien sûr...

- Eh bien !... Et puis ?

- C'est tout... Ah non, des fois aussi, ils me frappaient avec du fil électrique, mais normal... »

Vous êtes capable de banaliser beaucoup de choses et des énormités, parce que vous n'avez pas de comparatif et parce que vous vous interdisez d'en chercher. Si d'un seul coup, la vérité déferle, vous « acceptez » de comparer. Témoin, l'exemple de Juliette qui avait une mère zéro câlin, zéro affection. Vers ses huit ans, ses parents et elle vont chez des amis qui ont une fille du même âge. Lorsque tout le monde s'installe dans le salon, celle-ci monte sur les genoux de sa mère qui lui fait un câlin... Instantanément, Juliette s'effondre en sanglots, totalement incapable de dire pour quelle raison elle pleure !

- Vous justifiez les comportements négatifs de vos parents.
- Vous dites à qui veut l'entendre que vous avez vécu une enfance heureuse.
- Quand quelqu'un vous parle d'un problème, ce n'est jamais grave.
- Vous vous souvenez peu de votre enfance.
- Vous êtes plus focalisé sur les solutions que sur les sensations.
- Vous possédez une vision globale (vous ne vous attachez pas aux détails).

Exemple d'un chapitre
La Xième chose dont je veux parler, c'est que je dis toujours que j'ai vécu une enfance heureuse, alors que lorsque j'évoque la vie avec mes parents à des proches, ils me disent que j'ai vécu l'horreur.
Lorsque j'évoque cela, je ressens de l'incompréhension.
Je comprends aujourd'hui que l'enfance que j'ai vécue était tellement vide et morbide, que pour garder l'illusion d'une enfance normale, j'ai utilisé la banalisation. Cette stratégie me permettait d'éviter de voir le gouffre en moi et de rester inconscient de ce que j'avais subi. C'est pour la conserver intacte que j'ai créé la peur du noir, déplaçant vers celui-ci la peur de tomber dans le gouffre. J'en ai conservé la tendance à détourner le regard des problèmes.

Je me libère de l'interdiction de prendre conscience de la souffrance.
Je me libère de l'interdiction de regarder les choses en face.
Je me libère de l'interdiction d'écouter mes ressentis.
Je me libère de la banalisation en tant que solution.
Je me libère de la peur du noir.

Je récupère mon discernement et ma lucidité.
Je récupère la connexion à mes émotions.

Décodage des émotions
• *L'incompréhension* : cf. le mauvais sexe.
Cette personne peut s'appuyer sur ses proches pour évoluer. Il lui faut simplement reconnaître qu'elle s'interdit de regarder les choses en face. A partir de là, elle pourra explorer son passé. Comme le disait John Campbell : « La cave dans laquelle vous avez le plus peur d'entrer est celle qui détient le trésor que vous recherchez. »

Si vous avez rédigé ce chapitre, l'après-libération nécessitera de votre part une volonté d'airain de monter en conscience car vous êtes totalement inconscient des moments où vous banalisez. Faites-vous aider par vos proches. Expliquez-leur très simplement que vous réalisez un travail de reprise de votre vie et demandez-leur d'attirer votre attention au moment où ils constatent que vous banalisez. A chaque fois, effectuez l'effort d'entrer dans le détail de votre fonctionnement à cet instant précis, de vous connecter à vos émotions, de chercher à comprendre… Progressivement, vous reprenez pied dans la réalité de la vie.

- La timidité

Vous êtes timide parce que votre mère était quelque peu étouffante, ou parce qu'au moment d'être projeté dans le monde, vous avez craint (père pas assez « autorisant » ?) de perdre l'amour de votre mère (« je veux les jupes de ma mère »), ou encore parce que vous êtes l'aîné (ou l'enfant unique) et vos parents ont eu trop de « désir sur » vous. Ils étaient anxieux, trop attentifs à votre développement, votre réussite et ils vous ont mis la pression.
L'origine peut aussi venir d'un traumatisme antérieur. Vous avez subi de façon exacerbée l'humiliation, le ridicule ou la honte et vous avez programmé votre système réticulaire activateur pour qu'il anticipe toute situation où cela pourrait se reproduire. C'est la manifestation du proverbe « chat échaudé craint l'eau froide ». En forçant légèrement le trait, on pourrait dire que vous vous défendez alors que personne ne vous attaque. En quelque sorte, votre mental « surjoue » car vous croyez être la cible de tous les regards, alors qu'il n'en est rien. Vous créez la croyance imaginaire d'être prisonnier du regard de l'autre et vous lui donnez ainsi un pouvoir réel puisque vous vous inhibez tout seul.
Enfin, autre face de la même pièce, vous pouvez jouer de la stratégie « la meilleure défense, c'est l'attaque » et vous êtes plutôt cassant, provocateur et grande gueule. Bien que cela puisse vous protéger (en tout cas, vous le croyez), ce comportement est la manifestation d'un déséquilibre.
La timidité est une (mauvaise) solution de protection, une façon pour vous d'adresser un message au monde : « Je suis faible, ne m'attaquez pas. »

- Vous avez peur en permanence d'être intimidé.
- Vous perdez tout contrôle dans certaines situations.

- Vous avez une vie sociale étriquée.
- Vous avez tendance à vous faire dominer.
- Il vous est impossible de vous affirmer.
- Vous rougissez facilement.
- Vous ne tenez pas le regard de l'autre.
- Vous bafouillez facilement.
- Séduire (draguer) vous est difficile.

Exemple d'un chapitre
La Xième chose dont je veux parler, c'est que tu riais, Papa, quand je te disais que j'en avais marre que Maman veuille sans arrêt me faire des câlins, alors que j'avais 15 ans.
Je ressentais de l'agacement, de la colère, de l'impuissance, de la révolte et de la détresse.
Je comprends aujourd'hui que mes parents avaient beaucoup d'attente quant à ma réussite, et qu'en même temps, ils m'envoyaient l'information contraire en me stigmatisant dans une position infantile. Il m'était impossible de m'émanciper puisque l'interdiction venait de ce que je devais obéir sous peine de perdre l'amour et la sécurité. Pour résoudre ce paradoxe, je me suis fait croire que je n'étais pas outillé pour affronter la vie. C'est ainsi que j'ai créé ma timidité qui me permettait de rester en retrait et d'émettre le signal que je souhaitais y rester.
C'est pourquoi, Maman et Papa, je vous rends votre besoin d'emprise sur moi.

Je me libère de l'interdiction de m'émanciper.
Je me libère de l'obligation d'obéir à mes parents.
Je me libère de l'interdiction d'affronter la vie.
Je me libère de la croyance que la vie est périlleuse.
Je me libère de la croyance que je suis impuissant à l'affronter.
Je me libère de la timidité en tant que solution.

Je récupère ma maturité.
Je récupère ma soif naturelle d'affronter la vie.

Décodage des émotions :
• *L'agacement* : cf. le parent fusionnel.
• *La colère* : cf. le père vide.
• *L'impuissance* : cf. le refus d'incarnation.
• *La révolte* : « Affranchis-toi ! » On utilisait le verbe affranchir quand on libérait un esclave. C'est ce que votre corps vous dit avec la révolte : « Tu es esclave, libère-toi. »
• *La détresse* : cf. le gouffre.

Le message est clair et invite résolument à la libération. Encore une fois, le corps émotionnel adresse un message limpide que le mental oblige à ignorer... Chaque fois, vous constatez que le mental vous place en mode problème (vous nommez votre difficulté de façon stérile), alors que l'intelligence émotionnelle vous met en mode solution (vous posez une action).

La bonne nouvelle est qu'il ne vous manque rien, ni l'aplomb, ni l'audace, ni le courage : vous les avez en vous. Ce qui vous gêne, c'est quelque chose *en plus* : le mensonge que vous avez créé. Dé-créez le mensonge et vous pourrez reprendre possession de votre puissance. Ensuite, clarifiez vos objectifs de performance en termes d'assurance, de confiance, d'expression devant un groupe. Pour mesurer vos progrès, il est important de déterminer des critères. Par exemple : « Je veux réussir à parler devant plus de trois personnes sans rougir. » Lorsque vous êtes au clair avec vos objectifs, mettez en œuvre la technique du héros. Avancez progressivement : commencez par une personne de confiance, puis deux, puis trois... Puis devant des étrangers, etc.

- L'indifférence

Une expérience a été conduite auprès de trois chimpanzés. Les trois sont identiques, vivent dans les mêmes conditions et reçoivent la même nourriture. On différencie la manière de la leur donner. Le premier est choyé, câliné, le deuxième est nourri dans l'indifférence la plus totale (on dépose ses aliments sans un geste ni un regard), le troisième est

rabroué chaque fois... Après un certain temps, on fait le point en utilisant pour chacun les mêmes critères de santé. Quel est celui qui va le mieux ? Le premier, bien sûr. Lequel va le plus mal ? Le troisième ? Non, le deuxième : tout, plutôt que l'indifférence...
Lorsque vous subissez des maltraitances, vous avez quelque chose sur quoi vous appuyer pour réagir, vous pouvez créer un mensonge en fonction de ce que vous recevez. Si vous n'obtenez rien, aucun signe, comme une chauve-souris volant dans le vide, vous ne recevez plus aucun écho et vous ne pouvez plus vous positionner. En fait, si vous êtes totalement dans ce vide, c'est là que vous mourez. Vous avez besoin d'un minimum d'attention. Comme une huître a besoin d'un grain de sable pour créer une perle, vous avez besoin d'un grain d'attention pour vous construire autour. Comment avez-vous réussi à compenser ce manque d'attention ? Vraisemblablement en faisant semblant que vous en receviez. « Pousse-toi ! » est déjà une marque d'attention, vous pouvez construire dessus.

- Vous vous placez en situation de recevoir de l'attention.
- Vous offrez volontiers votre aide.
- Vous rendez service sans que l'on vous ait demandé quoi que ce soit.
- Vous quêtez l'approbation.
- Vous êtes très sensible aux compliments.
- L'indifférence volontaire à votre égard vous glace.
- En groupe, vous vous sentez mal si personne ne fait attention à vous.

Exemple d'un chapitre
La Xième chose dont je veux parler, Maman, c'est que dès que j'approchais à moins d'un mètre de toi, je recevais une gifle. Par ailleurs, il t'arrivait parfois et de façon très soudaine, de faire comme si je n'existais plus... Plus un mot, plus un regard ; si je te parlais, tu faisais comme si tu n'avais rien entendu. Je me souviens qu'alors, je m'approchais de toi pour recevoir une gifle.
Lorsque j'évoque cela, je ressens de l'incrédulité, de l'horreur, de la haine, de la peine et du chagrin.

Je comprends aujourd'hui que plus encore que la maltraitance, l'indifférence m'était insupportable car j'avais la sensation de mourir. Pour supporter ce non amour, je me faisais croire que par la violence, j'obtenais quelque chose de positif, ce qui était vrai relativement. Par ailleurs, j'ai créé le mensonge que j'étais nulle, sans valeur aucune, mettant ainsi ma vie au diapason du vide que je ressentais au fond de moi. J'en ai conservé la tendance à m'effacer et à me dévaloriser. C'est pourquoi, Maman, je te rends ton vide et ta folie.

Je me libère de la violence et des traumatismes qu'elle a causés en moi.
Je me libère des traumatismes causés par l'indifférence.
Je me libère de la croyance que la violence est de l'attention.
Je me libère du manque d'attention.
Je me libère de l'obligation de quêter l'attention.
Je me libère de la croyance que je ne possède aucune valeur, que je suis nulle.
Je me libère du vide en moi.

Je récupère ma souveraineté.
Je récupère ma capacité naturelle à m'affirmer.
Je récupère ma valeur divine.

Décodage des émotions
• *L'incrédulité* : « Je suis face à un fonctionnement totalement irrespectueux de la Loi Symbolique et je ne peux accepter (reconnaître) que l'autre puisse agir ainsi (je n'y crois pas). »
• *L'horreur* : mélange de peur terrible et de dégoût (cf. l'œdipe).
• *La haine* : cf. le père alcoolique.
• *Le chagrin* : cf. le manque d'un père.

Même dans les situations les plus douloureuses et les plus horribles, nos émotions nous guident fidèlement. Bien sûr, plus nous descendons profondément dans l'horreur et plus il est difficile de s'en extirper : plus nous allons mal, plus nous avons besoin d'aide.

Dans les expériences qui ont mis en évidence que le manque total d'amour causait la mort du nourrisson, c'est la carence d'attention qui provoquait la mort car le moindre intérêt peut être traduit comme une marque d'amour par le bébé, et il se raccroche à cela.
Si vous avez subi un manque pathologique d'attention et que vous avez survécu, vous le payez par une estime de vous-même proche de zéro. Tout d'abord, rendez ce morceau car sinon, quoi que vous fassiez, le programme de dévalorisation reprendra sans cesse le dessus. Ensuite, vous aurez besoin d'être bienveillant envers vous-même, de prendre le temps pour que s'épanouissent en vous l'amour, la confiance, l'assurance et la dignité. Prenez soin de vous et soyez patient car cela ne se fera pas en un jour ; néanmoins, si vous travaillez avec assiduité, si vous êtes attentif à monter en conscience sur ce que vous ressentez à chaque instant, si vous pratiquez pour mettre en place ces nouveaux programmes, cela paiera dès les premières semaines. Soyez volontaire, accrochez-vous. Vous le méritez.

- Le syndrome du comédien

J'ai accompagné nombre de comédiens, ce qui m'a permis d'identifier un syndrome qui revient très souvent dans cette profession. Il y a au départ l'interdiction de manifester la vie, d'être vivant. Pour contourner le mensonge, la personne devient comédienne ; de cette manière, elle prend possession de personnages qui eux, ont le droit d'être vivants. Durant tout le temps qu'elle joue, il lui est donc autorisé de connaître l'expérience de la vitalité, de l'enthousiasme, parfois même de la plénitude.
Elle se cache ainsi dans des personnages et pour se cacher... elle se montre à tout le monde.
Le problème est que ce mensonge est souvent associé à une interdiction de réussir, et donc de devenir célèbre, ce qui fait qu'elle a peu d'occasions d'être vivante puisqu'elle agit inconsciemment pour ne pas obtenir de rôles.
Vous en êtes victime si vous êtes comédien et que :

- Votre vie quotidienne est plutôt terne.

- Vous vous sentez vraiment vivant lorsque vous jouez.
- Vous vivotez dans la profession.

Sauf exception, vous ne rédigerez pas de chapitre pour ce syndrome, vous l'inclurez dans la résultante, comme dans l'exemple ci-dessous.

Exemple d'un chapitre

La Xième chose dont je veux parler, c'est qu'au moment de commencer ce travail, je n'avais toujours pas percé professionnellement, ce qui teintait toute ma vie de négatif.

Je ressentais de la frustration et une sensation de gâchis.

Je comprends aujourd'hui que tous les mensonges évoqués précédemment m'interdisaient de vivre pour moi-même, m'interdisaient de m'inscrire dans le monde et d'y réussir en utilisant mes talents et mon intuition. Il en résultait un sentiment d'insécurité énorme, l'impossibilité d'être heureuse, une insatisfaction permanente qui déclenchait des angines et cette impression que je n'étais pas à ma place qui déclenchait l'énurésie.

Pour survivre quand même, j'ai mis en place la timidité, et la scoliose pour contourner symboliquement le danger, puis j'ai choisi le métier de comédienne qui me permettait de vivre en me cachant derrière des personnages.

Je me libère de l'interdiction de vivre pour moi-même.
Je me libère de l'interdiction de m'inscrire dans le monde.
Je me libère de l'interdiction de réussir et d'utiliser mes talents.
Je me libère de l'obligation de vivre en insécurité.
Je me libère de l'interdiction d'être heureuse.
Je me libère de mon insatisfaction permanente.
Je me libère des angines en tant que solution.
Je me libère de l'énurésie en tant que solution.
Je me libère de la scoliose en tant que solution.
Je me libère de la timidité en tant que solution.
Je me libère de l'interdiction de manifester la vie.
Je me libère de l'obligation de me cacher dans des personnages pour ressentir la vie.

Je récupère ma vraie place dans le monde.
Je récupère le droit de m'exposer aux yeux de tous.
Je récupère mon droit au bonheur.
Je récupère mon courage et mon audace.
Je récupère ma vitalité.

Décodage des émotions
• *La frustration* : cf la déception in le père vide.
• *La sensation de gâchis* : cf. la boulimie.

Vous pourrez devenir intelligent émotionnellement en comparant les émotions que vous ressentez sur scène à celles que vous ressentez le reste du temps. Je vous invite pour cela à consulter le décodage des émotions positives, ce qui vous aidera à prendre conscience de votre vraie nature et de ce que vous avez à accomplir pour la retrouver.

L'aspect positif de ce mensonge est qu'il vous permet d'accéder durant un instant à votre vraie lumière. Vous savez donc exactement vers quoi vous diriger après votre libération, vous connaissez cette sensation. Il vous suffit de la chercher, d'être curieux, pour la créer dans vos expériences quotidiennes. Vous réaliserez rapidement qu'elle est en relation avec votre intuition, c'est pourquoi je vous invite dans un premier temps à lire attentivement le chapitre sur la connexion au monde subtil. Ensuite, vous avancerez sur ce chemin en pratiquant le même lâcher-prise que celui qui vous est enseigné durant les cours de comédie.

- Les parents sont l'arc, l'enfant la flèche

Notre vie repose sur quatre piliers. Les deux premiers sont l'amour et la sécurité. Les deux autres sont l'autorisation et le modèle de féminité. Je les regroupe dans l'expression « les parents sont l'arc et l'enfant, la flèche », tirée d'un livre de Khalil Gibran : « Le Prophète ». Après avoir offert le cadre rassurant de l'amour et de la sécurité, les parents doivent projeter leur enfant dans la vie. Leur mission diffère. A moins d'une rare exception, vous aurez toujours les deux chapitres suivants dans votre cérémonie.

L'autorisation : la mission du père

Lorsque vous naissez, vous ne savez pas désirer. Vous n'avez que des pulsions : le « ça ». Pour faire évoluer le « ça » vers le « moi », vous devez assimiler ce qui est nommé « la Loi du père ». Par le cadre qu'il offre, vous apprenez la frustration, vous intégrez qu'il y a des choses autorisées et des choses interdites, etc.
Ce cadre est une boîte sécurisante, mais si elle reste fermée, vous y demeurez prisonnier. Il convient de l'ouvrir sur l'extérieur. Le père doit donc freiner et stimuler. C'est un art délicat à pratiquer et, hélas, il n'est enseigné nulle part dans notre société.
Au niveau symbolique, cette projection se réalise à la sortie de l'œdipe. Cela se pratique plus que cela ne se dit.

Pour les besoins de la démonstration, imaginons ce que vous auriez entendu si votre père avait réalisé cet enseignement : « Ma fille (mon fils), tu n'es pas là pour te perdre dans le désir de ton père (de ta mère), le but est exactement à l'opposé : c'est La Vie.
La Vie, c'est de faire des expériences et mon travail de père consiste à t'apprendre à les faire et de plus, en toute sécurité car je te rappelle que la sécurité, c'est ma mission. Comment allons-nous réaliser cela ?
Je vais par exemple t'emmener à la boulangerie et t'apprendre à acheter le pain et récupérer la monnaie. Lorsque tu auras bien compris, nous irons tous les deux et c'est toi qui achèteras le pain, moi, je serai à tes côtés ; et puis, quand tu seras prêt(e), nous irons tous les deux et je t'attendrai sur le trottoir. Enfin, quand tout cela se fera facilement, tu iras seul(e) à la boulangerie.

Je vais ainsi t'accompagner dans de multiples expériences, pour que, plus tard, tu y parviennes sans moi. Il te faudra en accomplir énormément parce que c'est comme cela que tu vas découvrir tes habiletés, tes talents. Et ça, c'est hyper important, ma fille (mon fils),

parce que tu vas faire ta vie, t'épanouir dans tes talents. S'il en va différemment, tu vas t'ennuyer ferme et ne jamais te réaliser.
Il faudra aussi que je t'enseigne l'audace car tu en auras besoin pour accomplir des choses nouvelles. Si tu n'as pas appris à oser, les expériences que la vie te proposera t'apparaîtront comme des épreuves. Pour te l'enseigner, je te dirai par exemple : « Vois-tu le monsieur là-bas ? Va lui demander l'heure. » Et bien sûr, je ne serai pas loin.
Et puis un jour, ma fille (mon fils), je ne pourrai plus t'accompagner. Par exemple, tu me diras : « Papa, puis-je aller faire du camping avec mes amis ? » Tu iras seul(e) et tu devras prendre le risque qu'il t'arrive quelque aléa parce qu'il faut que je te dise une chose, ma fille (mon fils) : vivre, c'est prendre des risques. L'astuce est de les prendre avec un maximum de sécurité. Alors, je t'apprendrai à te préparer : ce à quoi tu dois t'attendre ; à quoi dire oui et à quoi dire non. Tu dois apprendre à dire non car c'est une chose difficile. Tu dois aussi apprendre à gérer l'inattendu car la vie va t'envoyer énormément d'inattendu ! Tout cela, je te l'enseignerai.
Lorsque tu rentreras, nous ferons le point : comment cela s'est-il passé ? Qu'est-ce qui a été facile ? Qu'est-ce qui a été difficile ? Qu'as-tu appris sur toi ? Qu'as-tu besoin d'apprendre ? En quoi puis-je t'aider ?
Et puis un jour, ma fille, tu vas rencontrer des garçons. Alors là, il faudra que tu en parles à ta mère parce qu'elle aura des choses de femmes à te dire (ou bien : un jour, mon fils, tu vas rencontrer des filles. Alors là, il faudra qu'on en parle parce que j'aurai encore des choses à te dire). »
Voilà ce que vous devriez entendre. Peu d'entre vous l'ont entendu car depuis l'ère des pères vides, ce message n'est plus transmis...

Derrière le mot « autorité », on saisit aisément la notion de limites : « Tu dois être rentré à 22 H. » Mais il y figure aussi la notion d'autorisation : « Tu as l'autorisation de sortie jusqu'à 22 H. » Le père autorise son enfant à explorer la vie et faire ses propres expériences. Si votre père ne vous a pas appris la vie (attention, il a pu vous transmettre des valeurs comme l'honnêteté ou le travail, mais la transmission n'est pas l'apprentissage), vous portez en vous un manque d'autorisation. Cela entraîne deux conséquences :

- Vous avez dû vous débrouiller seul pour explorer la vie (il a bien fallu acheter votre baguette, ouvrir votre compte en banque, etc.).
- Dans notre société, ne pas avoir l'autorisation signifie : avoir l'interdiction. Chaque fois qu'une pratique nouvelle est à oser, une partie de vous dit : « Non, tu n'as pas le droit ! »
« Pratique nouvelle » devient un symbole. Peu importe ce dont il s'agit dans la réalité, vous devez obéir au mensonge. Chaque fois qu'il vous faut oser, vous avez à lutter contre vous-même. Vous avez peur d'oser.

En plus du « je me libère du manque d'autorisation », pensez bien aux « je récupère » correspondants (cf. ci-dessous). Vous signifiez ainsi à l'Univers et à vous-même que vous n'avez plus besoin de la sécurité et de l'autorisation de votre père.

Exemple d'un chapitre
La Xième chose dont je veux parler, Papa, c'est que je ne me souviens pas que tu m'aies enseigné quoi que ce soit.
Lorsque j'évoque cela, je ne ressens rien.
Je comprends aujourd'hui que si j'ai bénéficié de l'autorité de mon père en termes de limitation, je n'en ai pas bénéficié en termes d'autorisation[29]*. J'ai donc dû me débrouiller seul pour explorer la vie et faire mes propres expériences. Par ailleurs, chaque fois qu'il m'a fallu oser, j'ai dû lutter contre moi-même.*
C'est pourquoi, Papa, je te rends ton manque d'autorisation.

Je me libère du manque d'autorisation.
Je me libère de la peur d'oser.

Je récupère ma propre légitimité.
Je récupère ma souveraineté.
Je récupère mon droit à expérimenter ce dont j'ai envie.
Je récupère mon audace naturelle.

---

[29] Il est possible que ce soit : *que je n'ai bénéficié de l'autorité de mon père ni en termes de limitation, ni en termes d'autorisation, s'il était totalement dépourvu d'autorité.*

Décodage des émotions
Il n'y a aucune émotion car la phrase ne réfère qu'au vide. Il est impossible de se représenter une chose manquante. C'est comme si l'on vous demandait : « Que ressentez-vous lorsque je ne vous touche pas l'épaule ? » La seule façon de se représenter ce qu'est l'autorisation, c'est de remarquer (par exemple) le père d'un ami la lui offrir.

Une fois libéré du manque d'autorisation, vous serez libre d'accomplir des choses nouvelles mais un obstacle subsistera : vous n'avez pas appris à oser. Vous devrez vous entraîner à pratiquer l'audace. L'audace est un courage qui se moque du regard des autres (ou de votre propre regard sur vous-même). Pour oser, il faut tout simplement vous jeter à l'eau. Cela signifie qu'à l'intérieur, vous n'aurez jamais la sensation d'être prêt, que c'est le bon moment, au contraire. Tout vous criera de ne pas le faire et vous le ferez quand même ! A le lire, vous pouvez croire que ce sera chose aisée. Dans la réalité, il en ira autrement. Imaginez que vous attaquez un lion à mains nues : que ressentez-vous ? Eh bien, c'est ce que vous ressentirez lorsque vous devrez oser. La seule différence, c'est qu'une fois la chose accomplie, vous réaliserez que le lion était une illusion, qu'il n'a jamais existé ! Cependant, tant que vous ne l'avez pas traversé, vous êtes face à un *vrai* lion. Le pire est que vous trouverez tout un tas de justifications pour éviter de vous lancer (je ne peux pas l'envoyer promener, c'est mon chef, *quand même !*).

Le modèle de féminité : la mission de la mère

De la même façon que l'on adjoint un tuteur à un arbre jusqu'à ce qu'il puisse grandir seul, l'enfant a besoin d'être stimulé dans ses désirs. J'utilise l'expression « avoir du désir *sur* ses enfants ». Les parents veulent quelque chose pour leur enfant. « Vu la façon dont tu défends tes camarades, tu pourras être un grand avocat ! » Ces désirs le stimulent et petit à petit, l'aident à développer les siens propres. Dans un premier temps, il s'agit d'être un modèle ; dans un second, de stimuler sa créativité, sa capacité à prendre son essor dans la vie, bref, à désirer par lui-même. Pas assez de « désir sur » nuit par manque de stimulation, l'enfant n'apprend pas à désirer ; trop dessert aussi car il étouffe sous les désirs des parents : « Tu seras avocat et puis c'est tout ! »

Nous venons de voir comment le père accomplissait sa part en enseignant la vie ; la mère doit quant à elle transmettre un modèle de féminité : « Voilà ce qu'est être une femme ». C'est la période où la petite fille s'identifie à sa maman, cherche à l'imiter. C'est un modèle qui oriente la fille vers ce qu'elle sera plus tard en tant que femme. Le garçon reçoit ce modèle et s'en servira plus tard pour choisir sa femme car il comparera inconsciemment avec l'original « idéal ».

Vous êtes prisonnier de ces symboles, de ce modèle. Il tombe sous le coup de « maman = amour » qui interdit forcément « maman est moche ».

Le modèle de féminité se manifeste sous deux aspects :

- Le modèle de coquetterie : votre mère s'apprêtait-t-elle, se faisait-elle belle ? Ou bien était-elle plus de style négligé ?
- La façon d'être à la vie, le caractère : votre mère était-elle ouverte à la vie ou plutôt fermée ? Plutôt gaie ou plutôt triste ? Plutôt vivante ou plutôt morbide ?

Ce qu'elle fut vous a impacté, vous avez reçu le modèle et vous l'avez conservé jusqu'à la puberté. Nous verrons dans le chapitre qui est consacré à celle-ci qu'une nouvelle force de désir monte à cette période et remet en cause les modèles antérieurs.

Généralement, deux possibilités s'expriment à ce moment-là. Soit vous acquérez définitivement le modèle, soit vous en prenez le contrepied. Le cas typique est celui du fils de père alcoolique. A la puberté, soit il le devient à son tour, soit il ne boit pas une goutte d'alcool. C'est la tendance. Après, en fonction des personnalités et des expériences de vie, chaque cas est bien sûr particulier. Néanmoins, avant la puberté, vous avez obligatoirement été impacté par le modèle de votre mère. A vous de trouver ce qui vous a été transmis et d'identifier ce dont vous souhaitez vous libérer.

Exemple d'un chapitre
La Xième chose dont je veux parler, Maman, c'est qu'année après année, tu râlais parce que c'est Papa qui choisissait et imposait vos dates de vacances.
Lorsque j'évoque cela, je ressens de l'exaspération.
Je comprends aujourd'hui que ma mère m'a offert un modèle de féminité basé sur le manque de coquetterie, la soumission, le manque de communication, le manque d'authenticité, la plainte, les pleurs et la dépression. Pour conserver l'illusion de son amour, j'ai repris ce modèle à mon compte jusqu'à la puberté. En faisant cela, j'ai inscrit la vie, et particulièrement la féminité, dans le registre de la morbidité.
Je comprends aussi que ma mère a fait du mieux qu'elle pouvait avec ses propres mensonges. Je lui pardonne et je l'aime.
C'est pourquoi, Maman, je te rends ton modèle de féminité.

Je me libère du modèle de féminité de ma mère.
Je me libère de l'obligation de le valider.
Je me libère de l'obligation de m'y opposer.
Je me libère de son manque de coquetterie.
Je me libère de sa soumission.
Je me libère de son manque de communication.
Je me libère de son manque d'authenticité.
Je me libère de sa plainte.
Je me libère de ses pleurs et de sa dépression.
Je me libère de la morbidité.
Je me libère de l'obligation d'appréhender la féminité dans le registre de la morbidité.

Je récupère ma souveraineté et ma féminité propre.
Je récupère mon droit à être coquette et à le manifester.
Je récupère mon talent à communiquer.
Je récupère ma nature et mon authenticité.
Je récupère ma responsabilité.
Je récupère l'accès au féminin sacré et à ma puissance de femme.

Décodage des émotions
• *L'exaspération* : « J'ai trop accepté, améliorer ne fonctionne pas : je dois quitter (vérifiez toutefois que toute amélioration est impossible). »

Si vous êtes intelligent émotionnellement et que vous ressentez l'exaspération, c'est que vous avez déjà tardé à poser l'action adéquate car avant cela, vous avez déjà ressenti la lassitude : vous acceptiez, bien que ce ne fusse pas la bonne solution.

Pour quelle raison introduire dans ce chapitre « *j'ai inscrit la vie, et particulièrement la féminité, dans le registre de la morbidité* » ? D'une part parce que nous sommes imprégnés de la morbidité (cf. ce chapitre) de notre mère dans son utérus et d'autre part à cause de l'empilement, génération après génération, de la dégradation de la féminité. La domination masculine est inscrite dans l'inconscient collectif et éloigne tant l'homme que la femme de leur vraie nature (cf. le passage sur l'amour de complétude dans le chapitre « les collusions dans la relation amoureuse »). Il convient de vous libérer de cette injonction de dégradation, que vous soyez un homme ou une femme, pour accéder à Qui Vous Etes Vraiment.

Une fois libéré du modèle de votre mère, vous êtes libre de ses croyances et vous pouvez désormais créer les vôtres. Oui, vous choisissez vos croyances. Bien sûr, vous n'en avez pas la sensation interne car jusqu'à présent, elles se sont ancrées au niveau symbolique et le processus était inconscient. Néanmoins, il était bien réel. Derrière une peur, il y a toujours une croyance. Si vous parvenez à l'identifier, vous pouvez la modifier. Si par exemple, vous avez peur de vous lancer dans une nouvelle recette de cuisine par crainte de la manquer, quelle croyance se cache-t-elle derrière ? Lorsque vous mettez le doigt sur une de vos croyances, posez-vous la question : « Cette croyance me ressource-t-elle ou me limite-t-elle ? » La difficulté pour mettre en place une nouvelle croyance est l'impossibilité à l'imaginer. Vous étiez prisonnier du modèle de votre mère mais rien ne vous indiquait que vous étiez prisonnier. Comment imaginer un extérieur lorsque l'on n'a pas conscience d'être à l'intérieur ? Imaginer que vous puissiez réussir cette recette ne vous effleure même pas. Faites-vous aider ou aidez-vous vous-même en important un modèle extérieur à vous. Vous pouvez vous appuyer sur une technique, par exemple : « Comment s'affirmer en 10 leçons ? » Vous pouvez aussi utiliser la technique du héros. Vous choisissez votre personnage (réel ou non, vivant ou mort, cela n'a pas d'importance) démontrant à vos yeux les qualités que vous désirez obtenir... Et vous l'imitez !

- Le modèle de couple

Le couple est une entité en tant que telle dont l'énergie déteint sur vous. Il est donc important de déterminer en quoi le couple de vos parents a pu vous impacter. En cas de dysfonctionnement important, construisez un chapitre identifiant tout ce que vous avez, consciemment ou non, repris à votre compte.

- Vos parents n'échangeaient aucun geste de tendresse.
- Leur relation était sous l'enseigne de la violence.
- Ils fonctionnaient dans des jeux de manipulation malsains (sauveur/persécuteur/victime, par exemple).
- L'un dominait l'autre.
- L'un ou les deux étaient absents.
- Ils vivaient dans le paraître par rapport à l'entourage.
- Ils vivaient repliés sur eux-mêmes.
- Etc.

Exemple d'un chapitre
La Xième chose dont je veux parler, Maman et Papa, c'est que chaque départ en vacances présentait la même scène de théâtre : 48 heures à l'avance, Papa entrant en transe pour préparer les bagages et Maman subissant cela en râlant ostensiblement.
Lorsque j'évoque cela, je ressens de la lassitude.
Je comprends aujourd'hui que mes parents m'ont offert un modèle de couple basé sur l'absence d'affinités, les non-dits, une possible séparation, l'absence de désirs et un ciment à l'image de

l'expression « il faut tenir », basé lui-même sur l'obligation d'exister en clan, coûte que coûte. J'ai donc à mon insu inscrit ce modèle, et bien que je m'y sois opposé à la puberté, j'en ai conservé une difficulté à m'engager et la tendance à rester à proximité du clan.
C'est pourquoi, Maman et Papa, je vous rends votre modèle de couple.

Je me libère du modèle de couple de mes parents.
Je me libère des non-dits en tant que solution.
Je me libère de l'idée qu'un couple est un objectif en soi.
Je me libère de l'injonction d'être fidèle au clan.

Je récupère mon courage de dire les choses.
Je récupère mon droit à construire le couple tel que je le conçois.
Je récupère ma liberté.

Décodage des émotions
• *La lassitude* : cf. le parent fusionnel.

La présente émotion montre indirectement le poids que l'on accepte de porter, tout en se faisant croire que l'on est étranger à la relation de nos parents. Vous vous êtes laissé impacter à votre insu. L'émotion vous le rappelle et vous invite à vous en libérer.

Hormis en cas de violence ou de dysfonctionnement majeur, le couple parental impose son modèle de façon insidieuse. Comme vos parents sont eux-mêmes prisonniers de leurs mensonges et de la collusion entre eux, les jeux psychologiques s'enchaînent inlassablement. Pour conserver l'illusion de l'amour et de la sécurité, vous deviez vous en tenir à distance, comme s'ils n'existaient pas. Une fois de plus, vous devrez monter en conscience après votre libération, rechercher en vous ce que vous répétez, voire ce que vous cherchez à mettre en place dans le vôtre, de manière à rendre le mensonge vrai. Il est faux de croire que paraître un couple parfait aux yeux de vos proches vous rend plus heureux. Vous êtes au contraire dans le royaume du non-dit. Il est temps d'oser l'authenticité. En vous autorisant cela, vous autoriserez vos amis à faire de même ; vous monterez plusieurs barreaux sur l'échelle du plaisir lors de vos réunions amicales.

- La connexion au monde subtil

Si vous êtes peu familiarisé avec le monde des énergies subtiles, de la spiritualité, ce chapitre pourra vous sembler farfelu, voire vous heurter. Il a cependant toute sa place ici car nombres de personnes souffrent de ce syndrome. Il nous faut en parler car s'il n'est pas relié directement à « maman = amour ; papa = sécurité », il joue un rôle crucial dans la construction des mensonges.
Tout le monde naît avec une connexion très forte aux mondes subtils. Tous les enfants la manifestent. L'expression « rire aux anges » est à entendre littéralement car les bébés les voient et s'en réjouissent. Plus tard, le monde des pensées et l'injonction de rationaliser les éloignent de ce monde. Combien d'enfants racontent à leurs parents qu'ils parlent avec « leur ami » et ceux-ci répondent : « Oui, c'est un ami que tu imagines. »
Pour certains, cette connexion se manifeste par des talents très spécifiques : médiumnité, don de guérisseur, clairaudience, magnétisme, etc. Tout le monde cependant l'exprime sous forme d'intuition : c'est le fameux sixième sens.
Vous vous êtes coupé de votre connexion vers l'âge de cinq ans, plus précisément au moment de l'œdipe (cf. ce chapitre). A ce moment, vous vous êtes orienté vers la vie, plutôt que vers le désir de votre parent, et ce faisant, vous avez fait le deuil de récupérer la partie manquante de votre âme : vous avez jeté le bébé avec l'eau du bain !
Cette expression signifie que pour vous séparer de quelque chose d'inutile, voire de gênant, vous évacuez en même temps quelque chose de très précieux. C'était une bonne idée de vous détourner du moyen (passer par le désir de votre père ou de votre mère), c'en était une très mauvaise d'abandonner l'objectif. Comme en même temps que la résolution du complexe, vous receviez de vos parents et de la société l'assurance de sa non-existence, vous vous êtes fait oublier. Vous avez ainsi été victime d'une double injonction : « Détourne-toi de ton père ou

de ta mère... et fais le deuil de ton intuition. » La coupure du monde subtil est donc un impératif social prenant racine dans la symbolique.

Hélas pour vous, le mental aggrave la situation car vos mensonges sont menacés.
Vous percevez le monde par le biais de deux canaux : votre mental et votre intuition. Le mental gère les cinq sens, l'intuition est le sixième. Vous savez désormais que le mental est menteur, votre monde est falsifié et vous n'avez accès qu'à 5 % de la réalité, de la vérité. Le canal de l'intuition vous délivre une information pure : *La Vérité*. La définition même d'une intuition est qu'elle est toujours juste.
Votre mental repeint le monde, il vous fait croire, par exemple, que votre père assure votre sécurité... Mais votre intuition vous affirme le contraire puisqu'elle vous dit la vérité. Le mental en est très mécontent : il lui est déjà difficile de modifier la réalité, si de plus l'intuition la restaure au fur et à mesure, cela devient mission impossible. Il a donc tout intérêt à vous couper de cette source d'informations ; à cet égard, le processus à la sortie de l'œdipe est pour lui une véritable aubaine.
Pour un certain nombre, cela fonctionne parfaitement et la connexion se ferme quasiment totalement. Pour d'autres, la connexion est tellement puissante qu'elle transparaît quand même : le problème demeure car la vérité est toujours dévoilée.
Si votre mental n'est pas parvenu à résoudre cette difficulté, vous avez vécu l'enfer parce que vous avez quand même construit les mensonges, tout en voyant qu'ils étaient faux. Vous étiez pleinement conscient des défaillances de vos parents et vous deviez quand même les absoudre. Cette capacité débordait sur le monde, dévoilant l'absurdité, les injustices des adultes, des instituteurs, etc. Il vous fallait subir sans pouvoir vous aveugler.

La plupart du temps, le mental gère cette impossibilité en créant une de ses fameuses bulles. Vous circonscrivez votre intuition, votre connexion à un domaine très précis. A l'intérieur, il vous est possible de l'activer, de l'utiliser ; à l'extérieur, elle n'existe pas. Nombre d'artistes connaissent bien cela, hormis qu'ils la nomment inspiration. Une artiste peintre m'expliquait qu'elle créait dans un état second, comme si elle était dans une colonne de lumière, cependant, bien que ses œuvres soient reconnues et appréciées, elle vivotait. Son mental lui autorisait l'accès à son intuition… uniquement lorsqu'elle peignait. Cela était possible car l'art est une activité symboliquement marginale dans notre société (« 20/20 en dessin ne compte pas : combien as-tu eu en maths ? »). Sortie de sa bulle, les mensonges reprenaient leurs droits et il lui était interdit d'en récolter les fruits.

L'arrangement peut aussi consister à n'utiliser son talent que pour aider les autres. Une personne que j'accompagnais manifestait un véritable talent pour conseiller ses proches et les orienter vers les meilleures solutions, mais elle se débrouillait pour toujours faire les mauvais choix pour elle-même.

Vous pouvez au contraire l'utiliser pour échapper aux mensonges, puisque vous pouvez vous réfugier dans votre bulle où la souffrance n'existe pas. Si c'est le cas, vous êtes toujours parti dans des rêveries ou bien pratiquez-vous de façon intense une activité où vous êtes en retrait du monde.

Enfin, une des meilleures stratégies pour vous en couper est d'en avoir peur. Vous détestez tout ce qui est paranormal et ce qui est étrange prend toujours un caractère négatif.

Et ceux qui réussissent, me direz-vous ? Ils annulent leur réussite au moyen de phobies correspondantes, de sabotages divers, comme la chute dans l'alcool ou la drogue, la dépression, etc. C'est pour cette raison que les grands destins sont tragiques.

- Vous éprouvez des sensations étranges que vous ne pouvez partager avec personne.
- Vous entendez et peut-être dialoguez avec des personnes décédées.
- Vous sentez des présences.
- Vous avez déjà vécu des sorties de corps.
- Vous faites des rêves prémonitoires.
- Vous éprouvez des sensations de « déjà vu ».
- Vous vous perdez dans une activité (par exemple, vous passez tout votre temps à dessiner).

- Vous avez des flashes à propos des personnes que vous voyez (p.ex, vous savez instantanément que cette femme est enceinte).
- Vous avez des intuitions fortes.
- Vous entendez des voix.
- Vous avez peur de tout ce qui est paranormal.
- Vous avez beaucoup d'inspiration dans un domaine particulier.
- Vous aviez conscience dès votre plus jeune âge que votre père n'assurait pas et/ou que votre mère manquait d'amour.
- Vous perceviez instantanément les dysfonctionnements des adultes.

Si vous cherchez activement, vous trouverez trace de votre intuition dans des idées que vous avez à votre travail, quand vous cuisinez, bricolez... Si vous n'en trouvez pas trace, je vous invite quand même à construire un chapitre, dont seule la fin différera, car vous avez tout intérêt à récupérer cette connexion, à vous ouvrir à votre intuition.

Exemple d'un chapitre
La Xième chose dont je veux parler, c'est qu'il y a une dizaine d'années, alors que je peignais une pivoine dans mon atelier, j'ai réalisé que j'étais le vecteur de quelque chose qui me dépassait.
J'ai ressenti un mouvement, une danse, une transe, un état modifié de conscience et puis par-dessus tout ça, de la joie et de la grâce.
Je comprends aujourd'hui que je possède une connexion particulièrement puissante avec le monde subtil. Pour conserver mes mensonges intacts, j'ai dû m'en couper. Comme elle transparaissait quand même, je voyais que mes mensonges étaient faux, ce qui démultipliait ma souffrance à l'infini. Pour trouver une issue, je l'ai circonscrite à la peinture, utilisant finalement cette connexion pour fuir la réalité limitante et coercitive. Hélas, par là-même, je fuyais la vie en me faisant croire que j'y accédais, stratégie que j'ai conservée face aux problèmes que je devais affronter.

Je me libère de l'obligation de me couper du monde subtil.
Je me libère de l'interdiction d'utiliser cette connexion au quotidien.

Je me libère de l'interdiction d'utiliser cette connexion pour moi-même.
Je me libère de la croyance qu'elle est un refuge coupé du monde.
Je me libère de l'obligation de fuir la vie.
Je me libère de l'interdiction de réussir ma vie en utilisant ma connexion.

Je récupère ma connexion naturelle au monde subtil.
Je récupère la joie de l'utiliser au quotidien pour moi-même et pour les autres.

Pour identifier la stratégie utilisée pour circonscrire votre connexion, examinez vos passions, vos hobbies.
Si vous n'avez pas identifié l'un des symptômes (un seul suffit), utilisez juste la formulation : *Je comprends aujourd'hui que pour préserver mes mensonges, j'ai dû me couper de ma connexion au monde subtil, m'interdire d'écouter mes intuitions.*

Décodage des émotions
• *La joie* : « Je suis en connexion avec mon être le plus profond, avec Qui Je Suis Vraiment. »
• *La grâce* : « Je suis soutenu par l'Univers (au niveau spirituel : je suis dans les bras de Dieu). »

La joie vous dit que vous connectez votre état naturel. Votre vraie nature est de vivre dans la lumière, en harmonie avec vous-même et ce qui vous entoure. Cela signifie que si vous n'aviez aucun mensonge, aucune peur, vous vivriez chaque instant de votre vie dans la joie.

Une fois libéré, si vous possédez une de ces facultés paranormales, et si vous osez en parler autour de vous, vous découvrirez que certaines de vos connaissances connaissent de telles expériences... et que la plus grande partie vivent des moments d'intuition. Comme vous, ils préfèrent se taire, de peur de passer pour fous. Que vous en parliez ou non, acceptez que ce soit votre nature et qu'en fait, c'est un immense atout. C'est le signe que vous avez des facilités pour recevoir des

guidances. Vous pourrez les développer, améliorer la qualité de ce canal et peut-être découvrir en vous ces capacités de médium, de guérisseur, etc.
Pour cela, soyez curieux ! Amusez-vous avec votre don, explorez ses limites, repoussez-les sans arrêt, explorez sur internet, échangez avec d'autres personnes qui possèdent le même talent, pratiquez, pratiquez, pratiquez.
En vérité, vous savez que si vous présentez ces symptômes, c'est le chapitre le plus important de votre cérémonie (même si bien sûr les autres sont indispensables). C'est pour cela que vous faites votre Festen.

Si vous ne présentez pour l'instant aucune de ces facultés paranormales, vous avez quand même tout intérêt à développer votre intuition, puisqu'elle dit *La* vérité. [30] En premier lieu, découvrez l'activité que vous pratiquez avec le plus de joie. Vous serez étonné de découvrir que votre talent est amplifié de façon considérable lorsque vous êtes connecté à ces énergies. C'est ce qu'a découvert la personne de l'exemple qui peint désormais en étant totalement guidée. Tous les grands artistes sont inspirés, leurs créations viennent « d'ailleurs ».
En partant de cette activité, vous vous familiariserez avec votre intuition. De plus en plus, vous vous ouvrirez à elle et vous l'écouterez. Ce sera l'assurance pour vous de toujours prendre les décisions parfaites et d'avoir la parole adéquate.

- La résultante

Chaque mensonge, chaque peur vous marque. C'est une empreinte en vous qui pulse sans cesse, une vibration douloureuse qui émet sa souffrance. Si vous avez identifié une douzaine de peurs en vous, prenez conscience qu'elles ne sont pas séparées, indépendantes. Chaque mensonge est relié aux autres de la même façon que chaque pensée est reliée au réseau global. Comme des fils entrecroisés forment un tissu, vos mensonges associés génèrent une résultante, une tonalité qui marque votre personnalité. Vous l'identifiez en vous demandant ce

[30] Ceci est expliqué plus en détails dans mon livre « Plus de Peurs que de Mal ».

qu'est votre vie. Elle apparaît lorsque vous vous décrivez. Imaginez que vous exposiez à un thérapeute les raisons pour lesquelles vous souhaitez être aidé : « Je viens vous voir parce que je... » Il est vraisemblable que vous exprimiez la résultante de vos mensonges. Cela vous fera en tout cas un bon point de départ, même si vous devrez explorer plus profondément. Souvenez-vous de partir de votre vie en général, plus que de chaque mensonge car, de la même façon que l'arbre cache la forêt, vous pourriez vous focaliser sur une peur précise pour éviter de regarder l'ensemble.

Pour vous aider à identifier les interdictions, les obligations, les impossibilités, les effets et les stratégies pour survivre, gardez présent à l'esprit que vous avez possiblement, voire vraisemblablement, vécu ce que Lise Bourbeau nomme les 5 blessures de l'âme : l'abandon, le rejet, l'injustice, la trahison et l'humiliation. A cela, il convient d'ajouter la violence qui est présente dans tout ce que vous avez subi et qui s'inscrit de façon traumatique.
Souvenez-vous aussi qu'un enfant, en plus de l'amour et de la sécurité, a besoin d'être entendu, reconnu et valorisé. Lorsqu'il regarde ses parents, il doit se voir dans leurs yeux. C'est cela qui lui permet de se structurer. Faute de cela, il lui sera impossible de se dire, de s'exprimer et de se projeter dans l'avenir, de rêver sa vie (cf. la structuration de l'être humain).

Construisez une interprétation sur le modèle :
Je comprends aujourd'hui que tous les mensonges évoqués précédemment m'interdisaient de (vivre pour moi-même, réussir, vivre en couple, etc.), m'obligeaient à (rester disponible pour ma mère, me saboter, refuser des postes intéressants, etc.).
Cela a eu pour effet de (me figer dans la morbidité, de bloquer toute évolution, de me faire devenir un mort-vivant, etc.).
Pour vivre quand même, j'ai (quitté le pays, construit une bulle en jouant de la musique, pris un job sous-payé, etc.) J'ai aussi déplacé mes peurs vers (la phobie des serpents, des pigeons, des rats, etc.), déclenché des (sclérose en plaques, entorse du genou, hypothyroïdie,

etc.).[31] *Pour tenter de me tenir à distance de ma souffrance, j'ai déclenché une (dépression, narcolepsie, etc.) ; pour m'anesthésier, j'ai utilisé (l'alcool, les joints, l'héroïne, etc.) et j'ai commencé à fumer pour me donner une contenance.*
Ensuite, je (me suis sacrifié, ai cherché à toujours contrôler les autres pour éviter d'être démasqué, me suis coupé de mes émotions, utilisé le déni et la banalisation, etc.). Enfin, j'ai choisi le métier de (architecte pour construire à l'extérieur ce que je ne pouvais construire à l'intérieur, éducateur pour réparer, etc.).[32]
Je comprends aussi que j'ai fait du mieux que je pouvais avec mes propres mensonges, je me pardonne et je m'aime.
Vous pouvez répéter, dans l'interprétation de ce chapitre, certaines peurs que vous avez déjà déclinées dans d'autres chapitres, mais vous devez surtout y inclure tout ce qui dysfonctionne dans votre vie et que justement vous n'avez pas encore nommé : phobies, maladies, addictions... En vous souvenant qu'elles sont toujours des solutions imaginées par votre mental pour déplacer la peur de son origine indicible vers un objet acceptable.
Pour identifier les effets, examinez ce pourquoi vous désirez faire votre Festen, voyez aussi ce qui vous fait (ou vous a fait) honte.
Pour identifier la stratégie développée pour vivre quand même, pensez à regarder du côté de vos défauts. Pour cela, après les avoir listés, voyez aussi ce que les autres vous reprochent : votre conjoint, vos enfants, vos collègues, vos amis...
Chacun des symptômes nommé générera un « je me libère » correspondant et éventuellement un « je récupère ».

Exemple d'un chapitre
La Xième chose dont je veux parler, c'est de la fois où mes colocataires avaient salopé ma chambre.

---

[31] Si vous voulez savoir pour quelles raisons vous avez déclenché votre maladie, je vous conseille le livre du Dr Thomas-Lamotte « Et si la maladie n'était pas un hasard » et les dictionnaires de décodage biologique (vous trouverez gratuitement en ligne celui de Jacques Martel).
[32] Essayez, dans la mesure du possible, d'identifier le symbole de la profession que vous avez choisie.

J'ai ressenti de la colère, de la résignation, de la lassitude, de la fatalité, de l'impuissance, de la tristesse, de la peine et du ressentiment. Aujourd'hui, je comprends que tous les mensonges évoqués précédemment m'obligeaient à créer un espace de non-vie, de destruction, de dévalorisation et de passivité ; ils m'interdisaient d'être moi-même, de réussir et m'obligeaient à manifester sans cesse mon impuissance. Cela a eu pour effet de me plonger dans une morbidité et une négativité permanentes. Pour vivre quand même, j'essayais d'être le père de mon père et l'objet de ma mère. Comme cela ne faisait qu'accentuer le problème, j'ai déplacé l'emprise de ces injonctions de non-vie vers des TOC. Cela me permettait de diriger ma souffrance vers des objets précis et de la retirer du reste de ma vie. J'ai aussi choisi de vivre en Angleterre pour quitter la juridiction symbolique de mes parents. Enfin, j'ai choisi le métier d'avocat pour symboliser ma volonté que justice me soit rendue.

Je me libère de l'obligation de créer des espaces de non-vie.
Je me libère de l'interdiction de vivre.
Je me libère de l'obligation de me détruire.
Je me libère de l'obligation de me dévaloriser.
Je me libère de l'obligation d'être passif.
Je me libère de l'interdiction d'être moi-même.
Je me libère de l'interdiction de réussir.
Je me libère de l'obligation de manifester sans cesse mon impuissance.
Je me libère de l'obligation d'être le père de mon père.
Je me libère de l'obligation d'être l'objet de ma mère.
Je veux libère des TOC en tant que solution.
Je me libère de l'interdiction de prendre conscience de mes souffrances.

Je récupère mon droit à vivre et à le manifester.
Je récupère ma créativité et ma positivité.
Je récupère ma valeur naturelle.
Je récupère ma pro activité.
Je récupère mon droit à incarner Qui Je suis Vraiment.
Je récupère ma toute-puissance et je la manifeste.

Je récupère ma place dans le clan familial.
Je récupère ma sécurité intérieure.
Je récupère ma lucidité et mon discernement.

Décodage des émotions :

- *La colère* : cf. le père vide.
- *La résignation* : cf. l'abandon.
- *La lassitude* : cf. le parent fusionnel.
- *La fatalité* : cf. le parent pervers narcissique.
- *L'impuissance* : cf. le refus d'incarnation.
- *La tristesse* : cf. le mauvais sexe.
- *La peine* : cf. l'enfant pas désiré.
- *Le ressentiment* : cf. le père vide.

Les émotions peuvent exploser en un véritable bouquet de feux d'artifice. Il faut néanmoins pour cela prendre le temps de s'intérioriser et de les laisser monter, car on comprend par cet exemple la souffrance qu'elle peuvent déclencher lorsqu'on s'y identifie.

Les mensonges que vous construisez sont comme les mailles d'un filet en forme d'entonnoir. Chacun vous oblige à un comportement ou vous en interdit un autre. Ce sont des pans entiers de votre vie qui vous sont retirés, des possibilités, des potentiels. Votre vie s'étrique, c'est un peu comme si vous étiez obligé de ne regarder que le bout de vos chaussures... Pour vivre quand même, soit vous fixez votre souffrance sur des objets extérieurs, comme dans l'exemple ci-dessus, soit vous vous arrangez avec vous-même en créant des zones où vous pouvez tricher avec le mensonge. Un homme ayant créé enfant le mensonge : « Je n'ai pas le droit d'être sur Terre » passait la plupart de son temps dans une cabane perchée dans un arbre de son jardin : lorsqu'il était dans l'arbre, il n'était pas sur Terre... Cela peut sembler presque risible et anecdotique mais si vous regardez attentivement votre vie, peut-être découvrirez-vous de tels aménagements. Peut-être par exemple avez-vous l'autorisation de vous réaliser en pratiquant un loisir car ainsi, vous ne le faites pas dans la « vraie » vie (cf. Interdit de grandir et la connexion au monde subtil). En partant de ces arrangements et de la résultante de vos mensonges, vous pouvez en quelque sorte remonter le long de l'entonnoir et identifier vos mensonges en examinant à chaque fois en quoi « maman = amour ; papa = sécurité » dysfonctionnaient.

- La puberté

Votre mental a créé des mensonges pour conserver l'illusion de l'amour et de la sécurité. Vous les avez résumés dans la résultante. Nous pourrions les caricaturer ainsi en forçant le trait : « Je ne suis rien ; je n'ai droit à rien. »

Hélas, en procédant de cette manière, votre mental ignorait qu'il vous envoyait droit dans un mur... Cela, à cause d'une propriété qu'il possède : *il ne connaît que ce dont il fait l'expérience*. Vous pouvez lire dix livres sur ce qu'est faire du vélo, vous ne le saurez réellement *que* lorsque vous monterez dessus. Il ignore par conséquent ce qui va advenir à la puberté car rien ne remplace l'expérience.

Au plan physiologique, la puberté est la mise en fonction des organes de reproduction. L'âge et la durée du processus sont variables. Sur le plan symbolique, c'est une montée de sève. En vous s'élève une force nouvelle, puissante et de nature sexuelle. C'est le début de la crise d'adolescence. Son déclenchement est physiologique, sa résolution sera mentale. C'est pour cela que sa durée est variable. Certains individus ne l'ont toujours pas résolue à trente ans.

Vous souvenez-vous de la sensation de puissance qui accompagnait vos révoltes, le franchissement d'interdits, ou tout simplement la force des rêves lorsque vous imaginiez votre vie (apparition du prince charmant – ou de la princesse, rêves de gloire, etc.) ?

La puissance est la force avec laquelle l'énergie sort de vous, est propulsée. Vous utilisez de l'énergie en permanence ; ainsi, vous en avez besoin pour tourner les pages de ce livre ; pour autant, vous n'éprouvez pas de sensation de puissance. Celle-ci apparaît lorsque vous avez de l'énergie *à revendre*. Vous marchez dans la rue mais vous vous auriez plutôt le goût de courir ! Vous avez envie de danser, de chanter, de crier.

C'est une pulsion de vie, une pulsion de désir qui monte en vous. Si on lui prêtait la parole, elle s'exclamerait: « Fonce, désire, fais-toi désirer, croque la vie, deviens Qui Tu Es, déploie tes ailes ! »
Exactement le contraire des mensonges établis.
De nouveau, vous voilà face à un paradoxe : « Je ne suis rien ; je n'ai droit à rien » d'un côté, et de l'autre : « Je suis tout, j'ai droit à tout. » De la même façon que vous avez dû résoudre « maman = amour » et « maman = pas amour », il vous faut résoudre celui-ci.
Dans la prime enfance, la non-résolution d'un paradoxe cause la psychose (sortie de la réalité) ; une telle crise non résolue à la puberté peut aussi causer des dégâts assez considérables : troubles bipolaires (alternance de phases maniaques et dépressives), des troubles dissociatifs de l'identité (sensation d'être « plusieurs »), des troubles schizophréniques (difficulté d'être en relation avec le réel), etc.
Chez la femme, si le mental ne parvient pas à résoudre le paradoxe, il lui arrive carrément « d'étouffer » la pulsion de vie, l'interdire, pour ne conserver que les mensonges initiaux, solution radicale qui supprime un des termes ; la femme devient alors frigide.[33]

La plupart du temps, le mental trouve une solution mais il a besoin de temps car ces deux forces s'opposent : tantôt une partie prend les commandes, tantôt l'autre ; tantôt les deux s'affrontent dans une même situation. Le paradoxe est douloureux à vivre. Pour la partie qui s'ouvre à la vie, il est difficile de faire le deuil de la Vie (de laisser le pouvoir aux peurs et à leurs limitations) et pour la partie névrosée, grande est la peur de ne plus obéir aux mensonges. C'est un véritable combat interne et les expériences durant cette période mêlent souvent exaltation et anxiété.
La dimension de cette crise dépend de la puissance des mensonges.
Si la montée de sève est plus puissante que les mensonges, la tendance est à la révolte, l'explosion, l'envie de tout envoyer promener.
Si les deux sont de force équivalente, la crise se vit au niveau imaginaire : refuge dans les livres, la musique, enfermement dans sa chambre, fantasmes sur l'âme sœur, etc.

[33] Bien que cette possibilité existe aussi chez l'homme, cela reste exceptionnel car l'afflux de testostérone rend son inhibition difficile.

Si les mensonges sont beaucoup plus puissants, la crise se développe dans une tonalité de dépression car le mental interdit en quelque sorte de prendre livraison de la pulsion de vie. C'est pour cette raison que nombre de suicides se produisent à l'adolescence.

Le mental résout le paradoxe en construisant un nouveau mensonge, un mensonge surnuméraire. Il « coiffe » les deux parties d'un nouveau mensonge qui permet la véracité des deux. Le mental fait toujours preuve d'une ingéniosité extraordinaire. Elle est mise à contribution ici car doivent tenir en même temps « j'ai droit » et « je n'ai pas droit ». Un accord doit être trouvé et sa mise en place est assez simple (du moins, sur le principe) car cette pulsion de vie qui monte, qui pousse à l'essor, à l'autonomie, à la réalisation, est une pulsion *de désir*. Vous désirez vous envoler, vous désirez l'autre, vous désirez vous réaliser, etc. Le mensonge est simple : « Tu as le droit de désirer... *A condition de ne jamais obtenir !* »
Le tour est joué : vous avez le droit de *vouloir*... à condition de ne pas *avoir*. Les deux parties sont bien prises en compte, écoutées. Vous désirez : la pulsion de vie est respectée ; vous n'obtenez pas, les mensonges le sont également. C'est le nouvel accord que vous passez avec vous-même. Si vous avez créé le mensonge : « Il m'est interdit de réussir », vous désirez réussir et vous ratez toujours... Et si par hasard ou volonté, vous réussissez, vous devez annuler : bienvenue dans une vie de démence.

Le mensonge reste intact, vous faites juste semblant de l'inverse. C'est à ce moment que prend naissance « c'est plus fort que moi ». Vous voulez triompher, mais vous vous sabotez, c'est plus fort que vous.
Voilà pourquoi les personnes qui réussissent possèdent quasiment toutes un trouble caché. C'est une forme de sabotage par annulation (cf. la connexion au monde subtil) pour garder vrai l'accord passé à la puberté.
Pour vivre avec ce mensonge qui oblige au sabotage permanent, vous devez vous cacher votre incohérence. Pour apporter un peu de légèreté dans cette calamité, observons cela par un exemple farfelu. Un homme a

construit le mensonge « d'accord pour chercher des champignons, à condition de ne jamais en trouver ». Nous sommes bien dans le cadre d'un accord passé à la puberté : « Je veux mais je n'aurai pas. » Vivant en ville, il annonce un matin à sa compagne qu'il descend chercher des champignons.

« - Où cela ? Rétorque-t-elle

- Dans la rue, sur le trottoir.

- Es-tu sûr d'être bien ?

- Oui, j'ai vu qu'il y avait une sorte de champignon qui poussait sur les trottoirs. »[34]

Il revient bien sûr bredouille, respectant ainsi son mensonge et n'ayant absolument pas conscience que son objectif était de *ne pas* en trouver. Réellement, vous ne voyez pas, vous êtes dans votre tache aveugle. Vous remarquez de tels comportements irrationnels chez des proches, mais vous êtes incapable de percevoir les vôtres. Vous voyez la paille dans l'œil du voisin, sans distinguer la poutre qui est dans le vôtre.

Vous prenez la mesure ici d'une des clés de votre comportement : vous vous croyez sain d'esprit parce que vous ne conservez à la conscience que votre aspect positif ; tout l'aspect négatif et malsain reste inconscient. C'est la raison pour laquelle personne, *a priori*, ne veut guérir. Qui voudrait se soigner s'il n'est pas malade ?... « Les thérapies, c'est pour les malades ; je vais très bien ! » Vous continuez ainsi de vous saboter devant les autres, inconscient de votre comportement, vous apitoyant vous-même du sabotage des autres et de leur inconscience.

Vous trouverez l'accord que vous avez passé à la puberté en réalisant la synthèse des mensonges (cf. la résultante) et en décrivant son opposé, vous aurez ainsi les deux termes de l'accord. Si vous ne parvenez pas à l'identifier précisément, utilisez l'expression standard : *« D'accord pour accepter cette pulsion de vie, à condition de ne pas en récolter les fruits.* » et le « je me libère correspondant » : *je me libère de l'accord passé à la puberté.*

[34] Il existe vraiment, c'est l'agaric des trottoirs.

Exemple d'un chapitre
La Xième chose dont je veux parler, c'est qu'adolescente, j'aimais m'isoler dans ma chambre pour écouter de la musique et que cela n'était pas du goût de mes parents.
Je ressentais de la rébellion, du plaisir, un sentiment de liberté et une sensation de puissance.
Je comprends aujourd'hui qu'au moment de la puberté est montée en moi une force nouvelle, puissante et de nature sexuelle. Elle venait contredire les anciens mensonges. Pour résoudre ce nouveau paradoxe, j'ai passé un nouvel accord avec moi-même : « D'accord pour accepter cette pulsion de vie, à condition de ne pas en récolter les fruits, d'accord pour désirer, à condition de ne pas obtenir. » Pour le manifester, je me suis isolée dans une forteresse, coupée de la vie et des émotions, n'y faisant que de petites incursions, rentrant au plus vite dans ma forteresse et y relevant le pont-levis. Enfin, j'ai passé ma vie dans la peur, oscillant sans cesse entre la vie et la mort.

Je me libère de l'accord passé à la puberté.
Je me libère de l'obligation de créer une forteresse et de m'y isoler.
Je me libère de l'obligation de me couper de la vie.
Je me libère de l'obligation de me couper de mes émotions.
Je me libère de l'obligation de vivre dans la peur.
Je me libère de l'obligation d'osciller entre la vie et la mort.
Je me libère de l'oscillation en tant que solution.

Je récupère ma force de vie.
Je récupère le droit de concrétiser mes désirs.
Je récupère l'amour de la relation aux autres.
Je récupère ma connexion à mes émotions.

Décodage des émotions

- *La rébellion (sentiment de révolte)* : « Affranchis-toi ! » On dit d'un esclave qu'on libère qu'il est affranchi. Il s'appartient désormais. Votre corps vous dit que vous êtes esclave et qu'il est temps de briser vos chaînes.

• *Le plaisir* : « Je suis comblé par quelque chose d'extérieur ». Votre mental est flatté, quelque chose d'extérieur vous procure une sensation que vous ne trouvez pas à l'intérieur. Vous cherchez à reproduire cette sensation, bien qu'elle ne vous conduise nulle part puisqu'elle est éphémère et génère l'envie (ou le besoin) de la retrouver. C'est ce qui fait dire à Jules Barbey d'Aurevilly : « Le plaisir est le bonheur des fous, le bonheur est le plaisir des sages. » Si vous connectez votre cœur, vous trouverez en ce centre une sensation cent fois plus forte et permanente que le plaisir. Dans l'exemple, en laissant monter en elle du « vivant » (la musique), cette femme découvre une force extérieure, plus puissante que les mensonges, qui lui procure une sensation nouvelle de vie qu'elle réfrénait, s'interdisait jusqu'alors.
• *Le sentiment de liberté* : « Je ne suis pas en prison. » Le sentiment de liberté ne peut exister que comparativement à l'enfermement. Un zèbre dans la savane n'est pas libre. Il est. Pour faire l'expérience de la liberté, il lui aurait fallu connaître la cage... puis en sortir. Vous vous sentiez donc en prison si vous éprouvez de la liberté. Cela nécessite de monter en conscience sur la nature de ce milieu carcéral.
• *La sensation de puissance* : « J'ai de l'énergie à revendre » (cf. ci-dessus).

Les émotions de l'adolescence sont très intéressantes. Souvenez-vous que vos émotions vous disent votre plus grande vérité. La révolte et la liberté indiquent clairement qu'il y a emprisonnement. Les adolescents se révoltent pour mettre fin à la tyrannie des mensonges que les adultes ont acceptés. Comme la société refuse de plier, ils optent pour le stratagème du plaisir pour se faire croire qu'ils sont vivants.

La résolution de la crise d'adolescence est une forme de deuil. Vous faites une croix sur votre désir d'ETRE. Le rebelle range les armes et accepte de jouer au jeu des adultes. Il refoule cette soif de liberté et entre dans le monde du sérieux. Pourtant, vous continuez à désirer être car au fond de vous, la petite flamme brille toujours. Hélas, tout ce qui vous reste désormais, c'est le droit de désirer.

La force de vie est jugulée et finalement, vous n'aurez connecté votre vraie nature que durant cette période. C'est pour cette raison que certaines personnes, à l'instar d'Arthur Rimbaud, produisent l'œuvre de leur vie durant ces quelques années. Après cela, elles deviennent raisonnables.
La compréhension de ce modèle nous montre que ce sont les adolescents qui ont raison... Mais comme ils ne comprennent pas le caractère de l'affrontement qui se déroule en eux-mêmes, ils rejettent le monde, la société toute entière.[35] En réalité, ce qu'ils rejettent, ce sont les mensonges. S'ils pouvaient tous en prendre conscience et s'en libérer durant cette période, en une génération, les peurs de type 2 seraient pratiquement éradiquées de la société.

Pour réparer les dégâts de l'accord passé à la puberté, retrouvez le message de cette partie qui cherche la vie en vous, accédez à vos désirs les plus lumineux. Cette force de vie est toujours là. Mettez-vous en connexion avec elle car elle ne s'exprime pas au moyen de pensées, elle ressemble à une sensation de soif, de faim (mais bien sûr, ce n'est pas cela). Cela monte du plus profond de vous. Il est possible, en ressentant cela, que vous vous disiez : « Non, c'est trop beau pour être vrai ! » Soyez certain qu'à ce moment-là, vous y êtes. En retrouvant votre force de vie, vous vous reconnectez immédiatement avec votre intuition. Pour chacun de ces désirs, il y a bien des chances que vous découvriez en vous son opposé. Si par exemple, vous découvrez en vous l'envie de vivre en groupe, vous trouverez peut-être en contrepoint la peur du jugement. Vous connaissez la solution, votre voie d'évolution : choisissez la liberté, choisissez de vous élever ! Foncez ! Vous savez désormais que votre peur n'est qu'une illusion, alors, traversez-la ! Pour y parvenir, une seule voie : l'audace ! Osez être libre, osez faire ce que vous aimez profondément, osez vous affirmer, osez aimer, osez vous faire aimer ! Créez-le, souvenez-vous que ce à quoi vous porterez attention deviendra votre réalité.

---

[35] A moins qu'ils ne s'anesthésient au moyen de jeux vidéos ou se fassent croire qu'ils en sont à la marge en consommant des produits que la société se régale de leur fournir (vêtements, réseaux sociaux, etc.).

- Les collusions dans la relation amoureuse

Avant toute chose, l'accord passé à la puberté impose sa loi : vous désirez une vie de couple heureuse... mais il est interdit de la connaître. A l'aune de cette compréhension, vous pouvez donc déjà chercher ce qui manque dans votre relation, ce qui annule votre bonheur. Ensuite, portez votre attention sur le contenu de votre collusion.

Une collusion dans un couple est une entente tacite (secrète, non-dite) et inconsciente pour fonctionner selon un certain schéma. C'est « ce dont il ne faut pas parler ».

Devenu adulte, une partie de vous souhaite réparer ce que vous avez subi petit avec le parent du sexe opposé. Il en est toujours ainsi car il vous a fallu résoudre une problématique d'ordre sexuel qui est combinée en vous avec les traumatismes subis. Votre mental découvre une occasion d'y parvenir lorsque vous rencontrez une personne du sexe opposé (ou du même sexe si vous êtes homosexuel).

Si vous êtes une femme, vous tentez de réparer le préjudice subi avec votre père (si vous êtes un homme, c'est l'inverse). L'idée est de rejouer le film mais d'en changer la fin, et cette fois-ci de terminer en « happy end ». Vous choisissez un compagnon qui joue le rôle de votre père et vous fait endurer ce qu'il vous faisait subir. Pour le représenter, il faut un symbole. Ce peut être le même prénom, la même date de naissance, mais aussi des symboles anodins comme la forme des oreilles, ou un trait de caractère (l'humour, l'indolence, etc.). L'important est qu'il présente le même manque que votre père. Vous jouez bien sûr votre propre rôle. Si votre père vous interdisait de vous émanciper, vous choisissez un homme qui vous maintient en prison. Il agit envers vous comme votre père : étape 1 de la collusion accomplie. Vous souhaitez ensuite qu'il reconnaisse qu'il vous emprisonne (étape 2), pour qu'enfin (étape 3), il vous rende votre liberté (ce que justement votre père n'a pas fait). A ce moment, vous vous sentiriez réparée. Comme vous l'avez vous-même remarqué, cela ne fonctionne jamais... parce que votre compagnon cherche la même chose, mais inversée. Il vous a choisie

pour jouer le rôle de sa mère (modèle de féminité) qui était (par exemple) en défaillance d'affection.
Il vous colle pour que vous lui donniez cette affection, pendant que vous cherchez à vous échapper : aucune chance de résoudre quoi que ce soit de cette manière. Notez que la collusion n'interdit pas l'amour, au contraire. Pour qu'elle soit possible, il faut de l'amour, sans quoi, vous ne resteriez pas, ou la relation ne pourrait même pas débuter, tout simplement.

Vous comprenez que vous êtes dans une collusion parce que « ça tourne en boucle ». Les mêmes reproches, les mêmes conflits, les mêmes insatisfactions, sans arrêt. Vous l'identifiez en prêtant attention à ce que vous reprochez sans cesse à l'autre. Quelle critique récurrente lui assénez-vous ?... Si vous êtes une femme, cherchez le trait de caractère, de comportement qui vous rappelle celui de votre père ; si vous êtes un homme, recherchez la ressemblance avec votre mère. A l'inverse, de quels jugements êtes-vous la cible ?
Inutile de lister les symptômes car, à moins que vous n'ayez effectué un travail sur vous-même, il y a 99 % de chances pour que vous ayez construit votre relation de couple sur une collusion.

Exemple d'un chapitre
La Xième chose dont je veux parler, c'est de la fois où je suis rentrée de chez une amie et tu m'attendais à la maison, P... ; tu m'as demandé où j'étais en m'injuriant, puis tu m'as frappée en m'explosant l'arcade sourcilière. J'ai réussi à fuir en voiture et bien que tu m'aies coursée, j'ai réussi à rentrer dans un commissariat.
Lorsque j'évoque cela, je ressens de la tristesse, de l'injustice, de l'amertume et de la terreur.
Je comprends aujourd'hui que choisir cet homme me permettait de manifester l'accord passé à la puberté qui me commandait de n'exprimer la vie que dans la recherche spirituelle. Par ailleurs, j'essayais de réparer ce que j'avais subi petite avec mon père. Dans un premier temps, je choisissais un homme insécurisant et injuste, puis j'attendais qu'il reconnaisse qu'il l'était, pour qu'enfin, il m'offre la

justice et la sécurité. S'il l'avait fait, j'avais la croyance que je me serais sentie réparée.
C'est pourquoi, P., je te rends ta violence et ta folie.

Je me libère de l'obligation de choisir des hommes insécures.
Je me libère de l'obligation de choisir des hommes injustes.
Je me libère de l'obligation de choisir des hommes pour réparer ce que j'ai subi avec mon père.
Je me libère de l'interdiction de vivre une vie de couple libre, constructive, épanouissante et harmonieuse.

Je récupère ma connexion à l'amour être.
Je récupère le respect de moi-même.
Je récupère mon droit naturel d'aimer et d'être aimée.
Je récupère mon besoin naturel de former un couple d'amour sacré dans la complétude.

Décodage des émotions :
• *La tristesse* : cf. le mauvais sexe.
• *L'injustice* : cf. sauver ses parents.
• *L'amertume* : cf. le père vide.
• *La terreur* : cf. la mère sans amour.

La relation amoureuse cristallise beaucoup de choses, aussi, soyez attentif à ce sujet, d'ancrer votre volonté de décoder le message car, encore plus qu'ailleurs, vous aurez tendance à vous identifier à vos émotions.

Les collusions offrent de multiples visages : certains couples parviennent à construire une sorte d'équilibre au sein du déséquilibre, cherchant à résoudre les problèmes au fur et à mesure, à l'instar de Sacha Guitry qui énonçait : « Le mariage, c'est résoudre à deux les problèmes que l'on n'aurait pas eus tout seul. » D'autres acceptent une vie de désespoir tranquille et d'autres enfin vivent l'horreur en cas de maltraitance. Toutes possèdent deux points en commun.

- L'inconscient collectif incite à fonder une famille, à vivre en couple. C'est la norme. Comme tout ce qui est du domaine inconscient, ce n'est pas interrogé. Comme l'eau qui coule naturellement le long d'une pente, vous suivez un chemin tracé sur lequel il est primordial de fonder un couple. Vous aurez donc tendance à faire mentir le proverbe « il vaut mieux vivre seul que mal accompagné » car la qualité de la relation est secondaire.
- Comme vous avez manqué d'amour, vous cherchez à ce qu'il vous soit octroyé par l'autre : vous voulez être comblé. Vous attendez qu'un élément extérieur à vous-même vous abreuve et votre soif est inextinguible. Vous êtes dans le registre du plaisir et il en faut toujours plus, sans quoi, il faut passer à autre chose de plus fort. Vous fonctionnez dans l'amour avoir : « Aime-moi, donne-moi de l'amour, j'ai besoin de toi, ne me quitte pas, prouve-moi que tu m'aimes, etc. »
Vous n'êtes donc pas relié à l'autre par de l'amour mais par un fantasme. Ce trou que vous voulez combler n'existe pas réellement, c'est une illusion que vous avez créée par le mensonge ; en conséquence, l'amour que vous imaginez n'existe pas non plus.
Les conséquences diffèrent pour l'homme et pour la femme et les relations sexuelles en sont le meilleur indicateur.
La femme est reliée à son corps, à ses sensations intérieures, c'est pour cela que l'on dit qu'elle est sensuelle. Ce sont donc des sensations physiques qui la conduisent à l'orgasme. Les fantasmes interviennent quand elle fait l'amour avec un homme choisi parce qu'il ne lui convient pas (pour obéir aux mensonges et à la collusion) ; elle a alors besoin de s'imaginer avec l'homme idéal pour jouir (ou bien alors elle simule).
Le principal organe de jouissance de l'homme est le cerveau. Ce qui fait jouir l'homme vivant dans l'amour avoir est un fantasme. Nous le vérifions avec l'exemple de l'homme qui désire une femme qui se refuse à lui. Plus elle se refuse, plus il la désire. Du moment où elle lui cède, tout désir s'envole.

Vous libérer signifie franchir trois niveaux.
En premier lieu, celui de la collusion. Vous êtes avec l'autre personne pour de mauvaises raisons. Acceptez-le et parlez-en, échangez avec

l'autre, honnêtement, de façon authentique. Soit vous améliorez en déterminant ensemble ce qui vous désunit et en construisant une autre relation, fondée sur l'amour réel, soit vous quittez. Vous pouvez dans ce cas vous séparer dans la paix et vous rendre disponible pour un amour authentique.[36]

Deuxième étape : passer de l'amour avoir à l'amour être. Après avoir rendu le morceau à votre mère et récupéré votre droit d'aimer et d'être aimé, vous explorerez cette autre forme d'amour. Vous découvrirez que vous n'avez absolument plus besoin d'être rempli, vous détenez tout l'amour dont vous avez besoin à l'intérieur de vous-même. La chose la plus merveilleuse qui vous arrive est de donner de l'amour. A ce moment, que vous soyez seul ou non importe peu. Vous connaissez le bonheur… et vous n'avez plus *besoin* de plaisir.
Si d'aventure, vous faites la rencontre amoureuse d'une personne qui est parvenue au même point, vous donnez de l'amour sans en attendre en retour à une personne qui fonctionne exactement à l'identique. Les deux s'élèvent mutuellement à l'image de deux spirales qui s'entrelacent en montant. Vous êtes alors prêt pour la troisième étape : l'amour divin.

Votre âme désincarnée n'est pas polarisée. Elle est. L'incarnation polarise en masculin ou féminin. Le tout devient partie. C'est le symbole du yin et du yang.

Le yin, noir, est féminin, avec un point blanc de masculin au milieu ; le yang, blanc, est masculin, avec un point noir féminin au milieu.

[36] Si vous souhaitez explorer plus avant cette notion d'amour authentique et ce qui l'empêche, vous tirerez grand profit du livre écrit par Don Miguel Ruiz : « La maîtrise de l'amour ».

En plus de se couper de la Source, votre âme connaît donc l'expérience de n'être plus que la moitié du cercle. Le but de tout cheminement spirituel est de reformer le disque, *en soi*. Une pile bâton possède un pôle + et un pôle - ; il existe donc en son centre un point virtuel qui n'est ni l'un ni l'autre : c'est le point zéro. Reformer le cercle, c'est accéder en soi à cet endroit improbable.
Dieu[37], ayant créé la dissociation, a aussi prévu une voie royale pour retrouver sa complétude : le sexe. Pratiqué de façon ludique et sacrée, il devient l'un des plus puissants outils de reconnexion à sa nature divine. Il existe d'ailleurs une voie spirituelle de l'éveil par le sexe : le tantrisme. Vous pouvez y cheminer seul, mais ce sera beaucoup plus simple et aisé à deux.

L'homme fait l'amour à la femme de façon enfantine, tout en vénérant le corps comme un temple. La femme reçoit et sa sensualité lui permet de monter en énergie sur l'échelle de la jouissance. Il est dit que dans cette danse énergétique et sexuelle, si l'homme parvient à ne pas jouir et à faire jouir la femme sept fois d'affilée, celle-ci touche le septième ciel (bien entendu, pour ce qui vous concerne, vous avancez à votre rythme). Il se produit à cet instant une apothéose énergétique et la femme emmène l'homme jusqu'en haut de l'échelle. Ils connaissent alors tous deux la complétude : le cercle est reformé... Et il est reformé en chacun d'eux.

C'est justement parce que le sexe est la voie royale que les religions l'ont dégradé, souillé. Ainsi, les chrétiens ont transformé Marie-Madeleine en prostituée. Il n'en était rien. Elle était une grande prêtresse du temple d'Isis, initiée en Egypte aux arts de la sexualité. Sans Marie-Madeleine, pas de Christ abouti. Cela dérangeait considérablement l'Eglise qu'un chemin existe hors de leur chapelle car accepter cette possibilité équivalait à abandonner le pouvoir. Et plus encore, il était inacceptable que la femme détienne ce pouvoir.

---

[37] Je l'appelle Dieu par convenance et commodité, si vous souhaitez l'appeler Allah, l'Univers, la Force, ou bien Jean-Michel, sentez-vous à l'aise. Si vous êtes cartésien et que vous pensez qu'il n'y a rien, vous savez cependant qu'il n'y a pas d'effet sans cause... Dites-moi simplement quelle est la cause de l'univers ?

Ainsi sali, le sexe est devenu un problème car c'est le besoin le plus naturel et le plus pur qui soit. Imaginez que l'on vous interdise d'uriner, comment allez-vous faire ? Les êtres humains ont trouvé deux voies d'échappement : le tabou et la pornographie.

Le premier pas vers la complétude est de rompre avec l'image dégradée de la femme. Que vous soyez un homme ou une femme, vous participez plus ou moins consciemment à cela. Vous, messieurs, la voyez comme un objet sexuel à convoiter, à posséder ; et vous, mesdames, vous participez à ce jeu de la séduction, vous enfermant vous-même dans une image amoindrie de ce que vous êtes vraiment. C'est pour cette raison que dans le chapitre sur le modèle de féminité, vous écrivez : « En faisant cela, j'ai inscrit la vie, *et particulièrement la féminité*, dans le registre de la morbidité. » Finissons-en avec cela, il est temps de s'aimer. Vraiment. Commencez à explorer le caractère ludique et sacré du sexe, amusez-vous. L'amour est léger.

Enfin, le dysfonctionnement de votre couple peut être accentué parce que vous ne parlez pas le même langage. Chacun possède une idée singulière de ce qu'est être aimé. Si l'un pense que c'est de faire des câlins alors que l'autre croit que c'est de partager des moments privilégiés, il y a discordance et mésentente. Si votre couple est en péril à cause de cela, vous règlerez ce problème aisément en lisant ce petit livre tout simple – mais très puissant – de Gary Chapman, que j'ai déjà évoqué plus haut : « Les 5 langages de l'amour ».

- Les contrats d'âmes

Dans le chapitre sur l'inceste, j'évoquais la possibilité d'utiliser un modèle de compréhension plus élevé pour transmuter ces traumatismes très douloureux. « Quelque chose unit le violeur au violé, le bourreau à la victime, quelque chose de plus profond qu'un problème de circonstances ou de psychologie instable. »
40 ans d'expérience de l'accompagnement et 60 années de vie m'ont conduit à une conviction : tout possède un sens. Pour le trouver, il faut

parfois accepter de regarder les choses de très haut. En effet, si tout à un sens, quel peut être celui d'un enfant violé, d'un village rasé par des soldats ?

Je reste fidèle à l'idée de considérer non la vérité, mais l'efficacité, c'est-à-dire : est-ce que cela fonctionne ? Répondre à cette question suppose de considérer uniquement l'objectif. Et notre objectif ici, c'est la libération. Voulez-vous que le violeur paie ou bien voulez-vous être débarrassé de cette souffrance ? Si c'est ce dernier terme qui vous intéresse, il vous faut pour cela élever votre point de vue, et faire dans le même temps le deuil de la morale (vous devez quand même porter plainte pour que soit attesté socialement le crime et ce que vous avez subi).
Voici donc un modèle qui permet de sortir de l'ornière de l'injustice et de la victimisation. Il reste bien entendu uniquement un modèle, c'est-à-dire une *description* de la réalité. Il est donc faux par définition. En effet, c'est une explication donnée par le mental, or celui-ci ne peut nommer le monde, mais uniquement ce qu'il en perçoit.[38]

Un des plus grands et des plus simples miracles de la vie est... de boire de l'eau. Dieu (Allah, ou Jean-Michel) lui-même est incapable de boire. Pour connaître cette expérience, il est obligé de passer par nous. Nous sommes l'expérience de Dieu.[39]
Tant qu'il est le Tout, celui-ci ne peut se connaître. Pour faire de l'expérience, il faut être deux. Si je suis le seul homme sur Terre, il m'est impossible de savoir si je suis grand ou petit...
Pour connaître l'expérience, Dieu doit donc créer un deuxième morceau, puisqu'il est tout seul. Il se coupe artificiellement une partie qu'il isole de lui-même par une sorte de frontière artificielle. Il y a donc désormais deux. Cette coupure impossible (puisque Dieu est tout) est nommée par Walsch : la Divine Dichotomie.

---

[38] Je détaille la notion de modèles et de leur utilité dans mon livre « Se Libérer de la Souffrance et Construire son Bonheur ».
[39] Ce modèle est détaillé dans le livre de Neale Donald Walsch : « Conversations avec Dieu ».

Ainsi, Dieu crée un jeu pour faire de l'expérience : La Vie. Nous l'appelons l'Univers.
Dans ce jeu, il faut des joueurs. Dieu les crée en se fractalisant. Prenez un chou-fleur, enlevez une branche de ce chou-fleur, cette branche est un mini chou-fleur, enlevez une branchette, vous obtenez un mini mini chou-fleur. Poursuivez ainsi jusqu'à l'infini : vous obtenez un fractal. Chacun est appelé une âme.
Au milieu de votre poitrine, au centre de votre chakra du cœur, il existe une petite étincelle qui est une minuscule partie de Dieu reliée à lui par ce que l'on appelle le fil d'or. C'est lui qui vous a toujours tiré en avant, qui vous a permis de rester vivant lorsque vous vouliez mourir, de traverser toutes les épreuves.
Par le truchement de chaque âme qui s'incarne, Dieu fait de l'expérience.

L'âme progresse dans le jeu en passant par différents règnes. Ceux-ci sont symbolisés par la ménorah, le chandelier juif à sept branches.
Le premier est le règne minéral. Vous pouvez vous le représenter comme une échelle. Au premier barreau, l'âme s'incarne dans des minéraux frustres, comme des laves et elle s'élève jusqu'à faire l'expérience des cristaux.
Deuxième palier, le règne végétal : elle commence dans des mousses, des lichens et « monte » jusqu'à des orchidées, par exemple.
Elle passe ensuite au règne animal, débute peut-être par un ver de terre et termine par un chien domestique.
Elle parvient au règne humain. C'est celui qui nous intéresse.
L'échelle humaine possède une particularité car nous vivons dans la dualité (contrairement aux règnes précédents). Chaque chose possède son opposé : haut/bas, chaud/froid, gentil/méchant, etc. Le règne humain est donc duel. Pour des raisons de commodité, convenons que le bas est -50, le haut à +50 et au milieu, il y a le point neutre, le 0.
-50 correspond à survie ; +50 à christ. Christ est un nom commun. C'est la plus haute vibration qu'un être humain puisse connaître sur terre. Au-delà, vous ne possédez plus de corps physique.

Lorsque vous êtes désincarné, vous n'êtes pas dans le jeu, vous n'êtes pas dans l'Univers. De cet « endroit », votre âme voit tout l'espace-temps et elle choisit où et quand elle s'incarne.
Elle choisit donc un lieu et une époque pour faire l'expérience de la survie. Peut-être s'incarne-t-elle dans un endroit où elle doit échapper aux prédateurs. Pour continuer sa progression, elle passe au niveau -49 pour une expérience de survie plus complexe, pourquoi pas en s'incarnant dans un pays en guerre.
A chaque incarnation, la mission est plus complexe... et l'âme possède de plus en plus d'expériences pour réaliser des missions de plus en plus complexes.
Imaginons que dans sa montée de l'échelle, elle se donne pour mission de faire l'expérience d'être un barbare : dans cette vie, elle vole, elle viole, elle pille, elle tue, bref, elle fait le barbare. Lorsque le corps meurt, l'âme « remonte » et réalise le bilan de cette mission : « Je suis vraiment satisfaite de cette expérience de barbare, mission accomplie ! » Je choisis cet exemple pour vous montrer que lorsque l'âme est en dehors du jeu, il n'existe pas de polarité et donc, pas de dualité bien/mal. De son point de vue non duel, il n'y a que de l'expérience. La dualité n'existe qu'à *l'intérieur* du jeu !
L'âme continue de monter, arrive à -1 : mécontent, la plus petite expérience négative. Elle choisit donc une incarnation où elle passe sa vie à râler.
Ensuite : +1 : content (l'opposé de -1) : première incarnation positive. L'âme rencontre ici un problème car sa mission consiste à être *consciente* de son contentement. Or, elle ne pourra savoir qu'elle est contente que si elle a été mécontente auparavant. Vous ne pouvez faire l'expérience de la désaltération que si vous connaissez la soif. C'est le principe de la dualité que nous avons déjà constaté avec liberté/prison.

Pour contourner cette difficulté, elle se réincarne au niveau « mécontent », avec l'intention cette fois-ci de traverser : elle va passer ainsi de « mécontent » à « content » *dans la même vie*. Connaître l'expérience de cette traversée s'appelle : transcender.

Comment l'âme s'y prend-elle ? Lorsqu'elle est désincarnée, elle n'est pas isolée ; vous faites partie d'une « famille d'âmes » qui en comprend des milliers. L'idée est de s'entraider en se mettant d'accord par avance au rôle que chacune jouera une fois incarnée : ce sont les fameux contrats d'âmes.
Ayant besoin de connaître tout d'abord l'expérience du mécontentement, vous passez un accord avec une âme qui sera votre père et qui vous mécontentera ; vous procédez de la même façon avec votre mère et différentes personnes que vous retrouverez dans votre incarnation et qui vous aideront à descendre à « mécontentement ».
Vous passez aussi des contrats avec d'autres âmes pour réaliser votre transcendance : peut-être allez-vous rencontrer un instituteur qui vous apprendra à être content de votre travail, un employeur qui vous félicitera, etc.
Ensuite, vous vous incarnez... Et vous honorez vos rendez-vous.

Votre mission pour l'incarnation suivante est de connaître une expérience du niveau +2... Vous vous incarnez donc au niveau -2 ! Plus vous voulez monter haut, plus vous devez redescendre bas.
Imaginez que votre mission est de faire l'expérience du pardon. En pardonnant, vous connaîtrez un état intérieur très élevé. Comprenez-vous que pour pardonner, quelqu'un doit vous faire du mal ?
Si votre âme souhaite par exemple pardonner la trahison, elle organise ses contrats avant l'incarnation :
« - Qui veut m'aider en me trahissant ?
- Je serai ton père, répond une autre âme, et tu ne pourras jamais compter sur moi. Chaque fois, je te donnerai ma parole et jamais ne la tiendrai !
- Je serai ta mère, dit une autre et dans les moments difficiles, je disparaîtrai !
- Merci, vous êtes vraiment adorables. »
Bien entendu, vous passez aussi des contrats pour transcender ; peut-être rencontrerez-vous un prêtre qui vous enseignera le pardon, ou bien un maître spirituel...

Descendons plus encore dans l'horreur... du point de vue de la dualité. Après de nombreuses expériences de pardon,[40] l'âme se sent prête pour réaliser le pardon le plus difficile à réaliser, celui dont la transcendance lui fera connaître une incroyable élévation : s'incarner en petite fille et se faire violer par son père. Pouvons-nous imaginer le dialogue entre ces âmes ?

« - Qui accepte de m'aider pour connaître ce magnifique pardon ?

- Justement, il me faut accomplir l'expérience la plus abjecte qu'un être humain puisse connaître : je serai ton père et je te violerai.

- Ah, merci beaucoup !

- Je t'en prie, nous nous aidons mutuellement.

- Je serai ta mère et je serai complice ; de cette façon, tu ne pourras pas trouver refuge vers moi et cela va aggraver encore plus ta souffrance.

- Je serai l'inspecteur de police et je refuserai de recevoir ta plainte ; de cette manière, tu as l'assurance de descendre vraiment très profondément.

- Merci, vous êtes vraiment géniales ! »

Ensuite, d'autres contrats sont passés pour transcender cette horreur ; assurément, elle en aura besoin d'un certain nombre.

Quoi qu'il en soit, si elle parvient à pardonner, *c'est qu'elle a compris ce jeu !* Il est quasiment impossible de pardonner tant que l'on reste au niveau le plus bas, au niveau de l'horreur.

Une fois sa mission accomplie, cette femme peut ensuite se consacrer à *sa mission sacrée*. L'idée est d'élever la vie, c'est-à-dire d'aider le jeu à avancer, d'aider les âmes en chemin à se rapprocher de Dieu.[41] Cette personne travaillera peut-être dans une association qui accompagne les femmes victimes de viol. Elle s'y sentira vraiment à sa place parce qu'elle sait de quoi elle parle, aidant ainsi ces femmes à transcender aussi.

Ce modèle nous enseigne deux choses. La première : tout ce qui vous est arrivé, vous avez *choisi* de le vivre.

---

[40] Cette description suggère l'idée de quelques incarnations pour gravir l'échelle, mais en réalité il s'agit de plusieurs centaines, voire de milliers.

[41] La mission sacrée peut être en relation avec un règne précédent. Après avoir été victime d'un chien dressé à l'attaque, une personne deviendra peut-être ainsi thérapeute pour animaux.

La seconde vous permet d'identifier votre mission sacrée. Vous avez remarqué que chaque transcendance est à l'opposé du point de descente le plus bas. Vous descendez à -15 pour remonter à +15.
Jusqu'où allez-vous remonter ? Il suffit de regarder jusqu'où vous êtes descendu. Pour évaluer ceci, souvenez-vous d'une chose fondamentale : la symbolique est tout, la réalité n'est rien. J'en suis le plus magnifique exemple puisqu'au niveau réel, je n'ai absolument rien subi, alors qu'au niveau symbolique, je suis descendu à « survie ».
Utilisez ce modèle, regardez les choses sous cet angle et voyez ce que cela change à l'intérieur de vous. Voici le témoignage adressé par un de mes clients le lendemain de la rédaction de ce chapitre : « Quand vous avez abordé le chapitre sur les incarnations successives et les objectifs de l'âme qui se réincarne, quand vous avez expliqué le divin ne pouvant se manifester dans la matière qu'à travers l'homme, les contrats passés avec d'autres âmes, j'ai reçu une décharge inimaginable. Ce fut comme si j'étais enfin rentré la maison ; comme si je me trouvais sur un navire ayant vogué dans un épais brouillard pendant des mois, voire des siècles, et qui soudain heurterait le rivage d'une terre tant espérée. Le choc de l'impact est d'autant plus violent et inattendu que je me croyais perdu à tout jamais dans un océan inconnu et infini. »
Vous sentirez si ce modèle produit un écho en vous. Si ce n'est pas le cas, laissez-le de côté et concentrez-vous sur les autres chapitres.

D'un point de vue plus pragmatique, vous l'utilisez pour vous libérer de tous les contrats d'âmes qui vous ont fait descendre dans le négatif... Vous pouvez le rédiger pour rendre saillant un contrat négatif ou un contrat positif.

Exemple d'un chapitre à caractère négatif
La Xième chose dont je veux parler, c'est de la relation avec E. au travail, qui avait vis-à-vis de moi une attitude fourbe et malsaine, m'interdisant de vivre des relations dans un environnement vivifiant. Lorsque j'évoque cela, je ressens de la colère, de la frustration et de la peine.

Je comprends aujourd'hui que mon âme a choisi dans cette incarnation de faire l'expérience la plus intense de la vie et de la créativité, dans l'expression de ma toute-puissance créatrice. Pour cela, il me fallait dans un premier temps faire l'expérience de l'opposé et donc de me couper de la vie, d'une existence réelle. A cette fin, j'ai passé des contrats avec des âmes, au premier rang desquelles mes parents. J'ai aussi passé d'autres contrats avec d'autres âmes pour réaliser ma transcendance. C'est pourquoi, je remercie mes parents et toutes les âmes qui m'ont aidé à accomplir ma mission et je mets fin à tous les contrats d'âmes passés, rendant toutes ces parties que j'ai accumulées et qui m'ont fait descendre.

Je me libère de l'énergie de tous les contrats d'âmes qui m'ont fait descendre.
Je me libère des contrats éventuellement à venir pour me faire descendre.

Je récupère ma pleine capacité à transcender et rayonner ma toute-puissance dans l'amour inconditionnel, à partir de ma connexion divine.

Décodage des émotions
• *La colère* : cf. le père vide.
• *La frustration* : cf. la déception in le père vide.
• *La peine* : cf. l'enfant pas désiré.

Plus vous deviendrez intelligent émotionnellement, plus vous vous élèverez et plus vous comprendrez que derrière chaque émotion négative, il y a une expérience... Et que dans chaque expérience, il y a un cadeau. Saurez-vous le chercher ?

Exemple d'un chapitre à caractère positif.
La Xième chose dont je veux parler, c'est de mon grand-père qui m'accompagnait dans l'amour pour franchir tous les maillons de la chaîne de ma vie.

Lorsque je l'évoque, je ressens de la joie, une tristesse infinie depuis sa mort et de l'amour.
Je comprends aujourd'hui que mon âme a choisi dans cette vie de faire l'expérience du plus grand bonheur et de la joie, dans l'expression de la toute-puissance, de la liberté la plus totale et de l'amour le plus glorieux. Pour cela, je devais tout d'abord faire l'expérience du contraire. A cette fin, j'ai passé des contrats avec des âmes, au premier rang desquelles mes parents. J'ai aussi passé des contrats avec d'autres âmes pour réaliser ma transcendance. J'ai passé un contrat particulier avec l'âme de mon grand-père pour qu'il m'apporte un souffle de vie, une bouffée d'oxygène, au début de mon incarnation, tant j'étais descendue près de la mort. Il a donc été comme une bouée de sauvetage pour moi et tout à la fois un jalon pour inscrire la connaissance de l'amour. Enfin, pour que je puisse continuer de descendre, il fallait qu'il cesse de me soutenir une fois la prime enfance dépassée ; pour cela, il devait disparaître.
C'est pourquoi, je mets fin à tous les contrats d'âmes passés, rendant toutes ces parties que j'ai accumulées et qui m'ont fait descendre.

Je me libère de l'énergie de tous les contrats d'âmes qui m'ont fait descendre.
Je me libère des contrats éventuellement à venir pour me faire descendre.
Je me libère du manque de mon grand-père et ce faisant, je le laisse partir vers sa lumière.
Je me libère de ma tristesse.

Je récupère ma pleine capacité à transcender et rayonner ma puissance dans l'amour inconditionnel et divin.

Décodage des émotions
• *La joie* : cf. la connexion au monde subtil.
• *La tristesse* : cf. le mauvais sexe.
• *L'amour* : Ah, l'amour ! Il est remarquable que ce soit la dernière émotion qui soit décodée... car l'amour n'a pas de message. Vous le

constatez lorsque vous dites « je suis ému ». Pourquoi dire cela ? « Je suis ému » signifie que vous ressentez une émotion, laquelle ? C'est tout simplement l'émotion qu'il ne faut pas nommer : c'est l'amour.
Il est à l'opposé de la peur sur l'échelle des émotions. Celle-ci possède un bas : l'apathie totale (équivalant au zéro absolu sur l'échelle de température). Quel est le haut de l'échelle ? Elle n'en possède pas d'autre que Dieu lui-même car la composition physique de celui-ci est l'amour. Dieu est composé d'amour pur.[42] L'amour est donc particulier puisqu'il est intégré dans la dualité en étant l'opposé de la peur, et tout à la fois, il n'est pas dans la dualité car Dieu n'est pas duel. Connaître l'amour divin décrit dans le chapitre de la collusion, c'est connaître l'amour pur. Cette connaissance permet de faire l'expérience au quotidien de la Divine Dichotomie : amour duel/amour non duel.

Il peut être utile de rédiger ce chapitre de façon positive pour intégrer la perte d'un proche qui vous a laissé inconsolable. Votre mission suppose de descendre si près de la mort que vous avez besoin durant un temps d'un soutien, d'un apport en oxygène. Vous passez pour cela un contrat avec une âme qui s'incarnera pour être dans votre vie un véritable ange gardien, vous permettant de surnager. Seulement, lorsque vous aurez survécu aux premières années de l'horreur, il devra disparaître d'une façon ou d'une autre (décès, déménagement, etc.), pour vous laisser bénéficier totalement de votre descente. En conséquence, la redescente après son départ sera encore plus terrible… Et c'était prévu de cette façon.

- Dysfonctionnements sur les symptômes forts de notre société

Notre société, en tant que système, produit ses propres symboles. Il vous sera utile de garder les plus puissants à l'esprit pour identifier votre prison quotidienne.
Même lorsque vous serez libéré, que vous aurez rendu les morceaux à vos parents, vous évoluerez toujours dans un monde de symboles. Plus vous prendrez conscience de leur poids, plus vous pourrez privilégier la

[42] C'est ce que signifie la phrase des chrétiens : « Dieu est amour ».

réalité. Votre liberté dépend de votre capacité à prendre en compte la réalité plutôt que la symbolique.
Si par exemple, vous aviez tendance à vous dévaloriser ou à vous victimiser, prenez conscience que ce n'est pas parce que quelqu'un ne vous tient pas la porte que vous n'existez pas. Dans la réalité, vous avez juste une porte à pousser... Vous l'auriez fait de toute façon si vous aviez été seul(e). Cessez de donner votre pouvoir à des symboles.

L'argent

Symbole extrêmement puissant, bien sûr. Si l'argent occupe une telle place aujourd'hui dans notre société, c'est que sa symbolique a été dénaturée. Tout comme l'espoir, l'argent a été perverti (les deux sont d'ailleurs étroitement liés). Ordinairement un moyen d'échange, il est devenu un objectif. Observez le nombre de personnes qui veulent avoir de l'argent, cela n'a aucun sens. Vouloir une maison, une voiture, oui, mais vouloir de l'argent... c'est pervers. Par cette perversion, l'argent est devenu le symbole de la réussite et de la sécurité.
Sans que vous en ayez conscience, l'argent exerce un pouvoir sur vous, peut-être même une tyrannie. A vous de voir si vous envisagez l'argent comme un moyen de contribuer à votre bonheur ou s'il est un objectif à atteindre pour assouvir un plaisir. Si par exemple, vous voulez de l'argent pour acheter une paire de chaussures de marque, vous êtes prisonnier de l'argent et du symbole véhiculé par la marque en question. Il est possible aussi qu'il vous soit interdit d'en posséder ou de l'utiliser à votre bénéfice (obligation de le dilapider, par exemple). Cherchez si l'argent en tant que symbole possède une emprise sur vous et examinez la pertinence de rédiger un chapitre à ce sujet ou de l'inclure, par exemple, dans la résultante.

Le sexe

Comme nous l'avons décrit dans le chapitre sur la collusion, le sexe est l'expression la plus sacrée de votre nature et il a été sali. De plus, il possède une force fondamentale. Le sexe est partout de façon énergétique. De ce fait, ses deux aspects – sacré et sale – s'opposent en vous et créent une fascination plus ou moins malsaine selon votre degré

de liberté et d'élévation spirituelle. Il règne autour du sexe une dimension d'interdit et de mystère qui induit deux choses : d'une part, des dysfonctionnements qui vont de la simple névrose jusqu'à la phobie ou la perversion ; d'autre part, un manque déplorable de formation à ce sujet, et ce ne sont pas les cours d'éducation sexuelle de l'éducation nationale qui viennent remédier à cela. Il convient d'identifier si un mensonge construit par votre mental pèse sur vous à ce sujet. Après votre libération, créez un programme délibéré.
Conséquence des tabous, un homme ignore comment faire l'amour à une femme mais ne sait pas comment apprendre. Il doit se débrouiller seul (là non plus, le père n'a pas fait son travail) et comme il est pétri d'orgueil et de gêne, il ne demande pas ! La femme, qui baigne dans la même symbolique, n'ose rien dire alors que c'est elle qui détient la clé pour sortir de cette impasse. Libérez-vous du symbole, de cette vision dénaturée et pour cela, partagez avec votre partenaire : parlez-vous ! Apprenez, cherchez, découvrez, soyez curieux et surtout, soyez léger ! Si vous parvenez à lier sacré et légèreté, vous vivrez des moments de félicité.

L'engagement

La naissance d'un enfant, le mariage, l'achat d'une maison...
Ce sont surtout les hommes qui éprouvent des difficultés avec l'engagement. On pourrait presque dire que leur devise face à cela est : « Courage, fuyons ! » Vous connaissez certainement des couples qui vivaient parfaitement bien ensemble depuis plusieurs années, puis qui décident de faire un bébé ; au moment où la femme est enceinte, le père disparaît. Même chose avec le mariage : dix ans de vie commune, mariage... et divorce dans les trois mois. Enfin, le couple achète une maison, la séparation suit de peu, ainsi que la revente de la maison, bien qu'ils vécussent ensemble depuis des années. Ce sont, parmi les symboles, des exemples puissants qui montrent qu'aux yeux du mental, la réalité n'est rien et que la symbolique est tout.
Si vous sentez une telle pulsion monter en vous, libérez-vous car un énorme mensonge interdit de vous engager.

Si vous travaillez ce registre, prenez aussi conscience d'une peur qui est quasiment un driver social : l'engagement dans la durée. «Jusqu'à ce que la mort vous sépare... » est littéralement un non-sens. Qui peut dire étant intègre où il sera, ce qu'il sera dans l'avenir ? Personne, mais vous continuez de vous le faire croire. Vous manifestez l'amour avoir et la peur de perdre ce que vous possédez. De plus, cet engagement perverti permet de se désengager dans la réalité. Il s'agit peut-être d'un cliché, mais combien de femmes ont-elles vécu le paradis avant le mariage : séduction, restaurants, cinéma, cadeaux... Et dès le lendemain du mariage, le mari posé dans le fauteuil : « Chérie, que mange-t-on ce soir ? »
Le seul engagement qui vaut vraiment est celui dans l'instant présent : « Je suis là, avec toi, présent à 100 %, totalement dédié à cet instant. » Alors, en conscience et en vérité, votre couple est-il un objectif en soi (avoir de l'amour) ou est-il le moyen de vous épanouir à deux ?

La reconnaissance

L'amour conditionnel et la sécurité conditionnelle ont laissé des traces indélébiles en vous. Plus ou moins consciemment, vous manquiez sans cesse des deux. Vous éprouvez le besoin d'être nommé par l'autre, validé, reconnu. Vous désirez que l'autre vous donne ce dont vous croyez manquer. Ce n'est qu'une illusion causée par les mensonges que vous avez construits. Ces deux choses sont en vous et vous n'avez nul besoin de les quérir à l'extérieur. Vous êtes vous-même l'amour, vous êtes vous-même la sécurité et vous êtes là pour les offrir. C'est exactement le contraire de ce que vous croyez. D'ailleurs, vous en avez déjà fait l'expérience. Souvenez-vous d'une fois où vous avez aidé quelqu'un tout à fait gratuitement et où vous avez obtenu un résultat positif immédiat (peut-être avez-vous soutenu un proche dans la douleur qui s'en est sorti grâce à vous, par exemple). Souvenez-vous de ce que vous avez ressenti : c'est l'un des plus beaux souvenirs de votre vie ! Vous êtes là pour donner, irradier, offrir ce que vous *êtes*. Tout est déjà en vous, il ne vous reste plus qu'à y accéder.

Dès que vous serez libéré, apprenez à être au service, vous y découvrirez votre plus grand bonheur. Comme je l'ai déjà évoqué plus haut, il ne s'agit aucunement de vous sacrifier, d'essayer de combler des puits sans fond, de tenter de sauver une personne qui ne veut pas être aidée. Vous saurez comment agir en vous guidant d'après votre cœur ; jamais vous ne commettrez d'erreur en l'écoutant.

L'identité

Dans la même veine, lorsque vous cherchez la reconnaissance, vous cherchez à être désigné. « Tu es quelqu'un de bien, tu es une bonne mère, tu es un bon chef, tu es, tu es… » Votre identité s'est constituée sur les mensonges que vous avez créés pour conserver l'illusion de l'amour et de la sécurité (quelle souffrance et quel dommage causez-vous à votre enfant lorsque vous lui dites : « Tu *es* méchant » !) Elle est la résultante de tous vos mensonges (cf. ce chapitre) car dans notre monde, il est impossible d'être né dans un nid d'amour. La très grande majorité des êtres humains est née dans un nid de souffrance et qu'on le reconnaisse ou non n'y change rien.

Votre système réticulaire activateur trie votre monde pour qu'il soit conforme à votre croyance. Lorsque vous êtes libre, vous constatez rapidement que vous n'existez plus par ce que vous avez, ce que vous faites ou ce que vous savez. Il est alors temps de vous construire sur ce que vous *êtes*. Là se trouve votre véritable identité. Vous y accéderez en vous basant sur l'authenticité, l'intégrité, la compassion, la joie et l'amour. Si vous vous disciplinez pour manifester chaque jour ces valeurs, le plus grand des cadeaux vous attend sur le chemin.

- Conclusion sur les dysfonctionnements

Nous venons de survoler les principaux mensonges que vous pouvez avoir créés.
Tous ont généré la construction d'une peur. L'arbre de vos peurs a poussé sur un terrain vierge. L'exemple théorique que je prends au départ de cet enfant sur la table à langer nous le montre bien : initialement, il n'est que pureté. Je l'ai évoqué à différents endroits, tous ces mensonges sont des *constructions*. Ils sont venus altérer votre vraie nature qui est lumière. Si vous pouviez vivre ainsi, vous ne connaîtriez que la joie et l'amour. Par conséquent, vous n'avez rien à acquérir pour aller mieux, vous avez des choses à enlever ! Il vous faut envoyer à la benne à ordures des illusions que vous prenez pour des réalités, il vous faut vous dévêtir de vos oripeaux tissés de mensonges et de peurs.
C'est aussi une des raisons pour lesquelles vous marchez sur la tête : vous croyez qu'il faut vous soigner, comme s'il vous fallait prendre des médicaments. Mais non, se libérer, c'est *perdre* quelque chose à chaque fois ! Le problème est que votre mental vous fait croire que vous en avez besoin et qu'il vous faut garder ce vêtement de peur, tout en vous interdisant de voir que vous en êtes habillé...
Gardez précieusement ceci à l'esprit pendant que vous identifiez vos peurs et que vous construisez votre texte.
Une fois mis en lumière vos principaux mensonges, une fois rédigés tous vos chapitres, vous êtes prêt pour préparer votre cérémonie.

3) Préparer sa cérémonie

Vous avez listé tous les chapitres dont vous relevez. Etudiez minutieusement l'agencement de chacun. Comme vous avez pu le remarquer dans les exemples, il est possible d'inclure plusieurs dysfonctionnements dans un même chapitre. Ainsi, un syndrome de perfection peut tout à fait être inscrit comme une conséquence d'un parent tyran.
Soyez clair et précis dans votre rédaction. Pensez à fluidifier votre texte car le jour de votre cérémonie, il doit couler comme un flot naturel.

Prenez tout le temps dont vous avez besoin pour rédiger... C'est même recommandé car vous devez métaboliser ce que vous avez compris. Il vous faut passer d'une compréhension intellectuelle à une compréhension viscérale. Si le travail avec les émotions vous y aide, votre mental a besoin de temps pour incorporer toutes ces charges qui remontent à votre conscience. Si vous écrivez quatre chapitres dans une journée, c'est déjà beaucoup... Laissez passer plusieurs jours entre deux séances de rédaction. Si vous vous faites accompagner, vous constaterez que la partie rédaction s'étale en moyenne sur cinq semaines.

- L'ordre des chapitres

Placez vos chapitres par ordre chronologique et/ou d'importance, de manière à créer une intensité dès le départ. Voici un exemple :

1) Transgénérationnel
2) Pas désiré
3) Père vide
4) Mère sans amour
5) Œdipe non résolu
6) Père violent
7) Mère tyran
8) Décès du père (point de bascule)
9) Manque d'autorisation
10) Modèle de féminité

11) Modèle de couple
12) Connexion au monde subtil
13) Résultante
14) Puberté
15) Collusion (relation à l'autre sexe)
16) Contrats d'âmes
Remise des objets symboliques
Je me libère
Je récupère
Et il en est ainsi !

Tous les cocktails sont bien entendu possibles. Evitez cependant (si possible) d'en faire plus de 17 ou 18 car la très grande longueur de la cérémonie pourrait dissiper l'énergie nécessaire à la dissolution de vos peurs. A vous d'écouter votre intuition, bien sûr.

- Checker sa liste

Préparez une check-list de tout ce dont vous avez besoin le jour de votre cérémonie et, avant de vous installer, ou avant de partir de chez vous, *cochez chaque élément après avoir vérifié que vous êtes bien en sa possession !* J'ai vu des personnes partir faire leur Festen en plein air... En oubliant le texte chez eux. C'est ainsi que le mental tire ses dernières cartouches de résistance.
Vous devez avoir :

- Votre texte imprimé.
- Une photo de votre père (ou une bougie).
- Une photo de votre mère (ou une bougie).
- Une photo ou un papier portant son nom pour chacune des personnes à qui vous allez rendre quelque chose. Ecrivez chacun d'eux sur votre liste, de manière à pouvoir les cocher.
- Les « cadeaux » que vous avez à rendre. Ecrivez chacun d'eux sur votre liste, de manière à pouvoir le cocher.
- Si vous avez des bougies, prenez de quoi les allumer, munissez-vous d'une soucoupe ou d'un cendrier pour faire brûler le dessin.

Si votre cérémonie a lieu en plein air, et qu'il y a du vent, apportez de quoi protéger la flamme. Ecrivez chaque chose sur votre liste, de manière à pouvoir le cocher.

- Inviter ses témoins (et ses parents, le cas échéant)

Le plus simple est de demander de l'aide. Je vous propose cette formule : « Je fais actuellement un travail sur moi et je dois me libérer de mes peurs ; pour cela, je dois parler de moi devant des témoins. Veux-tu m'aider et être l'un de ces témoins ? » Bien entendu, trouvez vos propres mots, ce seront les mieux adaptés. Cette stratégie est basée sur le fait que nous adorons rendre service, mais nous sommes mal à l'aise dès qu'il s'agit d'en demander. Il se peut que l'invitation de vos témoins représente une difficulté pour vous. Prenez conscience que c'est votre mental qui vous abuse pour vous faire abandonner. Souvenez-vous : rendre public ce que vous avez subi contribue le plus à votre libération. Enfin, rappelez-vous que toutes les personnes à l'issue de leur cérémonie ont reçu un bravo et un merci.

- Répéter : le rôle de votre vie

Le texte de votre cérémonie est entièrement rédigé, vous êtes prêt pour le répéter. N'attendez pas le dernier moment pour répéter, vous pouvez accomplir cela plusieurs jours à l'avance.
Vous répétez car vous ignorez dans quel état vous serez le jour de votre cérémonie. Peut-être serez-vous très calme, peut-être tendu, peut-être pleurerez-vous, peut-être serez-vous dans un état second ; quoi qu'il en soit, vous savez pouvoir lire votre texte sans trébucher.
Tenez-vous devant un miroir (qui symbolise le public) et lisez votre texte à voix haute, claire et distincte. Prenez votre temps et parlez d'un ton posé, cérémoniel. La façon dont vous lirez votre texte est importante car elle va déterminer en partie la montée de l'énergie durant la cérémonie. Préparez-vous comme un comédien se prépare à jouer le rôle de sa vie. Pensez à vous chronométrer car dans les heures qui précèdent votre cérémonie, votre mental cherchera peut-être à faire monter la peur une dernière fois. Il s'agirait alors d'une peur diffuse, ne reposant sur rien,

juste « j'ai peur ! » En connaissant votre temps de parole, vous ramenez les choses dans le concret : « Je sais que je suis capable de parler durant vingt-cinq minutes. »
Durant cette répétition, il est possible que montent des émotions. Laissez-les monter. Il est même possible que vous ressentiez plus de choses durant les répétitions que pendant votre cérémonie, c'est OK comme cela, sachons rester humble devant les mystères du fonctionnement de notre moi profond.

- Se recueillir

Avant de retrouver vos témoins, prenez quelques instants pour vous centrer. Soyez conscient que l'événement que vous allez vivre n'aura lieu qu'une seule fois dans votre vie. Ressentez ce mélange de tension active, peut-être de trac, de solennité et en même temps, de légèreté et de joie. Ensuite, demandez le soutien de vos anges et de vos guides. Il existe une règle angélique : ils n'interviennent par rapport à nos peurs que si nous le leur demandons. Sans demande expresse, ils seront là uniquement en tant que témoins (leur présence contribuera d'ailleurs à augmenter le niveau vibratoire de la pièce). Vous pouvez aussi demander la présence et le soutien d'archanges ou de toute autre énergie à laquelle vous croyez : Bouddha, Allah, Jésus, le Soi, etc. Si vous ne possédez pas ces croyances, laissez simplement cette partie de côté.
Si vous êtes accompagné pour construire ce Festen, c'est aussi le moment de vous connecter à votre accompagnant qui lui-même est en train de se connecter à distance et vous envoie toute son énergie d'amour et de soutien.
Enfin, envoyez de l'amour à vos parents, ainsi qu'à vos témoins. En agissant ainsi, vous participez déjà à l'élévation de la température énergétique.

- Installer la cérémonie

Vous commencez par placer vos témoins ; ils sont assis, vous êtes debout. Si la cérémonie se déroule à l'extérieur, ils peuvent être debout ou assis. Vous, vous êtes toujours debout.

Vous lisez ensuite le préambule (cf. construire sa cérémonie), disposant photos (et/ou papiers) et bougies allumées au fur et à mesure que vous les évoquez.

- Lire le texte

Et c'est parti : « La première chose dont je veux parler... » Votre voix est posée, claire. Vous prononcez chacun des mots distinctement. Vos pieds sont ancrés dans le sol. Vous êtes parfaitement concentré sur votre texte et la façon de le déclamer. Vous laissez monter vos émotions, ne retenez rien ! La fin du film « Matrix » nous offre une parabole à ce sujet. Néo, le héros, plonge dans le corps de son ennemi, Mr Smith... et celui-ci explose et se dissout. Rassemblez tout votre courage pour descendre au cœur de vos peurs, pour les vivre le plus intensément. C'est de cette manière qu'elles exploseront et se dissoudront. Chaque émotion que vous retenez est une libération que vous empêchez. Laissez-les s'élever et éclater comme des bulles de savon. Si vous vous sentez oppressé, prenez le temps de respirer, ressentez le soutien et l'empathie de vos témoins, prenez votre temps. Si vous pleurez et que vos sanglots empêchent votre élocution, marquez une pause. Vous avez tout votre temps, vos témoins sont là *pour vous*.

Vous déroulez votre texte jusqu'à « Maman (par exemple), je te rends ce... », en nommant ce qui symbolise le morceau que vous rendez. Si vous avez choisi une cage, vous dites « je te rends *cette* cage » et non *une* cage. Ce n'est pas n'importe quelle cage, celle-ci est la cage que vous avez en vous.
En prononçant ces mots, vous posez l'objet ou le dessin sur sa photo.
Si votre père est décédé, vous dites : « Papa, je te rends ce (objet), sous la forme d'un dessin que je brûle pour que tu puisses le recevoir. » Ce faisant, vous allumez le dessin à la flamme de la bougie qui symbolise votre père et vous le laissez brûler en prenant soin *que le dessin soit entièrement consumé* (s'il reste du papier non brûlé, c'est OK).

Vous poursuivez par la lecture des « je me libère ». Sentez l'énergie monter en vous dans une nouvelle tonalité, une grande flamboyance. Vous commencez à toucher du doigt votre libération.
Passez ensuite à la libération des émotions, en ressentant chacune d'elles, ainsi que sa dissolution.
Vous poursuivez avec celle des « je récupère »... L'énergie atteint des sommets !
Vous parvenez alors à la phrase rituelle : « Et il en est ainsi ! » Au moment précis où vous prononcez cette phrase, vous êtes libre ! A cet instant, vous connaissez sur vous la marque du changement : rien n'est changé... et pourtant tout est changé !

- Fin de la cérémonie

Il vous reste à prononcer la dernière phrase : « Je vous remercie de m'avoir aidé, je vais m'isoler quelques instants. »
Prenez soin de rester isolé le temps dont vous avez besoin pour que la température énergétique redescende en-deçà du point de fusion des peurs. Félicitez-vous pour ce que vous venez d'accomplir. Ainsi que le disent les Américains : « You did dit ! » Bravo pour votre courage, votre volonté et votre ténacité !
Si vous êtes accompagné, c'est à la fin de cet isolement que vous appelez votre accompagnant.
Vous pouvez ensuite revenir vers vos témoins pour célébrer ce moment de passage, vous venez de vivre un instant unique.

4) Après la cérémonie

L'état dans lequel chacun se trouve après la cérémonie est variable. Vous pouvez ne rien sentir, tout comme vous pouvez littéralement sentir l'énergie bouger en vous. L'expression qui revient le plus souvent est : « Je me sens bizarre. » C'est compréhensible car vous venez de perdre deux gros morceaux (minimum) de vous avec lesquels vous aviez vécu toute votre vie, cela peut vous remuer. L'énergie est en train de se réorganiser à l'intérieur de vous. Durant cette période, qui dure au maximum 48 heures, vous pouvez ressentir des déséquilibres, voire des vertiges. Vous pouvez aussi avoir des sensations bizarres, comme si votre corps bougeait à l'intérieur ; vous pourriez aussi ressentir, en marchant dans la rue, l'impression que vous marchez droit, alors que vous vous dirigez vers le mur. Ces manifestations sont bénignes et ne réclament aucune attention particulière. Très rarement, il arrive que ces sensations aillent jusqu'au désagrément. Subitement et sans raison aucune, vous vous sentez mal. Cela peut prendre la forme de douleurs physiques (mal de dos, muscles contractés, articulations douloureuses, etc.) ou de sensation de mal-être. C'est qu'alors un nœud s'est formé dans la réorganisation de l'énergie. Si vous êtes accompagné, c'est le moment d'appeler votre accompagnant ! Il lui faudra environ 10 minutes pour débloquer la situation et remettre votre énergie en circulation.

Si vous avez réalisé ce travail seul, prenez contact avec un énergéticien, un magnétiseur, un ostéopathe, etc. Si vous ne faites rien, le désagrément pourrait perdurer plusieurs jours... et même devenir très douloureux.

J'attire votre attention sur le fait que si vous commencez à vous dire « cela n'a pas marché, je suis toujours aussi mal », *c'est exactement le signe que vous avez besoin d'un déblocage énergétique.*

Je répète que dans plus de 90 % des cas, il n'y a absolument aucune manifestation. Vous pouvez juste concentrer votre attention sur ce qui a changé en vous.

- Votre nouvelle vie

Vous êtes libre ; il vous reste à vivre votre nouvelle vie. Vous constatez que certaines choses se sont modifiées d'elles-mêmes. Vous ne regardez plus vos parents de la même façon, ils n'ont plus la même emprise. Certains de vos autres comportements peuvent aussi avoir changé et même vous surprendre. Une jeune femme qui m'avouait au début du travail s'excuser à outrance, même lorsqu'elle subissait, m'a raconté que le lendemain de sa cérémonie, elle s'était fait bousculer dans le métro et avait instantanément rétorqué : « Monsieur, lorsque vous bousculez quelqu'un, le minimum est de vous excuser ! » Elle-même n'en revenait pas !
D'autres comportements resteront à l'identique. Vous êtes en train de faire l'expérience de : « Si la cérémonie libère de la peur de l'eau, elle n'enseigne pas la natation. » Ce sont les fameux programmes par défaut qui s'ouvrent indépendamment de votre volonté. Vous avez du travail de reprogrammation à réaliser. Vous pouvez tenter de le faire seul et vous avez pour cela à votre disposition des éléments dans chacun des chapitres décrivant un symptôme. Néanmoins, votre mental, de par sa nature et de par le nombre d'années où vous êtes resté sous son emprise totale, cherchera toujours à conserver les commandes. Vous n'avez aucune idée de ses capacités et de ses talents pour parvenir à ses fins. C'est pourquoi l'accompagnement inclut six séances après la libération pour aider chaque personne à reprendre les commandes progressivement, à prendre en compte tous les registres concernés, toutes les astuces du mental et à se doter d'outils pour continuer d'avancer seul sur le chemin de son bonheur. Malgré cela, il arrive fréquemment que je reçoive l'appel d'une personne ayant terminé le travail depuis quelque temps déjà et qui se retrouve piégée sans comprendre comment son mental a repris le pouvoir, ni comment se sortir de cette situation. C'est le problème avec le mental et ça le restera : il reprend le pouvoir sans que vous vous en rendiez compte. Vous vous retrouvez dans une épreuve douloureuse ou une situation négative, et donc une situation indésirable... sans être conscient que vous êtes la proie de votre mental. Si vous êtes attentif, un signe vous

alertera : vous êtes dans la plainte ou dans le drame. Soyez vigilant et utilisez à ce moment-là l'intelligence émotionnelle.
Malgré cela, il reste compliqué d'avancer seul, surtout si vous n'avez jamais réellement travaillé à votre développement personnel.
Et pourtant, il est fondamental de pratiquer. Comme le dit Montaigne : « Celui-là a le mieux profité de sa leçon qui la pratique et non qui la récite. » Les nouveaux comportements s'installent par la volonté et la répétition : le bonheur, c'est de la discipline. Lors de la dernière séance de son accompagnement, un jeune homme l'a magnifiquement résumé en me confiant : « André, j'ai compris la simplicité de la chose : quand je pratique, je suis heureux ; si je ne pratique pas, je suis malheureux. » La question est de savoir quoi pratiquer. Des années et des années de programmes par défaut ne sont pas remplacés en un claquement de doigts. Pour vous le représenter, imaginez simplement que vous deviez en même temps apprendre à conduire, à jouer du violon, danser, coudre, pratiquer le golf, contrôler votre posture, vous assouplir...

C'est alors que vous comprenez qu'en vérité, votre libération ne fut qu'une étape. Je le répète : le Festen lève les interdictions (de s'aimer, de réussir, de désirer, etc.) et les obligations (de se saboter, de se sacrifier, de se dévaloriser, etc.)... jusqu'à une certaine profondeur. C'est énorme, mais c'est tout.
En réalité, le Festen ouvre la porte de votre cage, de votre prison, ou plutôt, il en ouvre deux : une vers l'extérieur et une vers l'intérieur.
Vers l'intérieur, votre nouvelle liberté vous permet de descendre de plus en plus profondément, vers les peurs qui sont demeurées hors de portée du Festen. Vous allez donc régulièrement atteindre des paliers supplémentaires, nécessitant de transcender, de transmuter d'autres registres de peur.
Lorsque cela vous arrivera, vous aurez vraisemblablement besoin de trouver de l'aide. Si vous avez travaillé seul, cela pourra être le moment de contacter un accompagnant.
Vers l'extérieur, votre libération vous conduit aux frontières de votre zone de confort. Ces limites sont définies par vos croyances limitantes

(je ne peux pas parler en public, par exemple). Il va vous falloir oser les traverser. L'audace est votre outil le plus précieux après la cérémonie.

Pour vous accompagner sur le chemin derrière ces deux portes, j'ai créé la possibilité d'accomplir un travail quotidiennement, qui permet d'avancer dans ces deux directions. Si vous le désirez, vous recevrez chaque matin un message contenant un enseignement et une pratique très concrète : comment mettre en place l'intelligence émotionnelle, comment libérer ses enfants intérieurs bloqués profondément, comment développer son intuition, comment installer des programmes délibérés, etc.
Ce message quotidien vous permet aussi de rester dans la dynamique de l'évolution. Chaque jour, vous êtes accompagné par une énergie qui vous garde en mouvement. Parce que vous pratiquez, vous conservez cette conviction qui vous maintient en haute énergie positive : « Demain, je serai moi, en mieux. »
Si vous êtes intéressé, abonnez-vous sur le site festeninstitute.com dans la rubrique « Messages du matin ».

- L'énergie

L'énergie circule dans votre corps comme le sang dans vos veines ; elle parcourt des méridiens ou nadis. Comme nous l'avons vu, les émotions non traitées génèrent des dysfonctionnements qui se manifestent toujours dans votre corps au niveau énergétique (une maladie résulte toujours d'un désordre énergétique). Si vous avez déjà bénéficié de l'aide d'un énergéticien, vous avez certainement remarqué que vous alliez mieux un certain temps (cela peut durer plusieurs mois) mais que le problème revenait de façon récurrente.
Un muscle soumis à une impulsion électrique se contracte. Il est possible de masser ce muscle, cela le détend... mais tant que l'impulsion électricité perdure, il se recontracte immédiatement.
Les programmes que vos mensonges vous ont fait élaborer sont l'équivalent de ces impulsions. Vous pouvez rééquilibrer votre énergie mais tant que le programme est actif, le dysfonctionnement resurgit.

La cérémonie de libération est l'équivalent de la coupure de courant. L'arrêt de l'excitation électrique laisse malgré tout le muscle contracté par des années de ce traitement ; il a ensuite besoin d'un massage pour retrouver sa souplesse.

Il en va de même pour votre circuit énergétique. C'est pourquoi, après votre libération, je vous invite vivement à consulter un énergéticien, un magnétiseur, un ostéopathe, etc., qui débloquera ce qui est bloqué et ré-harmonisera la circulation de l'énergie dans tout votre corps.

- Conclusion

Faites le compte de vos plaintes, de vos drames, de vos soucis. Examinez votre vie sans complaisance, passez en revue vos différents domaines de vie (couple, famille, travail, loisirs, personnel, social, etc.). Posez-vous honnêtement la question : « Suis-je heureux ? »
Existe-t-il de question plus importante ? Peut-être est-il temps pour vous de rêver une autre vie et d'enfin vivre vos rêves.

Vous détenez aujourd'hui le moyen de vous libérer d'une prison dont vous ne distinguez pas les murs. En utilisant le levier de la symbolique, il vous est possible de remonter à la source, au moment de la création du mensonge, de l'origine de votre souffrance... et de la dissoudre. Il vous est possible de modifier votre passé.
L'être humain, hélas, a tendance à ne changer que si la situation devient insupportable. C'est le chemin de moindre résistance. Prenez conscience que c'est votre mental qui, pour vous empêcher de dévoiler les mensonges, vous fait avoir peur... Mais au fond, que risquez-vous ? Si vous souhaitez vous rassurer, dites-vous qu'en construisant vous-même votre cérémonie, le pire qui pourrait vous arriver, c'est : rien. En réalité, vous savez que même cela est un mensonge car uniquement en lisant ce livre, vous avez déjà ressenti des choses bouger en vous.

Si vous ressentez le besoin de vous faire accompagner, vous engagez une certaine somme (voir sur le site festeninstitute.com, dans la rubrique « se libérer avec son accompagnant », pour en avoir une estimation). Votre bonheur vaut-il cela ? En fonction de ce que vous gagnez, il est même possible que cela vous coûte un mois de salaire, voire plus. Etes-vous prêt à investir cela ? Pouvez-vous estimer ce que vous avez déjà dépensé dans votre vie, sans que cela ne contribue un seul instant à votre bonheur ?...

Lancez-vous seul dans l'aventure ou bien faites-vous accompagner. Vous pouvez choisir pour cela un accompagnant formé à la méthode. Si vous suivez déjà une psychothérapie ou une psychanalyse, vous pourriez tenter une autre démarche : faites lire ce livre à votre thérapeute, exposez-lui les dysfonctionnements que vous avez déjà identifiés, puis demandez-lui de vous indiquer ceux que vous ne voyez pas à cause de votre tache aveugle (ou bien d'autres qui ne figurent pas dans cet ouvrage). S'il vous répond que c'est impossible, que ce n'est pas comme cela que ça fonctionne, souvenez-vous alors que vous avez le choix entre 3 solutions : accepter, améliorer ou quitter.

Le Festen est une approche révolutionnaire car votre vitesse de progrès n'est plus limitée par la vitesse qu'autorisent vos résistances. C'est même exactement l'opposé : vous comprenez comment vous fonctionnez, vous discernez ce qui vous bloque et vous transcendez vos résistances. Au fond, le principe est simple une fois qu'on a compris le fonctionnement du mental.
Finalement, du point de vue d'un thérapeute, laisser son patient avancer à la vitesse de ses résistances, n'est-ce pas inviter le mental à conserver les mensonges intacts ?... Celui-ci s'ingéniant à détourner le regard de la souffrance, il est compréhensible que cela demande un temps phénoménal pour qu'il en autorise la vision.

Si vous êtes thérapeute et que vous tenez ce livre entre les mains, essayez d'imaginer ce que cette technique pourrait changer dans votre pratique et dans votre vie. L'un de ses intérêts les plus probants est le découpage de la problématique de votre patient en domaines bien identifiés, spécifiques. Cela vous permet, lors d'une séance, de focaliser l'attention sur un mensonge particulier (en deux heures, de un à quatre chapitres sont rédigés) ; vous guidez la personne et sous votre conduite, elle descend en toute sécurité au plus profond d'elle-même, elle traite le sujet à fond. En décodant ses émotions, elle est en lien avec sa vraie nature et touche du doigt la dichotomie en elle lorsqu'elle prend conscience du caractère antagonique de la relation entre son mental et ses émotions.
En rédigeant l'interprétation sous votre dictée, elle réalise le caractère et la puissance de sa prison. Je vous invite d'ailleurs à revisiter chaque fois

cette interprétation avec elle car une grosse partie du travail se fait à ce moment-là. Prenez le temps de reformuler, de vérifier qu'elle connecte intimement ce qu'elle a écrit avec ce qu'elle a vécu. Les effets sont spectaculaires : certains ressentent des ouvertures, d'autres des sensations de puissance, d'autres des émotions très intenses, etc.

Si vous choisissez d'utiliser cette technique, vous ouvrez un nouveau champ de sensations. En dehors de toute modestie, je ne compte plus le nombre de personnes m'ayant dit : « Vous m'avez sauvé la vie. »
Imaginez votre activité avec un renouvellement permanent de patients (de par le choix de réaliser des séances de deux heures, le travail est accompli en douze entretiens). L'intensité et la relative brièveté du processus permettent (comme on le dit en coaching) de garder l'élastique tendu ; votre patient place ce travail au cœur de sa vie, tout en profitant de l'espace entre chaque séance pour intégrer les modifications intérieures.
Vous assisterez à des métamorphoses qui confinent à la transfiguration. Je suis encore bien souvent stupéfié par la fulgurance des transformations.
Imaginez un cadre où la relation devient vivante, où vous vous mettez au risque. Vous êtes *avec* votre patient, dans une relation très puissante... Et autant vous le dire tout de suite, si vous n'aimez pas les personnes que vous accompagnez, vous ne pourrez pas utiliser cette technique (quant à ceux d'entre vous, chers lecteurs, qui souhaitez être accompagnés, si vous allez voir un thérapeute et que vous ne ressentez pas d'emblée cette empathie, cet amour de sa part... un conseil : fuyez !).
Chaque accompagnement devient une aventure, chaque entretien de diagnostic devient un challenge. Il y a énormément de vie dans ce travail. C'est cela, et la force d'amour, qui permettent d'avancer avec légèreté et, en même temps, énormément de densité. Si vous prenez le risque d'œuvrer avec ces nouvelles énergies, vous verrez se guérir des névroses très profondes, vous constaterez, en même temps que vos patients, la disparition de phobies, de TOC...
Avez-vous à l'esprit la célèbre phrase « la guérison vient de surcroît » ? Elle reste vraie et c'est d'ailleurs pour cela que je ne me considère pas

comme un thérapeute, que j'ai des clients et non des patients. La personne accomplit un réel *travail* et celui-ci génère des *effets* thérapeutiques. Si vous considérez le symptôme comme une tentative de guérison, et si la personne résout *ce qui a créé* le symptôme, on peut dire qu'elle n'a plus *eu* besoin de le créer ; par conséquent plus besoin de se guérir puisque le traumatisme n'a plus existé. C'est pour cette raison qu'avec la cérémonie de libération, les phobies disparaissent sans qu'elles soient traitées.

Que vous soyez thérapeute ou particulier, j'espère avoir contribué à éclairer votre vision de l'être humain et plus particulièrement la compréhension de votre fonctionnement. Si de plus, ce livre contribue à faire naître un espoir en vous, mon bonheur est total.
L'action est maintenant vôtre. Et il en est ainsi !

Je vous retrouverai avec grand plaisir sur le site du Festen :
festeninstitute.com

Annexe 1 - Décodage des émotions

Rappel - Les émotions vous guident vers vos objectifs. Vous vous en rapprochez, vous recevez une émotion positive ; vous vous en éloignez, vous recevez une émotion négative.
Le message générique des émotions positives : « C'est bon pour toi, continue. » Sous-entendu : « Tu es en train d'y arriver, modélise. Regarde comment tu t'y prends, de manière à pouvoir le reproduire. »
Le message générique des émotions négatives : « Tu es dans une situation indésirable, rectifie. »
Si vous êtes dans une situation indésirable, vous n'avez que 3 solutions pour en sortir : **accepter, améliorer, quitter.** Si vous ne choisissez aucune des 3, il ne vous reste plus que... *la plainte*.

Parmi cette liste, identifiez les émotions que vous ressentez le plus souvent et copiez-les dans un fichier que vous garderez à portée de main, le but étant de devenir intelligent émotionnellement. Cette intelligence vous permettra de résoudre plus de 90 % de vos problèmes relationnels (si vous pratiquez, évidemment !) et surtout, surtout, elle vous permettra de **cesser de vous identifier à vos émotions.**
Pourquoi êtes-vous malheureux, en souffrance ? Tout simplement parce que vous vivez vos émotions, vous *devenez* vos émotions.
Vous serez libre et votre monde changera lorsque vous passerez de « je suis triste » à « mon corps m'envoie le message de la tristesse. »
Vous pouvez l'étendre à toute situation négative que vous vivez. Si vous êtes mal, c'est que vous ressentez une émotion négative. L'identifier, c'est ouvrir la porte à l'intelligence.
Je vous rappelle brièvement les étapes (pour plus de précisions, je vous renvoie à mon premier livre « Se Libérer de sa Souffrance et Construire son Bonheur » qui les détaille).

1) Je réalise que je ressens une émotion (l'étape la plus compliquée car à cet instant, le mental veut vous interdire de reprendre le pouvoir) : laquelle ? C'est ici que je dois me dire « je ressens » plutôt que « je suis ».

2) Je décode l'émotion (aidez-vous de la liste).
3) Je me mets en empathie avec l'autre personne (s'il y a un tiers concerné, bien sûr). En vous mettant en empathie, vous ressentez ce que ressent l'autre. Si au début, vous n'y arrivez pas, demandez-vous ce qu'il ressent, réfléchissez. De cette manière, vous savez si l'autre est négatif envers vous, ou bien si vous êtes victime d'une peur de type 2... C'est-à-dire que dans la réalité, vous n'êtes pas menacé.
4) Je passe en pro action. Tout d'abord, je pose la question : « Quel résultat veux-je obtenir ? » puis, je mets en œuvre l'action adéquate pour l'obtenir, celle qui me convient le mieux, la plus efficace et qui apporte le plus d'amour sur Terre.

Facile, oui ? Alors, à vous de jouer !

Emotions négatives

- **L'abandon :** Je suis en train de perdre « maman = amour » ou « papa = sécurité ». Je suis au plus bas de l'échelle symbolique, je suis en danger de mort. Si je ressens cette émotion dans le présent, elle fait obligatoirement écho à une peur enfantine.
- **L'aberration :** Mon modèle du monde est menacé + injustice.
- **L'accablement, l'abattement :** Découragement + tristesse... voire impuissance.
- **L'affolement :** J'ai peur et je suis submergé. Je suis face à une peur et mon mental n'est pas équipé pour la traiter, soit qu'elle me soit inconnue, soit qu'il y ait trop d'éléments à gérer en même temps.
- **L'agacement, l'exaspération :** Je suis en train de me faire envahir, soit physiquement (on mâche un chewing-gum dans mon oreille), soit symboliquement (quelqu'un me saoule de paroles ou est inquisiteur).
- **L'ambivalence :** Je poursuis deux objectifs opposés en même temps. Je dois faire un choix et accepter de perdre l'un des deux termes.

- **L'amertume :** Tristesse + déception + ressentiment.
- **L'anéantissement :** Je contemple ma mort. Vous faites l'expérience de la mort au niveau symbolique, sans toutefois la traverser car votre mental vous retient au bord du gouffre.
- **L'angoisse :** L'angoisse n'est pas une émotion mais la rencontre de deux émotions... Plus précisément, la rencontre de deux forces : une partie de vous veut la liberté, l'autonomie, prendre son essor ; l'autre veut la sécurité (« je veux les jupes de ma mère »). Au point de rencontre des deux, naît l'angoisse. Pour décoder le message de l'angoisse, vous devez prendre conscience de l'endroit où elle se « pose ». Vous avez une boule, ça « serre ». Cette boule apparaît dans l'un des chakras suivants : gorge (chakra de l'expression), poitrine (chakra du cœur), plexus (chakra de la puissance), ventre (chakra des émotions).
- • Gorge : Une partie de moi veut exprimer (dire) Qui Elle Est Vraiment et l'autre croit qu'elle sera en danger si elle le fait.
- • Poitrine : Une partie de moi veut exprimer l'amour (aimer et/ou être aimé) et l'autre croit qu'elle sera en danger si elle le fait.
- • Plexus : Une partie de moi veut exprimer sa puissance et l'autre croit qu'elle sera en danger si elle le fait.
- • Ventre : Une partie de moi veut exprimer ses émotions et l'autre croit qu'elle sera en danger si elle le fait.
- **L'anxiété :** J'ai l'appréhension d'un objet indéterminé, donc : appréhension + malaise.
- **L'appréhension :** J'ai peur par avance. Vous êtes-vous préparé pour affronter la situation à venir ?
- **Le chagrin :** Je suis dans une situation indésirable et les 4 solutions sont fermées (si je me plains, c'est que – par exemple – « maman = amour » sera mis à mal) et je pleure pour évacuer le stress (les larmes de chagrin n'ont pas la même composition que les larmes de joie ou d'oignons).
- **La colère** : 3 niveaux de message.
- • Je dois mettre un stop à la menace.
- • Quelqu'un met à mal une de mes valeurs fondamentales.
- • Quelqu'un veut prendre du pouvoir sur moi.

- **La confusion :** Je suis dans le coton, dans les limbes = mon mental m'empêche de voir un mensonge = je m'interdis de clarifier.
- **La consternation :** Incompréhension + stupeur + mépris.
- **La contrainte :** Je suis emmené de force vers un autre objectif que le mien.
- **La contrariété :** J'ai la sensation qu'une force étrangère (extérieure à moi) m'éloigne de mon objectif ou s'y oppose.
- **La culpabilité :** Je mets à mal une de mes valeurs fondamentales... et j'ai la sensation de commettre l'irréparable.
- **Le danger :** Cf. peur.
- **La déception :** J'attendais mieux
- **Le découragement :** J'ai peur et je n'avance plus (contraire du courage : j'ai peur et j'avance quand même).
- **Le dédain** : Je juge l'autre indigne et je le trouve petit.
- **Le dégoût :** J'ai quelque chose en moi de malsain (= contre nature) que je dois sortir (vomir) – Je suis empoisonné. S'il n'y a pas la notion de malsain, vous êtes juste envahi – cf. agacement.
- **Le dégoût de soi-même :** J'ai commis une action malsaine.
- **Le dépit :** Découragement + colère.
- **Le désabusement :** Désillusion + résignation.
- **Le désarroi :** J'ai conscience d'être dans une situation indésirable mais j'ignore quelle solution choisir (cf. confusion).
- **Le désespoir :** Je ne peux plus accepter l'inacceptable, je dois prendre une décision (espoir perverti) – Je ne peux plus croire à un (mon) objectif (espoir naturel).
- **La désillusion :** Je ne peux plus y croire (j'ai perdu mes illusions).
- **La désolation :** Je suis comme dans un paysage lunaire (ravagé, désolé) et du coup, j'ai perdu tous mes repères, mes bases de combativité.
- **La détresse :** SOS (Save Our Souls). Sauvez mon âme ! Vous n'avez plus aucun recours et votre identité la plus profonde est menacée... C'est le moment de demander de l'aide.

- **La dévalorisation :** Je me compare et me juge inférieur à un autre ou à l'image que je souhaiterais avoir de moi-même.
- **Le doute :** Je dois être curieux pour accéder à la vérité... ou bien je dois quitter.
- **L'enfermement :** Je me sens emprisonné dans une situation et je ne trouve pas la clé pour en sortir.
- **L'ennui :** Mes buts ont été atteints ou l'extérieur ne me nourrit plus ; je dois me mettre en mouvement pour mettre en cohérence ce que je fais avec ce que je suis.
- **L'étonnement :** Je ne pensais pas cela possible.
- **L'étouffement :** Cf. oppression
- **L'étrangeté :** J'ai la sensation d'être E.T. ou d'être en présence d'E.T. ; ce que je vis m'est étranger, ne rentre pas dans mon modèle du monde.
- **L'exaspération :** Cf. ras-le-bol
- **L'exclusion :** Je suis rejeté par quelqu'un dont j'attendais de la reconnaissance, je me sens banni du clan.
- **La fascination :** Je suis attiré par quelque chose de malsain (à moins que je n'aie affaire à quelque chose de *réellement* extraordinaire). Malsain = contre nature. Vous êtes donc soumis à une attraction/répulsion.
- **La fatalité :** Je le savais ! Je m'étais déjà préparé à subir ça = je le mérite. Cf. résignation.
- **La frustration :** J'avais droit à plus (contrairement à la déception, je sais à « combien » j'avais droit).
- **Le gâchis :** J'ai manqué mon objectif en détruisant les moyens mis en œuvre pour l'atteindre.
- **La gêne :** Je suis parasité pour atteindre mon objectif.
  1) Vis-à-vis de moi-même : je ne respecte pas une de mes propres valeurs = je me sens gêné.
  2) Vis-à-vis de quelqu'un d'autre : je me sens complice d'assister à cela (car c'est en contradiction avec l'une de mes valeurs).
- **La haine :** Supprime la menace !... = tue-le !
- **La honte :** Mon intimité la plus profonde est mise à nu et je la juge indigne (indigne = un être humain ne fait pas ça).

- **L'horreur :** Mélange de peur terrible et de dégoût.
- **L'humiliation :** J'ai la sensation que l'autre veut me rabaisser ou me détruire volontairement.
- **L'ignorance :** Je ne sais rien, je n'ai pas été enseigné.
- **L'impatience :** Une force me pousse à avancer. Le tout est de trouver le bon rythme.
- **L'impuissance :** Je suis dans une situation indésirable : accepter, améliorer et quitter sont fermés, il ne me reste que la plainte... A moins de comprendre le message sous-jacent : « Il n'y a que trois solutions, choisis celle qui te coûtera le moins car de toute façon, tu vas y laisser des plumes. »
- **L'incapacité :** Je dois me doter de nouveaux moyens.
- **L'incompréhension (stupeur, sidération, tétanisation, « perdre pied ») :** Mon univers bascule et je n'ai pas les clés pour décoder ce qui m'arrive. Mon mental refoule une (grosse) partie de la situation car sinon, je ne pourrais éviter de voir que « maman = pas amour » ou que « papa = pas sécurité ». Notez que le nom de l'émotion change avec l'intensité.
- **L'incrédulité** : Je suis face à un fonctionnement totalement irrespectueux de la Loi Symbolique et je ne peux accepter, reconnaître que l'autre puisse faire cela.
- **L'indifférence** : Deux possibilités.
  1) Je suis déconnecté de mes émotions.
  2) Je n'ai aucun objectif (mes émotions me guident vers mon objectif : pas d'objectif = pas d'émotion).
- **L'indignation** : Je suis l'objet (ou le témoin) d'un comportement indigne ; indigne signifiant « un être humain ne fait pas cela dans de telles circonstances ».
- **L'inéluctabilité :** cf. la fatalité.
- **L'injustice :** La Loi Symbolique n'est pas respectée (j'ai une « balance » en moi qui n'a rien à voir avec la loi réelle).
- **L'inquiétude :** Peur diffuse de l'avenir sans motif avéré, concret.

- **L'insatisfaction :** Mission non accomplie... Dois-je recommencer ou bien changer mon fusil d'épaule (sachant que faire plus de la même chose donne plus du même résultat) ?
- **L'insécurité :** Je ne suis pas protégé, alors que je devrais l'être. Souvent, c'est une situation symbolique qui fait écho à « papa = pas sécurité » (Ex : j'ai peur de ne pas pouvoir payer mes factures).
- **L'intimidation :** J'ai peur et je ne me sens pas de taille.
- **L'irritation :** Quelque chose de toxique franchit mes limites.
- **La jalousie :** J'ai peur de ne pas être à la hauteur de l'autre (si je suis un homme et que je suis jaloux de ma femme, j'ai peur qu'elle préfère un autre = j'ai une piètre estime de moi).
- **La laideur :** La beauté naturelle est cachée, dénaturée ou détériorée, (contraire de l'esthétisme). Nota : Il s'agit de la laideur et de l'esthétisme en tant que *ressentis*, non en tant que jugement.
- **La lassitude :** Je suis dans une situation indésirable et j'ai choisi « accepter » bien que cela ne soit pas la solution. Votre corps vous dit d'améliorer ou de quitter. Il y a bien des chances que ce soit « quitter » car le plus souvent, vous avez déjà tenté d'améliorer (cf. ras-le-bol).
- **Le manque :** Je n'ai pas eu accès à quelque chose de fondamental (amour, sécurité, reconnaissance, tendresse, etc.) et cela a créé un vide en moi.
- **Le malaise :** Quelqu'un ou quelque chose vient troubler mon bien-être mais j'ignore quoi = je dois me mettre en contact avec ma petite voix car mon mental bloque l'information.
- **Le mécontentement :** Je m'éloigne de mon objectif.
- **La mélancolie :** Abattement dans une tonalité dépressive.
- **Le mépris :** Je juge l'autre indigne = il ne se comporte pas en être humain et ne mérite pas d'être considéré comme tel (c'est la pitié sans empathie).
- **La morbidité :** Je chasse la vie de mon être = je guette les symboles de vie pour les exclure de mon environnement.

- **La négation :** Je suis annulé, comme si je n'avais pas d'existence (cf. exclusion, dévalorisation).
- **La sensation d'être nié :** Cf. négation.
- **L'oppression :** Je suis empêché de respirer. Il convient de se souvenir que la respiration, c'est la vie. Il y a donc derrière ce message, le message plus profond : *je suis empêché de vivre.*
- **La nostalgie :** Je ressens ce qui a été et j'aimerais que cela revienne.
- **L'orgueil :** Je veux être (ou montrer) ce que je ne suis pas = besoin d'avoir raison ou de ne pas être pris en flagrant délit d'ignorance (éventuellement par moi-même).
- **La panique :** Affolement + impuissance + incompréhension. Je suis au-delà de ma zone d'inconfort, totalement incapable de mobiliser mes ressources pour faire face à la situation.
- **La peine :** J'ai la sensation que quelqu'un me trahit, ou j'ai la sensation de trahir quelqu'un.
- **La perdition :** Cf. détresse.
- **La peur :** Attention, danger ! (message « animal »). Attention, tu n'es pas prêt ! (message « social »).
- **La pitié :** Je suis en empathie avec l'autre (je ressens sa souffrance) et je juge son comportement indigne.
- **La possessivité :** Je considère que l'autre m'appartient et doit se conformer à ma volonté. Je prends le pouvoir sur l'autre car j'ai peur qu'il ne veuille pas de moi si je le laisse libre.
- **La rage :** Les émotions refoulées et accumulées, au premier rang desquelles la frustration, veulent sortir sous une grande pression. La cocotte minute menace d'exploser.
- **La rancœur :** Ressentiment + dégoût.
- **La rancune :** Je n'accepte pas mon ressentiment (= je ne fais rien mais je veux toujours me venger).
- **Le ras-le-bol** : J'acceptais, bien que ce ne fusse pas la bonne solution, j'ai tenté sans succès d'améliorer : je dois quitter.
- **La rébellion :** Cf. révolte.
- **Les regrets :** Je veux refaire le film et changer la fin = je n'accepte pas ce qui est arrivé.

- **Le rejet** (je me sens rejeté) **:** Je me sens banni du clan.
- **La réprobation :** Je dois marquer mon désaccord, même si cela n'influence pas la situation (= je reste intègre).
- **La répulsion :** Sauve-toi ! Je dois identifier si c'est un programme par défaut qui s'ouvre, générant une peur de type 2, ou si c'est ma petite voix qui me crie de me sortir de là.
- **La résignation :** Je suis d'accord pour accepter, bien que ce ne soit pas la solution.
- **Le ressentiment :** Je veux que l'autre subisse ce qu'il me fait subir = « Si on te faisait ce que tu me fais subir, tu prendrais conscience et tu cesserais de me le faire ».
- **La révolte :** « Affranchis-toi ! » = j'étais un esclave, je dois me libérer.
- **Le ridicule :** Je mérite que l'on se moque de moi car je manifeste un comportement infantile.
- **Le sacrifice :** Je me renie moi-même pour plaire aux autres. Pour dire oui à l'autre, je dis non à moi-même.
- **La solitude :** Je me sens seul au milieu des autres, je sens le manque de liens aux autres.
- **La souffrance :** J'ai mal au niveau symbolique (j'ai mal au niveau physique = la douleur).
- **La soumission :** Je suis d'accord pour accepter la contrainte.
- **Le spleen :** Morosité soutenue par l'envie... Mélange d'amour et de peur, une force de lumière qui traverse une force sombre.
- **La stupéfaction :** Cf. incompréhension ou danger réel.
- **La stupeur :** Incompréhension ou danger réel.
- **La suffocation :** Oppression extrême.
- **La tétanisation :** Incompréhension ou danger réel.
- **La terreur :** Attention, danger de mort.
- **La timidité :** Je suis incapable de gérer la pression de la situation.
- **La trahison :** Celui qui devrait être mon ami, mon soutien, devient mon ennemi.
- **Trompé :** J'ai placé ma confiance à mauvais escient = j'ai donné mon pouvoir à l'autre.

- **Le trouble :** Malaise + amour ou caractère sexuel (émoi).
- **La tristesse :** Il y a quelque chose que je dois laisser partir. Je suis dans une situation indésirable, améliorer et quitter sont fermés... Il ne me reste que accepter = je dois faire mon deuil.
- **La vexation (vexé) :** Je me sens exclu + honte.
- **Vide (sensation de) :** Cf. incompréhension = si j'accède à ce qui me manque, je tombe dans le gouffre.
- **Viol :** Quelqu'un pénètre sans mon accord dans mon intimité la plus profonde, réelle (je suis abusé sexuellement) ou symbolique (ma mère lit mon journal intime).

Emotions positives

- **L'accomplissement** : J'ai atteint mon objectif en exprimant Qui Je Suis Vraiment.
- **L'admiration** : J'ai trouvé mon modèle, je dois l'imiter.
- **L'assurance** : Je suis dans la foi et l'assertivité, j'accomplis tranquillement.
- **Le bien-être** : Rien ne me gêne.
- **La compassion** : Empathie + amour (Je vois dans l'autre une âme en expérimentation... 0 jugement).
- **La confiance** : Je sais que je suis à même de mobiliser mes ressources = 0 distance entre mon objectif et ma certitude de l'atteindre.
- **Le contentement :** J'avance vers mon objectif.
- **Le courage** : J'ai peur et j'avance quand même.
- **La curiosité** : Il y a quelque chose à approfondir.
- **L'amour avoir** : Je veux être comblé par l'autre = je n'existe pas par moi-même !
- **L'amour être** : Je suis = je rayonne l'amour, sans condition.
- **L'amusement :** J'avance vers mon objectif dans la légèreté.
- **L'émerveillement** : Je vois, je vis quelque chose de magique ; je suis en connexion avec le monde subtil.
- **L'empathie** : Je ressens ce que ressent l'autre.
- **L'enthousiasme** : Fonce !

- **L'envie** : Avance, grandis !
- **L'épanouissement** : Je suis en train de devenir moi-même.
- **L'espoir** (en tant que moyen) : J'ai conscience de mon objectif, j'ai confiance dans ma capacité à l'atteindre… Je dois m'ouvrir des choix.
- **L'espoir** (perverti par la sécurité ou/et l'amour conditionnels et devenu un objectif) : J'accepte l'inacceptable (sa place serait plus dans les émotions négatives).
- **L'esthétisme** : Je vis le beau de la nature (je vois, ressens Dieu dans ce que je regarde, entends, etc.).
- **L'exaltation** : J'entre dans un espace où je m'expanse ; je deviens plus « grand », je connecte un niveau supérieur en moi. Je ne peux plus me contenir.
- **L'excitation** : J'anticipe le plaisir à venir.
- **La fierté** : Je veux être nommé, reconnu, admiré par l'autre (obligation d'un autre regard).
- **La force** : Je sens que je suis capable d'y arriver.
- **La grâce :** Je me sens soutenu par l'Univers = mon mental n'est plus aux commandes.
- **La gratitude** : Je suis en connexion avec ma mission de vie (la gratitude est le « merci » du Soi Supérieur).
- **L'impertinence** : Je dis non à l'injonction d'être sérieux.
- **La joie** : J'avance vers mon objectif, connecté à ma nature profonde. Je suis en connexion avec mon être le plus profond, avec Qui Je Suis Vraiment.
- **La légèreté** : Je me suis libre de l'obligation d'être sérieux (un problème grave ne se traite jamais gravement).
- **La liberté :** Je ne suis plus en prison.
- **La motivation** : Je me booste vers mon objectif (attention : suis-je vraiment en harmonie avec celui-ci ou bien suis-je en train de me forcer ?).
- **La paix, la sérénité** : Je n'ai plus d'objectif, j'arrive au-delà des émotions.
- **Le plaisir** : Quelque chose d'extérieur vient me combler. Un ou plusieurs de mes sens sont flattés = mon mental est flatté (mais

pas mon Soi : « Le plaisir est le bonheur des fous, le bonheur est le plaisir des sages ») = Je satisfais mon mental.

- **Le réconfort** : Je suis soutenu, aidé par un élément extérieur (chose, être – animal par ex. – ou personne) pour sortir d'une situation indésirable = soulagement + sensation d'être aimé.
- **La reconnaissance** (de l'autre envers moi) : Je me sens reconnu = une identité m'est conférée (mon objectif est d'exister... et pour exister, je dois exister *aux yeux de l'autre...* Bref, j'ai un problème à régler).
- **La reconnaissance** (envers l'autre) : gratitude + légitimité (je reconnais l'autre légitime).
- **La satisfaction** : Mission accomplie ! = j'ai atteint mon objectif.
- **La sécurité** : 0 menace !... = là, je peux me ressourcer.
- **La sensation de puissance :** J'ai de l'énergie à revendre (la puissance est la force avec laquelle l'énergie sort de moi).
- **Le soulagement** : Ouf !... = je sors d'une situation indésirable.

Toutes ces émotions vous guident vers vos objectifs. Comprenez que si vous en ressentez, c'est que – consciemment ou inconsciemment – vous poursuivez un objectif. Vous avez donc intérêt à bien le déterminer car il signifie que vous avez une attente, un espoir, une peur, etc. En conséquence, si vous vivez l'émotion dans l'instant présent, elle se réfère très souvent au passé ou à l'avenir.

Etre intelligent émotionnellement, c'est monter en conscience sur ces peurs « élastiques » (qui vous renvoient au passé ou à la peur de l'avenir). Plus vous comprenez les messages, plus vous mettez à jour en vous des peurs de type 2.

Si jour après jour vous pratiquez l'intelligence émotionnelle, vous constatez que vous avez de moins en moins d'émotions négatives car vous êtes de plus en plus en lien avec la réalité, ce qui signifie que vous poursuivez de moins en moins d'objectifs inconscients, comme ceux d'être reconnu, validé, sauvé, etc.

A ce moment-là, vous vivez encore deux types d'émotions négatives :

- Lorsque votre intégrité est menacée dans la réalité. Par exemple, quelqu'un vous envahit... et vous ressentez de l'agacement (et là, l'émotion est envoyée à bon escient).
- Lorsque vous vous éloignez d'un objectif réel que vous vous étiez fixé. Par exemple, vous cassez votre téléphone (votre objectif était de le conserver en état de marche). A cet instant, vous êtes dirigé vers : accepter, améliorer ou quitter.

Enfin, vous pouvez poursuivre un objectif plus profond, plus lointain, que vous l'appeliez votre éveil, votre développement personnel ou votre bonheur... Vous recevez des émotions négatives à chaque fois que vous vous éloignez de cet objectif.

Tant que vous serez humain, vous aurez des émotions. Même les maîtres spirituels ont des émotions... Etre libre, c'est faire la part entre les émotions correspondant à un objectif conscient et celles se rapportant à un objectif inconscient. Le plus simple pour cela est de réfléchir à vos objectifs et de les déterminer consciemment.

Lorsque vous en êtes là, vous êtes dans la paix et beaucoup plus souvent dans l'instant présent...Ce que vous ressentez alors, c'est la joie qui vous dit que vous avancez vers votre but le plus élevé et que ce n'est plus votre mental qui est aux commandes mais Qui Vous Etes Vraiment. Ou bien vous êtes dans la sérénité, car ici et maintenant, tout va bien et vous n'avez présentement aucun objectif.

Alors, bonne pratique et bon lâcher prise...

Annexe 2 - Textes complets d'une cérémonie

Voici deux Festen qui vous aideront à vous représenter la teneur du vôtre. Vous pourrez vous inspirer de la formulation des chapitres, de leur contenu, ainsi que de la liste des « je me libère ».

Premier exemple – Le Festen d'une femme

Bonjour à tous.
Je vous remercie d'être là pour moi.
Je suis très heureuse d'avoir ce moment rien que pour moi.
Comme vous le voyez, j'ai des notes, car ce que je vais dire doit être très précis.
Avant de commencer, il y a plusieurs règles dont je veux vous parler, qui doivent être respectées.
La 1ère : On éteint les portables
La 2ème : Vous vous engagez à ne m'interrompre sous aucun prétexte
La 3ème : Vous vous engagez à ne faire aucun commentaire
La 4ème : Vous vous engagez à rester jusqu'à la fin.
Etes-vous d'accord pour respecter ces règles ? (Je dois obtenir un oui et pas autre chose)
Il me reste plusieurs choses à vous dire avant de commencer.
Je vais parler de moi et de situations que j'ai vécues ; il se peut que ce ne soit pas La Vérité, simplement, c'est comme ça que je les ai vécues.
Je souhaite aussi vous dire que cette réunion n'est pas un moment de jugement et je souhaite que ce soit un moment d'amour.
Enfin, lorsque j'aurai terminé, je vous laisserai car je devrai m'isoler quelques instants.

Bien, je commence...
Je place ces photos de mon père et de ma mère pour symboliser leur présence.

Papa, Maman, je suis ici, face à l'Univers et face à vous car pour garder intacte en moi l'image d'une mère aimante et d'un père sécurisant, je me suis construit des mensonges. Pour faire tenir ces mensonges, j'ai pris des morceaux de vous et je les ai mis en moi. Aujourd'hui, il est temps que je vous les rende.

La première chose dont je veux parler, Maman, c'est que je suis née à la date anniversaire où tu as été conçue et que tu as fait plusieurs fausses couches avant ma naissance.
Lorsque j'évoque cela, je ressens une sensation de fardeau.
Je comprends aujourd'hui que l'inconscient collectif du clan m'imposait de vivre la vie de ces enfants décédés et que je devais soutenir ma mère. J'étais porteuse de cette mission qui m'a transformée en bouc-émissaire, d'autant plus que ma mère a rajouté sa propre pression par dessus. Il m'était donc interdit de vivre pour moi-même, d'avoir mes propres projets et de réussir.
C'est pourquoi, je rends à l'inconscient collectif cette mission inepte.

La deuxième chose dont je veux parler, Papa, c'est du jour où ton chien m'a attaqué, manquant de me tuer, tu m'as hurlé dessus en me disant que c'était de ma faute.
J'ai ressenti de la stupeur et de la peur, de la désillusion, de la désolation, de la peine, de l'injustice puis de la colère et de la haine.
Je comprends aujourd'hui que mon père était dépourvu de cette flamme qui fait qu'un homme est un homme. S'il pouvait faire l'illusion en société, cela lui était impossible lorsqu'il était convoqué en tant que mari ou en tant que père. Pour éviter d'être démasqué, il utilisait la fuite ou la violence, qui est la force des faibles. Pour conserver l'illusion de la sécurité, je me suis fait croire que je ne la méritais pas, puis pour créer de l'espoir, j'ai cherché à quelles conditions l'obtenir. C'est ainsi que j'ai commencé à mendier la sécurité et que j'ai créé la sécurité conditionnelle.
C'est pourquoi, Papa, je te rends ton vide et ta violence.

La troisième chose dont je veux parler, Maman, c'est qu'à table, tu te privais pour que j'aie les meilleurs morceaux.
Lorsque j'évoque cela, je ressens de la peine et de la reconnaissance.

Je comprends aujourd'hui que ma mère était dépourvue d'amour et d'identité propre. C'est pour en acquérir une qu'elle est devenue mère. Pour conserver l'illusion de l'amour, je me suis fais croire que son amour sacrificiel était de l'amour et que je recevrais cet amour tant que je lui conférerais une identité de mère.
Il m'était donc interdit de vivre pour moi-même et d'avoir mes propres projets. Chaque fois que j'envisageais de prendre mon autonomie, j'éprouvais une angoisse et une culpabilité immenses. Celles-ci ont perduré plus tard chaque fois que j'envisageais de m'occuper de moi. C'est pourquoi, Maman, je te rends ton amour sacrificiel et ton identité de mère.

La quatrième chose dont je veux parler, Papa, c'est que tu te promenais souvent nu à la maison.
Je ressentais du dégoût et de la gêne.
Je comprends aujourd'hui qu'au moment où les petites filles sont amoureuses de leur papa, j'ai cru qu'une porte s'ouvrait vers le désir de mon père. Pour me préserver du danger, tout en conservant la sécurité, je me suis fais croire que tous les hommes étaient dangereux. De cette manière, mon père était dangereux parce que c'était un homme, et non parce que c'était mon père. C'est pour me protéger plus encore que je suis devenue un garçon manqué. Enfin, comme je n'avais pas fait le deuil de ce que je recherchais, une part de moi est restée disponible pour mon père et plus tard, pour des hommes le symbolisant.

La cinquième chose dont je veux parler, Papa, c'est que lorsque tu rentrais à la maison, le mal de ventre me prenait et je me tapissais dans un coin me demandant pour quel motif j'allais être châtiée.
Je ressentais de la terreur, de la détresse, de l'humiliation et de la panique.
Je comprends aujourd'hui que mon père ne supportait aucun symbole de remise en cause et ses réactions confinaient à la folie. Il exerçait alors une tyrannie violente, méchante, humiliante, vicieuse et terrorisante. Pour survivre, je me suis fais croire que je méritais d'être maltraitée, qu'il m'était interdit de posséder ma propre subjectivité, et que je ne

possédais comme valeur que celle que mon père m'attribuait. La charge émotionnelle et symbolique était telle qu'il ne me restait finalement que la panique pour y faire face. J'en ai conservé la phobie de la violence et la frayeur d'être démasquée. Je m'interdisais aussi de m'affirmer et s'il m'arrivait de gagner de l'argent, il me fallait le dilapider pour annuler symboliquement ma réussite.
C'est pourquoi, Papa, je te rends ta tyrannie vicieuse et ta dévalorisation.

La sixième chose dont je veux parler, Maman, c'est que tu me frappais encore et encore, jusqu'à ce que tu sois fatiguée de me taper dessus, avec ce qui te tombait sous la main : ceinture, cuillère en bois, règle, etc.
Je ressentais de la peur, une immense tristesse, de la colère et de l'injustice.
Je comprends aujourd'hui que je vivais dans un paradoxe horrible puisque je devais me faire croire que je ne méritais pas de me faire aimer, et même que je méritais d'être maltraitée par la personne à qui je devais conférer l'identité de mère, c'est-à-dire la personne aimante. Je n'avais comme solution que le refoulement, l'acceptation de la maltraitance et le fait de quitter mon corps pour m'extraire de la douleur et de la souffrance. Cela m'a conduite plus tard à rester passive dans des situations d'agression.
C'est pourquoi, Maman, je te rends ta violence et ta folie maltraitante.

La septième chose dont je veux parler, Papa, c'est qu'après que tu m'aies dit que c'était de ma faute que Maman allait mal et que j'allais la tuer, je rêvais que Maman mourait. C'est ce qui a déclenché ma dépression.
Lorsque j'évoque cela, je ressens de la colère, de l'injustice, de la haine, de l'impuissance et une forme de soumission.
Je comprends aujourd'hui que mon père utilisait la culpabilisation pour conserver son emprise à distance sur moi. Comme il m'était impossible de remettre en question mes mensonges, j'étais obligée de l'accepter. Dans le même temps, comme je voulais conserver ma liberté au niveau réel, j'étais prise dans un paradoxe que j'ai tenté de résoudre au moyen d'un dérèglement hormonal, un psoriasis, et comme cela ne fonctionnait pas, j'ai utilisé la dépression.

C'est pourquoi, Papa, je te rends ta culpabilisation.

La huitième chose dont je veux parler, Maman, c'est que lorsque je te faisais une confidence, tu la rapportais à mon père, sachant qu'il allait l'utiliser pour me maltraiter, niant après cela que je t'avais confié quelque chose.
Je ressentais de la tristesse, de la colère, du ressentiment et de l'impuissance.
Je comprends aujourd'hui que non seulement ma mère me maltraitait directement, mais qu'en plus elle me jetait dans les griffes de mon bourreau, travaillant ainsi à ma destruction. J'étais piégée puisque je savais ne pas pouvoir compter sur son aide, mais dans le même temps, je devais continuer ce fonctionnement malsain pour conserver l'illusion de son amour. Cela a renforcé plus tard ma tendance à prolonger des situations négatives, bien que j'avais conscience de leur portée néfaste.
C'est pourquoi, Maman, je te rends ta complicité.

La neuvième chose dont je veux parler, Papa, c'est que je ne me souviens pas que tu m'aies enseigné quoi que ça soit.
Lorsque j'évoque cela, je ne ressens rien.
Je comprends aujourd'hui que si j'ai pu bénéficier de l'autorité de mon père en termes de limitation, je n'en ai pas bénéficié en termes d'autorisation. J'ai donc dû me débrouiller seule pour explorer ma vie et faire mes propres expériences. Par ailleurs, chaque fois qu'il m'a fallu oser, j'ai dû lutter contre moi-même.
C'est pourquoi, Papa, je te rends ton manque d'autorisation.

La dixième chose dont je veux parler, Maman, c'est d'une phrase qui revenait souvent chez toi : « Une femme ne sort jamais sans être apprêtée et elle serre les dents. »
Lorsque j'évoque cela, je ressens l'indignation, le sentiment d'être dégradée et le ridicule.
Je comprends aujourd'hui que ma mère m'a transmis un modèle de féminité basé sur l'hypersensibilité, la faiblesse, la soumission, la mésestime de soi, l'auto-dévalorisation, les bouderies, le déni, le paraître

et les mensonges. Pour conserver l'illusion de l'amour, je l'ai repris à mon compte jusqu'à la puberté. C'est ainsi que j'ai inscrit la vie, et particulièrement la féminité, dans le registre de la morbidité.
C'est pourquoi, Maman, je te rends ton modèle de féminité.

La onzième chose dont je veux parler, Papa et Maman, c'est que je n'ai jamais vu un geste de tendresse entre vous.
Lorsque j'évoque cela, je ressens la sensation de fausseté.
Je comprends aujourd'hui que mes parents m'ont offert un modèle de couple qui n'était qu'un simulacre à l'intention de l'extérieur mais totalement dépourvu d'amour de l'intérieur. Si je me suis opposée rapidement à ce modèle, j'ai quand même inscrit en moi son énergie négative qui rendait difficile pour moi la construction d'un couple sans idées préconçues.
C'est pourquoi, Maman et Papa, je vous rends votre modèle de couple.

La douzième chose dont je veux parler, c'est d'un accident de scooter où j'ai fait un vol plané. Durant ce vol, je savais absolument que je ne risquais rien, que j'étais totalement protégée et que je me relèverais indemne, ce qui est advenu.
Lorsque j'évoque cela, je ressens de la paix, de l'intérêt et de l'émerveillement.
Je comprends aujourd'hui que je possède une connexion extraordinairement puissante avec le monde subtil. Pour conserver mes mensonges intacts, j'ai dû m'en couper. Comme elle transparaissait quand même, je me suis interdit de l'utiliser pour mon propre bénéfice.

La treizième chose dont je veux parler, c'est que lorsque je rencontre une personne, je commence d'abord par avoir envie d'être aimée, puis le lendemain, je me désillusionne, puis le jour d'après, je retrouve l'enthousiasme du premier jour, et puis d'un jour à l'autre, je me mets à osciller entre ces deux états jusqu'à l'exaspération, puis l'épuisement.
Lorsque j'évoque cela, je ressens de la fatigue, de la fatalité et de la culpabilité.

Je comprends aujourd'hui que tous les mensonges évoqués précédemment m'interdisaient de vivre pour moi-même, m'obligeaient à vivre dans l'insécurité, m'obligeaient à me faire maltraiter, m'interdisaient de vivre pleinement dans mon corps, m'interdisaient d'être aimée, m'interdisaient de vouloir et de penser pour moi-même, m'obligeaient à me culpabiliser. Ceci avait pour effet de me figer dans une morbidité impuissante et frustrante. Pour vivre quand même, j'ai déplacé mes peurs vers la phobie des araignées, de la foule, du vide, des ascenseurs en verre et des plafonds bas. Je me suis mise aussi à avoir peur de prendre l'avion, avoir peur d'être étouffée, avoir peur des personnes trop proches ou que l'on m'imposait. Dans le même objectif, j'ai déclenché du psoriasis, des angines et des migraines. Quand je suis devenue mère, j'ai mis à mal mes mensonges et j'ai dû compenser pour annuler cette sensation de vie en moi : chaque fois que j'accédais à plus de liberté, je devais soit accentuer une phobie, soit en créer une nouvelle. J'ai tenté d'injecter de la vie au milieu de tout cela en fumant, en faisant énormément de sport et en sur-contrôlant mon alimentation. Au final, il m'était impossible de vivre dans mes mensonges et dans la vie. J'ai résolu le paradoxe en me mettant en oscillation permanente entre les deux. Enfin, je devais dilapider tout l'argent que je gagnais pour éviter le symbole de richesse.

La quatorzième chose dont je veux parler, c'est du voyage effectué à 17 ans avec une amie à Budapest en mentant aux parents pour aller retrouver deux garçons.
J'ai ressenti de l'excitation, de la joie, de la liberté et une sensation de puissance.
Je comprends aujourd'hui qu'au moment de la puberté est montée en moi une force nouvelle, puissante et de nature sexuelle. Elle venait contredire les anciens mensonges. Pour résoudre ce nouveau paradoxe, j'ai passé un nouvel accord avec moi-même : « D'accord pour accepter cette pulsion de vie, à condition de ne pas en récolter les fruits. »

La quinzième chose dont je veux parler, c'est que toutes mes relations longues avec un homme se sont terminées dans le drame, hormis avec le père de mon fils.
Lorsque j'évoque cela, je ressens une sensation de gâchis et de la nostalgie.
Je comprends aujourd'hui que je choisissais des hommes pour respecter l'accord passé à la puberté. Pour cela, je refusais de m'engager, sauf quand je ne les aimais pas ou que l'aspect sexuel était nul. Par ailleurs, je cherchais à réparer ce que j'avais subi petite avec mon père, choisissant souvent pour cela des hommes « à sauver », dont j'attendais après qu'ils me sauvent à leur tour et m'autorisent à déployer mes ailes.

La seizième chose dont je veux parler, c'est que j'ai été violée à plusieurs reprises.
Lorsque j'évoque cela, je ressens de l'impuissance, de la colère, du dégoût, de la faiblesse et de la résignation.
Je comprends aujourd'hui que mon âme a choisi dans cette incarnation de faire l'expérience de la toute-puissance, de l'amour le plus sacré dans la liberté la plus totale, pour les mettre au service de l'humanité. Pour cela, je devais déjà faire l'expérience de l'opposé, et notamment de la torture physique. A cette fin, j'ai passé des contrats avec des âmes, au premier rang desquelles mes parents. J'ai connu l'expérience des viols pour descendre encore plus bas, car ils me permettaient de me faire croire que je ne méritais que ça. J'ai aussi passé des contrats avec d'autres âmes pour réaliser ma transcendance.
C'est pourquoi je remercie mes parents et toutes les âmes qui m'ont aidée à accomplir ma mission et je mets fin à tous les contrats d'âmes passés, rendant toutes ces parties que j'ai accumulées et qui m'ont fait descendre.

Je comprends par-dessus tout, Papa et Maman, que je suis moi et que vous êtes vous, que rien ni personne ne peut m'imposer une charge extérieure à moi-même et opposée à ma vraie nature. C'est pourquoi je vous rends à vous-même et je me reprends de vous.
Papa, je te rends ce tas de merde ; Maman, je te rends cette prison.

Et ce faisant :

Je me libère de la mission confiée par l'inconscient collectif du clan de vivre la vie des enfants décédés lors des fausses couches de ma mère et ce faisant, je les remets tous dans la lumière.
Je me libère de l'obligation de soutenir ma mère.
Je me libère du rôle du bouc-émissaire.
Je me libère de la pression de ma mère.
Je me libère de l'interdiction de vivre pour moi-même.
Je me libère de l'interdiction d'avoir mes propres projets.
Je me libère de l'interdiction de réussir.
Je me libère de l'insécurité.
Je me libère de la peur de l'insécurité.
Je me libère de la croyance que je ne mérite pas la sécurité.
Je me libère du besoin de sécurité.
Je me libère de la sécurité conditionnelle.
Je me libère de l'obligation de mendier la sécurité.
Je me libère du manque d'amour.
Je me libère de la peur de manquer d'amour.
Je me libère de la croyance que je ne mérite pas d'être aimée.
Je me libère de l'amour conditionnel.
Je me libère de l'obligation de mendier l'amour.
Je me libère de l'obligation de conférer une identité à ma mère.
Je me libère de l'obligation de me sacrifier pour elle.
Je me libère de la croyance que le sacrifice est de l'amour.
Je me libère de l'interdiction d'être autonome.
Je me libère de l'interdiction de m'occuper de moi.
Je me libère du désir contre nature vis-à-vis de mon père.
Je me libère de la croyance que les hommes sont dangereux.
Je me libère de l'injonction d'être un garçon manqué.
Je me libère de l'obligation de rester disponible pour mon père ou les hommes le symbolisant.
Je me libère de la tyrannie de mon père.
Je me libère de sa violence.
Je me libère de sa méchanceté.

Je me libère de ses humiliations.
Je me libère de son terrorisme vicieux.
Je me libère des traumas que tout cela m'a causé.
Je me libère de la croyance que je mérite d'être maltraitée.
Je me libère de l'interdiction de posséder ma propre subjectivité.
Je me libère de la croyance que je ne possède comme valeur que celle que mon père m'attribuait.
Je me libère de la charge énergétique de panique.
Je me libère de la phobie de la violence.
Je me libère de la peur d'être démasquée.
Je me libère de l'interdiction de m'affirmer.
Je me libère de l'interdiction de gagner de l'argent.
Je me libère de l'obligation de le dilapider si j'en gagne.
Je me libère de la violence de ma mère et des traumas qu'elle m'a causés.
Je me libère de la charge énergétique de devoir conférer une identité à mon bourreau.
Je me libère de l'obligation de refouler les maltraitances que j'ai subies.
Je me libère de l'obligation de quitter mon corps pour fuir la douleur et les agressions.
Je me libère de l'obligation de rester passive quand je suis agressée.
Je me libère de la culpabilisation de mon père.
Je me libère du dérèglement hormonal en tant que solution.
Je me libère du psoriasis en tant que solution.
Je me libère de la dépression en tant que solution.
Je me libère de la complicité de ma mère dans la maltraitance de mon père.
Je me libère de l'obligation de continuer des fonctionnements malsains par peur d'être rejetée.
Je me libère de ma tendance à rester dans des situations négatives.
Je me libère du manque d'autorisation.
Je me libère de la peur d'oser.
Je me libère du modèle de féminité de ma mère.
Je me libère de son hypersensibilité.
Je me libère de sa faiblesse.

Je me libère de sa soumission.
Je me libère de sa mésestime d'elle-même.
Je me libère de son auto-dévalorisation.
Je me libère de ses bouderies.
Je me libère de ses dénis.
Je me libère de son paraître.
Je me libère de ses mensonges.
Je me libère de la morbidité.
Je me libère du modèle de couple de mes parents.
Je me libère de toutes mes idées préconçues quant au couple.
Je me libère de l'interdiction de me connecter au monde subtil.
Je me libère de l'interdiction d'utiliser cette connexion au quotidien pour mon propre bénéfice.
Je me libère de l'obligation de vivre dans l'insécurité.
Je me libère de l'obligation de me faire maltraiter.
Je me libère de l'interdiction de vivre pleinement dans mon corps.
Je me libère de l'interdiction de me faire aimer.
Je me libère de l'interdiction de vouloir et de penser pour moi-même.
Je me libère de l'obligation de me culpabiliser.
Je me libère de la phobie des araignées.
Je me libère de la phobie de la foule.
Je me libère de la phobie du vide.
Je me libère de la phobie des ascenseurs en verre.
Je me libère de la phobie des plafonds bas.
Je me libère de la phobie de prendre l'avion.
Je me libère de la peur d'être étouffée.
Je me libère de la phobie des personnes trop proches.
Je me libère de la phobie des personnes que l'on m'impose.
Je me libère des angines en tant que solution.
Je me libère des migraines en tant que solution.
Je me libère de l'obligation de créer des peurs et de les accentuer chaque fois que je me libère.
Je me libère de la cigarette en tant que solution.
Je me libère du sport en tant que solution.
Je me libère de l'obligation de sur-contrôler mon alimentation.

Je me libère de l'interdiction d'être à la vie.
Je me libère de l'oscillation en tant que solution.
Je me libère de l'accord passé à la puberté.
Je me libère de la peur de m'engager.
Je me libère de l'obligation de choisir des hommes que je n'aime pas.
Je me libère de l'obligation de choisir les hommes pour réparer ce que j'ai subi avec mon père étant petite.
Je me libère de l'obligation de choisir des hommes à sauver.
Je me libère de la croyance qu'un homme va m'aider à déployer mes ailes.
Je me libère de l'interdiction de vivre une vie de couple libre, constructive, épanouissante et harmonieuse.
Je me libère de l'énergie de tous les contrats d'âmes qui m'ont fait descendre.
Je me libère de toutes les énergies négatives des viols que j'ai subis.
Je me libère de la croyance que je ne vaux rien et que je mérite d'être violée.
Je me libère de l'obligation de donner mon pouvoir à l'autre de guider ma vie.
Je me libère de la croyance que je mérite de disparaître.
Je me libère de l'obligation d'attirer les objets sur ma tête.
Je me libère de l'interdiction de posséder.
Je me libère de l'interdiction de porter des boucles d'oreilles.
Je me libère de la faiblesse.
Je me libère de l'obligation de me saboter.
Je me libère de l'espoir en tant que solution.
Je me libère de la plainte en tant que solution.
Je me libère de la confusion en tant que solution.
Je me libère de la peur de l'inconnu.
Je me libère de la peur d'être jugée.
Je me libère de la peur d'être rejetée.
Je me libère de la peur d'aimer.
Je me libère de la peur d'être aimée.
Je me libère de la peur du regard des autres.
Je me libère du besoin d'être reconnue.

Je me libère de l'interdiction d'exprimer Qui Je Suis Vraiment.
Je me libère du manque d'acceptation de moi.
Je me libère du manque d'amour de moi.
Je me libère de manque de confiance en moi.
Je me libère de manque d'estime de moi et ce faisant, j'acquière ma souveraineté.
Je me libère de la peur de réussir.
Je me libère de la peur de l'échec.
Je me libère de la peur d'être impuissante.
Je me libère de ma tendance à m'excuser.
Je me libère de mon besoin de me justifier.
Je me libère de la peur de manquer.
Je me libère de la peur de déranger.
Je me libère de la peur de ne pas mériter.
Je me libère de la peur de ne pas être à la hauteur.
Je me libère de la peur de la procrastination.
Je me libère de l'interdiction de m'élever.
Je me libère de l'interdiction d'écouter ma petite voix intérieure.
Je me libère de l'emprise des symboles.

Je me libère de toutes les émotions suivantes et ce faisant, je coupe ma relation avec ces énergies et je les renvoie toutes à la Source.
Je me libère de la stupeur.
Je me libère de la peur.
Je me libère de la désillusion.
Je me libère de la désolation.
Je me libère de la peine.
Je me libère de l'injustice.
Je me libère de la colère.
Je me libère de la haine.
Je me libère du dégoût.
Je me libère de la gêne.
Je me libère de la terreur.
Je me libère de la détresse.
Je me libère de l'humiliation.

Je me libère de la panique.
Je libère mon cœur de son immense tristesse.
Je me libère de l'impuissance.
Je me libère de la soumission.
Je me libère du ressentiment.
Je me libère de l'indignation.
Je me libère de la sensation d'être dégradée.
Je me libère du ridicule.
Je me libère de la fausseté.
Je me libère de la fatigue.
Je me libère de la fatalité.
Je me libère de la sensation de gâchis.
Je me libère de la nostalgie.
Je me libère de la résignation.
Je me libère de la culpabilité.

Et ce faisant :
Je récupère mon libre arbitre.
Je récupère ma propre sécurité intérieure.
Je récupère mon autonomie.
Je récupère mon identité sexuelle.
Je récupère ma valeur naturelle.
Je récupère mon droit à gagner de l'argent.
Je récupère ma pureté originelle.
Je récupère mon droit à nommer les dysfonctionnements de mes parents et d'autrui.
Je récupère mon droit à mettre fin aux situations négatives.
Je récupère mon audace.
Je récupère mon droit à manifester la vie.
Je récupère mon droit à construire un couple dans l'amour.
Je récupère ma pleine connexion au monde subtil.
Je récupère mon droit à vivre pleinement dans mon corps.
Je récupère mon droit à me faire aimer.
Je récupère mon droit à penser par moi-même.

Je récupère ma capacité naturelle à être une mère aimante inconditionnellement.
Je récupère ma capacité à gérer pertinemment mon argent.
Je récupère mon droit divin à récolter les fruits de mes désirs.
Je récupère mon droit à choisir et à vivre avec un homme que j'aime.
Je récupère ma liberté.
Je récupère ma légitimité.
Je récupère ma souveraineté.
Je récupère mon intégrité.

Et il en est ainsi !
Je vous remercie de m'avoir aidée, je vais m'isoler quelques instants.

Deuxième exemple – Le Festen d'un homme

(Le préambule est identique)

La première chose dont je veux parler, c'est que je porte les prénoms de mes deux grands-pères.
Lorsque j'évoque cela, je ressens une sensation de poids et d'étouffement, d'oppression.
Je comprends aujourd'hui que l'inconscient collectif des clans m'imposait de soutenir mes grands-pères, dans leur propre mission de réparer des drames ancestraux qui avaient eu lieu dans une tonalité de tromperie. Il m'était donc interdit de vivre pour moi-même parce que je devais réparer ces tromperies en les remettant en scène.
C'est pourquoi, je rends cette mission à l'inconscient collectif.

La deuxième chose dont je veux parler, Maman, c'est que tu t'es mariée parce que tu étais enceinte de moi et que tu as failli mourir lors de l'accouchement.
Lorsque j'évoque cela, je ressens de la tristesse, de l'incompréhension et de la culpabilité.
Je comprends aujourd'hui que n'ayant pas été désiré, j'ai dû construire le mensonge que j'étais un imposteur. Dans le même temps, comme j'étais l'objet du mariage de mes parents, j'ai pris la charge négative de cette obligation en même temps que j'étais le ciment de ce couple.
Par ailleurs, j'ai dû inscrire en moi la culpabilité profonde d'avoir voulu tuer ma mère puisque j'ai été chargé inconsciemment de cette intention.
Je ne pouvais exister qu'à la condition d'être garant du couple, ce qui me permettait de payer le prix de mon infamie supposée.
J'en ai conservé l'interdiction d'émettre mes propres désirs et la tendance à toujours réparer dans le sacrifice.
C'est pourquoi, Maman, je te rends ton manque de désir de maternité, la charge de votre couple et je te rends ton accusation de meurtre.

La troisième chose dont je veux parler, c'est que je suis né au Maroc et que j'y ai vécu jusqu'à l'âge de dix-huit ans.

Lorsque j'évoque cela, je ressens de la joie.
Je comprends aujourd'hui que j'appartiens à l'énergie du Maroc, que je n'ai pas demandé l'autorisation de quitter celui-ci ni celle de m'inscrire énergétiquement en France. En conséquence, une énergie s'opposait à ma réussite et à mon déploiement en France.

La quatrième chose dont je veux parler, Papa, c'est que jamais tu n'as voulu me voir tel que j'étais.
Lorsque j'évoque cela, je ressens de la colère, de la rage, de l'impuissance, de la tétanisation et de la stupeur.
Je comprends aujourd'hui que mon père était dépourvu de cette flamme qui fait qu'un homme est un homme. S'il pouvait faire illusion en société, cela lui était impossible lorsqu'il était convoqué en tant que mari ou en tant que père. Pour éviter d'être démasqué, il utilisait la fuite ou la violence qui est la force des faibles. Pour conserver l'illusion de la sécurité, je me suis fait croire que je ne la méritais pas puis, pour créer de l'espoir, j'ai cherché à quelles conditions l'obtenir. C'est ainsi que j'ai commencé à mendier la sécurité et que j'ai créé la sécurité conditionnelle.
C'est pourquoi, Papa, je te rends ton vide.

La cinquième chose dont je veux parler, Maman, c'est que tu disais :
« Pas besoin de se dire je t'aime, on le sait. »
Lorsque j'évoque cela, je ressens de la tristesse, de la mélancolie, de l'incompréhension et de l'amertume.
Je comprends aujourd'hui que ma mère était incapable de donner de l'amour car elle n'en possédait pas en elle-même. Il ne s'est pas non plus éveillé à ma naissance car elle n'avait aucun désir maternel. J'ai donc été contraint de me faire croire que je ne méritais pas d'être aimé, puis de chercher à quelles conditions obtenir cet amour, me mettant ainsi à le mendier.
Je comprends aussi que ma mère a fait du mieux qu'elle pouvait avec ses propres mensonges. Je lui pardonne et je l'aime.
C'est pourquoi, Maman, je te rends ton manque d'amour.

La sixième chose dont je veux parler, Maman, c'est qu'à l'âge de 8 ou 9 ans, je t'ai vue nue. C'est aussi à la même époque que je suis entré dans la mer pour y aller mourir. Quand je t'ai vue nue, j'ai ressenti un choc, un sentiment d'horreur et quand je suis allé me noyer, j'ai ressenti une paix profonde, une assurance tranquille, paisible, dans un abandon total.
Je comprends aujourd'hui qu'à l'âge où les petits garçons sont amoureux de leur maman, j'ai cru qu'une porte s'ouvrait vers le désir de ma mère. Pour conserver une illusion de l'amour, tout en me protégeant du danger, j'ai créé le mensonge que les femmes étaient dangereuses ; de cette façon, ma mère était dangereuse parce que c'était une femme et non parce que c'était ma mère. Lorsque je l'ai vue nue, cela est venu réactiver la culpabilité d'avoir voulu la tuer, balayant ainsi mes défenses psychiques.
Pour répondre à ce paradoxe traumatisant, j'ai tenté symboliquement de retourner en elle pour mourir (en allant me noyer dans la « mère »), comblant ainsi mon désir et réparant ma dette.
Comme cela n'a pas fonctionné, j'ai créé la peur de faire mal aux femmes et j'ai immédiatement orienté mon désir vers les hommes.

La septième chose dont je veux parler, Papa, c'est de la fois où tu as dit : « Si j'ai un fils pédé ou drogué, je le tue de mes propres mains. »
J'ai ressenti de la terreur, de l'abandon, de la détresse, de la haine et de la résignation.
Je comprends aujourd'hui que je devais affronter la violence, la psychorigidité, l'imprévisibilité de mon père ainsi que la tyrannie qu'il m'imposait, notamment par l'injonction qu'il me faisait de réussir. Il était hors de question pour moi de protester et de résister.
En fait, il avait tellement peur d'être démasqué qu'il en anticipait toute possibilité, ainsi que le témoigne sa phrase. J'ai donc été contraint d'inscrire ces peurs et cette violence en moi, tout en les refoulant et en m'interdisant d'accéder à cette violence.
J'ai dû ainsi construire le mensonge que si je n'étais pas parfait, j'étais nul. Pour gérer son imprévisibilité, je suis resté en permanence sur le qui-vive, ce qui, plus tard, m'a empêché toute spontanéité.

Ces mensonges sont restés gravés en moi, m'interdisant d'accéder à ma colère, ce qui, plus tard, m'a totalement empêché de m'affirmer en cas d'agression.
Je comprends aussi que mon père a fait du mieux qu'il pouvait avec ses propres mensonges, je lui pardonne et je l'aime.
C'est pourquoi, Papa, je te rends ta violence terrorisante et ta tyrannie.

La huitième chose dont je veux parler, Maman, c'est que quand j'étais barbu, tu me disais que c'était moche et, m'étant rasé, tu me disais que j'étais mieux avec la barbe.
Lorsque j'évoque cela, je ressens de l'exaspération, de l'agressivité, de la colère, du ressentiment, de la pitié et du mépris.
Je comprends aujourd'hui que pour justifier son manque d'amour, ma mère se cachait derrière une insatisfaction permanente et m'interdisait toute approche par la dévalorisation et la manipulation. J'ai donc inscrit que je ne possédais comme valeur que celle que ma mère m'attribuait et j'ai renforcé l'idée que je n'étais qu'un objet sans désir propre.
Ce sont ces mensonges qui m'ont interdit, plus tard, de m'affirmer et de réussir.
C'est pourquoi, Maman, je te rends ta dévalorisation et ta manipulation.

La neuvième chose dont je veux parler, Maman, c'est qu'après votre séparation d'avec Papa, tu tentais de me remonter contre lui.
Je ressentais de la confusion, de la colère, de la haine, du désespoir, de la contrainte et de la manipulation.
Je comprends aujourd'hui que je vivais un conflit d'allégeance énorme vis-à-vis de mes parents car soutenir l'un était perdre l'autre. C'est pour tenter de le résoudre que j'essayais de remettre mes parents ensemble, poussé en plus par le mensonge que j'étais l'objet du couple.

La dixième chose dont je veux parler, Papa, c'est que tu m'as enseigné le ski nautique. En dehors de cela, je ne me souviens pas que tu m'aies appris quoi que ce soit.
Lorsque j'évoque cela, je ressens une sensation de vide.

Je comprends aujourd'hui que si j'ai pu bénéficier de l'autorité de mon père en termes de limitation, je n'en ai pas bénéficié en termes d'autorisation. J'ai donc dû me débrouiller seul pour explorer la vie et faire mes propres expériences. Par ailleurs, chaque fois qu'il m'a fallu oser, j'ai dû lutter contre moi-même.
C'est pourquoi, Papa, je te rends ton manque d'autorisation.

La onzième chose dont je veux parler, Maman, c'est que tu commençais toutes tes phrases par « non ».
Lorsque j'évoque cela, je ressens de la limitation, de l'agacement, de la frustration et de l'étouffement.
Je comprends aujourd'hui que ma mère m'a transmis un modèle de féminité basé sur la plainte, le sacrifice, l'égoïsme, la dureté, l'impatience, l'exaspération, l'hystérie et l'étouffement.
Pour conserver l'illusion de l'amour, j'ai intégré ce modèle-là en moi jusqu'à la puberté. Ce faisant, j'ai inscrit la vie, et en particulier la féminité, dans le registre de la morbidité.
C'est pourquoi, Maman, je te rends ton modèle de féminité.

La douzième chose dont je veux parler, c'est que lorsque j'écris, les mots me viennent tout seuls, comme venus d'ailleurs.
Lorsque j'évoque cette capacité, je ressens de l'émerveillement, de la curiosité, de la joie, de la gratitude et de la confiance.
Je comprends aujourd'hui que je possède une connexion extraordinairement puissante avec le monde subtil. J'ai dû m'en couper pour conserver mes mensonges intacts. Comme elle transparaissait quand même, elle me faisait voir la fausseté de ces mensonges et démultipliait ainsi ma souffrance.
Pour résoudre ce problème, je l'ai circonscrite à la spiritualité et à l'écriture, à la condition qu'elle soit pour les autres, m'interdisant ainsi de l'appliquer au registre personnel.

La treizième chose dont je veux parler, c'est qu'avant de commencer ce travail, dès que je voyais quelqu'un en difficulté, je lui proposais de

l'aide, quand bien même il ne demandait rien, et parfois au-delà de toute raison.
Lorsque j'évoque cela, je ressens de l'incompréhension, le sentiment d'exister, le désir d'être reconnu, de l'embarras et de la colère vis-à-vis de moi.
Je comprends aujourd'hui que tous les mensonges évoqués précédemment m'interdisaient de vivre pour moi-même, m'interdisaient d'être à la vie, m'interdisaient le bonheur, m'interdisaient de réussir, m'interdisaient de m'engager dans des relations justes et de me dégager de relations fausses.
Je vivais sans cesse dans une quête sans fin de reconnaissance, tout en ayant l'interdiction d'être reconnu.
L'argent étant le symbole de la réussite et de la puissance, je devais le jeter par les fenêtres dès que j'en avais et je me débrouillais pour devoir courir après dans le but de payer mes dettes.
Je n'avais aucun espace pour vivre dans la réalité et pour y parvenir quand même, j'ai développé des tendances mythomanes, la phobie d'être maintenu, l'asthme, l'alcool quand venait le moment d'être amoureux et le désordre en tant que solution.
Aider les autres faisait également partie de cette quête impossible et, là aussi, je dépensais beaucoup d'argent pour me nier moi-même.

La quatorzième chose dont je veux parler, c'est que vers l'âge de 18 ans, en Espagne avec des amis, nous avons pris un menu très cher dans un restaurant et sommes partis sans payer.
J'ai ressenti de l'excitation, de la peur, du plaisir et une sensation de puissance.
Je comprends aujourd'hui qu'au moment de la puberté, est montée en moi une force nouvelle, puissante et de nature sexuelle.
Elle venait contredire les anciens mensonges. Pour résoudre ce nouveau paradoxe, j'ai dans un premier temps créé mes tics et ma divergence de l'œil droit. Comme cela ne suffisait pas, j'ai passé un nouvel accord avec moi-même : « D'accord pour accepter cette pulsion de vie, à condition de ne pas en récolter les fruits. »

La quinzième chose dont je veux parler, c'est que je choisissais toujours des hommes beaucoup plus jeunes que moi et handicapés de la vie.
Lorsque j'évoque cela, je ressens de l'excitation, de la peur, de la puissance, de l'incompréhension et de l'ambivalence.
Je comprends aujourd'hui que je choisissais des hommes pour respecter l'accord passé à la puberté. En choisissant des hommes jeunes, je tentais de donner ce que je n'avais pas reçu, espérant ainsi être reconnu.
En les choisissant handicapés, je les choisissais à l'image de mon père, de sorte qu'ils reconnaissent ma fragilité et mon besoin d'être solidifié.

La seizième chose dont je veux parler, c'est d'un co-auteur qui, durant toute notre relation, m'a pourri la vie.
Lorsque j'évoque cela, je ressens de la colère, du ressentiment, de l'injustice, de l'embarras et de la contrainte.
Je comprends aujourd'hui que mon âme a choisi dans cette incarnation de faire l'expérience de la toute-puissance, dans la liberté la plus totale et l'amour le plus glorieux, pour les mettre au service de l'humanité.
Pour cela, je devais dans un premier temps faire l'expérience de l'opposé.
A cette fin, j'ai passé des contrats avec des âmes, au premier rang desquelles mes parents. J'ai aussi passé des contrats avec d'autres âmes pour réaliser ma transcendance.
C'est pourquoi, je remercie mes parents et toutes les âmes qui m'ont aidé à accomplir ma mission et je mets fin à tous les contrats d'âmes passés, rendant toutes ces parties que j'ai accumulées et qui m'ont fait descendre.

Je comprends par-dessus tout, Papa et Maman, que je suis moi et que vous êtes vous, que rien ni personne ne peut m'imposer une charge extérieure à moi-même et opposée à ma vraie nature. C'est pourquoi je vous rends à vous-même et je me reprends de vous.
Papa, je te rends cette moto, sous la forme d'un dessin que je brûle pour que tu puisses le recevoir ; Maman, je te rends cette prison.
Et ce faisant :

Je me libère de la mission de soutenir mes grands-pères.
Je me libère de l'obligation de réparer les drames liés à la tromperie et ce faisant, je remets tous mes ancêtres dans la lumière.
Je me libère de l'interdiction de vivre pour moi-même.
Je me libère du manque de désir sur moi, et ce faisant, j'acquiers ma souveraineté.
Je me libère de la croyance que je suis un imposteur.
Je me libère de la mission d'être le ciment du couple de mes parents.
Je me libère de la charge négative que cette mission a déposée en moi.
Je me libère de la croyance que j'ai voulu tuer ma mère et de la culpabilité afférente.
Je me libère de la croyance que je dois payer le prix de cette infamie supposée.
Je me libère de l'interdiction d'émettre mes propres désirs.
Je me libère de l'obligation de toujours vouloir réparer.
Je me libère de l'interdiction de m'inscrire énergétiquement en France et ce faisant, je remercie le Maroc de son énergie créatrice et je remercie la France pour son accueil.
Je me libère du vide de mon père.
Je me libère du manque de sécurité.
Je me libère de la peur de l'insécurité.
Je me libère de la croyance que je ne mérite pas la sécurité.
Je me libère du besoin de sécurité.
Je me libère de la sécurité conditionnelle.
Je me libère de l'obligation de mendier la sécurité.
Je me libère de la violence de mon père.
Je me libère du manque d'amour.
Je me libère de la peur de manquer d'amour.
Je me libère de la croyance que je ne mérite pas d'être aimé.
Je me libère du besoin d'amour.
Je me libère de l'amour conditionnel.
Je me libère de l'obligation de mendier l'amour.
Je me libère du désir contre nature vis-à-vis de ma mère.
Je me libère du mensonge que les femmes sont dangereuses.

Je me libère de la croyance que je dois mourir pour expier ce désir et réparer ma dette.
Je me libère de la peur de faire mal aux femmes.
Je me libère de l'obligation d'orienter mon désir vers les hommes.
Je me libère de la psychorigidité de mon père.
Je me libère de sa tyrannie.
Je me libère de ses peurs.
Je me libère de l'obligation d'être sans arrêt sur le qui-vive.
Je me libère de l'interdiction de posséder ma propre subjectivité.
Je me libère de l'interdiction d'accéder à mon agressivité et de la manifester.
Je me libère de la croyance que si je ne suis pas parfait, je suis nul.
Je me libère de l'interdiction d'être spontané.
Je me libère de l'insatisfaction de ma mère.
Je me libère de sa dévalorisation.
Je me libère de sa manipulation.
Je me libère de la croyance que je ne possède comme valeur que celle que ma mère m'attribue.
Je me libère de l'obligation de n'être qu'un objet sans désirs propres.
Je me libère de l'interdiction de m'affirmer.
Je me libère de l'interdiction de réussir.
Je me libère du conflit d'allégeance envers mes parents.
Je me libère du manque d'autorisation.
Je me libère de la peur d'oser.
Je me libère du modèle de féminité de ma mère.
Je me libère de sa plainte.
Je me libère de son sacrifice.
Je me libère de son égoïsme.
Je me libère de sa dureté.
Je me libère de son impatience.
Je me libère de son exaspération.
Je me libère de son hystérie.
Je me libère de son étouffement.
Je me libère de la morbidité.
Je me libère de l'interdiction de me connecter au monde subtil.

Je me libère de l'obligation de circonscrire cette connexion à la spiritualité et à l'écriture, à la condition qu'elle soit pour les autres.
Je me libère de l'interdiction d'utiliser cette connexion au quotidien.
Je me libère de l'interdiction d'être à la vie.
Je me libère de l'interdiction d'être heureux.
Je me libère de l'interdiction de réussir.
Je me libère de l'interdiction de m'engager.
Je me libère de l'interdiction de me dégager des relations fausses.
Je me libère de l'obligation de quêter la reconnaissance.
Je me libère de l'interdiction de me faire reconnaître.
Je me libère de l'argent en tant que symbole de réussite et de puissance.
Je me libère de l'obligation de jeter l'argent par les fenêtres.
Je me libère de l'obligation de faire des dettes.
Je me libère de l'interdiction d'utiliser l'argent pour moi-même.
Je me libère de l'interdiction de vivre dans l'abondance et ce faisant, je m'ouvre totalement à cette énergie.
Je me libère de l'interdiction de m'inscrire dans la réalité.
Je me libère de la mythomanie en tant que solution.
Je me libère de l'asthme en tant que solution.
Je me libère de l'alcool en tant que solution.
Je me libère du tabac en tant que solution.
Je me libère de l'obligation d'être bordélique.
Je me libère de la phobie d'être maintenu.
Je me libère de l'obligation d'aider les autres.
Je me libère de l'obligation de dépenser pour aider les autres.
Je me libère de l'accord passé à la puberté.
Je me libère de mes tics en tant que solution.
Je me libère de l'obligation de faire diverger mon œil droit.
Je me libère de l'obligation de donner ce que je n'ai pas reçu.
Je me libère de la croyance que je vais être réparé si je donne ce que je n'ai pas reçu.
Je me libère de l'obligation de choisir des hommes handicapés.
Je me libère de ma fragilité et de mon besoin d'être solidifié.
Je me libère de l'interdiction de vivre une relation amoureuse libre, constructive, épanouissante et harmonieuse.

Je me libère de l’énergie de tous les contrats d’âmes qui m’ont fait descendre.
Je me libère de l'obligation de me saboter.
Je me libère de l'espoir en tant que solution.
Je me libère de la plainte en tant que solution.
Je me libère de la confusion en tant que solution.
Je me libère de la peur de l'inconnu.
Je me libère de la peur d'être jugé.
Je me libère de la peur d'être rejeté.
Je me libère de la peur d'aimer.
Je me libère de la peur d'être aimé.
Je me libère du regard des autres.
Je me libère du besoin d'être reconnu.
Je me libère de l'interdiction d’exprimer Qui Je Suis Vraiment.
Je me libère du manque d'acceptation de moi.
Je me libère du manque d'amour de moi.
Je me libère du manque de confiance en moi.
Je me libère du manque d'estime de moi.
Je me libère de la peur de réussir.
Je me libère de la peur de l'échec.
Je me libère de la peur d'être impuissant.
Je me libère de la peur de ma puissance.
Je me libère de ma tendance à m'excuser.
Je me libère du besoin de me justifier.
Je me libère de la peur de manquer.
Je me libère de la peur de m'engager.
Je me libère de la peur de déranger.
Je me libère de la peur de ne pas être à la hauteur.
Je me libère de la procrastination.
Je me libère de l'interdiction d'apprendre.
Je me libère de l'interdiction de m'élever.
Je me libère de l'interdiction d'écouter ma petite voix.
Je me libère de l'emprise des symboles.

Je me libère de toutes les émotions suivantes et ce faisant, je coupe ma relation avec ces énergies et je les renvoie toutes à la Source.
Je me libère de la sensation de poids et d'étouffement.
Je me libère de l'oppression.
Je me libère de la tristesse.
Je me libère de l'incompréhension.
Je me libère de la colère.
Je me libère de la rage.
Je me libère de l'impuissance.
Je me libère de la tétanisation.
Je me libère de la stupeur.
Je me libère de la mélancolie.
Je me libère de l'amertume.
Je me libère du sentiment d'horreur.
Je me libère de la terreur.
Je me libère de l'abandon.
Je me libère de la peur d'être abandonné.
Je me libère de la peur de décevoir.
Je me libère de la détresse.
Je me libère de la haine.
Je me libère de la résignation.
Je me libère de l'exaspération.
Je me libère de l'agressivité.
Je me libère du ressentiment.
Je me libère de la pitié.
Je me libère du mépris.
Je me libère de la confusion.
Je me libère du désespoir.
Je me libère de la contrainte.
Je me libère de la manipulation.
Je me libère de la sensation de vide.
Je me libère de la limitation.
Je me libère de l'agacement.
Je me libère de l'embarras.
Je me libère de la peur.

Je me libère de la culpabilité.

Et ce faisant :
Je récupère mon libre arbitre.
Je récupère mon droit à dire non.
Je récupère mon droit à investir mon énergie en France.
Je récupère ma propre sécurité.
Je récupère mon droit à m'aimer.
Je récupère ma pureté.
Je récupère ma propre valeur.
Je récupère mon droit d'accéder à mon agressivité.
Je récupère ma subjectivité.
Je récupère ma spontanéité.
Je récupère mon droit naturel à m'affirmer.
Je récupère mon droit à laisser les autres se débrouiller avec leurs problèmes.
Je récupère mon audace.
Je récupère ma vitalité.
Je récupère ma pleine connexion au monde subtil.
Je récupère mon droit à vivre pour moi-même.
Je récupère mon droit au bonheur.
Je récupère mon droit à réussir.
Je récupère mon droit à gérer mon argent.
Je récupère mon droit à récolter les fruits de mes désirs.
Je récupère mon autonomie.

Et il en est ainsi !
Je vous remercie de m'avoir aidé, je vais m'isoler quelques instants.

Annexe 3 - Témoignages

J'ai sollicité le témoignage de différentes personnes ayant bénéficié de ce travail pour les inclure dans cet ouvrage, dans le but de montrer les effets très concrets de l'application de cette technique. Si le Festen a été réalisé avec un accompagnant formé à cette méthode, le nom de celui-ci est précisé ; lorsque ce n'est pas le cas, c'est que la personne a travaillé avec moi.
Vous trouverez d'autres témoignages sur la page Facebook dédiée au Festen : https://www.facebook.com/Festen-311118259050256/?fref=ts

- Témoignage 1 : Une pyramide qui a reçu sa dernière pierre

Malgré toutes mes recherches, mes moments de Joie et d'Unité, je revivais intensément un sentiment d'abandon qui me faisait régulièrement plonger dans un gouffre de souffrance et de mort.
Je suis venue à vous comme une dernière chance. Je décidai alors de tenter le coup, quitte ou double ! Et à la 1ère séance, j'ai aimé votre compréhension rapide et naturelle. J'ai donc décidé de rester et de faire le travail. Evident.
Ce travail avec vous m'a apporté de la CLARTE sur mon mental, même si j'avais déjà beaucoup travaillé et lu (thérapies, lectures, tant spirituelles que PNL, enéagramme et autres outils !).
J'ai pu avec vous replacer concrètement le mental à sa place. Cela me sert chaque jour à suivre ce qui est juste pour mon être.
Votre façon simple et didactique de vous exprimer, votre bonne humeur bienveillante, votre connaissance, tout cela m'a apporté une grande clarté sur mes émotions et mes règles mentales.

Après ce travail, c'est comme une pyramide qui a reçu sa dernière pierre, avec la sensation en moi que les choses se sont mises en place, emboîtées, de façon évidente, menant aux changements dans ma vie.
Les actes symboliques m'ont aidée à me libérer. Vous m'avez permis de mieux m'aider et d'aider les autres, quand ils le demandent, avec tout ce que vous m'avez appris, et tout cela avec plus de clarté.

Je pense que ce travail m'a apporté ce que j'étais prête à recevoir. Vous avez été un messager, d'où la joie de faire ces séances avec vous et de constater les changements justes qui ont suivi dans ma vie.

- Témoignage 2 : Je ne vis plus dans le même monde

Depuis petite, j'ai toujours eu l'impression qu'il me fallait beaucoup d'énergie pour avancer, prendre des décisions et qu'il m'était interdit d'être moi-même. Je suis partie de ce mensonge pour construire ma vie. Pour me rassurer, j'ai suivi le parfait chemin validé par mes parents. J'ai réalisé de brillantes études de commerce et démarré une vie professionnelle ambitieuse au sein d'un grand groupe du CAC 40. J'avais coché toutes les cases pour être heureuse... mais je ne l'étais pas. Ma vie n'avait plus de sens pour moi et mes angoisses étaient de plus en plus fortes. C'est à ce moment-là que j'ai rencontré le Festen : une thérapie brève qui me promettait de me rendre ma liberté ! J'ai décidé de me lancer dans l'aventure, je n'avais pas grand-chose à perdre. Je me suis faite accompagner par Stella qui m'a soutenue tout le long du processus de libération. Je n'aurais jamais réussi à faire ce travail seule car mon mental était trop fort et me ramenait vers mes anciennes habitudes. Je pouvais appeler Stella à tout moment pour lui faire part de mes blocages, lui poser des questions sur le processus de libération et ce que je ressentais.

Dès la première partie du Festen, un changement de paradigme s'est opéré en moi et a balayé mes croyances construites depuis mon enfance. Désormais, je ne vis plus dans le même monde. Je vis en conscience, je suis guidée par mes émotions et j'ai retrouvé qui je suis vraiment. J'ai repris confiance en moi et dans la vie. De plus en plus positive, l'impact est très fort pour moi, et mon entourage a immédiatement vu la différence. J'ai des relations plus authentiques et plus profondes avec mes proches. Je réalise avec joie la chance que j'ai eue de faire mon Festen, la vie ne sera plus jamais pareille et c'est génial ! Depuis, le champ des possibles s'est ouvert et je me réoriente professionnellement vers des activités qui correspondent plus à ma vraie nature... et le passage du Festen facilite ce changement : je suis tout simplement en train de reprendre le chemin de ma vie.

- Témoignage 3 : Une véritable renaissance

J'ai souffert d'un burn out qui m'a littéralement laissée au fond de la piscine. Je suis alors descendue tellement bas que des pensées morbides sont même venues à moi... Pour la première fois de mon existence, je ne me reconnaissais plus et n'avais plus l'énergie de revenir à la vie. Une amie m'a alors parlé de vous et m'a dit que vous lui aviez pour ainsi dire « sauvé la vie »... J'ai senti tout de suite que je devais vous appeler.
Dès notre première séance, j'ai SU que j'allais m'en sortir, c'est comme si la lumière était arrivée dans ce tunnel noir dont je ne voyais pas la sortie.
Ce travail avec vous a été une véritable renaissance, je me suis libérée de l'ancienne A... et aujourd'hui ma vie est MAGIQUE. Je n'ai plus peur, je sais QUI je suis et je suis confiante dans l'Univers. Il ne veut que mon bien et tout est parfait. Mon enfant intérieur a pris le pouvoir, telle une fée et je pense qu'elle n'est pas prête de laisser sa place !

- Témoignage 4 : Ce qui nous rend plus fort, c'est de pouvoir se relever avec dignité

Merci pour votre thérapie, André. J'ai vécu de grandes émotions, et je vous avoue que je ne m'attendais pas du tout à avoir autant de révélations sur les causes de mon mal-être.
Le début du Festen est déroutant, déstabilisant, le mental part dans tous les sens : des blocages intérieurs mais aussi venant de l'extérieur. Heureusement que Mathieu était là pour me redonner confiance et pour me donner les clés des décodages pour ne pas me laisser dominer par mon mental.
Avant, j'avais beaucoup travaillé sur moi : reiki, kinésiologie, magnétiseurs... Toutes ces personnes m'ont vraiment aidée, mais il y avait toujours cette chose qui me bloquait : je me sentais encore bancale, je marchais toujours en mode « ON » « OFF », et croyez-moi, c'est terrible, même insupportable, surtout quand vous arrivez à l'âge de 55

ans, vivant seule à gérer mes trois enfants, et en pleine reconversion professionnelle !

Mon feedback du jour : « On peut trébucher, on peut s'effondrer, on peut sombrer, on peut couler, mais ce qui nous rend plus fort, c'est de pouvoir se relever avec dignité, avec tous les honneurs d'avoir vaincu la source de notre mal-être ».

Encore merci André pour ce magnifique cadeau que vous avez su donner à l'humanité.

Mes sensations juste après la cérémonie : je me suis isolée quelques minutes, puis j'ai eu un échange téléphonique avec Mathieu, mais je n'arrivais pas à lui expliquer clairement ce que je ressentais exactement. Je me sentais légère, sereine, une renaissance, mais aussi j'étais un peu sonnée, mes idées étaient confuses.

En fin de compte, avec du recul, ce que j'ai ressenti juste après la cérémonie, c'est un trou en moi au niveau du plexus (d'un diamètre de 10 cm environ). Cette sensation a duré pendant quelques minutes, c'était une impression étrange, comme si l'on aurait pu passer un bras à travers moi.

Merci à Mathieu et à vous, je suis très heureuse d'avoir fait le FESTEN !

- Témoignage 5 : Mon regard a changé

Je suis venue vers vous car j'ai toujours su que je devais me libérer de choses qui me retenaient, comme des chaînes auxquelles j'étais attachée et qui m'empêchaient d'avancer. J'ai toujours senti que j'avais un potentiel étouffé. Je voulais également comprendre pourquoi je ne savais pas dire non. J'avais toujours peur de dire non, peur que les gens à qui je disais non ne m'aiment plus ; j'acceptais et je me mettais de côté pour faire plaisir aux autres. Je n'avais pas confiance en moi et je ne pouvais pas réagir face à une situation inconfortable, je ne réagissais que quand c'était trop tard. C'était également une période de souffrance. Je venais de quitter mon mari après 15 ans de vie commune. Toute une vie où j'ai accepté l'inacceptable, où je me suis dévalorisée, où j'ai perdu toute confiance en moi. Je me trouvais moche, nulle, incapable.

Dès la 1ère séance, j'ai compris mon fonctionnement et les choix que je faisais et j'ai compris que vous aviez les outils pour m'aider à m'en sortir.
J'ai acquis plus de confiance, pas seulement en moi mais aussi en l'Univers. La peur a diminué, voire disparu dans pas mal de domaines. Mon regard a changé, je plonge dans les yeux des autres, emplie d'amour. Je suis capable de dire Merci aux gens qui me font du mal car j'apprends sur moi à chaque fois. Je m'autorise des choses qui me prenaient beaucoup de réflexion auparavant. Je sais m'écouter et je fais la distinction lorsque mon mental prend les commandes et lorsque c'est mon intuition. Je ne veux plus perdre mon temps dans les futilités qui me vident de mon énergie. J'ose dire non.

- Témoignage 6 : Je vis en accord avec moi-même, en permanence

Suite à une énième rupture amoureuse et un certain poids familial, j'avais dans l'idée de me « prendre en main » pour essayer de « changer » ou d'évoluer, pour moi-même d'abord. Et ainsi d'éviter de faire subir plus longtemps aux autres mes sautes d'humeur et mes pensées noires sur la vie.
Des proches avaient fait leur Festen avec André. Leur « façon de voir et vivre leur vie » me donnait à moi aussi envie de cette légèreté, cette facilité, cette harmonie avec soi, au quotidien. Ce qui m'a accroché, c'est qu'ils disaient : « Il y a réellement un avant et un après Festen. » Je me suis lancée.
Je suis passée par des moments difficiles à vivre, à accepter surtout, des « habitudes » à changer. Je suis très heureuse d'avoir choisi Maureen comme accompagnante : sincère, aimante, ouverte, sans jugement, toujours présente mais aussi déterminée, ferme et combative avec et pour moi.
Quelle évolution ! Aujourd'hui, je ressens toutes les émotions qui avant m'envahissaient, me paralysaient, faisaient s'éloigner tous mes proches. Je ne les subis plus, je suis heureuse, pour résumer ! Heureuse de ressentir toutes ces émotions, heureuse de pouvoir les analyser en pleine

conscience, heureuse de pouvoir les gérer, heureuse d'apporter de la lumière et de l'amour autour de moi, heureuse de vivre ! Je revis, pour ainsi dire, ma nouvelle et magnifique vie.
Je me sens rayonner, au sens propre du terme, je me sens en harmonie avec moi-même. Et ça se voit ! Le regard des gens sur moi a sincèrement changé. J'ai des « sourires gratuits », je les sens réceptifs à ma bonne humeur et ma joie de vivre. J'ai dû faire un certain tri dans mon entourage pour ne m'accompagner que de personnes ouvertes à mon évolution. Mais sans regret.
Mes proches remarquent aussi complètement cette évolution positive et ne peuvent que m'en féliciter et s'en réjouir pour moi. De mon côté, en parallèle, j'essaye de le diffuser et de le partager, afin qu'ils prennent peut-être conscience eux aussi de quelque chose en eux.
Je suis, aujourd'hui, montée en pleine conscience de Qui je suis vraiment, et je vis en accord avec moi-même, en permanence. Ça me change, littéralement, toute la vie !
Les gens le remarquent quasi tous autour de moi, ne le comprennent pas tous, mais je me sens bien, pour moi, envers moi, mais aussi envers les autres.
Je le conseille à toutes celles et ceux qui ne se sentent pas heureux dans leur vie actuelle et qui veulent connaître leur vrai soi.

- Témoignage 7 : Je sais ce qui est bon pour moi dans l'instant

C'est à la lecture de votre livre « Se libérer de la souffrance et construire son bonheur » que j'ai repris espoir. J'ai su que je pouvais me libérer des peurs et résistances qui étaient encore là après 4 ans de psychothérapie et qui me maintenaient dans un sentiment de vide, ne me permettant pas d'éprouver pleinement la joie d'être en vie.
Avec mon mari, j'avais le sentiment de n'être jamais totalement écoutée, reconnue, appréciée. Je quémandais un amour jamais comblé, je n'arrivais pas à accepter les compliments et moi-même ne pouvais faire ce à quoi j'aspirais. J'étais dans la réaction, la petite fille blessée était toujours présente. Dans mes relations, je n'osais pas aller vers les

autres, m'exprimer. Je ne m'impliquais pas et n'avais pas de vraies relations.
Dans mon métier, j'avais un sentiment d'insatisfaction, ne valorisant pas les bonnes choses et souvent dans la culpabilité.
J'ai accepté d'aller à la racine de mes blocages car j'ai senti une profonde confiance dans ce travail parce qu'il partait des émotions. Votre écoute, votre profonde empathie pour aller saisir mes mots et mes ressentis m'ont permis de comprendre quelles croyances je m'étais forgées.
Après la cérémonie, pendant quelques jours, j'ai eu une sensation de légèreté, de liberté, de joie paisible, je promenais un regard d'enfant émerveillé sur ce qui m'entourait. Ce sont avec des petits pas d'audace et beaucoup de conscience, valorisés, jalonnés par vous, que je suis allée au devant de mes anciennes peurs. Aujourd'hui, j'ai reconnecté cette puissance en moi, ma lumière, l'insouciance oubliée. Je m'accepte dans ce qui commence à être des relations authentiques, riches. Je perçois que lorsque je suis présence accueillante et pleine d'amour, je reçois cette chaleur en retour et suis nourrie. J'ai le sentiment que la vie est plus simple ; il n'y a pas de grandes décisions à prendre, elles s'imposent à moi. Je fais confiance, je m'ouvre et me respecte, je sais ce qui est bon pour moi dans l'instant. Je redécouvre le plaisir parce que je peux être entièrement là, écartant aisément les idées que parfois mon mental me renvoie encore.
Pour votre accompagnement, parce que je vois ce que cela m'a apporté (et ce que je sens en plus et ne peux traduire), j'éprouve une grande gratitude. Merci pour la vie qui s'offre à moi.

- Témoignage 8 : Je suis devenue ma propre thérapeute

Le jour où j'ai commencé le travail du Festen, mon entourage avait des suspicions sur un travail thérapeutique en seulement 12 séances. On me disait que l'effet des thérapies courtes ne durait pas. Par moments, je m'interrogeais moi aussi : « Est-ce que ça va marcher sur moi ? »
Pourtant, à chaque séance, Olivia, mon accompagnante, mettait en lumière des évidences et ces réponses qui m'avaient tant manqué pendant des années de travail psychologique ainsi que les outils pour ne

pas rester sur un divan toute ma vie. Plus d'un an après, je me sens vivante et confiante dans ma vie. Quand j'ai des phases difficiles, je sais comprendre mes émotions négatives et les situations indésirables ne durent jamais longtemps. Je suis en fait devenue ma propre thérapeute !

- Témoignage 9 : Seul l'Amour restait

Ma vie a fait que j'ai commencé à voir des psychothérapeutes très tôt, ce qui m'a certes soutenue, mais les plaies restaient ouvertes. La cérémonie de libération fut *la* solution pour moi, car je suis allée explorer ces plaies à la racine et c'est dans la reconnaissance profonde de ces plaies qu'elles ont pu guérir.
Juste avant la cérémonie, ma peur était sans commune mesure, et c'est pour ça qu'un accompagnement était pour moi le bienvenu ! Cet événement m'a fait l'effet d'un "BIG-BANG". Tous mes sentiments négatifs s'étaient envolés pour laisser place à un espace vide, dans lequel je pouvais mettre ce que je voulais ; et à ce moment, je me suis rendue compte que seul l'Amour restait.

- Témoignage 10 : Quand l'intuition descend, c'est magique

L'intuition se travaille, comme la plupart des enseignements de la vie et plus particulièrement les enseignements d'André. On aimerait bien avoir un bouton magique ou une pilule miracle qui nous ferait « réussir », « maigrir », « développer notre intuition » ou toute autre chose à laquelle on aspire... Mais c'est un leurre.
Si l'on travaille régulièrement, si l'on admet l'idée que rien ne se fera sans travail et sans efforts, si l'on garde son intention pure et que l'on accepte qu'il faut du temps, le travail paie et ce qui n'était pas hier, arrive aujourd'hui, sans que l'on sache vraiment pour quelles raisons, cela advient à ce moment-là. Le changement est là. On a l'immense joie de le constater.
Et quand on se met à évoluer dans l'intuition et que l'on y est de plus en plus, et bien c'est magique.
C'est certes un travail quotidien. Il faut réussir à transformer ça en jeu pour que ce que j'appelle « travail » ne soit pas synonyme de corvée,

juste un passage obligé qui nous fait grandir et qui grandit en nous avec pour objectif de baigner dedans tout le temps. Je rêve de ça ! Vivre chaque instant dans l'intuition. Il y a encore du travail, beaucoup de travail... Mais quand ça descend en moi : « Je sais ». Et là, d'un coup, c'est magique.

- Témoignage 11 : Je sentais mon cœur plein, entier

Les deux choses les plus marquantes qui se sont produites suite à mon Festen sont les suivantes : d'abord, j'ai eu la sensation physique de sentir un cœur entier dans ma poitrine, comme si j'avais vécu jusque-là avec un demi cœur et que soudainement, je sentais mon cœur plein, entier ; et puis, mon niveau d'agressivité est descendu à un seuil inconnu jusque là, je n'ai pas de souvenir d'avoir été aussi peu agressive de toute ma vie ! Une nouvelle façon de vivre qui commence !
Je pense aussi que les deux sensations sont liées: je me suis pardonné pour n'avoir pas su être comme je l'aurais voulu jusque-là. C'était trop dur avec une seule moitié de cœur...
Je suis aujourd'hui toujours en chemin, mais je sais que je vais réussir à être celle que je veux être ! L'horizon s'est ouvert et c'est vraiment extraordinaire.

- Témoignage 12 : C'est comme si j'avais vécu dans le brouillard

Cela faisait presque 30 ans que je travaillais sur moi-même, ayant été abandonnée vers l'âge d'un an puis adoptée par la suite. J'étais désespérée, ne voyant plus vers qui ou quoi encore me tourner.
Après avoir lu votre livre, j'étais malgré tout sceptique, qu'alliez-vous pouvoir me dire que je ne savais déjà ? Mais à la fin du premier entretien, j'étais « scotchée », je n'en revenais pas. Vous veniez de me révéler des choses dans ma vie, mon histoire, que personne auparavant n'avait vues... en plus du pourquoi et du comment j'en étais là où j'en étais dans ma vie.
La thérapie a été pour moi un cheminement extraordinaire. Chaque semaine, j'attendais impatiemment nos 2 heures d'entretien hebdomadaire. J'ai beaucoup pleuré, ri aussi... au fur et à mesure que

mes yeux se dessillaient, que la lumière se faisait dans les méandres de mon mental et que je montais en conscience.
Aujourd'hui, plus de 2,5 ans après mon Festen, énormément de choses ont changé dans ma vie. Il y a vraiment un avant et un après. Avant, c'est comme si j'avais vécu dans le brouillard, dans une sorte d'inconscience et de souffrance quasi permanentes, menée par le bout du nez par mes émotions. Je n'avais aucune confiance en moi, j'étais très influençable, soumise, gentille jusqu'à être un paillasson que certains n'hésitaient pas à piétiner. On me disait intelligente... peut-être, mais je ne l'étais certainement pas émotionnellement ! Et rien jusqu'alors n'avait pu combler le vide existentiel qui m'habitait.
D'avoir pu rendre à mes 4 parents (biologiques et adoptifs) ce qui ne m'appartenait pas m'a réellement libérée d'un poids énorme. Je marche chaque jour sur ce nouveau chemin et j'en mesure régulièrement la portée. Encore l'autre jour, je me suis « vue » m'interposer dans une langue étrangère entre une amie et une femme très agressive qui se comportait méchamment avec elle. Mon amie ne savait plus quoi faire. A un moment, elle s'est même mise à genoux pour la supplier de l'écouter ! C'est à ce moment-là que je suis intervenue, parlant avec autorité, d'une voix ferme et les mots me venaient tout seuls (je parle assez bien cette langue, mais là, c'était irréel !). A la fois, je sentais ma puissance et une véritable empathie pour cette femme. Elle s'est instantanément calmée et toute l'énergie négative s'est envolée. Jamais je n'aurais pu agir ainsi sans être passée par le Festen...
Vous m'avez tellement aidée. Grâce à vous, je suis devenue celle que je suis. En quelque sorte, vous m'avez donné naissance, vous m'avez autorisée à être moi-même, vous m'avez appris à oser... et que c'était ok. Personne avant vous ne m'avait manifesté une telle bienveillance, dans toute la plénitude du terme. Je n'aurai jamais assez de mots pour vous exprimer ma reconnaissance. Oui, vraiment, si j'ai enfin pu accéder à celle que je suis aujourd'hui, c'est grâce à vous.
Je ne regretterai jamais d'avoir lu votre livre ;-). Merci André.

- Témoignage 13 : Je ne me sens plus seule, même quand je suis seule

Après 7 années de travail avec un thérapeute et bien qu'ayant progressé sur certains points, je sentais que fondamentalement, je continuais à tourner en rond et à répéter les mêmes schémas dont je ne voulais plus, que ce soit affectivement ou dans ma vie professionnelle. Je n'arrivais pas à trouver la reconnaissance et j'en souffrais, c'était comme si j'étais enfermée. J'avais l'impression de ne pas vraiment comprendre ce que je cherchais. Je me sentais perdue, aveugle… J'étais pétrie d'angoisses et j'avais des blocages que je ne parvenais pas à dépasser ; ainsi, il m'était impossible de partir en vacances, je me mettais à trembler dès qu'il fallait faire une valise !

Que m'a apporté le « Festen » ? Je l'ai vécu comme un moment magique et passionnant !

En premier lieu, j'ai fait avec vous un panorama complet de mon état : l'état de mes relations avec mes parents, mes enfants, mes amis, mon ex-mari, mes amours ; l'état de mon mode de fonctionnement avec les autres et surtout avec moi-même.

Et c'était tellement clair, tellement puissant, tellement efficace, tellement… évident !

Ce fut comme un tableau brossé d'un coup et qui permettait de faire la synthèse de ma vie. Pour la première fois, je voyais clair comme si tout était un ensemble et non des petits bouts déconnectés les uns des autres. C'était comme si j'étais en dehors de moi et que je me voyais de l'extérieur. J'avais la sensation de trouver enfin l'origine, la source, le fond de mes comportements.

Depuis ce travail, mes angoisses ont disparu. Je peux continuer à me poser des questions mais sans angoisse. Quelques jours après ma cérémonie, je suis partie plusieurs fois en vacances sans la moindre angoisse et en prenant du plaisir. Je me sens extraordinairement allégée ! Mes relations avec mes parents se sont vidées d'enjeu. Les pressions qu'ils exerçaient sur moi ne portent plus et soudainement, alors qu'ils me harcelaient régulièrement, ils oublient carrément de m'appeler et m'ont enfin « lâchée » ! Quand ils me voient, ils sont

extrêmement respectueux alors qu'avant, ils essayaient de me commander en permanence.
Je me suis également détachée de mes filles. Alors qu'avant j'intervenais en permanence pour les aider, j'ai compris quelles doivent se débrouiller seules car elles en sont capables et qu'en les « couvant » trop, je les empêchais de se prendre en main. Enfin, je ne me sens plus seule même quand je suis seule. Je suis juste bien.

- Témoignage 14 : Cette méthode, c'est l'assemblage de ce qui était au fond de moi et dont je ne savais que faire

J'ai expérimenté différentes méthodes de développement personnel, thérapies longues et brèves... Le Festen a été une révélation, l'assemblage de tout et en même temps complètement unique.
La lecture du livre « Plus de Peurs que de Mal » a été marquante, tout ce que j'avais en moi s'assemblait, tout prenait sens, je me sentais vibrer tout au long de la lecture.
La lecture de « Festen Mode d'Emploi » a été encore plus forte, j'ai beaucoup pleuré.
J'avais une gratitude intense à découvrir que quelqu'un avait fait le job et qu'il transmettait ça.
J'étais à ce moment là paumée, les études que j'avais eu à cœur d'entreprendre ces dernières années résonnaient toutes profondément en moi, et pourtant, je ne trouvais pas l'articulation : la cuisine saine, la médecine chinoise, la naturopathie, la PNL, les essences florales, l'équilibre des émotions... J'avais l'impression d'être partie dans tous les sens. Là, tout s'assemblait, la compréhension, le fonctionnement, la spiritualité, cela devenait clair, je comprenais pourquoi tout me parlait en même temps et qu'il était possible que cela soit cohérent.

Je sentais que cette méthode était pour moi ; l'accompagnement a commencé et ce que je n'avais jamais réussi à articuler était là, c'était ça.
Durant l'accompagnement, j'étais impatiente entre chaque séance : en savoir davantage, être de plus en plus consciente, décortiquer, m'exercer, me planter, réessayer, apprendre encore, m'ouvrir, découvrir.

J'adore apprendre.
Après la cérémonie, ce que j'avais lu, étudié, expérimenté et finalement pas intégré, m'était proposé à nouveau, je ne l'avais pas mis en place comme point d'honneur à mon bonheur.
Ce point d'ancrage est là tous les jours, tout le temps. Les rituels font de nouveau partie de mon quotidien ; je les avais simplement mis de côté pour me permettre d'expérimenter une descente aux enfers.
Je tâche aujourd'hui d'être vigilante, le plus souvent possible, je « travaille » à mon bonheur, je m'observe, je me remets en cause.
Cette méthode, c'est l'assemblage de ce qui était au fond de moi et dont je ne savais que faire, sans savoir l'exprimer ni comment faire passer le message...

Remerciements

Merci à Thomas Vinterberg dont le film « Festen » a initié ce mouvement vers ma libération, puis la libération d'un nombre de plus en plus important de personnes.

Merci à ma tante Raymonde dont c'est le talent de dire la vérité, merci pour cette révélation et cette intercession.

Merci à mes enfants, Jonas, Léo et Hugo, d'avoir patienté si longtemps pour avoir un père... J'espère que c'est mieux maintenant !...

Merci à celles qui furent mes compagnes, qui ont contribué à ma construction tout en subissant (surtout au début) mon vide... J'espère vous avoir apporté quelque chose en retour.

Merci à Maureen Tschirren pour sa part active dans l'élaboration de cet ouvrage, pour son talent de relectrice infatigable et inspirée, précieuse par sa présence et sa lumière ; sa participation fut pour moi la source d'un confort très appréciable... et grandement apprécié.

Merci à tous mes clients qui m'ont permis d'affiner cette technique année après année, de devenir ce que je suis aujourd'hui. Merci pour cette confiance et l'intensité des moments partagés.

Et merci aux accompagnants qui portent le Festen avec passion et contribuent par leur investissement à son amélioration permanente : une grande part d'eux est dans ce Festen 2.0.

Printed by Amazon Italia Logistica S.r.l.
Torrazza Piemonte (TO), Italy

32545985R00221